范祥雍文史論文集

（外二種）

范祥雍 著

上海古籍出版社

圖書在版編目(CIP)數據

范祥雍文史論文集(外二種)/范祥雍著.—上海：上海古籍出版社，2014.10
ISBN 978-7-5325-6234-3

Ⅰ.①范… Ⅱ.①范… Ⅲ.①文史—中國—文集
Ⅳ.①C53

中國版本圖書館CIP數據核字(2012)第012591號

范祥雍文史論文集(外二種)
范祥雍 著
上海世紀出版股份有限公司
上 海 古 籍 出 版 社 出版
(上海瑞金二路272號 郵政編碼200020)
(1)網址：www.guji.com.cn
(2)E-mail：guji1@guji.com.cn
(3)易文網網址：www.ewen.co
上海世紀出版股份有限公司發行中心發行經銷
上海顓輝印刷有限公司印刷
開本850×1168 1/32 印張16.125 插頁7 字數365,000
2014年10月第1版 2014年10月第1次印刷
印數：1—1,300
ISBN 978-7-5325-6234-3
K·1494 定價：68.00元
如發生質量問題，讀者可向工廠調换

范祥雍畫像
（女兒邦菁1991年繪於長春大樓寓所）

1988年拜謁孔子墓

1980年滬上講課

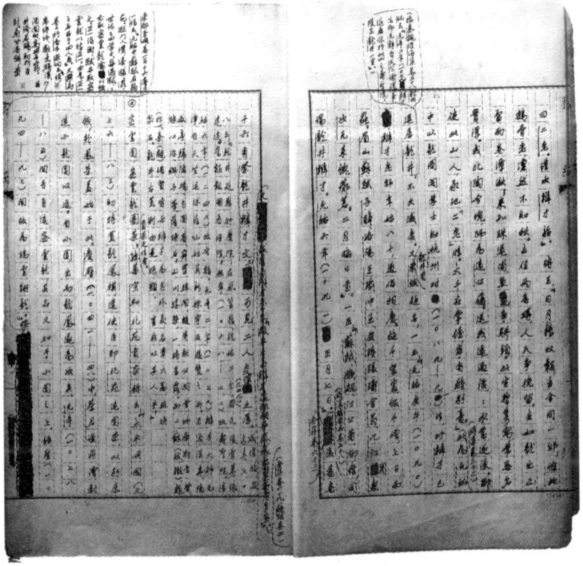

《東坡志林廣證》手稿

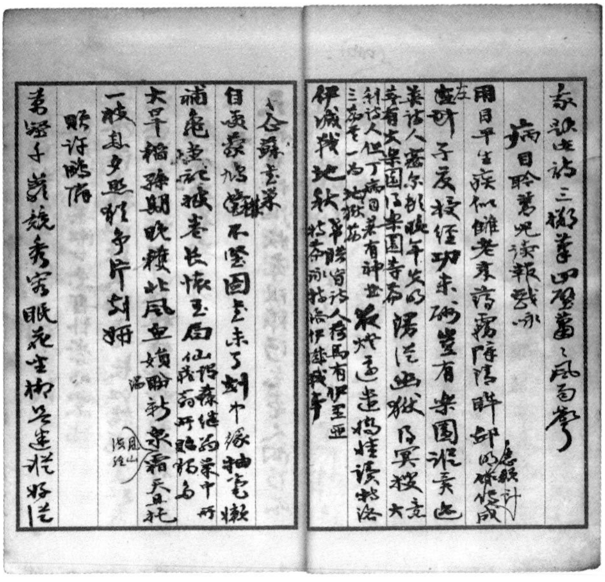

《養勇齋詩鈔》手稿

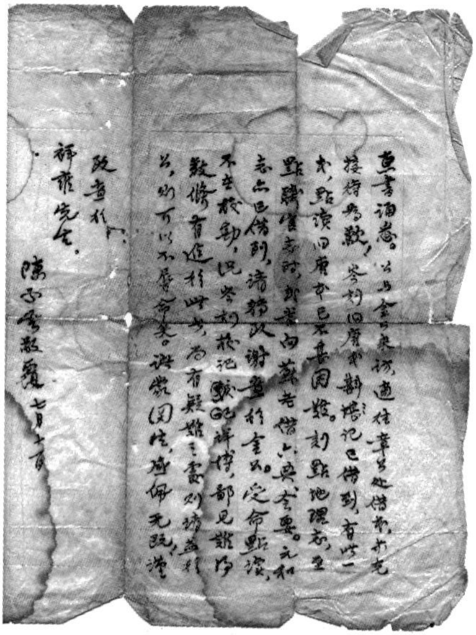

陳子展致范祥雍函

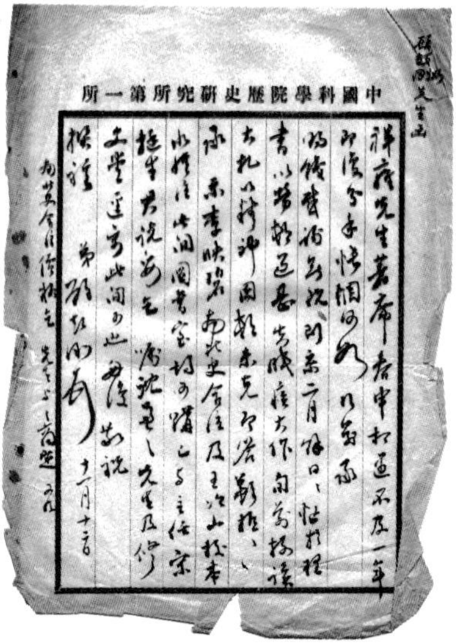

中國科學院歷史研究所第一所

顧頡剛致范祥雍函

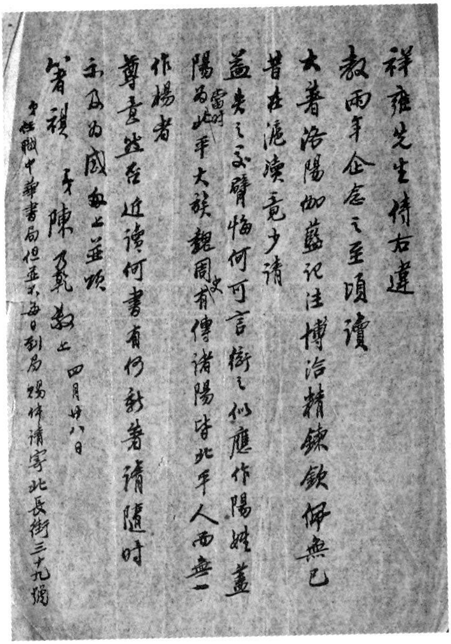
祥雍先生侍右：違
教兩年，企念之至。頃讀
大著洛陽伽藍記注，博洽精鍊，欽佩無已。
昔在滬瀆，竟少請
益，其之文臂惜何可言。衒之似應作陽姓，蓋
陽為北平大族，魏周史有傳，諸陽皆北平人，而無一
作楊者。
尊意如何？近讀何書？有何新著？請隨时
示及為感。匆匆上，並頌
箸祺 弟陳乃乾敬上 四月廿八日
弟在職中華書局，但並不每日到局，賜件請寄北長街三十九號

陳乃乾致范祥雍函

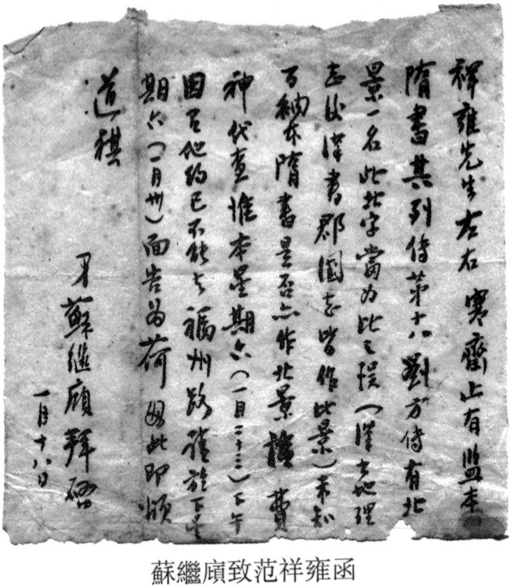
祥雍先生左右：實齋上有與本
隋書某列傳第十八劉方傳有北
景一名，此北字當為比之誤（隋書地理
志比景，漢書郡國志皆作比景），未知
百衲本隋書是否亦作北景，擬費
神代查一下。本星期六（一月二十三）下午
因已他約，已不能去福州路訪旌，下星
期六（一月卅）面告為荷。因此即頌
道祺
弟蘇繼廎拜啟 一月十八日

蘇繼廎致范祥雍函

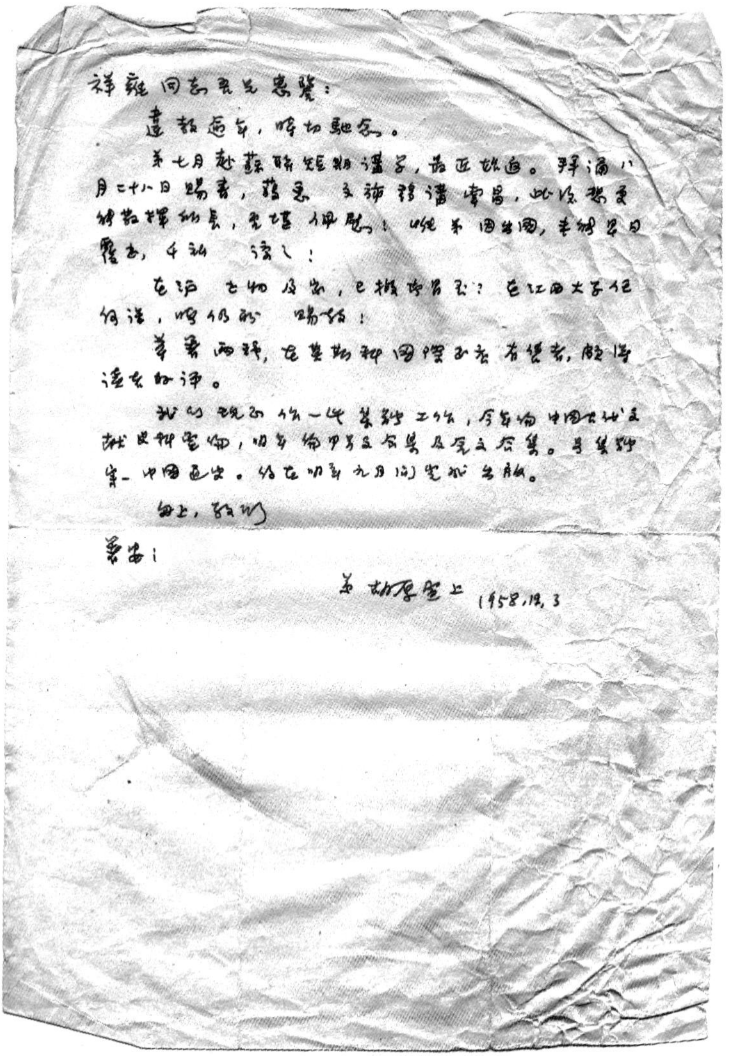

祥雍同志吾兄惠鉴：

违教远年，时切驰念。

弟七月赴苏联短期讲学，最近始返。拜诵八月二十八日赐书，藉悉 文旆转调南昌，此后想更得发挥所长，至堪佩慰！惟弟因出国，未能早日覆书，千祈 谅之！

在沪 古物及书，已搬移过去？在江西大学任何课，暇仍祈 赐告！

弟著两种，在莱比锡国际书展有得奖者，颇得读者好评。

我们现正作一些集体工作，今年编中国古代史文献史料汇编，明年编甲骨文合集及金文合集。并集体写一中国通史。约在明年九月间先后出版。

匆上，敬颂

著安！

弟 胡厚宣上 1958，12，3

胡厚宣致范祥雍函

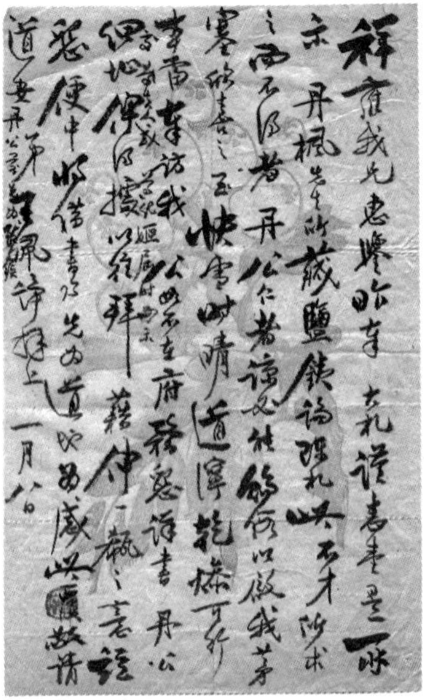

王佩諍致范祥雍函

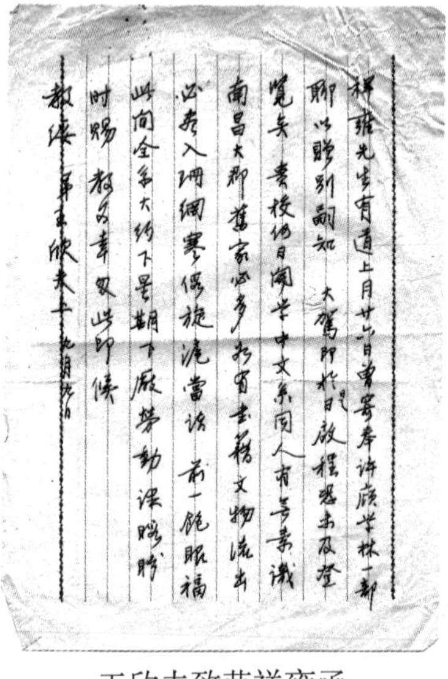

王欣夫致范祥雍函

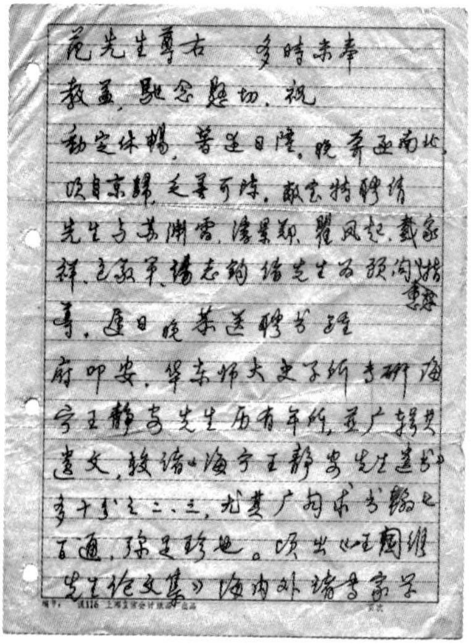

范先生尊右　多時未奉
教益，馳念彌切。祝
動定休暢，著述日隆。晚奔波南北，
頃自京歸，乏善可陳。敬告：特聘請
先生與蔣湘雲、潘景鄭、瞿鳳起、戴家
祥、王家葵、譚志鈞諸先生為顧問、專家
等，逐日晚恭送聘書，謹
府叩安。華東師大古籍所今研海
寧王靜安先生歷有年所，並廣輯其
遺文，較諸《海寧王靜安先生遺書》
多十分之二、三，尤其廣為求書錄之
不逮，殊足珍也。頃出《王國維
先生論文集》，海內外諸專家學

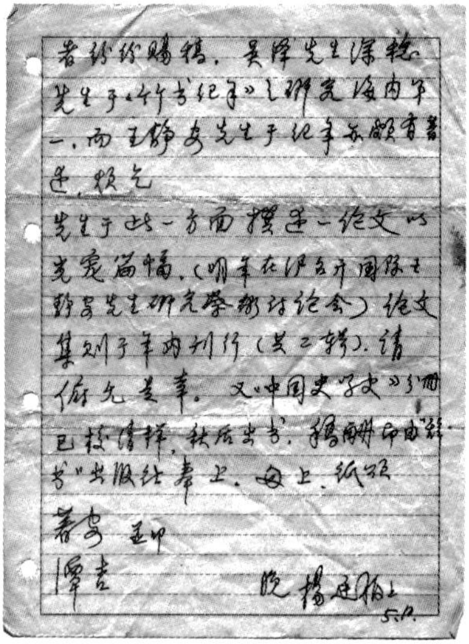

者紛紛賜稿。吳澤先生深盼
先生於《竹書紀年》之研究海內第
一，而王靜安先生於紀年亦頗有著
述，懇乞
先生於此一方面撰述一論文，以
光寵篇幅。（明年在滬召開國際王
靜安先生研究學術討論會）論文
集則於年內刊行（共二輯）。請
俯允是幸。又《中國史學史》三冊
已校清樣，秋后出書，稿酬由中華
書出版社奉上。專上，祇頌
著安　並叩
潭吉
晚楊廷福上
5.1.

楊廷福致范祥雍函

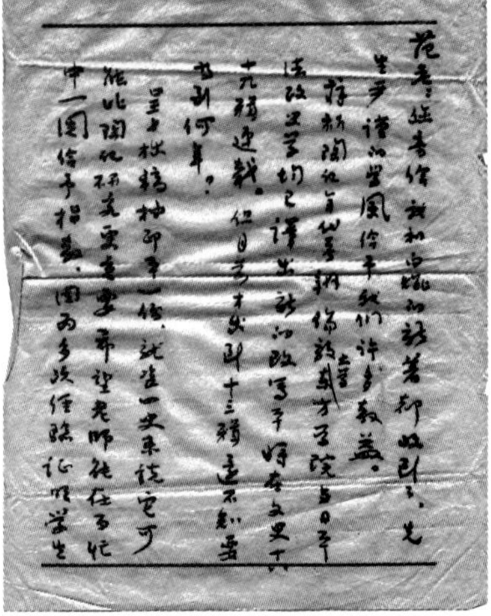

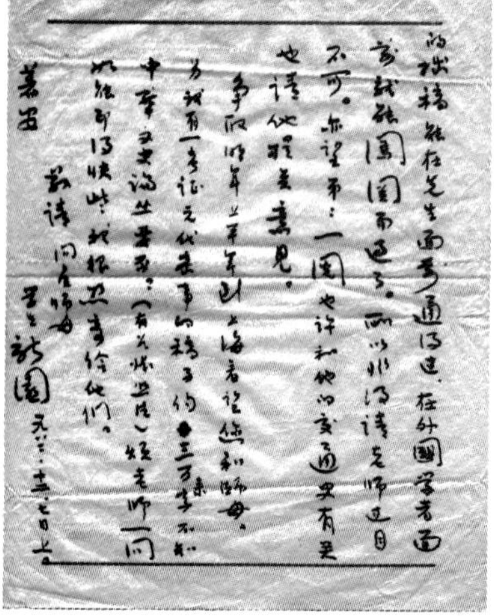

劉新園致范祥雍函

目録

范祥雍自傳

范祥雍，原名祥雲，一九一三年二月六日（農曆正月初一）生於上海，祖籍浙江省鎮海縣。清末太平天國軍起，清軍攻陷寧波，曾祖父携家人乘船逃避戰亂至上海，居南市老城。父親范東昇，母親姓葉，生有二子三女，我爲長子。我四歲時，母親早逝，姑母托人把我寄養在她的鄰居家中，寄人籬下。我家自曾祖父起，三代皆習象牙雕刻手工藝，長輩都僅初通文字，文化不多，父親也以手藝幫工謀生，後開一小鋪。因家境清寒，上不起學，父親也不注意讀書，家訓云：不識字天下好走，不識人頭寸步難行。

六歲我開始上學，其時上海得風氣之先，新辦學校不少，但我還是被送至父親開設的小鋪子附近的一家私塾上學。讀的是新編共和國教科書第一册，直至舊制中學國文第四册，所讀《五經》等書仍是科舉時代注册的教材。老夫子是位前清秀才，姓陸，教書很嚴謹。我幼時記憶力較强，上新課時老師講解一遍，就能熟讀背誦出來。其時得以與金明淵醫生同窗學伴，七十年來友情彌篤，實亦平生一大欒慰之事。我時年十歲，就學習吟詩，做對子，平平仄仄調四聲，還讀了不少詩集，如《唐人萬首絕句選》、《李太白詩集》、《蘇東坡詩集》、《劍南詩鈔》、《吴梅村詩集》、《李義山詩集》、《漁洋精華録》和《曝書亭詩注》、《昭明文選》等。如此盲目讀書，現在回想起來，雖未免浪費時間，但有些基本功正是那時練就的。後來也得到受用，也是我對文字訓詁産生興趣的開始。

一九三〇年我十七歲時，出於興趣愛好想報考大學中文系，但家中無力負擔學費，又無人相助，只好順從環境支配，時二伯父范回春交游廣泛，與陳立夫族侄、電報局陳局長熟識，便介紹我進電報局當抄寫員。每晚我則去補習夜校學習英文和會計學。三年後考入市土地局任職員。

我自十餘歲起即喜買書。起初父親所給的零用錢，我舍不得花，全用在買書上。工作之後，有了薪水收入，便節衣縮食，積錢買書，這是我買書與藏書的開端，也是打開自學之路的途徑。我愛讀中國古籍和史地之類著作，但區區微薄收入，遠不敷買書之用，便精打細算找竅門：買舊書，少買新書；買廉價書、特價書，少買高價書、實價書；逛冷僻書攤，少跑大書鋪。這樣積月累年，我的書庫竟也漸漸豐厚起來了。

一九三七年，日本帝國主義發起侵華戰爭，隨後上海淪爲孤島，我家遷居租界之内。當時公家機關全被敵僞組織所占領，我不願與他們合污，便退出機關當家庭教師，同時爲律師事務所擬寫法律文書，後又與幾個朋友合計改業經商。一九三八年，我入股大鴻運飯店并任會計主任，孤島時期，經濟畸形繁榮，飯店業十分興旺。一九四六年，又與友人共同創建泰山肥皂廠，任常務董事兼會計主任。所辦企業雖然規模不大，但從商幾載，幾經曲折，經濟狀況倒也有所改善。適遇因社會動蕩，舊書價格一落千丈，少人問津，此時我可隨心所欲買到朝思暮想多年的一些大部頭書籍，如《四部叢刊》、《百衲本二十四史》、《十通》和《學海堂皇清經解》等，這些過去爲窮書生所萬想不能到手的，此時竟可插架滿壁，喜悦之情難以言喻。《四部叢刊》是一部薈萃宋元善本影印的集大成書，它引導我進入版本目録和善本書之門。當時因連年戰爭和社會經濟落後的緣故，使社會畸形現象出現甚多，善本書與廢紙論價; 金玉同糠瓠比值,這也是文化的一大厄難。我雖嗜書如命,但能力微,眼界小,魄力不大,只能選購一些普通的善本書,便已覺得喜出望外了。至於那些宋元舊槧、黄跋顧校、毛鈔錢影等珍本得寓目一過,已足引以自豪。從藏書階梯而言,我此時剛登上第一級,遠未能窮眼福。在我買書生涯中,舊書商人郭石麟先生熟悉版本,交易公道,誠實無欺,爲市道中不可多得之君子。

我没有進過正規學校接受系統專業教育,閉門造車,也未能遇名師指點教益,之所以能摸至一點治學門徑,主要靠自己勤奮學習,鍥而不舍,强烈追求知識的欲望。這當然與買書、讀書也是分不開的。我從書鋪、書店中先後結識了一班前輩朋友,同聲相應,同氣相求,不但增加了版本知識,豐富了買書經驗,也提高了自身學問。這些前輩不僅是朋友,也是我後來逐漸掌握專業知識,走上文教崗位的導師。這裏略憶及幾位先生,以志感念。如顧頡剛先生,對青年人竭誠提攜,曾邀我幫助合編《中國歷史地圖集》等書。章巽先生與我相識於去蘇州買書途中,他對我的買書小經驗頗感興趣與贊賞,由此交往遂多。蘇繼廎先生則精於版本學,常同探究,并不時贈我珍貴善本古籍。即使在「文革」中我的藏書被抄洗一空,他亦依然送來不少精神食糧,實爲摯誠不易。尤其是陳子展先生,對我幫助尤多,受他啓迪,我撰寫了《古本竹書紀年輯校訂補》一書,適胡厚宣先生由京來滬,探望陳老,陳老當即推薦此稿,未及一周,新知識出版社即函告接受出版,而陳老在撰寫《詩經直解》和《楚辭直解》等著作中亦不時與我商討,成爲至交。另外尚有馮翰飛、陳乃乾、王佩錚、潘伯鷹和沈劍知諸先生,都是當時知名學者,我們常聚一起共同切磋學問,這些都是我永志不忘的。

由於我心不在商,經商實爲生計所迫,因此解放不久,我即棄商從文,脱離了泰山肥皂廠,在家閉户潛心著作。一九五三年我的第一部著作《古本竹書紀年輯校訂補》由新知識出版社出版，因較受讀者歡迎，一九五七年上海人民出版社曾再版。一九五四年底，我完成了《廣韻三家校勘記補釋》初稿。一九五六年陳子展、胡厚宣和章巽三位教授聯名推薦，經市高教局審核批准，復旦大學聘我入中文系任教。繼則我花了近一年半時間，寫成《洛陽伽藍記校注》一書，一九五八年由上海古典文學出版社出版。此書所收集資料較爲翔實，付出精力不少，自覺頗有稍勝於前人之處。出版後學界反映不錯，曾三次再版。此後，應中華書局約稿，先後寫成《山海經補疏》約六十萬字、《東坡志林廣證》約三十萬字和《戰國策箋證》約一百三十萬字。

一九五八年開始，人事變動亦紛繁，我從復旦大學調往江西南昌，支援江西大學中文系，繼續任教。幾年後因妻子沈琴琳患重病，家中無人照顧，而自己身體也不好，遂辭職回家，繼續埋頭書堆中，搞研究工作。至一九六五年，設在吉林長春的東北文史研究所聘我爲教授去講學，開設《昭明文選》和《文心雕龍》等課程。一九六六年該所學生要下鄉參加「四清」運動，而批評《海瑞罷官》已在全國展開，該所課程提前結束，我便匆匆束裝南返，這時史無前例的「文化大革命」開始登場了。

「文革」是一場大災難，知識分子幾乎無一幸免。我雖不在職，同樣受到衝擊，全家被抄，掃地出門，搬到一間約十五平方米的小屋裏。平時爲研究工作而備的實用參考藏書兩萬餘册，并歷代善本、名人批校本、舊抄本等，凡四十餘年心血所聚毁於一旦，尤其痛心的是前述已完稿的《山海經補疏》和《東坡志林廣證》兩部原稿亦一併被抄，至今下落不明。特别是《山海經補疏》，原已交中華書局準備付梓，適逢六十年代初政策要求「多出現代書，少出古書」，只得暫時擱置，我遂取回再作增改，不料終遭劫難。這種遭遇在當時很爲普遍，亦非一人之不幸。

一九七六年「四人幫」垮臺，迎來了祖國文化事業的春天，上海古籍出版社和北京中華書局相繼聘我爲特約編輯，使我得以繼續從事文史研究工作。首先是《大唐西域記校注》一書，「文革」前，向達先生早就提出，爲此章巽先生和我曾去北京共同編寫計劃。「文革」後，此書被列爲國家重點項目，時向達先生已逝，由季羡林先生爲主組織朱傑勤、楊廷福等學者撰寫注釋。由我獨立完成的校勘部分收集了此書的十四種不同版本和其他有關十一種古籍進行校勘，超過了日本和英、法等學者。一九八六年五月，國務院古籍整理小組和《文匯報》在介紹中説，「該書爲集諸本之長的精校本」，「這樣的精校本在近年古籍整理上也是不多見的」。國内外學術界對之的高度評價，使我深受鼓舞。該書於一九八五年獲中印友誼獎，一九九二年又獲全國首届古籍整理圖書一等獎。一九八一年陳云同志指出：「整理古籍是繼承祖國文化遺産的一項重要工作。」同年中共中央發出《關於整理我國古籍的指示》，國務院爲此恢復成立了古籍整理出版規劃小組。在黨和政府的重視和各級有關部門的大力支持下，近十年來我陸續完成出版的古籍整理點校著作有：唐道宣的《釋迦方誌》三卷，中華書局一九八三年出版；唐張彦遠的《法書要録》十卷，人民美術出版社一九八四年出版；宋贊寧的《宋高僧傳》三十卷，中華書局一九八七年出版。一九九一年由我點校整理的《宋高僧傳》又由臺灣文津出版社出版，爲海峽兩岸文化交流起到了促進作用。還有清徐文清的《管城碩記》三十卷和唐道宣的《廣弘明集》三十卷兩書點校本已完稿，交中華書局準備出版。另尚有《廣韻三家校勘記補釋》和《戰國策箋證》兩部「文革」前舊稿，已基本完成。《廣韻三家校勘記補釋》年前已交吉林文史出版社，不日即將出版。而《戰國策箋證》一稿逾一百三十萬言，近四十年來陸續寫來，可謂大半生精力所聚，上海古籍出版社原已準備出版，但本着對讀者負責的信念，我擬全部重新整理一遍，無奈年老眼疾，力不從心，只能暫緩。此外，近十餘年來我陸續發表了十餘篇論文，主要涉及歷史地理、版本目録、古文字、音韻、書法等專業領域，分別載於北京的《文史》、上海的《中華文史論叢》和香港的《書譜》等刊物上。

回憶當年誦讀寫作之時，因所做爲自己喜愛之工作，興之所至，又因長期以來搜集資料，準備較爲齊全，故寫作時并不覺吃力，但眼睛視力爲之長期受損。及今，一目完全失明，一目視力亦幾廢，皆因長年伏案工作所致，至此亦可發一深嘆！

我和沈琴琳於一九四六年結爲伉儷。琴琳畢業於復旦大學，知書達禮，長期從事文教財務工作，四十年來相夫教子，相濡以沫，惜因「文革」衝擊留下病症，於一九八五年不幸逝世。衰年喪偶，猶雪上加霜！所幸二女一子相繼長成，均大學畢業，或從事文化教育，或從事藝術歷史，各有建樹，如今三代同堂，全家和睦，亦聊有可慰。

一九八六年一月，上海市人民政府聘我爲上海市文史研究館館員，深感榮幸！一九八八年九月，趁山東舉行漢碑討論會之機，携子拜謁了曲阜孔子之墓，了却了多年來的一樁心願。近年由於健康原因，無法單獨外出，耄耋之年，也不能有大的貢獻，但我還是願作努力，争取完成因「文革」而耽誤下來的幾部舊稿，當好古籍整理咨詢，爲弘揚中華民族文化而繼續盡我綿薄之力。

范祥雍　於一九九二年

文史論文集

關於《古本竹書紀年》的亡佚年代

一

在我國浩瀚的古史典籍中，三世紀西晉初年，從汲郡（今河南汲縣西南）戰國魏襄王陵墓出土竹簡書中整理出來的《竹書紀年》是一部僅次於《春秋》的魏國編年史。此書具有重要的史料價值，可以訂正舊史，受到學者重視，但亦爲傳統的保守派學者所排斥。《隋書·經籍志》、《唐書·藝文志》、《舊唐書·經籍志》雖皆著録，此後流傳漸稀，若存若亡，終於佚失。今天我們看到的通行本《竹書紀年》則爲後來所重撰，不是原書，早已名存實亡了。爲便於區別二種不同本起見，我們從王國維先生之題，對汲冢原編本稱「古本」，對後來重撰本稱「今本」。《古本紀年》的輯佚，已有朱右曾《汲冢紀年存真》、王國維《古本竹書紀年輯校》、拙著《古本竹書紀年輯校訂補》及最近出版的方詩銘、王修齡二先生合著《古本竹書紀年輯證》。《今本紀年》之僞，經過清代以來學者們反復考證，已爲定讞，無須再買菜求益了。惟對《古本》亡佚和《今本》出現的年代，雖有論及，語焉不詳，考焉不深，猶可補充。今就此問題試作進一步探索。

二

《古本紀年》的亡佚和《今本紀年》的出現是一個問題的兩個方面，分割不開。今先略列諸家之説於下，以備參考：

（一）錢大昕《十駕齋養新録》卷十三辨《今本竹書紀年》之僞，特指出其於晉、魏之世改用周王紀年，反注晉、魏世年於下，云：「此例起於紫陽《綱目》，唐以前無有也，況在秦、漢以上乎？《紀年》出於魏、晉，固未可深信，要必不如俗本之妄。」此所云「俗本」即指「今本」。又云：「今之《竹書》乃宋以後人僞托，非晉時所得之本。」

（二）《四庫全書總目提要》史部編年類列舉各例證《今本紀年》之僞，云：「豈亦明人鈔合諸書以爲之，如《十六國春秋》類歟？」

（三）崔述《考古續説》云：「此乃近人僞作，非晉、唐人所見之書。」「（《古本紀年》）自宋以來學士皆未之見，疑其經隋、唐、五代之亂而失之。」此所言「近人」，以崔氏之年代（清乾、嘉時）推之，當指明人。

（四）洪頤煊《校正竹書紀年》據《路史·國名紀戊》引《紀年》有周桓王「十二年」及「十七年」兩條（詳見後文），因云：「羅泌已見今本。」方詩銘先生大概從之，不輯《路史》引文入其《輯證》。

（五）朱右曾《汲冢紀年存真序》云：「（《古本紀年》）亡於北宋。」

（六）姚振宗《隋書經籍志考證》云：「（《今本紀年》）明人僞作。」又據《天一閣書目》有「《竹書紀年》二卷，梁沈約注，明司馬公訂。」（按司馬公謂范欽）因云：「乃知今本二卷稱沈約注者爲欽所輯録。其小字夾行之注，亦欽所爲。欽嘗刊入《二十種奇書》。……范與鄞人豐坊同時，坊僞作《石經大學》、《子貢詩傳》、《申培詩説》，詭言古本以欺世；范亦僞作此書以自欺欺人。」

（七）雷學淇《考訂竹書紀年略例》云：「（《古本紀年》）傳者日稀，積久褫佚：《宋史·藝文志》止載三卷。……今之二卷，乃元、明人所校宋本之殘缺耳。」

（八）王國維《古本竹書紀年輯校序》謂「《古本紀年》佚於兩宋之際」。

分析以上諸説，對《古本紀年》佚亡年代，上限最遠推至五代（崔氏謂「經隋、唐、五代之亂而失之」，詞義含糊，且與其「非晉、唐人所見之書」語相牴，顯見「隋唐」二字因文附及，不是本意），下限最近逮於宋末。對《今本》出現年代，上限最遠至南宋，下限最近至明嘉靖時（范欽，嘉靖時人）。究以何説爲信呢？有待探討。

三

今重新考定《古本》之存佚年代，還當自汲冢竹書編撰開始。

西晉武帝咸寧五年（二七九）〔一〕，汲冢發見大批竹簡書，運至洛京，帝命荀勗、和嶠編次，以今隸字寫定成書的，凡十五部，七十五卷〔二〕，總名爲《汲冢書》。以爲《中經》，列入秘府，詳見於《晉書·束哲傳》。《紀年》十三篇，即爲其中之一。晉、唐時代《紀年》流傳紀録如下：

一、杜預《春秋經傳集解》：《紀年》十三篇。

二、王隱《晉書・束皙傳》：《紀年》十二卷。（《杜預後序正義》引）

三、《晉書・束皙傳》：《紀年》十三卷。

四、《隋書・經籍志》：《紀年》十二卷。注：《汲冢書》並《竹書同異》一卷。

五、《舊唐書・經籍志》：《紀年》十四卷。

六、《新唐書・藝文志》：《紀年》十四卷。注：《汲冢書》。

各書所記，差異甚微。先談「十三篇」與「十二卷」。郝懿行《竹書紀年校正》中釋云：「卷即篇也。」「《竹書同異》一卷似是校書者之附着也。《隋》之『十二』與《晉》之『十三』蓋不殊，以《同異》一卷在外故也。」其「十四卷」之異，郝氏釋云：「十四卷無《同異》一卷，蓋後之編者襍入《紀年》中矣。」雷學淇《考訂》則云：「荀、和所訂止十二卷，束氏述成之，爲十三篇，後人並《竹書同異》一卷附之爲十四卷也。」二人所釋各自有理，我以爲《王隱書》之「十二」由《晉書・束皙傳》推測，「二」可能是「三」之誤。不論十二和十三、十三和十四，都相差甚微，同爲汲冢古本，關係不大，可勿深究。

至於宋代，情況大變，公私藏書目録，如王堯臣等《崇文總目》、晁公武《郡齋讀書記》、陳振孫《直齋書録解題》等皆不載此書。鄭樵《通志・藝文略》有「《紀年》十四卷」。注：「《汲冢書》，並《竹書同異》一卷。」惟《通志》一書爲通史性質，多因襲舊文，不能反映宋代藏書情況。即如此條，對比《隋志》、《唐志》所記，可知其爲採集兩志而成，卷數從《唐志》，其餘從《隋志》，不要誤認爲宋時《紀年》有十四卷本。所以我們不把它列入。記載宋代圖書的重要記録當然推《宋史・藝文志》爲首。《宋志》載「《竹書紀年》三卷」。注：「荀勗、和嶠編。」這一記録與舊記録相較，有幾點可注意：（一）卷數差距達四與一之比，超過一般同書異卷的程度；（二）署名「荀勗、和嶠」，仍是《古本紀年》之舊，尚無《今本》的「梁沈約注」題名。這三卷本《紀年》雖書名和卷數似與《今本紀年》接近，顯非同書。爲甚麽卷數相差如此之鉅，《宋志》未講清楚，尚須另外查證。

先究尋一下《宋志》來源。《宋史・藝文志序》云：「宋舊史自太祖至寧宗，爲書凡四，志藝文者，前後部帙有亡增損，互有異同。今删其重複，合爲一卷。」説明它採自宋各朝舊史藝文志經剪裁而編成的。原始資料早佚，宋人著作中偶有所見。南宋章如愚《山堂考索前集》卷十六引《中興館閣書目》載有此書，照録如下：

> 《紀年》二卷，《雜事》三卷。釋題：按《隋經籍志》太康中汲郡人發魏襄王冢，得竹簡書。帝令荀勗（原本荀下衍氏字，今删）、和嶠撰次爲十五部，八十七卷，多雜怪妄。其《紀年》用夏正，載三代事。不及他國，特記晉魏事，終哀王，蓋魏之史記也。此本止有卷二、卷六及《雜事》三卷，下皆標云：「荀氏叙録。」一紀年，二令應，三雜事，皆殘缺。《崇文總目》不著録。

也見於王應麟《玉海》卷四十七引，略同。這和《宋志》所記不一致，非出同源，但内容較詳，可以補其不足。從此，我們可以確知《紀年》宋代實有其書，惟已殘缺過甚，止存二卷。殘存者爲原書的卷二、卷六。另有一特點爲前人所未提，即在書名下皆標「荀氏叙録」字，這和《宋志》注「荀勗、和嶠編」相應，又和清黄丕烈所校《穆天子傳》的款式相近〔三〕，因此可斷言《古本紀年》原書必有荀、和題名。

《中興目》和《宋志》有幾點不同，第一，二卷與三卷之異。若以「此本止有卷二、卷六」解之，則當指「十四卷」《古本》中之二卷，而《宋志》之三卷不知爲何卷，亦不知其是否包括卷二、卷六在内或别有殘卷。書缺無徵，不能武斷。其次，《雜事》三卷，不見於晉唐以來舊志，《宋志》亦不載，究屬何書，從其「皆殘缺」一言觀之，當是雜撮《竹書》殘文而名，非原有此題。内容可能有《瑣語》、《師春記》等殘文。或者《雜事》即《束皙傳》的《雜書》殘文。文獻不足，現在只好討論止此。

《中興館閣目》所記乃南宋時代秘府藏書情況。另外私家藏書也有此書的記載。著名學者尤袤延之《遂初堂書目》有「竹書紀年」一書的著録，惜乎它止記書名，連卷數都不載，無從知其内容。《宋志》的「三卷」本，我疑其也出於南宋記載，故可以斷定南宋時尚有《紀年》殘本。朱熹《答林擇之書》曾請其尋訪《竹書紀年》，像他那樣博學之人尚未睹原書，可見流傳之稀。因此也正可反證其時此書未亡，故朱熹聞其名而請朋友協助尋訪的。

南宋既有其書殘本，按照情理，未經靖康之變的北宋不應無之。北宋時期政局比較穩定，經濟文化比較發達。雖有戰争，卻無大規模的内戰和外侵，故而書籍流傳因雕板印刷之發展日益增多。其時《紀年》縱無全本，可決其必贏於《宋志》之三卷本。且從北宋人著作（如《太平御覽》、《通鑑外紀》等書）援引《古本紀年》之多，足證其書的存在無疑。或以《崇文總目》不著録爲疑，我認爲不著録只反映傳本之稀，不等於書已佚亡。當時雕板印刷尚初期流行，除常用書和重要典籍有刊板外，好多書還要靠手寫流傳，得之不易。秘閣藏書雖富，豈能網羅無遺。舉例而言，《戰國策》是部比較重要的衆所習讀的史籍，原書三十三篇，《崇文總目》止十一篇；同書高誘注，原書二十一篇或三十二篇，存者止八篇。後經曾鞏重校，向士大夫家搜訪，三十三篇復完。高誘注也訪得二篇，連同前存八篇爲十篇。如果曾本不出，後人將抱殘守缺，拘束於崇文院的所藏不全本了。此類例子不但宋時有之，後代印刷術發達之時也不能免的。書囊無底，切勿輕加臆決。

如上所論，可以下一斷語，《古本紀年》在宋代有殘缺，沒有全亡。《宋志》和《中興書目》著録的《竹書紀年》是《古本》，非現行的《今本》。《古本》的全佚，要在宋以後。

四

我們現在要討論《今本紀年》出現的年代。

《古本紀年》在南宋時已殘存二卷，僅有原書七分之一，缺佚過甚，不適於用。而此書流傳已久，歷代著録，其名頗著，好古學者欲見此書，爲數不尠，對此斷爛短書，不會惬意的。有心之士，或出自動，或應書賈之請，輯集舊文，補綴成書，漸成爲《今本竹書紀年》。如此推測，當在情理之中。《今本紀年》今所見本無過於明代，各本皆無序跋，源流無從跡尋，只有另找途徑探源。

宋元之際學者金履祥所著《通鑑前編》卷二中有一段記載，録如下：

《虞夏傳》曰：「惟十有五祀，貳尸，『日月有常，星辰有行，四時順經，萬姓允誠。於予論樂，配天之靈。遷於聖賢，莫不咸聽。鼚乎鼓之，軒乎舞之。精華以竭，褰裳去之』。於是乃八風脩通，卿雲叢聚。蟠龍賁信於其藏，蛟魚踊躍於其淵，龜鼈咸出其穴。」

注云：「此歌《汲冢竹書》亦有之，然誤在伊尹祀桐宮之下。考其辭，非商歌也。」

按此歌實出於《尚書大傳》，沈約《宋書·符瑞志》也載之。此文及歌辭均不合於《紀年》本書的體例及風格，然而《今本紀年》有此文，係於虞舜「命禹代虞事」之下僞沈約注中，稍異於金氏所見附在伊尹祀桐宮之下的本子。從此看來，宋元際《紀年》已有補綴，雜采他書附益之，近似於《今本紀年》。編次時代前後有異，或出於後人因金説而加以訂正，同時也反映出從《古本》至《今本》曾經歷一段加工過程而定型的。金氏所見之本雖不必是《今本紀年》，而《今本》之苗已見萌生，正式的《今本紀年》産生距離不會遠，大約在元時。

我們再從《今本紀年》傳本上來討論。今天能見到的主要本子有：（一）明嘉靖中范欽刊《奇書》本（《四部叢刊》據之景印），（二）明萬曆中吴琯刊《古今逸史》本，（三）萬曆中何允中刊《漢魏叢書》本（清代刊本從略）。諸本同出一源，無多差異。止有雷學淇《考訂竹書紀年》中提及一種「明大字本」，未見其書。據雷氏云：「嘉慶二年（一七九七）得於書肆，首尾殘闕，不題校者姓名。帝舜已下至周顯王尚完善。字體類元人所刻者，而微作徵，杜作社，不無訛舛。然依鄭侯文侯弟之類，其校勘精當處，愈於近本。《殷商紀》削伊尹乃自立及太甲殺伊尹二事，《晉魏紀》脱滅荀城荀事，疑即楊慎《丹鉛録》所稱，蓋元明間校刊本也。」雷氏雖作了介紹，仍嫌不足。他稱之爲「明大字本」，又云「字體類元人所刻」，又云「蓋元明間刊本」。模棱其詞，不能肯定，當因書之首尾殘缺之故。惟未記明字數行欵及紙質墨色爲微憾。嘉慶距今只約二百年，我們查各家書目，未見此本，還有待於訪尋。這個本子是《今本紀年》現在所知的最早刊本。依照雷氏的描述來推測，大概是明初刊本，或許是元刊本，肯定在嘉靖之前無疑，因之對姚振宗誣告范欽作僞一案可以雪白了。更從《考訂》中所引異文以覘見其梗概，節録若干條與范本對照如下：

一、范本：夏帝相二十八年注：「伯靡奪有緡氏。」大字本有緡氏下有「明年生少康」。（按范本此注在後。）

二、范本：陶唐氏元年「命羲和曆象」。大字本「和」下作一闕文。

三、范本：商太戊七十五年注：「廟爲中宗。」大字本「中」作「太」。

四、范本：商小乙六年「命世子武丁」。大字本「武丁」二字作「昭」字。

五、范本：祖甲三十三年注尾有雙行夾注：「國語曰：玄王勤商，十有四世，帝甲亂之，七世兩隕。」大字本無此夾注。

六、范本：周成王二年「入於邶以叛」。大字本「邶」作「邲」。

七、范本：周康王六年「齊太公薨」。大字本此下有「年百有十歲」五字。

八、范本：平王三十二年「立昭侯之子」。大字本此下有「平是爲孝侯」五字。

九、范本：桓王十三年「滅荀，以其地賜大夫黯，是爲荀叔」。大字本無此十三字。

一〇、范本：桓王十三年「曲沃伯晉小子殺之」。大字本此條係於桓王十五年。

雷氏所舉者不列於內。此大字本較今通行本有增損出入，表明其時代較早，也反映《今本紀年》是經過幾次修改而成的，可和上文的推論相證明。因之我認爲雷學淇謂「乃元明人所校宋本之殘缺」，比較近之。不過，「校宋本之殘缺」的提法猶有可商。宋本殘帙，《中興書目》存二卷（止原本之卷二及卷六),《宋志》也止三卷,較之十四卷或十三卷缺佚甚多。《今本紀年》自黄帝起止周隱王十六年,世系無缺,並附「沈約注」,爲書也止二卷。可見它並不依據宋本作校而已,乃别起爐灶,首尾具備,多所增益(其中存有宋殘本資料),不僅是「校」。《今本紀年》的出現當在元明之際。

五

附帶要辨明幾個疑點。《路史·國名紀戊》引《紀年》云:「(周)桓王十二年秋,秦侵芮。冬,王師、秦師圍魏,取芮伯而東之。」(此文也見《水經·河水注》引《紀年》,作「晉武公八年」爲異。)同書又引《紀年》「桓王十七年,楚及巴伐鄧」。此二「桓王」皆爲周桓王,而「王師」爲周師。以周王紀年,這是《今本紀年》之例,不合於《古本》記晉、魏世紀年之例。《路史》成書於南宋孝宗乾道六年(一一七〇),所以洪頤煊《校正竹書紀年》云:「羅泌已見《今本》。」粗看起來,似有充足理由,細按一下,還得商討。首先,此二則不見於《今本紀年》,故不能斷其爲「已見《今本》」。其次,關於引文晉、魏之世用周王繫年的例子,則不獨見於《路史》一書。《太平御覽》卷一百四十七引《紀年》:「幽王八年,立褒姒之子伯服爲太子。」同書卷八十四引同,惟無「八年」二字。幽王爲周幽王,八年當晉文侯七年。此條見於《今本紀年》,作「幽王八年,王立褒姒之子曰伯服爲太子」,文全相同。《御覽》卷八百八十引《紀年》「周隱王二年,齊地暴長,長丈餘,高一尺」。隱王即赧王。此條見於《今本紀年》隱王二年,文同,疑「暴」作「景」,「暴」是「景」之形譌。這二條並見於《今本》,而爲他書所未引,難道我們可據此即斷爲李昉等已經見到《今本竹書紀年》麽？ 從各方面資料分析，無法證明北宋初已有《今本紀年》。

話要説轉來，晉、魏世系周王紀年究不合《紀年》原書之例，對於這些亂例的引文將作何解釋？ 愚見尊王重統乃是我國古老的傳統觀念，不自朱熹《綱目》始有之，其源早見於表譜。 在同一時期，諸侯並列，各自紀年，擇一宗主國統攝之，便於讀史省檢，此也自然趨勢。 劉知幾《史通・表曆》云：「當春秋、戰國之時，天下無主，羣雄錯峙，各自年世。 若申之於表，以統其時，則諸國分年，一時盡見。」説明用意。 司馬遷撰《史記》，其《十二諸侯年表》、《六國表》，以周秦紀年總攝諸國的年世，即採此法。 進一步發展，又有「改表作法」〔四〕，如何法盛《中興書》，更爲簡切。 何書今雖不見，從劉知幾之言可以概知。 崔鴻撰《十六國春秋》，皆記北朝諸國事，而《史通・探賾》云「鴻書之紀綱皆以晉爲主」，儘管它不載東晉王朝史事。 據此，愚以爲《古本紀年》中出現周王年世，乃出於後人附注於晉魏君下，取便省覽。 古人引書間不嚴格，有以附注雜入正文者，如上述「桓王」、「幽王」及「隱王」之例正構成此種混亂現象。 故不能因此承認北宋時已有《今本紀年》。 亂絲不易理清楚，其中有一點還須存疑，即《太平御覽》所引「隱王」之稱。 隱王即赧王，此稱不見於其他載籍，止見於《今本紀年》，其下有雙行夾注校文云：「《史記》作赧王，名延，蓋赧隱聲相近。」考司馬貞《史記索隱》常喜引《紀年》以證異，然在《周本紀》赧王下，他歷引皇甫謐、王劭諸説而不提《紀年》，也無「隱王」之稱。 張守節《正義》也没有，可見《古本紀年》不會有「隱王」的。 今所據的《御覽》爲景印宋蜀刻本，也不應有後人據《今本紀年》追改《御覽》之理。 然則《御覽》所引的「隱王」從何而來？ 書闕有間，只能待考。 但從此可知「隱王」之稱别有來歷，非創自《今本紀年》。

此外，還須探討一下《今本紀年》附有的沈約注和雙行夾注。《梁書·沈約傳》及《隋》、《唐》、《宋志》皆不載約有《竹書紀年注》，審其内容，大抵出於《宋書·符瑞志》，特附於五帝及三代開國帝王事爲詳，不合注書體例，顯必爲後人托名於約者所題。何以附會爲「沈約注」呢？愚以爲這是昔人讀《紀年》者取《符瑞志》所記異跡附隸於各代君王下，以廣異聞，省稱爲「沈約曰」。後人不察，以爲沈注，遂題其名而併刊之。《宋志》尚無此注，大概起於明初。僞「沈注」之外，尚有雙行小字夾注，内容或爲校文，或爲對「沈注」補校及注，不詳何人所撰，可能出於僞沈注一人之手。其中有一條校文引人注意。《殷商紀》太戊下注文「商道復興，廟爲中宗」。雙行夾注云：「《竹書》作太宗。」此「竹書」不詳所指，疑是《竹書異同》，校者或從宋殘本中獲見之而出校的。若果如此，則《古本紀年》留有一點殘痕在《今本》校之内。

六

綜合上述所論，至此可試作以下結論：

（一）《古本紀年》宋代存在殘本，全書約亡佚於元時。南宋《中興書目》存有原書卷二、卷六殘本二卷。《宋史·藝文志》著録的三卷也是《古本》殘卷。

（二）《路史》和《太平御覽》引文有晉魏之世用周王紀年者，乃出於後人附注，不能視作已有《今本》之證。

（三）《今本紀年》初見於《通鑑前編》，但不全同於《今本》，可證《今本》是經過幾次修改增益而成的。它的最早刊本今天所知的是雷學淇所見明大字本，大約爲明初刊本。這本子未見原書，也不見其他著録。

（四）《今本紀年》的沈約注及雙行細字夾注，是後人録《宋書・符瑞志》文及校補於本書，被人併入刊行的。

這些假定，或有幾分之是，不敢自信，寫出來向讀者請益。

注釋

〔一〕此從《晉書・武帝本紀》。王隱《晉書》作「太康元年（二八〇）」（《春秋經傳集解後序正義》引），《晉書・束晳傳》作「太康二年（二八一）」。

〔二〕七十五卷，《隋書・經籍志》作「八十七卷」。

〔三〕顧廣圻校鈔本《穆天子傳序》前有題款作「侍中中書監光禄大夫濟北侯荀勗、領中書令議郎上蔡伯和嶠」（以下款從略），《道藏》本、《范欽》本、《吴琯》本也有，止作「侍中中書監光禄大夫濟北伯臣荀勗撰」，無「和嶠」以下各款，詳見山東省圖書館一九三四年景印《黄蕘圃校本穆天子傳》。此當是荀、和二氏校編《汲冢書》原式。《穆傳》也出於汲冢，藉此可以推知《紀年》原書之題式。

〔四〕見《史通・表曆》。

（原刊《文史》第二十五輯，中華書局一九八五年出版）

《戰國策》傳本源流考

《戰國策》是我國一部著名古史〔一〕，文章優美，記述生動，大史學家司馬遷著《史記》曾從中吸取養料，爲後世研究戰國史者不可缺少的要籍。此書流傳久遠，原始要終，班班可考。然而對之懷疑者也復不少，或謂是後人雜採《史記》而成，或疑今本非劉向之舊等等，略見於《僞書通考》的，隨手可檢。究竟如何，尚是懸案，須要進一步廣搜資料，考鏡源流，辨其是非，加以論定。此文之作，試圖達到這一目的。綆短汲深，不足地方，希望讀者賜正！

自《戰國策》本書的發展路程觀之，約可分爲四個時期，本文即按次探討。

一、第一時期　古本

甲　劉向原編

在西漢成帝（前三二—前七年）之時，著名學者劉向奉詔領校中秘府所藏經傳諸子詩賦等書，每一書成，要撮舉内容大意及篇目奏上（後人稱爲《劉向别録》）。《戰國策》是他校録諸書之一。

劉向《戰國策序》説：

所校中戰國策書〔二〕，中書餘卷，錯亂相糅莒。又有國別者八篇，少不足。臣向因國別者略以時次之。分別不以序者以相補，除複重，得三十三篇。……中書本號，或曰《國策》，或曰《國事》，或曰《短長》，或曰《事語》，或曰《長書》，或曰《脩書》。臣向以爲戰國時游士輔所用之國，爲之策謀，宜爲《戰國策》。

此文中對資料來源、編次方法及命名原因，都作了扼要的説明，不煩再費辭。但有二句要辨明一下，即「又有國別者八篇」、「臣向因國別者」，其中兩個「國別」，齊思和先生《戰國策著作時代考》並以爲書名，與下《國策》、《國事》、《短長》、《事語》、《長書》、《脩書》並列爲七種書（見《中國史探研》），不同於舊釋，尚須商榷。我以爲劉《序》首稱「戰國策書」是總攝下述的《國策》、《國事》等六種原始資料（下云「中書本號」，可證）。「又有國別者八篇」則謂六種資料中有八篇是以國別來編次的，乃指體例而言。《戰國策》全書就按照此體例作藍本，故説「臣向因國別者略以時次之」，然後列舉各原始資料的本號。如將「國別」作書名解，那末文章前後就貫穿不通了。至於六種中何種爲國別體，則無法强斷。若從書號來推測，《國策》、《國事》可能近之，這不過也是假定而已。

還有一説，晁公武《郡齋讀書志》説：「舊有五號，（劉）向以爲皆戰國時游士策謀，改定今名。」他所説「五號」（「五」不似誤字），疑即指上述六種而去其首種「國策」。大概他認爲《國策》即《戰國策》（後人也常通稱爲一書，但不適用於劉《序》），劉向並五種於一種，故而如此説。此説不合於劉《序》，可置勿論。

《序》説「得三十三篇」，《漢書·藝文志》同。《史通·六家篇》作三十三卷。書寫在竹簡上稱篇，在紙帛上稱卷，所以三十三卷即三十三篇。然《隋書・經籍志》作三十二卷，《舊唐書・經籍志》、《新唐書・藝文志》同。導致這種差異的原因可能有二種：一、三與二僅一畫之差，最易致訛。二、也有可能從竹簡迻寫成卷時，鈔書者把篇章次序有所並合。例如《楚策四》「或謂楚王曰」章，王念孫《讀書雜志》據《昭明文選・爲齊明帝讓宣城郡公表注》引此文作「唐雎謂楚王」，説：「則合上卷末『唐且見春申君』云云爲一篇，李善所見本此處不分卷。而『謂楚王』之上無『或』字也。」故三十三篇變成三十二卷，毫不足怪。在雕板術發明之前，書籍全憑繕寫流傳，而鈔書又隨各人的需要不同，分卷詳略時有參差，並不畫一，乃常見之事。這裏要補充一點，上述的三十三卷或三十二卷，指唐以前的鈔本而言，和曾鞏重定的三十三卷本要區別開來。

劉向原編《戰國策》的漢代傳寫本，年久跡湮，早已無法得見。幸而近代考古發掘之風興起，一九〇〇年瑞典人斯文赫定(Sven Hedins)在我國新疆沙漠裏古樓蘭廢墟發現了漢代的書寫紙，其中有一紙是隸書寫的《戰國策》殘頁(見圖版)(Conrady, A. Die: Chineschen Handischriften-und Kleinfunde Sven Hedins in Lou-lan, Stockholm, 1920)，季羡林先生説：「這張紙可能是公元二世紀寫成的。」(《中國紙和造紙法輸入印度的時間和地點問題》，載《中印文化關係史論叢》頁一一二。)這張紙僅存六行不足，未標明書名，對校姚本《戰國策・燕策》第一章尾與第二章首文字及編次相同，可決其爲《戰國策》無疑。這雖是小小一葉殘書，却由此可推知今本《戰國策》的源流有緒，對懷疑今本出於後人雜採《史記》而成，非劉向之舊者提出强有力的反證。我們不要輕視這一張小紙。

東漢人寫本《戰國策》殘頁

乙　原始資料推論

早於劉向編定《戰國策》前數十年，大史學家司馬遷大量引用見於今本《戰國策》的文章寫入其傑作《史記》中。班固《漢書・司馬遷傳贊》説：「司馬遷據《左氏》、《國語》，採《世本》、《戰國策》，述《楚漢春秋》，接其後事，訖於大漢。」所謂「戰國策」，實際指劉向編定之前的原始資料，故司馬貞説：「此是班固取其後名而書之，非遷時已名《戰國策》也。」（《裴駰史記集解序索隱》）《史記》採《戰國策》的文有多少呢？宋洪邁説：「太史公所採之事九十三則。」（《容齋四筆》卷一）這個統計數字當是依據曾鞏校定本而來，未經細核。但只要一查《史記・周本紀》記馬犯謂周君請令梁城周事，司馬貞《索隱》引《戰國策》文以校；《楚世家》記楚人有好以弱弓微繳加歸雁之上以説頃襄王事，虞世南《北堂書鈔》卷四十六引作《戰國策》。此皆不見於今本《國策》者，而唐本有之。同類例子不少，略舉一二，不復廣徵。如果《容齋》没有補入，則其數據尚嫌不足。

劉向編《策》所據中秘府藏的六種書《國策》、《國事》、《短長》、《事語》、《長書》、《脩書》，當是司馬遷《史記》採取戰國記事資料的源泉。這些書經劉向改編爲《戰國策》，原名不再見於《漢書・藝文志》（《藝文志》是依據劉向父子的《七略》而成的），也很少見於他書。《史記・主父偃傳》説：「（偃）學長短縱横術」，又《酷吏列傳・張湯傳》説：「邊通學長短」，《集解》引《漢書音義》説：「長短術興於六國時，行長入短，其語隱謬，用相激怒」，《漢書・張湯傳》同，注引張晏曰：「蘇秦、張儀之謀，趣彼爲長，歸此爲短，《戰國策》名長短術也。」據張晏之説，「長短」當即劉向《序》中的《短長》，其書談長短術，與蘇秦、張儀縱横家流相近。六種書中僅此一種偶有提到，其餘未詳。

一九七三年底，長沙馬王堆漢墓出土了大批帛書，是我國考古工作中一大新發現。其中有一份帛書，原無書名。經帛書整理小組整理，定名爲《戰國縱横家書》（初題爲《戰國策》，後改今名）。全書共二十七章，三百二十五行，一萬一千多字（見於該書的出版説明）。所載戰國時事，見於今本《戰國策》者十章（内有一章，《策》分爲二章），見於《史記》者八章（其中《策》、《史》同見者七章，獨見《史記》者一章）。除去重複，總共見於《策》、《史》者十一章，其餘十六章是久已佚失的古書。「書法在篆隸之間，避邦字諱，可能漢高祖後期或惠帝時（前一九五年前後）寫本。」[三]這份佚書，我認爲即是《戰國策》前身劉向所據六種書之一，也即司馬遷寫《史記》戰國史事所據資料之一。唐蘭先生稱其爲「司馬遷所没有見過的珍貴史料」〔四〕，此話似嫌夸張。何以見得？如果因其中十六章未見於《策》、《史》而斷爲司馬遷、劉向都没見過，那理由嫌不充足。司馬遷寫《史記》，劉向編《戰國策》，他們對原始資料是經過選擇採用的，並非輯資料彙編，照單全收的。例如《史記》記春秋史事是依據《左氏春秋》。今檢《左氏傳》有好些事不見於《史記》，難道我們可以説司馬遷没有見過《左氏傳》嗎？《史記・五帝本紀贊》説：「百家言黄帝，其文不雅馴，薦紳先生難言之。……餘並論次，擇其言尤雅者，故著爲本紀始首。」又《蘇秦列傳贊》説：「世言蘇秦多異，異時事有類似者，皆附之蘇秦。……吾故列其行事，次其時序，毋令獨蒙惡聲焉。」正説明他採擇和翦裁材料的態度。劉向《戰國策序》説：「臣向因國別者略以時次之，分別不以序者以相補，除複重，得三十三篇。」這也説明他對六種原始資料運用有所取舍的整理方法。所以，不見於《史記》或《戰國策》的古佚書，不能就肯定爲「司馬遷（或劉向）所没有見過的」。何況今天所見的《史記》和《戰國策》各本，皆距時久遠，非漢代之舊本呢？

帛書《戰國縱横家書》的發現，對我們了解《戰國策》本書有很大的幫助。第一，可以窺見劉向編《策》所據的祖本面貌，因而肯定《戰國策》原文是戰國時代或秦楚之際的作品。第二，可確認今本《戰國策》和《史記》相同之文，出自同一來源，並非有所抄襲或附益，像方苞《書刺客傳後》（《方望溪集》卷二）、吴汝綸《記太史公所録左氏義後》（《吴摯甫文集》卷四）所説那樣。第三，對文字的校訂也相當重要，帛書整理小組已作了初步工作，這裏從略。至於那佚書十六章，無疑是研究戰國史的珍貴材料。

二、第二時期　古注

高誘作注　附延篤《論》或《音義》

東漢延篤作《戰國策論》，高誘作《戰國策注》，開始對此書作專門研究，使它轉入一個新的階段。我們將分别加以討論。

延篤字叔堅，南陽犨（今河南魯山縣附近）人，《後漢書》有傳。他是當時名儒馬融的門人，桓帝時應徵爲博士，官至京兆尹。卒於永康元年（一六七）。《隋書·經籍志》説：「《戰國策論》一卷，漢京兆尹延篤撰。」《舊唐書·經籍志》、《新唐書·藝文志》同。《顔氏家訓·書證篇》引延篤《戰國策音義》，殆是一書異名。侯康《補後漢書藝文志》謂「據諸書所引，全非論體，顔黄門稱《戰國策音義》，其名似勝《隋》、《唐志》」。此書已佚。從輯本和卷數推之，内容簡略，爲草創之作。然篳路藍縷，開路先鋒，功不可没。

距時不久的高誘作《戰國策注》，始對此書作較細致的專門研究。高誘，涿郡涿縣（今河北涿縣）人，爲當時名儒盧植的門人，生於漢末三國之間。他有著作多種，今傳於世的，除《戰國策注》外，尚有《吕氏春秋注》和《淮南子注》。

《隋書·經籍志》：「《戰國策》二十一卷，高誘撰注。」這和同書著録「劉向録」本三十二卷差異。查《舊唐書·經籍志》、《新唐書·藝文志》並作「三十二卷」，與劉向録本合。《宋史·藝文志》、《日本國見在書目》高誘注本作三十三卷，則與今所傳本合。鄭樵《通志·藝文略》作二十一卷，疑據《隋志》

著録，未必其時有二十一卷本（北宋時高注已殘佚，詳下）。又北宋《崇文總目》説：「又有高誘注本二十卷，今缺第一、第五、第十一止二十，存八卷。」曾鞏《戰國策序》説：「此書有高誘注者二十一篇，或曰三十二篇，《崇文總目》『存者八篇』，今存者十篇云。」綜上所述，高注本卷數頗有參差，今表列如下，並注明所出。

一、二十一卷　《隋書・經籍志》、曾鞏《戰國策序》一本。

二、二十卷　《崇文總目》（《文獻通考・經籍考》引同）。

三、三十二卷　兩《唐志》，曾鞏《序》又一本。

四、三十三卷　《宋史・藝文志》、《日本國見在書目》。

殘本二種：

八卷　存卷二、三、四、六、七、八、九、十，共八卷。《崇文總目》。

十卷　同上八卷，增卷卅二、卅三，共十卷。曾鞏《序》及姚宏本。

上列高注四種不同卷數本（殘本除外），我認爲《崇文總目》的「二十卷」「十」下疑脱去「一」字，曾鞏引此正作「二十一卷」。《宋志》的「三十三卷」，則疑誤以曾鞏重定的《戰國策》三十三卷爲高誘注本。我們今天見到的剡川姚氏刊本《戰國策》於每卷首皆題作「高誘注」，其實高注僅有十卷，被籠統題作「高誘注」。後代書目多沿此誤〔五〕，《宋志》似啓其端。否則高注至北宋已殘闕，《宋志》何從見到三十三卷全注本而著録呢？因此要排除二、三兩種，高注傳本只有二十一卷、三十二卷之别。差異發生的原因，可能由於鈔書者分並不同、簡繁各别而産生。一種書有幾種卷數不同的本子，此例在古籍中常遇之，不勝枚舉，也不須深究了。

對於殘本多寡，雖無關宏旨，尚有幾句話要談。合《崇文》及曾校本一起，高誘注殘存卷二至四，卷六至卷十，卷卅二至卷卅三，共十卷。姚宏刻本是依據曾校本的，缺注相同，向來對此没有疑問。

今檢姚宏本有若干條注文存在疑點，列舉如後：一、姚本卷二十三《魏策二》「犀首見梁君」章：「令母敢入子之事」，此下有夾注：「入，猶與也，曾、劉無此注。」二、又「蘇代爲田需説魏王」章：「臣請問文之爲魏」，夾注：「爲，助也。曾、劉無此注。」三、同章：「衍將右韓而左魏」，夾注：「右，近；左，遠。曾、劉無此注。」四、又「五國伐秦」章：「扮之請焚天下之秦符者」，「扮」下夾注：「扮，博幻切，握也。」五、又「魏惠王起境内衆」章：「而孫子善用兵」，「孫子」下夾注：「孫臏也。」六、又「田需死」章：「必右韓而左魏」，夾注：「右，親也；左，疏外也。」七、又同章：「太子爲非固相也」，夾注：「固，猶久。」八、又「梁王魏嬰觴諸侯於范臺」章：「齊桓公夜半不嗛」，夾注：「（嗛）快也。」九、同書卷二十五《魏策四》「魏王欲攻邯鄲」章：「吾用多」，「用」下夾注：「用，資也。」一〇、又「秦魏爲與國」章：「秦魏爲與國」，夾注：「相與同禍福之國也。」一一、又同章：「是大王籌筴之臣無任矣」，夾注：「任，能也。」一二、又「魏王與龍陽君共船而釣」章：「其自纂繁也完矣」，夾注：「謂冒覆也。」以上卷二十三及卷二十五兩卷，姚宏原來校文異同不列入内，有夾注十二條（内八條屬於卷二十三，四條屬於卷二十五），其中一至三條，前半是注文，後半是校文，説明注文爲曾鞏、劉敞本所無。這清楚地交代前半注文不是姚注而爲他據别本（可能是孫朴校本）所補入的。以下四至十二條注文，皆無校語。惟四條下有「博幻切」三字爲音切。三條「右，近；左，遠」；

和六條「右，親也；　左，疏外也」，文稍異而義同。這十二條夾注和姚宏續注校文，除一至三條後半的校文外，體例不合。姚書體例，校文並著某作某或某某（上某爲姓，下某爲異文）。注則並冠以「續」字，以別於高注。今此夾注不合其例（三條後半有校語者除外），顯非其注。且姚注多援引古書以證，屬於考據性的，與此不同。相反地，高誘注多屬於訓詁解釋，與這些夾注很相類。由此推證，故我認爲這正是高誘注的殘文。僅此還不能徵信於人，有證可提。上文引九「魏王欲攻邯鄲」章注：「用，資也。」檢《昭明文選》卷二十三《詠懷詩》「北臨太行道，失道將如何？」《注》引《戰國策》曰：「（季梁見魏王）曰：『今者臣來，見人於太行，乃北面而持其駕，告臣曰：吾欲之楚。臣曰：之楚奚爲北面？曰：吾馬良。臣曰：雖良，此非楚之道也。曰：吾用多。臣曰：雖多，此非之楚之路也。曰：吾善御。』」（下略）下引高誘曰：「面，鄉也。駕，馬也。之，至也。用，資也。」《文選注》所引《戰國策》正是《魏策》此章之文。其引高誘曰「用，資也」也見於今所存殘注中，全相合（只是殘注失去「面」、「駕」、「之」三字的注文）。這足以證明殘文乃是高誘注無疑了。又上引文一〇「秦魏爲與國」章注：「（與國），相與同禍福之國也。」檢《史記・項羽本紀》：「項梁曰：田假爲與國之王。」司馬貞《索隱》引高誘注《戰國策》云：「與國，同禍福之國也。」兩相對照，盡合，可見唐人所見本無殘。這對高注的假定又是一證。有人或許懷疑，爲甚麼從來沒有人提起過這問題呢？我認爲這二卷注文殘缺過甚，存字寥寥，一共十二條，曾本、劉本還少三條，只存九條，不引人注意，前人忽略過去，沒把它們計算在高注內。實際我們今天見到的高誘注十卷外，尚有卷二十三、二十五殘注二卷，共爲十二卷。夾注四「博幻切」三字爲音切，與高誘注音體例不合（其時音切尚未有），當是後人所附加的，不屬高注。

再讀北宋傳下來的高注十卷，鮑彪譏其「疏略無所稽據」，吴師道辨其誣〔六〕。但注文「疏略」，吴氏也同意。若以高注《吕氏春秋》、《淮南子》（《淮南注》有與許慎注相淆者）來比照，竊疑今本有闕佚。錢大昕《剡川姚氏本戰國策序》也説：「似十篇注尚非足本也。」又曾鞏所增高注二卷中卷三十三《中山策》末「昭王既息民繕兵」章不應隸此，當隸於《秦策》（説詳後），決非高注本之舊。又十卷注文的編次有人對此提出可疑。《東周策》「東周與西周戰」章，此卷無高注，金正煒《戰國策校釋》説：「按（《西周策》）『周君之秦』章『謂周最曰：有人謂周最，姓名不見也。』高氏出注於後，足證此本章次已淆。」其言可作參考。

裴駰《史記集解序》：「采《世本》、《戰國策》。」司馬貞《索隱》引高誘曰：「六國時縱横之説也，一曰《短長書》，亦曰《國事》，劉向撰爲三十三篇，名曰《戰國策》。」齊思和認爲是《戰國策注序》的佚文（《中國史學之探研》頁二四二），似是。高注佚文，多見於唐宋載籍徵引，此不廣及。

漢人舊注僅有二種，一種已亡佚，一種殘存不足三分之一。因其時代接近，古訓多存，且爲專研者作先驅，雖斷玦殘圭，我們也應該加以珍重。

三、第三時期　今本

甲　曾鞏重定

《戰國策》本書及高誘注本經過唐、五代的變亂，遭遇到大厄難，亡佚很多。宋初，國家圖書館——崇文院所藏此書，只有本書十一卷，高注八卷而已。佚失原因由於兵燹或火灾，也由於雕板尚未廣行，民間藏書稀少，繕寫本得之不易，漸至亡佚。挽救此書有力之人當推北宋曾鞏。

曾鞏《戰國策叙録》説：

> 劉向所定著《戰國策》三十三篇，《崇文總目》稱十一篇者，闕。臣訪之士大夫家，始盡得其書，正其訛謬，而疑其不可考者，然後《戰國策》三十三篇復完。

又説：

> 此書有高誘注者二十一篇，或曰三十二篇，《崇文總目》存者八篇，今存者十篇云。

這裏説明他董理此書經過情況，語簡事備，關係到今傳本《戰國策》的可信問題，很爲重要，我們應詳細加以考核。

曾鞏字子固，南豐（今江西南豐縣）人，北宋著名文學家，《宋史》有傳。本傳説他「中嘉祐二年（一〇五七）進士第。調太平州司法參軍。召編史館書籍，遷館閣校勘、集賢校理」〔七〕。他中進士第爲嘉祐丁酉（一〇五七），何焯考證其年「已三十八歲」〔八〕。鞏召任編修史館書籍，重校《戰國策》，並不詳其在何年。絶對年代無從得知，只好推算其相對年代，試爲探討如下。

曾氏的重定本，依照《序録》所説，他「訪之於士大夫家，始盡得其書」。這些「士大夫」指何人？《序録》未講清，難以指認。查今所傳《戰國策》曾《序》之後附有李文叔和王覺二人題跋，姚宏、鮑彪二本皆載之，説明不是他們二人所附加的，我認爲這是曾鞏重定本原來附有的。且看跋文内容，李文叔〔九〕《書後》説：「今《戰國策》宜有善本傳於世，而參錯不可疾讀，意天之於至寶，常不欲使人易得。

故余不敢竄定，而其完篇皆以丹圜其上云。」王覺《題辭》說：「治平初（一〇六四），始得錢唐顏氏本讀之，愛其文辭之辨博。而字句脱誤，尤失其真。丁未歲（一〇六七，即治平四年），余在京邸，因借館閣諸公家藏數本參校之，蓋十正其六七。」又說：「會有求予本以開板者，因以授之，使廣其傳。」此二文中均未提曾鞏校本，當是時代稍前。王文中談到治平四年（一〇六七）借本校書事，因此推算曾本距此不會遠，大約在神宗熙寧時（一〇六八——一〇七七），鞏年五十左右。王覺説：「有求予本以開板者」，不知是否實現？無論王覺校本是否雕板，曾鞏曾經借李、王二本校定《戰國策》（王覺可能與曾鞏同在史館，彼此借校），故附二人的跋文於書尾。當然「士大夫家」尚不止此二人，如他人只校而没題辭和署名，因而無從知悉。另外，要補充一點，曾鞏本人「性嗜書，家藏至二萬篇」〔一〇〕。以當時官家藏書，《崇文總目》不過三萬六百六十九卷（《宋史・藝文志》），私家所藏如此，足稱富備，其中必多異本，取爲校書之用，只是《叙録》不便自道耳。故而他自出家藏本參校極其可能。今對曾校採納各本表列如下：

一、崇文院殘本十一篇
二、李文叔校本
三、王覺校本
四、其他士大夫家本
五、曾鞏家藏本
六、崇文院藏高誘注殘本八篇

七、其他高誘注殘本二篇

曾校本開始確定了《戰國策》傳本的統一形式，它的特點：一、恢復了劉向三十三篇編次，搜異補缺，始《東周》至《中山》，基本上完全了。二、並增高誘殘注十卷（另殘高注二卷不計在内）和本書連繫在一起，使之不再有亡佚之憂〔一一〕。三、對全書作了一番訂誤補闕的工作，很爲認真。孫朴在元祐中（一〇八六——一〇九四）見到曾鞏三次所校定本（見姚刻本附編），可證其用功之勤。總之，曾鞏對《戰國策》一書來説，確是功臣，他是劉向的繼承者。

更有一個問題提出來研究。今見姚本卷三十三《中山策》尾有「昭王既息民繕兵」章，姚氏在章後注説：

「子由《古史》云『《戰國策》文』，並收入。」姚寬在《後序》〔一二〕也説：「武安君事在《中山》卷末，不詳所謂。」這一卷有高注。鮑彪本也有此章，惟列於《秦策》昭王下。此章是否姚氏增收，或曾本原來如此？若姚氏所收，不應鮑本也有（鮑與姚同時，鮑未見姚書）。姚所云「子由《古史》」者，子由乃蘇轍之字。考蘇轍《古史・白起傳》載此事，文字稍有異同，傳中不言出《國策》，惟《傳贊》説：「及覽《戰國策》，觀起自陳成敗之跡，乃知邯鄲法不可再攻，而起非特以怨不行」，正據此章爲説，可證蘇氏所見本有這一章。曾鞏年輩長於蘇轍多歲，《古史》本文稍異且無注，與此亦不同，故決非曾氏據彼收入。再查唐趙蕤《長短經・七雄略注》〔一三〕有此文下段，則其由來已久。故我斷爲曾本原來有的。但此章明明記秦趙長平之戰時事，爲什麽編於書後《中山策》之尾，不倫不類？此疑問可以解釋清楚的。此章的編次，當隸於《秦策》，按劉向「略以時次之」〔一四〕例排比，又當隸於卷五《秦策三》中。這一卷正記范睢爲相及秦圍邯鄲事，時間相當。今本此卷無高誘注。從各種跡象來推定，我認爲這是曾氏所得高誘注殘本（卷三十三）如此。高注本殘佚過甚，次在卷末，蓋校書者續得此一章，不能獨立成卷，因附綴於書尾《中山策》後。它的不隸於《秦策》，乃出於校者的態度謹嚴，保存原來面貌，並非無知。此校者是曾鞏或前人，不能妄斷。同時，我們可知道今本高注殘卷，其中章次有些淆亂。如將此章揀出，別入他卷（假定是卷五），則高注殘存爲十一卷，加上前述卷二十三、二十五殘注便成十三卷了。

現在，我們進一步來分別討論曾校本以前及其書在當時傳刊情況。

（一）曾校本前的傳本　北宋以前書籍的流通主要是繕寫本，此類無法計數（《國策》尚未見唐寫本），可置勿論。我們要知道的是刻本。北宋之初，雕板術漸漸普遍，《戰國策》已有刻本行世。王覺在英宗治平初（一〇六四）得到「錢唐顔氏印本」[一五]，「印本」指雕板印本。又孫朴《書閣本〈戰國策〉後》説：「借劉敞手校書肆印賣本參考。」[一六]劉敞生於真宗天禧三年（一〇一九），卒於神宗熙寧元年（一〇六八），與曾鞏同時。這是一種民間書坊刊印本。此二種刻本時間雖不能詳，但在曾校之前無疑，爲見於文獻記載的早期刻本。是否尚有其他更早刻本，今不能知。此類刻本質量較低，姚宏在《題識》中説：「舊本有未經曾南豐校定者，舛誤尤不可讀。」我們也應承認它們當時曾起過流通作用。

（二）曾校本的傳刊　自曾鞏重定本出，《戰國策》始有善本、足本。曾校是官修書，何時雕板印行呢？孫朴《書閣本〈戰國策〉後》説：「自元祐元年（一〇八六）十二月入館，即取曾鞏三次所校定本。」「閣本」即曾校本，此文作於元祐八年癸酉（一〇九三），距鞏之卒（一〇八三）凡十一年。孫朴看到了曾氏的原校本，從文章看來，似其時尚未刻板流行，推測刻板當在元祐之後。北宋刊本今無一存，惜不能究其真相，只好存疑。

原本雖不可見，從間接資料或窺見一二。姚宏本是依據曾本參校的，他在本書題後說：「南豐所校乃今所行，都下、建陽刻本皆祖南豐，互有得失。」又說：「括蒼所刊，因舊無甚增損。」又署名姚宏之弟姚寬《後序》說：「其浙、建原小字刊行者，皆南豐所校本也。括蒼耿氏所刊，鹵莽尤甚。」〔一七〕。尤袤《遂初堂書目》著録有「舊杭本」。他們三人皆是南宋初年人，所見《戰國策》不是北宋刊本，也該是南宋初刊本。姚氏所稱「都下」指當時京都臨安（今杭州市），也即浙本。《遂初目》的「舊杭本」似同爲一本。但既稱「舊杭本」，或尚有新杭本別行。建陽在宋代是民間刻書工業的要點，書坊林立，刻書衆多，《戰國策》是部熱門書，不會遺刻的。括蒼耿氏刻本，在吳師道《校注》本後載其序，轉録如下：

> 余至括蒼之明年，歲豐訟簡，頗有文字之暇。於是用諸郡例，鏤書以惠學者。念《戰國策》未有板本（按此謂括蒼無此書刊板），乃取家舊所藏刊焉。是書誤舛爲多，自曾南豐已云「疑其不可考者」。今據所藏，且用先輩數家本參定，以俟後之君子而已。（下略）紹興四年（一一三四）十月
>
> 魯人耿延禧百順書。

耿《序》紀年爲「紹興四年」，則其「家舊所藏」底本必是北宋刊本。吳師道《校注》在曾鞏《戰國策叙録》後題識說：「凡浙、建、括蒼本皆據曾所定。」三本之中大概以浙本爲先。今表列曾校傳刊本如下：

曾鞏校定本
- 一、浙（都下）本
  - 舊杭本
  - 新杭本？
- 二、建陽本
- 三、括蒼耿延禧刊本

乙　姚宏續校

南宋初，剡川（今浙江嵊縣）姚宏廣羅衆本，對《戰國策》又作新校和續注，在曾本基礎上有所發展和提高。在討論姚本之前，先須瞭解他所依據孫朴校本的情況。

孫朴校《戰國策》用力甚勤。據他自己說：「自元祐元年（一〇八六）十二月入閣，即取曾鞏三次所校定本及蘇頌、錢藻等不足本，又借劉敞手校書肆印賣本參考。比鞏所校，補去是正凡三百五十四字。八年（一〇九三）再用諸本及集賢院新本校，又得一百九十六字，共五百五十簽。遂爲定本，可以繕寫黄本入秘閣。集賢本最脱漏，然也間得一兩字。」又説：「此書舛誤特多，率一歲再三讀，略以意屬之而已。」〔一八〕姚宏從其族子那裏借得校本，借助不少。孫校此書先後歷八年，「一歲再三讀」，所據有五本，可算是有心之人。他的勞勤成績，幸而借姚校本保存下來。

姚宏依據孫本再加工，益臻完善。他對孫本作過復核，説：「孫舊云五百五十簽，數字雖過之，然間有謬誤，似非原書也。」〔一九〕又説：「括蒼（按即耿延禧刊本）無甚增損。」表明他的治學態度很審慎，有批判地甄擇材料。其書體例謹嚴，薈萃諸本異文，旁及他書，考證得失，間有補充，但不失曾校本之舊。吴師道稱其書「簡質謹重，深得古人論撰之意」。又説：「異時當廣傳寫，使學者猶及見前輩典則，可仰可慕云。」（《戰國策校注・後識》）他在《校注序》裏特提姚書説：「參校補注，是正存疑，具有典則。」推崇備至，也非過譽。今表列姚宏所據校本如下：

一、曾校本（包括浙、建、括蒼刊本）
二、孫朴校本
　　子　閣本（曾鞏三次校本）
　　丑　蘇頌不足本（一）
　　寅　錢藻不足本
　　卯　劉敞校書坊本（二）
　　辰　集賢院新本（三）
三、一本
四、別本（四）
五、據他書正異者
——姚宏校本

附注：（一）蘇頌本今不見於姚校文中，此從孫朴《書後》。

（二）劉敞校本止三十卷，見姚本卷三十尾題。

（三）集賢院本，姚本卷二十一後尾題説：「集賢院第二十一卷全不同，疑參互。」

（四）一本與別本見於姚校文中，不詳何本。

由此可知姚校本除「五、據他書正異者」不計外，直接參考四種本子（其中曾本有三種刊本，作一種計數），間接參考有五種本子，兩共九種本子。

接下來我想談關於姚校本流傳問題。

姚宏書最早見於尤袤《遂初堂書目》，宋人呂祖謙《大事記》、趙與時《賓退録》、王應麟《困學紀聞》

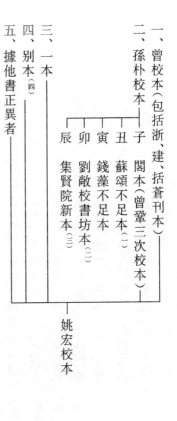

皆引用之，當時比較流行。但《宋史·藝文志》子部縱横家只著録鮑彪《戰國策注》，而無姚氏《續注》，反映那時此書已不多見，故史志闕書。吴師道是見到姚本的，他説：「剡川姚氏《續校注》最後出，予見姚注凡二本，其一冠以目録、劉《序》，而置曾《序》於卷末；其一冠以曾《序》，而劉《序》次之。蓋先劉氏者，元本也，先曾《序》者，重校本也。」（見其書曾鞏《序》後題跋）又説：「予所得（姚）本背有寶慶（一二二五——一二二七）字，已百餘年物，時有破爛處。」（又同書署至順二年〔一三三一〕跋）他特地詳記其書，顯見當時流傳甚少。吴氏説「背有寶慶字」，本不知是在前所言「二本」之内或另外一本，按理當包含在内。

姚刊是今傳《戰國策》的重要本子，它最接近古本，所以我們要詳考其流傳始末。

姚書自序題爲「紹興丙寅中秋」。丙寅乃高宗紹興十六年（一一四六），書成於是時，刻行當不會遠。紹興本子元時已不見到，流傳於後的有另外二種宋本，一種影宋鈔本，今分别述其源流。

一、梁溪安氏本　明季錢謙益得宋本《戰國策》二部，他在先一部後跋説：「此本乃（姚）伯聲校本……天啓中（一六二一——一六二七）以二十千購之梁溪安氏，不啻獲一珍珠船也。無何，又得善本於梁溪高氏，楮墨精好，此本遂次而居乙。每一摩挲，不免以積薪自哂。要之，此兩本實爲雙璧，闕一固不可也。崇禎庚午（一六三〇）七月曝書於榮木樓，牧翁謹識。」〔二〇〕他先後得到兩部不同的宋刊姚本《戰國策》，後人爲了易於區别，稱原藏於梁溪安氏的爲「安氏本」，原藏於梁溪高氏的爲「高氏本」，今沿用此稱。錢跋寫在安氏本上。查此本的流傳情況，牧齋之後，書歸於其侄孫錢曾〔二一〕，繼歸於季滄葦〔二二〕，後失其傳。但景寫本流傳有數種。可考見者：（一）毛氏汲古閣景鈔本，後歸孔昭焕家，《四庫全書》即據以録入〔二三〕。（二） 陸貽典（敕先）曾借錢遵王（曾）藏本影録並校字者〔二四〕。此本後來歸於黄氏士禮居，黄丕烈有跋云：「《戰國策》高注本向傳二本，一出於梁溪安氏，一出於梁溪高氏，皆宋刻。高氏本，余已刊行於世矣。安氏本影寫者出常熟陸敕先家，敕先跋語皆係親筆，並高氏異同，亦粘籤於上，余甚珍之。以二本不可偏廢，並重昔賢手澤也。復翁炙硯書。」（見《愛日精廬藏書志》卷十一）黄氏得此書在模刊梁溪高氏本之後，時間較晚。再轉入張金吾愛日精廬。以下流傳不詳。（三） 乾隆丙子（一七五六）盧見曾從吴中借陸貽典（敕先）校本刊板行世，即今雅雨堂本〔二五〕。此本常據鮑注吴校竄改，失去安氏本真貌。（四） 別有一本，爲吴志忠有堂所藏，顧廣圻《影鈔安氏本戰國策跋》云：「此有堂吴氏先世之遺，亦從安氏本影鈔，行款筆跡幾乎無二。……唯每册有『錢楚殷』圖記爲少異。……想乾隆間入璜川者。」（見《思適齋集》卷十四）《讀書敏求記校證》卷三之上引吴志忠云：「先祖樂意軒藏書中有影宋剡川姚本，與黄氏刻本別出。有『錢楚殷』印記」，與顧跋可相證。章鈺《校證》注云：「志忠字有堂，其祖名企。楚殷名沅，遵王長孫。」據此，這個影鈔本出於錢曾之孫楚殷家，也是述古堂物。吴志忠家即世稱「璜川吴氏」者，多藏善本。此本志忠以後不知歸何人。

二、梁溪高氏本　錢謙益跋中的後來所得本，其後輾轉經澤存堂、馮秋雀、毛榕坪、金雲莊家〔二六〕，再歸入黄丕烈。黄氏在嘉慶八年（一八〇三）依照原式，「影模宋槧而重刊焉」〔二七〕，別撰《札記》三卷附後，即今所傳士禮居刊本。原書後歸於松江韓應陛家，韓氏《讀有用書齋書目》著録説：「六册，宋刊宋印，黄蕘圃跋四則，又詩一則，又鈕非石、袁廷檮、夏方朱、顧澗蘋詩並顧跋一則。」可見當時人對此書的珍視。其後歸南海潘氏〔二八〕，潘氏又捐獻於北京圖書館，今藏在庫〔二九〕。這是梁溪高氏原本流傳的下落。在黄丕烈模刻之前，高氏本的化身也有幾種，見於著録的，有葉林宗和毛氏目耕樓（即汲古閣毛氏）印録本，此二種印録本，陸貽典曾借來以校梁溪安氏本，其後流傳不詳。北京圖書館藏有清初景宋鈔本《戰國策》，未知所據何本，未經目驗，不能妄測。

三、吴中顧氏藏景宋鈔本　此本爲顧之逵（抱冲）所藏（以下簡稱顧本），顧是著名校勘學家顧廣圻（千里）之從兄。書原爲東城顧氏物，由蔣春皋歸於之逵。據黄丕烈言與錢謙益藏的安氏本「非一刻，小小有異」。顧本後入汪士鍾藝芸精舍，咸豐間又入於山東聊城楊氏海源閣。書有顧廣圻、黄丕烈二跋，每半葉十行，行二十字。黄跋云：「此本非即余所藏宋本（按指高氏本）鈔出，故行款不同，字句間有互異。」海源閣在一九三〇年遭受兵劫，藏書多散失，顧本也在其中。後爲齊魯大學圖書館購進。彭翔生曾據此本撰《景宋精鈔本姚校戰國策校記》，載於齊魯大學文學院國學研究所出版的《國學彙編》（民國二十三年六月刊）。顧本曾鞏《序》在卷首第一頁。此本雖非宋刊，但從宋刊景鈔，鈔手精工，逼肖原書，且不同於高、安二本，乃別出一源，故列於第三種本子。黄丕烈《戰國策札記序》説：「梁溪安氏本……見其景鈔者，在千里之從兄抱冲家。」此序實出於顧廣圻（千里）代作（載在《思適齋集》卷七），恐黄、顧二氏當時未取本書細勘，故語有疏失。這個本子今藏於山東省圖書館。

另外，北京圖書館藏有明穴研齋鈔本二種〔三〇〕，一本三十三卷，一本殘存二十六卷。依據卷數揣想，可能是姚宏校本。又《讀書敏求記校證》引蔣鳳藻云：「阮文達（元）曾得宋刻本，後入杭州汪氏。」此宋刻本未明言其爲姚本抑鮑本，杭州汪氏是否指錢唐汪氏振綺堂，也不可考。這幾種本子，因未睹原書，姑且存疑。

綜觀上述三種姚本《國策》，二種是宋刊，一種是景宋鈔，内容各稍不同。可見姚宏書在南宋至少有三種刊本流傳，吴師道所見二本，猶尚不備。這三種本子，高本今存北京圖書館，黄氏士禮居模刻及其景印本流傳最廣。安本今不知下落，盧氏雅雨堂刊本基本上保存此本特點。顧本原藏於齊魯大學圖書館，今存在山東省圖書館。此本的特點在彭翔生《校記》中已有介紹。故而三本原書今存高、顧二本，安本恐已佚失。另外黄丕烈在自藏宋板《新雕重校戰國策跋》中提到的汪秀峰家藏宋本（見《寶禮堂宋本書録》卷二），黄氏説：「特未識汪本又何如耳。」他未見過此本，今也不知下落。此本可能即安氏本，也可能爲其他宋本，未睹原書，不能武斷，故未列在内。

我們再就吴師道所見姚書二本和上述各本比照。吴氏言：「姚注凡二本：其一冠以目録、劉序，而置曾序於卷末；其一冠以曾序，而劉序次之。」驗之三本，其第一種和高本（即士禮居模刻的祖本）合，第二種則和安本、顧本合（惟安、顧二本並不全同，詳彭氏《校記》）。這二種特徵雖是符合，究其内容，是否相同呢？這要檢吴注本書來證驗。吴書卷八《韓策》列侯下「韓傀相韓」章：「是其軼賁、育而高成荆矣。」吴補云：「姚本云：『高《吕氏春秋》豫讓必死於襄子而趙氏皆恐，成荆致死於韓王而周人皆畏。』」今三本並無此文。吴書卷九《燕策》昭王下「齊魏争燕」章：「燕因合魏得趙。」鮑彪「得」上補「魏」字。吴補云：「姚本有此（魏）字。」今三本「魏」下不重「魏」字，與鮑所見本同，而與吴説異。吴書卷五《楚策》頃襄王下「齊韓魏共攻燕」章：「晝以車騎暮以燭，通使於魏。」吴補云：

「姚本車作軍，通作見。」今檢三本卷三十一《燕策三》同章燭下有「見」字，其餘同鮑、吳本。由這三條異文觀之，吳氏所見二本可能其中有一種爲三本之外的另一種刊本，也或許三本中有先後修補板而發生差異。我們不妨這樣假定，姚宏書在宋時有多種刻本，如高本、安本、顧本，再加上吳師道所引異文本。今表列諸本流傳如下：

姚宏本

- 一、梁溪高氏本
  - 錢謙益——澤存堂——馮秋雀——毛榕坪——金雲莊——黃丕烈——韓應陛——南海潘氏——北京圖書館
  - 景鈔本
    - a. 葉林宗本
    - b. 毛氏目耕樓本
- 二、梁溪安氏本
  - 錢謙益——錢曾——季滄葦（其後失傳）
  - 景録本
    - a. 毛氏汲古閣——孔昭煥——四庫館校録
    - b. 陸貽典影録並校——吳中某氏——黃丕烈——張金吾
    - c. 盧見曾據之校刻行世（即雅雨堂本）
    - d. 錢楚殷（曾之孫）——吳志忠
- 三、吳中顧氏景抄宋本
  - 東城顧氏——蔣春皋——顧之逵——汪士鍾——楊氏海源閣——齊魯大學圖書館——山東省圖書館
- 四、吳師道引姚書有異文者　今未見其本

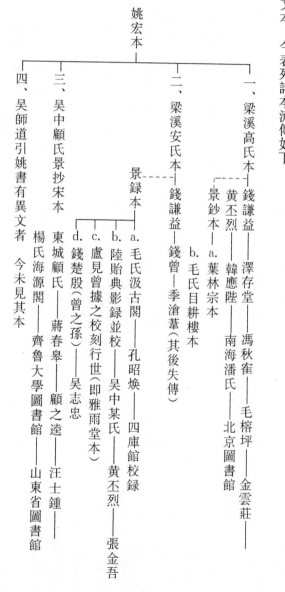

姚宏書在宋時板行多次，但流傳下來的稀少，吴師道已言難覯，元明以下更無論已。這原因大概由於鮑注風行，讀《國策》者皆習其書而致然。吴師道《戰國策校注序》説：「剡川姚宏亦注是書……具有典則，而世罕傳，知有鮑氏而已。」又説：「鮑能分次章條，詳述注説，讀者眩於浮文，往往喜稱道之，而姚氏殆絶。」這也解答了上提的疑問。直至清代，盧見曾刻之於前，黄丕烈模刊於後，姚書始恢復其學術地位，這也可窺時代風氣之轉變。

另外帶説一下。吴師道《校注》後附録姚寬手寫《後序》一篇。姚寬爲姚宏之弟，這篇《後序》又與姚宏本的《後序》内容大體相同，引起了姚寬是否注《戰國策》的問題，意見紛歧。這個問題比較複雜，而與本文關係不大，將另文討論，此處從省。

四、第四時期　改編本

甲　鮑彪作注重編

自曾鞏重定及姚宏續校，《戰國策》本書基本上保存劉向三十三篇的編次，没有變動。和姚宏同時的鮑彪〔三二〕也致力於這部書。他作注之外，還對全書的編次作了較大的變動。他將全書章次重作調整，按國别分爲十卷，諸國之下按《史記》標出君王世次，《策》文分隸其下，暗寓編年之例。他又參考群書重作新注，比高誘殘注增益不少。

鮑書改易舊章，時陷專擅謬妄之病，吴師道在《校注》中歷舉其誤，但它便於讀者，受人歡迎。如趙與時《賓退録》評高、姚、鮑三注本而云：「獨縉云鮑氏校注爲優」，劉辰翁也「盛有所稱許」（見吴師道《校注序》）。

鮑書側重於注及改編《策》文，其所據本没有講明，由吴師道本後附的耿延禧《序》推測，大概採用耿本〔三二〕。至於它在宋代的板刻流傳，據今所知有如下幾種。一、紹熙二年辛亥（一一九一）刻本，原藏常熟瞿氏鐵琴銅劍樓，半頁十一行。書後有刻板跋云：「《國策》舊有高誘注，甚略。吾鄉先生鮑公彪守習孤學，老而益堅，取班、馬二史及諸家書比輯而爲之注，條其篇目，辨其訛謬，缺則補，衍則削，乖次者悉是正之。時出己意論説，四易稿始成，其用功亦勤矣，而世罕傳。余得其本，刊之於會稽郡齋，使學者知前輩讀書不苟如此。公妙年甲進士第，耻求人知，嘗有『此身甘作老文林』之句，其志操可見。白首始爲郎，即挂冠歸田里，杜門著書，有《書解》及《杜詩注》行於世。紹興辛亥日南至括蒼王信書。」介紹了鮑著此書及其生平。瞿氏在王《跋》後題識云：「書中慎字有缺筆，孝宗後刻本，非紹興原刻也。」對「紹興」紀年提出疑問。按《跋》謂鮑書「而世罕傳，余得其本刊之」，已明示其爲後來所刊，非紹興原本。辛亥在紹熙二年，則書中避慎字諱，毫無矛盾。故「紹興」乃「紹熙」之誤〔三三〕，一字更正，諸疑盡釋。二、另一部爲清内府所藏《天禄琳琅書目後編》著録的「宋刊本，二函十二册，小字本」。此本原目未著刊年，邵懿辰《四庫簡明目録標注》説「内府有宋紹興本」，似即此本，疑邵注據鮑《序》題年而言，未必是紹興刊。此本今不知存否。《天禄目》同卷尚有一宋刊大字本，著録説：「末有『吴郡杜詩梓字』。此則大謬，寒齋藏此本，末題『嘉靖壬子吴郡杜詩梓字』，實爲明刊。此蓋書賈剜去『嘉靖壬子』四字，染紙作舊，冒充宋板，館臣不察，混入於内。」元刻鮑注，《北京圖書館善本書目》有一部。鮑書宋元舊刊大約如此。

今表列宋刊鮑本流傳如下：

耿刻曾校本—鮑彪改編本
- 紹興丁卯刊（第一刊本，未見）
- 宋刊小字本　清内府（其後不詳）
- 宋紹熙二年會稽郡刊——常熟瞿氏——北京圖書館

鮑書如前文所言風行宋代，爲什麼今天所見的宋刊反少於姚本？嘗推究其故。我以爲傳世本子的多寡並不盡和當時流行印數成正比例。一時暢銷之書，往往因得之容易，不爲人珍藏，久漸稀少。這是鮑書少見原因之一。但主要原因，則當是吴師道《校注》本出而代替了鮑本。吴氏據鮑本而加以校正補注，提高書的質量，裨益讀者。其書既保存鮑氏原編又益以新注，展卷而二難兼備，省力省時，因之鮑注單行本漸廢。孤陋所知，鮑注單本，明代嘉靖時有龔雷、杜詩二刻，清三百年未聞有人刻此（僅《四庫全書》繕鈔一部著録），而吴書或全或節，刻本特盛，不勝列舉，直至姚本中興而稍減。

有了吴書，鮑注單行本是否就可不看？一般情況，不成問題。但對校勘來講，並不如此。鮑注在吴本中時有二注淆亂之處。清代著名藏書家和校勘學家黄丕烈著《戰國策札記》採用元刊吴氏校注本中鮑注來訂正鮑失，有些條文不是鮑誤，實乃元刊之誤淆〔三四〕，以不誤爲誤，即因未用鮑注單行本。千慮一失，賢者也不免。

乙　吴師道校注

鮑彪改動《戰國策》原次，作了若干調整，有利於讀者，如上所論。然而其書多武斷穿鑿，存在缺點不少，開卷並東西二周爲周，便陷大誤，宋人已議之。元吴師道撰《戰國策校注》沿用鮑本而糾其失，改善了内容。其書凡有糾補，注於鮑注之下，首標「正」或「補」字以示區別。另附姚本目録章次，以示《戰國策》原來編次。既擷鮑注之長，又存曾校之舊，不特爲鮑書功臣而已。

吴師道字正傳，浙江蘭溪人，元至治元年進士，官禮部郎中，《元史·儒學傳》有傳。他承用鮑本的原因，無非是當時人皆習用其書，「欲從舊本，則不見校正之意」〔三五〕。平心而論，吴注勝過鮑注不少，固由於踵事增華易爲功，也由他博采精研，始底於成。《四庫總目提要》謂「古來注是書者，固當以師道爲最善矣」，並非過譽。在清乾隆朝之前，《戰國策》流行的本子皆爲吴本，無異成了鮑氏新編本的獨霸天下的局面。

吴書雖用鮑本，同時也廣採諸本以校文字，這裏不詳談。今從本書所見異本表列於下：

一、鮑彪本（作爲底本）
二、姚本二種（詳上論姚本中）
三、一本（中有晁本）
四、劉辰翁本
五、《大事記》等諸書

——吴師道校注本

吴注成書於元泰定二年(一三二五),刻於他的身後,至正十五年平江路(今江蘇蘇州市)。後來重刻本不一。

五、結　論

綜合上述資料,加以分析,對《戰國策》一書的流傳經過,大體可以明瞭。今試歸納各點,總結如下:

一、《戰國策》傳本可分爲四個時期(這是按照本書形式變化而言,不純從年代先後來劃分)。第一時期,西漢劉向編定爲三十三篇,篇指簡牘。迻寫紙帛上稱作三十三卷。這些古老本子早已佚亡,今天僅有在古樓蘭地區出土漢人寫殘紙半片留下一點痕跡。第二時期,東漢高誘作注,其原本形式今不可見。相傳有二種不同卷數本子,一爲二十一卷本(見《隋志》),一爲三十二卷本(見兩《唐志》)。卷數的差異,可能是簡本全本之别,三十二卷之「二」或爲「三」之誤。高注在北宋時已殘存十篇,還有若干殘注留存於今姚氏本中。第三時期,北宋曾鞏在史館校定和南宋姚宏校本是今天流行的《戰國策》三十三卷古本,其中有高誘注十卷。它基本上保持劉向之舊。這一傳本自清代乾隆之後取得了本書的正統地位,公認爲《戰國策》的標準本。第四時期,南宋鮑彪(與姚宏並時)注和元代吴師道校注是新的改編本,屬於另一系統。它便於讀者,自元末至清初曾風行一時。

二、劉向編《戰國策》,根據六種原始資料,或以爲七種,或以爲五種,缺乏佐證。新近馬王堆漢墓出土的帛書《戰國縱横家書》，審其内容，有和《戰國策》相同的篇章。帛書可能是六種資料中之一部分，或爲其他類似性資料。這些資料在西漢初年已經有寫本流傳。

三、曾鞏在《戰國策》傳本殘佚之餘，採訪公私藏本，搜亡補缺，重編爲完本，其書可信，其功不細。姚宏續校，堪稱善本。

四、《中山策》後「昭王既息民繕兵」章，其文也略見於趙蕤《長短經》及蘇轍《古史》，雖編次失序，當是曾本原來有的。由於此篇佚出，後人綴於書尾，不擅自編進書中，這是校補者的態度審慎。

五、鮑彪注本有其優點，便於讀者，但武斷穿鑿之處不少。吴師道補正，大大提高該書質量，在《戰國策》舊注中具有重要地位。

注釋

〔一〕自《漢書·藝文志》列《戰國策》於春秋家，與《史記》爲一類，後代史志因之並列入史部。宋代晁公武《郡齋讀書志》因其書多載縱横家言，始改列入子部縱横家類，《中興館閣書目》、高似孫《子略》（但其《史略》中則列入史部，似涉騎墻）、陳振孫《直齋書録解題》、馬端臨《文獻通考·經籍考》等又從之。各持一説不相下。《四庫全書總目提要》説：「子之爲名，本以稱人，因以稱其所著，必爲一家之言，乃當此目。《戰國策》乃劉向裒合諸記並爲一編，作者既非一人，又均不得其主名，所謂子者安指乎？公武改隸子部，是以記事之書爲立言之書，以雜編之書爲一家之書，殊爲未允。」雖所言尚有可商，大體比較平穩，今從之。

〔二〕中戰國策書： 中，謂中秘府所藏。《漢書・楚元王傳》顔師古注： 「言中者，以别於外。」戰國策書，謂戰國時代的簡策書，不是指書名。《史通・六家篇》釋「戰國策」之名説： 「夫謂之策者，蓋録而不序，故即簡以爲名。」其解書名未然，但用來釋此文却當。

〔三〕、〔四〕唐蘭： 《司馬遷所没有見過的珍貴史料》。

〔五〕惟清代《四庫全書》著録姚宏本《戰國策》，除十卷題「高誘注」外，其餘二十三卷改題爲「姚宏校正續注」，合於實際。 説詳《四庫全書總目提要》。

〔六〕參鮑彪《戰國策注序》及吴師道《戰國策校注序》。

〔七〕曾肇所撰《行狀》同，《元豐類稿附編》。

〔八〕《義門讀書記》。

〔九〕或以李文叔爲李格非。 按李格非字文叔（《宋史・文藝列傳》有傳），非名文叔，不合者一。 格非受知於蘇軾，年輩在曾鞏之後，此文叔序次在王覺之前。 年輩較先，不合者二。 若是格非，應見到曾氏校定本，今跋云「今《戰國策》參錯不可疾讀」，隻字未及曾本，不合者三。 可斷言此文叔爲另一人。

〔一〇〕《曾子固墓志》，附見於《元豐類稿》後。

〔一一〕《四庫提要》謂： 「鞏不言校誘注，則所取惟正文也。 迨姚宏重校之時，乃並所存誘注入之。」按此語不然。 曾鞏《叙録》尾言高誘注，「《崇文總目》存者八篇，今存者十篇云。」如曾校不録誘注，則此語豈非畫蛇添足。「存者十篇」正説明重定本内有誘注十篇。 若是姚本始並入，何以姚《序》隻字不提？ 查《秦策一》「魏鞅亡魏入秦」章高注： 「魏人怨而不納故。」姚氏於注下出校云： 「曾下有還而字。」同策「蘇秦始將連横」章高注： 「練濯濯治。」姚於注下校云： 「劉、錢無治字，集、曾有。」所言曾指曾鞏，劉指劉敞，錢指錢藻，集指集賢院。這正説明不但曾本有高注，其他諸本也有之。此例尚多，不須廣引了。且《隋志》著録的二十一卷和兩《唐志》的三十二卷，其時雖不見，尚不能肯定其亡佚，故就他當時所訪得者而言，「今存者十篇」，乃謂高注存於新校本的，其意可知。《提要》未加詳察，貿然下筆，言近於誣。

〔一二〕見吴師道《戰國策校正》本附録。

〔一三〕注出於趙甤所自爲，見《四庫全書總目提要・子部雜家類》。

〔一四〕劉向《戰國策序》。

〔一五〕見姚本《戰國策》附王覺《題辭》。

〔一六〕見姚本附録。

〔一七〕見吴師道《戰國策校正》本附録。

〔一八〕孫朴《書閣本〈戰國策〉後》，見姚本附録。

〔一九〕姚宏《戰國策題識》。

〔二〇〕見雅雨堂本《戰國策》。

〔二一〕錢曾《讀書敏求記》卷三《高誘注戰國策》三十三卷云：「予初購此書於絳云樓，乃剡川姚宏校定本，宋槧本。得之如獲拱璧。即以傳示同人，共相傳寫。」不明言安本或高本。證以陸貽典校本題跋云「錢遵王假予此本，蓋得之於牧翁宗伯」語（見雅雨堂刊本），知其爲安氏本也。《讀書敏求記校證》卷三之上引陳簡莊鱣語云：「此蓋牧翁以二十千得之梁溪安氏者。」益可證。

〔二二〕《季滄葦書目》宋板目下著録，注云：「牧翁跋。」

〔二三〕《四庫全書總目提要》。《汲古閣書目》云：「《戰國策》三本，從絳云樓北宋本（按姚宏書成於南宋，此「北」字當衍）影寫，乃高誘注，與世行鮑彪注大不同。」

〔二四〕陸跋題爲「戊戌孟春」，當清順治十五年（一六五八），見雅雨堂刊本。

〔二五〕見盧見曾《高誘注戰國策序》。

〔二六〕此流傳前後，詳見於《寶禮堂宋本書録》卷二《新雕重校戰國策》中附録黄跋及詩。

〔二七〕見黄丕烈《重刊剡川姚氏戰國策並札記序》。

〔二八〕見《寶禮堂宋本書録》。

〔二九〕見《北京圖書館善本書目》。

〔三〇〕「明穴研齋鈔本」，此從《北京圖書館善本書目》。黄丕烈《士禮居藏書題跋》謂書賈言穴研齋爲康熙時相國明珠家。齋名相同，不必一家，姑各從原名。

〔三一〕鮑彪字文虎，縉云（今浙江縉云縣）人，官尚書郎。（據《四庫總目提要》）又詳下引紹熙本王信刻書《跋》。

〔三二〕耿《序》疑鮑書後原有的，故吴書後也附之。但我所見的明杜詩刊鮑本後無此《序》，不知宋刊鮑注本如何。

〔三三〕今《北京圖書館善本書目》已改作「紹熙」。

〔三四〕詳見拙著《戰國策箋證》。

〔三五〕見《戰國策校正凡例》。

附記： 關於姚本《魏策》殘注爲高誘注問題，前人也有所知。《魏策四》「魏君與龍陽君共船而釣」章：「其自纂繁也完矣。」夾注：「謂冒覆也。」吳師道補正引此文云：「高注『冒覆』，似作幂義。」則吳氏也以此注爲高誘語也。惟吳書主鮑本，體例關係，對此殘注未能充分説明，不足引人注意耳。

（原刊《中華文史論叢》一九八四年第三期，上海古籍出版社出版）

《戰國策·燕策》荆軻刺秦王章辨疑——附辯《戰國策》存佚

一、引言

《戰國策·燕策三》荆軻刺秦王章是一篇膾炙人口、傳誦久遠的文章，《史記·刺客列傳·荆軻傳》也載此文，僅首尾稍異(《史記》此篇是傳記體，與《戰國策》記事之文不同，故詳略有殊)，其餘相同。班固《漢書·司馬遷傳贊》説：司馬遷撰《史記》，「據《左氏》、《國語》，採《世本》、《戰國策》〔一〕述《楚漢春秋》，接其後事，訖於大漢。」前人計太史公採録《戰國策》文九十餘條〔二〕，荆軻之事同見二書，本不足怪，疑竇的産生在《刺客列傳贊》。

太史公曰：世言荆軻，其稱太子丹之命，天雨粟，馬生角也，太過。又言荆軻傷秦王，皆非也。始，公孫季功、董生與夏無且游，具知其事，爲余道之如是。

表明《史記》此篇採諸故老口述。既是司馬遷從公孫季功等轉述夏無且口道而撰此傳，《燕策》中此文之作者(不是編者)在先，二文自然不相同。唐司馬貞《索隱》解釋道：「《贊論》稱公孫季功、董生爲余道之，則此《傳》雖約《戰國策》，而亦别記異聞。」他認爲《荆軻傳》是依據《戰國策》而附增公孫季功等轉述夏無且的新資料寫成的。這講法比較圓通，清以前未聞異議。

清初，桐城派古文大家方苞開始發難。他在《書刺客傳後》説：

太史公宰割更易《尚書》、《左傳》，或辭意不完，而於《戰國策》有遠過本文者。……余少讀《燕策》荆軻刺秦王篇，怪其序事類太史公，秦以前無此文。及見《刺客傳贊》，乃知果太史公文也。彼自稱得之公孫季功、董生所口道，則非《國策》之舊文決矣。蓋荆軻之事雖奇，而於《策》則疏。意《國策》本無是文，或以《史記》之文入焉，而削高漸離後事，以事在六國既亡之後耳。《楚世家》載弋者説頃襄王，真戰國之文也，而《國策》無之。蓋古書遭秦火，雜出於漢世，其本文散佚與非其所有而誤入焉者多矣，不獨是篇爲然也。（《方望溪文集》卷二）

繼之，同（治）、光（緒）時學者李慈銘在《越縵堂日記》中説：

《史》稱荆卿事頗詳，卿與漸離皆具本末。其《論》曰：「始公孫季功、董生與夏無且游，具知其事，爲余道之如是。」則《史記》此傳非取之《國策》，而中壘《戰國策叙》言取中書餘卷及國別者八篇，以次相補，除其複緟。其書又有《國策》、《國事》、《事語》、《短長》等之異。是《戰國策》一書本雜綴而成。疑《燕策》此篇即取之《史記》而芟其首尾，以《國策》之體非記一人之事，故删去荆卿始事，而逕以「燕太子丹質於秦亡歸」句起耳。《史記索隱》謂「此傳雖約《國策》，而亦别記異聞」，非也。（自注：史公謂「世言荆軻傷秦王，非也」。使《戰國策》先有明文，何必辨之？）（自《越縵堂讀書記》卷四轉録）

其後，桐城派又一位古文大家吴汝綸《記太史公所録左氏義》説：

昔者嘗怪子長點竄《易》、《尚書》及《五帝德》、《帝系姓》等之文，成一家言，獨至《戰國策》則一因舊文，多至九十餘事，何至乖異如是？ 及細察《戰國策》中，若趙武靈王、平原君、春申君、范睢、蔡澤、魯仲連、蘇秦、荆軻諸篇，皆取太史公叙論之語而並載之。 而曾子固也稱《崇文總目》有高誘者僅八篇，乃知劉向所校《戰國策》亡久矣。 後之人反取《太史公書》充之，非史公取材於《戰國策》，決也。（《桐城吴先生文集》卷四）

三人皆據《刺客傳贊》語肯定荆軻篇爲太史公之文，爲司馬遷争取著作權。 近代學者對此也有類似看法。 我覺得此論有其片面性，而不能概其全。 吴氏之言更多疏闊。 今試條别縷析，以祛疑惑，並求正於通人。

二、辯《燕策》所本

《荆軻傳》是否爲司馬遷全憑口述寫成的作品？ 在此之前，有無記載荆軻事跡的文章？ 今傳於世的《燕丹子》，《隋書・經籍志》曾著録，真僞有争論〔三〕。 縱使承認它是真，所記亦荒誕，不近情理，如「天雨粟，馬生角」之類，正是司馬遷、王充所不信的，不足爲據。《燕策》本是篇可靠之證，但和《刺客列傳》涉於嫌疑，暫在排斥之列。

其他的原始完備記載，目前尚未發現，但從古文獻中探索，荆軻之事尚能尋到一些踪跡。 就我所知，最早見於《文選・吴都賦》劉淵林注引《秦零陵令上書》，謂： 「荆軻挾匕首卒（猝）刺陛下，陛下以神武扶揄長劍以自救。」此書著録於《漢書・藝文志》，作「《秦零陵令信》一篇」。 注云： 「難秦相李斯。」文中所稱的「陛下」，指秦始皇。這是當時人所言見之於公牘的，距離荆軻之事很近。其所言與《燕策》荆軻逐秦王，秦王負長劍，拔擊荆軻的記載符合。後來，賈誼《新書・淮難篇》説：「燕太子丹篇，然故荆軻殺秦王政。」又《諫立淮南王諸子疏》説：「即疑有專諸、荆軻可起於兩楹之間。」（《漢書・賈誼傳》）鄒陽《獄中諫吴王書》説：「昔者荆軻慕燕丹之義，白虹貫日（也見《論衡・感虚篇》），太子畏之。」又云：「故樊於期逃秦之燕，藉荆軻首以奉丹事。」又云：「秦皇帝任中庶子蒙嘉之言，以信荆軻之説，而匕首竊發。」（《史記・鄒陽傳》、《文選》卷三十九）枚乘《上書重諫吴王》説：「厲荆軻之威。」（《漢書・枚乘傳》、《文選》卷三十九）中山王勝對漢武帝言：「高漸離擊筑易水之上，荆軻爲之低而不食。」（《漢書・景十三王傳》）《淮南子・泰族訓》説：「荆軻西刺秦王，高漸離、宋意擊筑而歌於易水之上。」桓寬《鹽鐵論》説：「荆軻操數年之謀而事不就者，尺八匕首不足以恃也。秦王操於不意，列斷賁、育者，介七尺之利也。」（《史記集解》引）這些徵引荆軻故事，除「白虹貫日」爲虚夸〔四〕和易水之上别添了個宋意外，其餘皆見於《燕策》。自賈誼以下諸人生於漢文、景、武帝之世，在司馬遷之前；桓寬約與遷並時，但那時《史記》尚未傳布，因此，他們都不能讀到《刺客列傳》〔五〕。而所言如此，則可推斷荆軻事跡早有記載，流傳普遍。《漢書・藝文志》有《荆軻論》五篇，注云：「軻爲燕刺秦王，不成而死，司馬相如論。」值得注意，對於荆軻之事引起討論，而且出於漢代文豪司馬相如之筆。既然有論，必有詳載始末的記事文。由於事跡動人，這種同一題材的文章必有多篇（内容可能有些出入）。劉向編《戰國策》在幾種原始資料中選取一篇入之《燕策》。同樣，此文也是《史記・荆軻傳》所據部分資料之一。這是我對於《燕策》此章所本的看法。

三、辯《刺客列傳》所本

《荆軻傳》是太史公聽從公孫季功、董生轉述夏無且的口述而寫的，《傳贊》里講得明白，不庸置疑。太史公此傳是否全憑夏無且的遺述來寫成，或並採其他資料？在《傳贊》裏講得含混，找不出答案。我們只可先從事理推繹，同時核對材料。夏無且是秦王的侍醫，他親身經歷這驚險場面，目擊事變的過程，這是他特具的優越條件，所以《傳贊》中特爲提出。反觀《荆軻傳》刺秦王一節文章，摹狀逼真，極生動細致，不是當場目睹的人傳述，恐寫不到如此出色。《傳》中似故意提到夏無且以藥囊提荆軻及秦王説「無且愛我」，賜之黄金，這正顯示出無且以夸耀於人的口氣。否則在這場秦廷大事變之中，無且並未真正立功，爲何要給這個小小侍醫來個特寫呢？故秦廷事變的記録可斷其根據夏無且的遺述。《傳贊》所説「具知其事」者，當即指此。

不過，無且是秦醫，對於當時政治情況，尤其是敵國情況，未必知悉。燕太子丹、田光、荆軻之密謀，易水送别，都是秘密活動，無且豈能知之？我意這一部分記載出於亡燕遺民或爲太子丹賓客曾參預其謀者之手，也即《燕策》前一部分之文。還有荆軻的早年生活，魯句踐的先叱後嘆，頗具傳奇性質，似又出於别傳。附記高漸離復仇事，這可能出於夏無且口述或其他記載。太史公並採而入《傳》。

《荆軻傳》是綜合各種記載(包括《燕策》所據資料在内)和夏無且的口述記録而成的。這是我對於《刺客列傳・荆軻傳》所本的看法。

四、辯《戰國策》與《史記》的附益

如上所論，《燕策》記燕丹、荆軻之文和夏無且的口述秦廷事是二種不同資料的來源，太史公兼採之成《荆軻傳》，今所見的《燕策》則爲後人採太史公文而增飾秦廷之詞。二者不同，一出於作者心裁，一出於後來附益。附益之例，戰國、秦、漢間古書常有之，不算希罕。章學誠論先秦諸子書説：「諸子之奮起，由於道術既裂，而各以聰明才力之所偏，每有得於大道之一端，而遂欲以之易天下。其持之有故，言之成理者，故將推衍其學術而得之其徒焉。荀足顯其學而立其宗，而援述於前與附衍於後者，未嘗分居立言之功也。故曰古人之言，所以爲公也，未嘗矜其文辭而私據爲己有也。」（《文史通義·言公上》）《荆軻傳》是屬於「援述於前」類，《燕策》則屬於「附衍於後」類，不須出作者之名，乃當時風氣。《戰國策·秦策一》張儀説秦王章見於《韓非子·初見秦篇》，《楚策四》客説春申君章「癘人憐王」下文也見於《韓非子·奸劫弑臣篇》及《荀子·賦篇》，即其例。更以《史記》本書而論，除褚少孫所補益著明「褚先生曰」外，其他如《楚元王世家》「王純立，地節二年中，人上書告楚王謀反，王自殺，國除入漢，爲彭城郡。」地節是宣帝年號，《史記》記事不及此時。《齊悼惠王世家》「惠王十一年卒，子順立，是爲荒王，荒王四十六年卒；子恢立，是爲戴王，戴王八年卒；子景立，至建始三年，十五歲卒。」建始是成帝年號，上溯武帝，中間歷昭、宣、元三帝，離《史記》下限更遠。《賈生列傳》「（賈嘉）至孝昭時列爲九卿」，《史記》年代不及孝昭世。《酈生陸賈列傳》尾「初沛公引兵過陳留」一段文與本傳前記酈生事略同，一篇之中前後複出，梁玉繩《史記志疑》謂是後人録《楚漢春秋》文附之，大約如此。《平津侯主父列傳》傳贊之後有「太皇太后詔」文及班固稱曰云云，此出於《漢書·公孫弘卜式倪寬傳》，全文照録。《司馬相如傳贊》「揚雄以爲靡麗之賦，勸百風一，猶馳騁鄭衛之聲，曲終而奏雅，不已虧乎？」揚雄生司馬遷後，怎能引其語，這也爲後人抄《漢書》傳贊語附之。此外缺篇，如《禮書》抄《荀子·禮論》，《樂書》抄《荀子·樂論》與《禮記·樂記》，盡出於後人附益，不勝繁舉。我們並不因此而懷疑《史記》。《燕策》荆軻一章也猶如是，乃後人採《刺客列傳》文而附益之，非抄《史記》全文而改易其首尾（從《戰國策》他文比較觀之，首尾語似屬《燕策》原文）。這裏有個先後之別，主次之分，不能混淆。

又李氏謂《戰國策》「本雜綴而成」，「《燕策》此篇即取之《史記》」。此語不然。劉向編《戰國策》，在《敘録》中一一列舉所據資料之名和新命名之由，果真採録《史記》，爲何要隱諱不言？其時《史記》正在傳布，讀者甚衆，隱諱也無用。《敘録》説：「此皆戰國時游士輔所用之國，爲之策謀，宜爲《戰國策》。」正表明他所採録的皆屬戰國時游士之作，我們憑什麼理由懷疑他的話呢？這是我對《燕策》此文不採之《史記》的看法。

五、辯文章鑒别之難憑

桐城派古文家常喜直接從文章來分辨真僞，好像鑒賞字畫古物一樣單憑經驗和眼力來作判斷。這種判斷難保其無誤。雖然憑經驗和眼力得出的結論具有參考價值，但一不小心，易犯主觀武斷之病。方氏讀《荆軻刺秦王》篇，斷爲《史記》之文，説「秦以前無此」。吴氏進一步説：「子長點竄《易》、《尚書》及《五帝德》、《帝系姓》等之文，獨至《戰國策》則一因舊文，多至九十餘事，何至怪異如是！」秦以前之文與其後之文究竟有甚麽差異？特徵何在？方氏從文章中辨出荆軻篇是《史記》之文，吴氏怪異子長因襲《戰國策》舊文多至九十餘事，均未能指出差異的特點，僅籠統地舉《荆軻刺秦王》一篇（主要依據還在《傳贊》中公孫季功等「具知其事，爲余道之」一段話，不屬文章本身），遽下斷語，吴氏推波助瀾，連九十多篇而疑之，這是不符合邏輯的。固然文章有其時代性，作家有其個人特色，但這不過就其大概言之，出入幅度還是不小。就文章時代性而言，時距較長或文體轉變較劇之時的作品，容易識别。若時距較近或文體穩定之時的作品，就很難區别了。戰國、秦、漢時代相接，文體又比較穩定，故其時諸書多互見之文，要從文章決定是非，很難把握。就作家的特色而論，區别也多困難。文學多出於摹擬，摹擬的形態變化無常，甲可以似乙，也可以似丙或丁。乙、丙也然。同一作家的作品，風格也不固定。《戰國策》是雜採成書，可以不論。即以《史記》本書而言，本紀、世家、書、傳文體不一，文章表現靈活，例如《三王世家》照抄制文，不加潤色；《伯夷列傳》發揮議論，事實寥寥；《貨殖列傳》夾叙事夾議論。這不過略舉一隅，他可類推。揚雄贊美司馬遷書説：「實録。」〔六〕又説：「愛奇。」〔七〕二言看起來似乎矛盾，《史記》確具有兩方面的特點，使之能調和統一起來。明代文學家王世貞評《史記》的文章説：「太史公之文有數端焉：帝王《紀》，以己釋《尚書》者也……其文衍而虚；春秋諸《世家》，以己損益諸史者也，其文暢而雜；儀、秦、鞅、睢諸《傳》，以己損益《戰國》者也，其文雄而肆；劉、項《紀》，信、越《傳》志所聞也，其文宏而壯；《河渠》、《平準》諸書志所見也，其文核而詳，婉而多風；《刺客》、《游俠》、《貨殖》諸傳發所寄也，其文精嚴而工篤，磊落而多感慨。」〔八〕這番話有些過夸，但《史記》文博綜多變，則爲衆所公認。所以掌握文章特色來辨認作家，其準確性大成問題。文場考試，糊名交卷，如閲卷者要挑一份最熟悉的人之試卷入選，難同下海撈針。縱使萬一挑中，也屬偶然，不足爲準。順帶提一下方氏提及的《楚世家》弋者説頃襄王文「真戰國之文」，確是《戰國策》佚文，被猜中了，即屬於偶然之例。此文見引於《北堂書抄》〔九〕，明張文熥《戰國策譚棷》在書後從《史記》轉抄此文附於尾，所見與方氏一致，然而若無唐人類書引證，我們也只能存疑而已。《譚棷》在附尾還載有李斯《上秦王諫逐客書》一篇，此文見於《史記·李斯列傳》及《昭明文選》卷三十九，未見出於《戰國策》之證，盡管它是戰國後期之文，決不能入於《戰國策》。因之，單憑文章來審別，没有旁證，不能輕信。

吴氏之論更爲疏闊。戰國、西漢時代相接，不如商周縣隔，文辭相類，「一因舊文」，有何「乖異」？他所列舉趙武靈王、平原君等諸篇，説「皆取太史公叙論之語而並載之」。復核原書諸篇，間有出入，其言近誣。《趙策》記武靈王胡服騎射事與《趙世家》有出入，《策》文常雜《商君傳》變法之語，又牛贊諫語，《史記》不載；趙文、趙造、周紹、趙燕等事也有異，吴師道《校注》已辨之〔一〇〕。其餘不一一列舉了。吴氏是晚清的通儒，精熟《史》、《策》，曾加點勘，此文如此之疏，使人詫異。

六、附辯《戰國策》的存佚

綜上所辯，三家之言雖可啓發新思，却不足資信。司馬貞的舊説還是比較合理。

因吴汝綸之論引起一個題外的問題——《戰國策》的存佚，對今本《戰國策》的懷疑。本來不須置辯，由於吴氏文名高，影響大，關係又比較重要，不得不附帶略辯之。

吴氏説：「劉向所校《戰國策》亡久矣。」這句話是根據曾鞏之言而來的，但完全歪曲了曾氏的原意。曾鞏《戰國策序》説：

劉向所定著《戰國策》三十三篇，《崇文總目》稱十一篇者，闕。臣訪之士大夫家，始盡得其書，正其誤謬，而疑其不可靠者，然後《戰國策》三十三篇復完。

其後又説：

此書有高誘注者二十一篇，或曰三十二篇。《崇文總目》存八篇，今存者十篇云。

曾《序》明白地告訴我們，他校《戰國策》時，崇文院（北宋國家藏書館）藏本止存十一篇，後來經向私家採訪，《戰國策》三十三篇重復原狀。此十一篇當是指劉向所編的無注本。後文又爲高誘注存者八篇，同爲崇文院所藏。從曾《序》對照吴文，有幾個問題要提出探討。（一）《崇文總目》稱劉向所定者有十一篇，爲甚麽吴氏不提，而止提高誘注存者八篇？難道他信任高誘本過於劉向本麽？憑甚麽理由這樣選擇，都未講清。（二）經過曾鞏的搜訪，劉向所編三十三篇復完，高誘注也增至十篇，吴氏絶口不談。難道他懷疑曾鞏的人品而不信任他所採補各篇麽？未作交代。（三）吴氏止引「《崇文總目》有高誘僅八篇」一語，從語氣中可揣度一些意思。大概他認爲崇文院是國家藏書之庫，儲書最備，那裏没有，肯定書已亡佚，私家採訪，僅是從他書抄補，不是原書。果如此想，是不合實際的。書囊無底，就是現代世界上最大的圖書館，也不可能説無書不備。歷代朝廷藏書常有向私家徵集的，其例甚多。以北宋而言，《宋史・藝文志》説：「仁宗既新作崇文院，命翰林學士張觀等編四庫書仿《開元四部録》爲《崇文總目》，書凡三萬六百六十九卷。……徽宗時更《崇文總目》之號爲《秘書總目》。詔購求士民藏書，其有所秘未見之書足備觀採者，仍命以官。」説明崇文院藏書不斷增添，至徽宗時還在購求民間藏書。再舉近例來説，清乾隆朝開四庫館編《四庫全書》，廣徵天下進書，傳爲盛事。《四庫》所據底本，很多採用私藏，只要一覽《四庫全書總目提要》即知。然而《四庫》未收之書還是很多，非帝王之力即能網羅無遺。所以曾鞏向私家採訪到崇文院所缺之篇以復原狀，毫不足怪。且查《戰國策》著録於《漢書・藝文志》爲三十三篇，《隋書・經籍志》爲三十二卷，高誘注爲三十三卷，《舊唐書・經籍志》、《新唐書・藝文志》並爲三十二卷，高誘注也三十二卷，《宋史・藝文志》爲三十三卷，流傳不絶。其中只有三十二和三十三之差，這可能出於分卷之異或字形之誤。《崇文總目》所著録爲崇文院收藏的殘帙，並非書真佚亡，故曾鞏訪之當時士大夫家私藏，不難恢復。吴氏不細讀曾《序》，即據《崇文總目》殘帙，遂稱「劉向所校《戰國策》亡久矣」，大誤。

關於荆軻章和《策》、《史》同異的問題，有兩點需補充：

甲 《燕策三》荆軻章，《太平御覽》卷七百四引文爲「侍醫夏無且以所奉藥囊提軻」，下有注云：「提，抵擊也。」今本《戰國策》此卷無高誘注，而《國策》古注另外只延篤的《論》（或作《音義》）〔一一〕，參照他書所引佚文觀之〔一二〕，文又不類，我懷疑這是高注佚文。果如所疑，則高誘本已有此文了，其來源甚古。

乙 一九七三年長沙馬王堆漢墓出土一大批帛書，整理出多種未見的古書，其中一種，整理小組擬名爲《戰國縱横家書》，全書共二十七章，一萬一千多字。書寫的時代，從書體和邦字不避諱來看，大約在秦漢之際。其中十一章的內容見於《戰國策》和《史記》(《戰國策》十章，《史記》八章；二書共有約七章，《戰國策》獨有三章，《史記》獨有一章)。這些資料可能是《國策》、《國事》等六種書或其他書的一部分(由於失去原標題，整理小組只好擬定今名)，爲司馬遷、劉向分別採之入《史記》和《戰國策》〔一三〕。這批資料對研究戰國史極爲珍貴，借此也可解決我們前面一些爭論問題。它證明了《戰國策》和《史記》中荆軻故事出於同一來源，非但記事相同，連文章也多類似。略舉數例來説，《謂燕王曰》章見於《戰國策·趙策一》及《史記·蘇秦傳》，《蘇秦獻書趙王》章見於《趙策一》及《趙世家》，《觸龍見趙太后》章見於《趙策四》及《趙世家》。就這幾篇名作來看，所記同一故事，文辭基本相似，可證明《戰國策》、《史記》皆採自此「秦代編集」(據唐蘭説)的戰國史料集，稍加潤色而已，它要在司馬遷、劉向之前百餘年左右。這些篇章在高誘殘注本之外，顯見曾鞏採訪得真，而《戰國策》未全佚亡。根本談不上「秦以前無此」，或者説「後人反取《太史公書》充之」。前輩未見這批地下資料，難怪他們犯武斷之病，我們應該諒解。帛書中雖無荆軻篇，從旁證類推，這決不是太史公單憑聽人轉述，不據其他資料寫成的。論證具前，此不多贅。

注釋

〔一〕《戰國策》編成於劉向，在司馬遷之後，遷不能見其書。班固所説當是指《戰國策》的原始資料(如劉向《叙録》中説的《國策》、《國事》、《短長》、《事語》、《長書》、《脩書》等)而言，爲行文方便起見，逕用後來《戰國策》之稱。

〔二〕見宋姚宏《戰國策跋》。

〔三〕《燕丹子》一書，《漢書·藝文志》不著録，見之於《隋書·經籍志》，今傳本從《永樂大典》抄出的，或者疑其僞。但書之不見於前，後來出現者甚多。姚振宗撰《漢書藝文志拾補》，專補録《漢志》未録之書，豈可盡斥爲僞？《燕丹子》記事過夸，故《隋志》列入小説家類。其言如天雨粟、馬生角等與《刺客傳贊》、《論衡·感虚篇》相合，來源自古。雖記載瑣細，但未及夏無且以藥囊提荆軻之事，似尚未受《史記》的影響。

〔四〕《戰國策·魏策》唐且使秦章有「聶政之刺韓傀也，白虹貫日」，其語相類。

〔五〕從王國維《太史公繫年考略》。

〔六〕《法言·重黎篇》：「（或問）太史遷？曰：『實録』。」

〔七〕《法言·君子篇》：「多愛不忍，子長也。……子長多愛，愛奇也。」

〔八〕《史記評林》引。

〔九〕見吴師道《校注》本附録姚寬《戰國策跋》。

〔一〇〕吴師道《校注》卷六。

〔一一〕《隋書·經籍志》及《顔氏家訓·書證篇》。

〔一二〕參章宗源《隋書經籍志考證》。

〔一三〕唐蘭先生對帛書研究寫了篇文章，題目作《司馬遷所没有見過的珍貴史料》（見《戰國縱横家書》附録）。這樣標題，我認爲不大妥當。馬王堆出土的帛書原本，司馬遷固然没有見到，但同樣資料的抄本，有多有寡，或帛或簡，當時決不止一份，否則何以《史記》相同的有八章之多，《戰國策》又增至十章呢？不能因帛書有十九章不見於《史記》，便推斷司馬遷没有見過。《史記》採摭資料繁富，必經過選擇，有取有捨，捨的方面較之取的方面爲多，決不能因《史記》不載來斷定司馬遷没見過。故我認爲司馬遷和劉向皆見過這種資料（本子當然不會相同），而且採用了一部分。這樣説並不貶低帛書的珍貴價值。正因爲其一部分見於《策》、《史》，地下資料與文獻資料相結合，增强了研究效用，學術價值更高。

（原刊《紀念顧頡剛學術論文集》（上册），巴蜀書社一九九〇年出版）

蘇秦合縱六國年代考信

一、引　言

蘇秦合縱，六國封相，乃戰國史上一件大事，二千餘年來膾炙人口不衰。此事記載於《戰國策》和《史記》，向來視爲信史，近代學者始有懷疑之者。有的認爲蘇秦是戰國早期人物，其時當魏、齊、楚爭霸之際，無六國合縱拒秦之事，這不過出於策士們所僞造〔一〕。有的甚至認爲此不過是一種幻想小説〔二〕。唐蘭《戰國事跡簡表》〔三〕和楊寬《戰國史》（一九五五年版）皆刪去蘇秦六國合縱一事不談，大概認爲屬於「異時事有類之者皆附之蘇秦」之類而淘汰了。蘇秦六國合縱之事，《戰國策》、《史記·蘇秦傳》記之甚詳，其他古籍也時有涉及。舉例來説，陸賈《新語·懷慮篇》云：「蘇秦、張儀身得於位，名高於世，相六國，事六君，威尊山東，横説諸侯。」又《輔政篇》云：「蘇秦尊於諸侯。」劉安《淮南子·泰族訓》云：「張儀、蘇秦之從（即縱字，古書通用，今各從本書，下略）横，皆掇取之權、一切之術也。」又云：「張儀、蘇秦家無定居，約從横之事，爲傾覆之謀，濁亂撓滑諸侯。」他們都生在司馬遷、劉向之前。還有和司馬遷並時的桓寬《鹽鐵論·非鞅篇》云：「蘇秦合從連横，統理六國。」又《褒賢篇》云：「蘇秦以從顯於趙。」他們學派各殊，見聞不一，爲什麼所言如出一口呢？至於蘇秦的名氏，早見於

《荀子・臣道篇》、《吕氏春秋・慎勢篇》和銀雀山漢墓出土簡書《孫子兵法・用間篇》〔四〕等書。而《韓非子・外儲説下篇》載蘇代爲燕相子之説燕王噲事（亦見《戰國策・燕策》），如此多方面例證，對於蘇秦（包括蘇代、蘇厲在内）其人其事，不容再有懷疑。但記述蘇秦之事，確有不少矛盾，使人感到迷惑。我們尚須耐心分析材料，再作論定。

關於研究蘇秦事跡的重要資料，《漢書・藝文志》縱横家有「《蘇子》三十一篇」。顔師古注：「蘇子名秦，有列傳。」「列傳」指《史記・蘇秦列傳》。從書名來看，和先秦諸子書相似，大概出於其門人或後學之手，應該是原始資料，可惜早已佚去。我們今天保存最古的資料僅有司馬遷著的《史記》和劉向輯集的《戰國策》。二書是研究蘇秦的要籍，也是研究戰國史的寶藏。馬、劉二人博學廣聞，見過《蘇子》毫無疑問，其中重要材料必悉數收入他們的書中〔五〕。如果有遺漏，漢晉以來見過的不止少數人，必有舉《蘇子》以補《策》《史》的，而今未聞，可見菁華無餘了。故我認爲《蘇子》的佚失，關係不大。此外，湖南長沙馬王堆漢墓出土的帛書《戰國縱横家書》確是稀世之寶，前代學者皆没見到，我們適逢其會，有幸得讀其書，有些地方真能發千古之幽閟。

這幾種資料中，以《戰國縱横家書》和《戰國策》爲比較原始，評價較高，然而含有同一的缺陷。即二者均爲記言記行之書，無年月記載，而年月正是檢查史事真實性的測定器。没有正確的年月記載，將會發生前後失次的混亂現象。我們對蘇秦合縱之事意見分歧，主要原因即在於此。《史記》正好爲我們解決了部分問題（雖然時有誤失）。

《史記》的體例是紀傳爲主兼具編年性的。它以本紀、年表、世家爲綱，繫年編次，而以書（後代各史都改作志）和列傳記事記人，創造了我國特有的「正史」一體，爲後代史家準繩。《史記》所記蘇秦事，受到當時條件限制，存在某些缺點，然而它給我們留下一些痕跡可去跡尋。爲此，本文的選材，以《史記》爲主，《戰國策》、《戰國縱横家書》爲輔，再參考其他資料，辨析真僞，試圖澄清這個問題，求正於海内外學者。

二、司馬遷怎樣撰述蘇秦事跡

在進入本題討論之前，我們先須瞭解一下司馬遷怎樣寫《蘇秦列傳》的。關於這個問題，我想分兩方面談：

一、司馬遷怎樣處理戰國史料；　二、司馬遷怎樣撰寫《蘇秦列傳》。

（一）司馬遷怎樣處理戰國史料

司馬遷《史記·六國表序》云：

> 太史公讀《秦紀》……秦燒天下《詩》、《書》，諸侯史記尤甚，爲其有所刺譏也。《詩》、《書》所以復見者，多藏人家。而史記獨藏周室，故滅。惜哉惜哉！獨存《秦本紀》又不載日月，其文略，不具。戰國之權變，也有可頗採者，何必上古？……余於是因《秦紀》，踵《春秋》之後。起周元王，表六國時事，訖二世，著諸所聞興廢之端。

「秦紀」爲秦史官所記的官書，猶之後代皇室的實録。但疏略之至，連日月都不備記，比起魯之《春秋》、魏襄王墓出土的《竹書紀年》還要簡略。取《史記·秦本紀》讀之，確有此感覺（昭王以後稍具月日），反映了秦文化的落後。這是司馬遷記述戰國史事的主要資料來源之一。

其他六國史官所記因遭秦火焚毁無存，但我們讀《六國世家》，儘管内容疏闊，仍不乏重要記載，必有所依據。推測可能出於後來搜集的斷簡殘篇。《太史公自序》云：「百年之間，天下遺文古事，靡不畢集太史公。太史公仍父子相續纂其文。」他們父子二人利用太史令的有利職位，可以「紬史記石室金匱之書」，纂成《史記》全書。這是另一資料來源。「戰國之權變」究指哪些？《漢書·藝文志》兵家有兵權謀十三家，所收多戰國及秦項時代的兵書。又劉向輯集《國策》、《國事》、《短長》、《事語》、《長書》、《脩書》六種改編爲《戰國策》。《叙録》云：「戰國時游士輔所用之國爲之策謀。」又云：「戰國之時，君德淺薄，爲之謀策者不得不因勢以爲資，據時而爲謀（原書謀字空缺，此從姚范《援鶉堂筆記》補），故其扶急持傾，爲一切之權。」司馬遷所言，可能指這一類書。《自序》又云：「厥協《六經》異傳，整齊百家雜語。」可見他取材之廣，董理之勤，雖在戰國資料殘失之餘，經過努力，還是有所建樹，完成一部輝煌巨著，記載比較翔實，值得後人重視。

（二）司馬遷怎樣撰寫《蘇秦列傳》

《史記·蘇秦列傳贊》云：

（蘇秦）游説諸侯以顯名，其術長於權變。而蘇秦被反間以死，天下共笑之，諱學其術。然世言蘇秦多異，異時事有類之者，皆附之蘇秦。夫蘇秦起閭閻，連六國從親，此其智有過人者。吾故列其行事，次其時序，毋令獨蒙惡聲焉。

《傳贊》明白表示蘇秦這個人物特殊性，特地提出「異時事有類之者皆附之蘇秦」顯示其複雜性。這段話也反映他寫傳之前所持態度的嚴肅和下筆的謹慎。一個歷史人物，有各種異聞附於他的名下，使真僞雜糅，魚目混珠。司馬遷對此難題，提出「列行事，次時序」的解決方法，從此可窺到一位偉大史家的崇實求是的精神。有人指責《史記》記蘇秦事不實，常以異時事類之者附之，此話不公允。司馬遷既在《傳贊》指出有這種流行的弊病，他當竭力想消除這些弊病才合理，怎肯自己再違犯呢？如果説他消除得不盡則有之，但並不出於主觀如此。

應該承認，《蘇秦列傳》有不少疏失和矛盾，主要由於史缺無徵。大體説來，還是瑕不掩瑜。

記載蘇秦兄弟三人〔六〕的事跡，《史記》和《戰國策》有密切關係（雖《戰國策》成書在司馬遷後，但它的原始資料則年代較早，司馬遷當見過），瞭解一下兩書之間的情況，似也有助考證。今綜録流行的姚宏本《戰國策》與《史記》所載蘇秦兄弟事跡各條異同表列於下：

表一：《戰國策》與《史記》所記蘇秦兄弟事異同表

編號《策》次	章名	蘇秦兄弟主名	《史記》篇名	附注
一、東周	東周欲爲稻	蘇子		
二、東周	昭獻在陽翟	蘇厲		
三、東周	蘇厲爲周最謂蘇秦	蘇厲、蘇秦		

（續表）

編號《策》次	章名	蘇秦兄弟主名	《史記》篇名	附注
四、西周	雍氏之役	蘇代	周本紀	
五、西周	蘇厲謂周君	蘇厲		
六、西周	楚請假道於二周之間	蘇秦		
七、秦一	蘇秦始將連横	蘇秦	蘇秦列傳（以下稱本傳）	
八、秦一	秦惠王謂寒泉子	蘇秦		
九、秦二	甘茂亡秦且之齊	蘇代	甘茂傳	
一〇、秦二	陘山之事	蘇代	魏冉傳	
一一、齊一	蘇秦爲趙合從説齊宣王	蘇秦	本傳	
一二、齊二	秦攻趙長平	蘇秦	田世家	《史》秦作周子
一三、齊三	楚王死	蘇秦	周本紀	《史》秦作厲
一四、齊三	孟嘗君將入秦	蘇秦	孟嘗君傳	《史》秦作代
一五、齊四	蘇秦自燕之齊	蘇秦	燕世家	《史》秦作代
一六、齊四	蘇秦謂齊王	蘇秦		
一七、齊五	蘇秦説齊閔王	蘇秦		

（續表）

編號《策》次	章名	蘇秦兄弟主名	《史記》篇名	附注
一八、楚一	蘇秦爲趙合從説楚威王	蘇秦	本傳	
一九、楚一	張儀爲秦破從連横	蘇秦	張儀傳	
二〇、楚二	齊秦約攻楚	蘇厲		
二一、楚二	術視伐楚	蘇厲		
二二、楚二	女阿謂蘇子	蘇子		
二三、楚三	蘇子謂楚王	蘇子		
二四、楚三	蘇秦之楚三日	蘇秦		
二五、趙一	蘇秦説李兑	蘇秦		
二六、趙一	趙收天下且以伐齊	蘇秦	趙世家	《史》秦作厲，齊作韓
二七、趙一	蘇秦爲趙王使於秦	蘇秦		
二八、趙二	蘇秦從燕之趙始合從	蘇秦	本傳	
二九、趙二	秦攻趙	蘇秦		
三〇、趙二	張儀爲秦連横説趙王	蘇秦	張儀傳	

(續表)

編號《策》次	章名	蘇秦兄弟主名	《史記》篇名	附注
三一、趙四	五國伐秦無功	蘇代		
三二、魏一	蘇子爲趙合從説魏王	蘇秦	本傳	
三三、魏一	張儀爲秦連横説魏王	蘇秦	張儀傳	
三四、魏一	蘇秦拘於魏	蘇秦、蘇厲	本傳	《史》秦作代
三五、魏二	犀首見梁君	蘇代		
三六、魏二	田需死	蘇代	魏世家	
三七、魏二	秦召魏相信安君	蘇代		
三八、韓一	蘇秦爲楚合從説韓王	蘇秦	本傳	
三九、韓一	公仲數不信於諸侯	蘇代		
四〇、韓三	韓人攻宋	蘇秦	田世家	《史》秦作代，韓作齊
四一、燕一	蘇秦將爲從北説燕文侯	蘇秦	本傳	
四二、燕一	奉陽君李兑甚不取於蘇秦	蘇秦		
四三、燕一	燕文公時	蘇秦	本傳、燕世家	
四四、燕一	人有惡蘇秦於燕王者	蘇秦	本傳	

（續表）

編號《策》次	章名	蘇秦兄弟主名	《史記》篇名	附注
四五、燕一	蘇秦死其弟蘇代欲繼之	蘇秦、蘇代		
四六、燕一	燕王噲既立	蘇秦、蘇代	燕世家	《史》秦作代
四七、燕一	初蘇秦弟厲因燕質子而求見齊王	蘇秦、蘇代、蘇厲	本傳	
四八、燕一	齊伐宋宋急	蘇代	本傳	
四九、燕一	蘇代謂燕昭王	蘇代		
五〇、燕一	燕王謂蘇代	蘇代		
五一、燕二	秦召燕王	蘇代	本傳	
五二、燕二	蘇代爲奉陽君説燕於趙	蘇代		
五三、燕二	蘇代爲燕説齊	蘇代		
五四、燕二	蘇代自齊使人謂燕昭王	蘇代		
五五、燕二	蘇代自齊獻書於燕王	蘇代		
五六、燕二	客謂燕王	蘇子		
五七、燕二	趙且伐燕	蘇代		
五八、燕二	齊魏争燕	蘇代（一作蘇子）		
五九、宋衛	宋與楚爲兄弟	蘇秦		

表一見於《戰國策》者共五十九篇，其中屬於蘇秦者三十三篇，蘇代者二十一篇，蘇厲者七篇，蘇子（凡有主名可隸者，不列於内）四篇，共六十五篇，除去數人合見一篇、重複者五篇，實爲五十九篇。其中見於《史記》者二十八篇（内包括《史記》作異名者八篇），《史記》篇數占《國策》百分之四十四强。

分析表一、表二中的内容，凡記蘇氏兄弟事，《史記》作異人者一條，《國策》作異名者三條，不著人名者四條。其餘異同，皆見於蘇氏兄弟之間，其例最多，詳見二表中，不煩重複了。

表二：《史記》所記蘇代事不見於《國策》或作異名表*

編號《史記》篇名	内容摘要	《國策》異文
一、周本紀	蘇代爲周最説楚王	
二、田世家	蘇代謂陳軫	
三、韓世家	蘇代説韓咎	韓二：代作冷向
四、韓世家	蘇代謂羋戎	韓二：作謂新城君，不著説人名
五、魏世家	蘇代謂魏王	魏三：作謂孫臣
六、孟嘗君傳	蘇代説孟嘗君	西周：薛公以齊爲韓魏攻楚，代作韓慶
七、孟嘗君傳	吕禮相齊欲困蘇代	東周：謂薛公曰，不著説人名

（續表）

編號《史記》篇名	內容摘要	《國策》異文
八、甘茂傳	韓公仲使蘇代謂向壽	韓一：或謂公仲，不著說人名
九、白起傳	蘇代說應侯君禽馬服子	秦三：謂應侯曰，不著說人名

＊上表共九條，皆屬於蘇代。《戰國策》作異名者三條，不著人名者四條，不載者二條。

以上兩表總計《策》、《史》載蘇秦兄弟事，蘇秦三十三篇，蘇代三十篇，蘇厲七篇，蘇子四篇，除重複者五篇，共六十八篇。《戰國策》計五十九篇，《史記》三十六篇（原三十七篇，除去表一編一二《田世家》周子一篇）。

如二表會同計算，《戰國策》計六十六篇（包括不著人名或作異名在內），《史記》計三十七篇（包括異名一條）。

《史記》的異同，說明太史公對蘇秦弟兄記載有所訂正，其取捨必有他的斷制，我們應注意這點。

今試舉一例說明之。

《趙策一·趙收天下章》「蘇秦爲齊上書說齊王」，原文和《史記·趙世家》有較大的出入：一、《策》文不具年代；《史》序於趙惠文王十六年（前二八三）。二、《策》作蘇秦上書說齊王；《史》作蘇厲爲齊遺趙王書。三、《策》文「齊」字，《史記》多數作「韓」。二文差異明顯，曾引起歷代學者爭論，姚宏、鮑彪、姚鼐、張琦主從《史記》，吳師道、梁玉繩、黃丕烈、吳汝綸主從《國策》（吳汝綸以伐齊、爲齊之「齊」字有誤)。全祖望《經史問答》舉五繆以糾《趙世家》之失。這個争論至近來馬王堆帛書《戰國縱横家書》出土似可平息(詳見於拙著《戰國策箋證》)。《縱横家書》第二十一章有此文,大部分同於《史記》。從文章内容辨之,也當以《史記》爲長。《策》文首無年代,則爲《國策》的常例。惟言「蘇秦爲齊上書」,而後文所述,乃屬燕破全齊,趙欲乘危滅齊之事,距《策》、《史》所記蘇秦之死已多年,決非其時,故「蘇秦」必誤,如出於「異時事有類之者皆附之蘇秦」之流的增飾。燕破齊當趙惠王時,司馬遷因次其事於惠文王十六年,屬其文於蘇厲,這就是遵用「列其行事,次其時序」之法來解決症結。至於優劣長短,讀者可自辨之。相似之例,可以類推。

現在要轉入本題。蘇秦事跡最煊赫的無過於合縱六國,而疑問也叢集於此。本題分爲二個部分來討論: 其一,蘇秦合縱的最初年代; 其二,五國伐秦及縱約之散。

三、蘇秦合縱的最初年代

《戰國策》和《蘇秦列傳》記蘇秦説六國合縱皆不載年代,《史記·六國表》、《燕世家》則有之。《六國表》載於周顯王三十五年(前三三四),《燕表》文侯二十八年下云: 「蘇秦説燕。」《燕世家》文侯二十八年云: 「蘇秦始來,説文公,文公予車馬金帛以至趙,趙肅侯用之,因約六國爲從。」乃就蘇秦説燕而終言之,其説趙與他國必不在一年。吕祖謙《大事記》因之,司馬光《資治通鑑》則次於周顯王三十六年(前三三三),這大概推算明年説趙(趙爲合從發起國)而列次之,非别有他據。審察《史記》所記，愚意這條紀年出於司馬遷臆定，並非依據《秦紀》或燕國史官記録而來。爲什麽如此説呢？從史表的體例而論，所記皆屬於軍政大事或自然灾變，决不會特筆記載一個閭閻細民游説諸侯之事。或説此出於後來追記，當屬可能。但戰國時策士游説諸侯者甚多，如衛鞅入秦、張儀入秦、范雎入秦，《秦表》均不列，樂毅入燕，《燕表》也不載，何獨於蘇秦説燕載於表中？不能使人無疑。這個年代記載從何而來？有一點痕跡可稽。查《蘇秦列傳》與《張儀列傳》並謂蘇秦合從之後，「秦兵不窺函谷關者十五年」，這句話後人多認爲夸大之辭。秦兵何時出兵函谷關呢？《楚世家》懷王十一年（前三一八）云：「蘇秦從山東六國兵攻秦，楚懷王爲從長，至函谷關。秦出兵擊六國，六國皆引而歸。」（關於此役詳情，參閲後文。）按照《史記》所記蘇秦合縱之年（前三三四）相距爲十六年，除去秦出兵函谷關那年不算，正合十五年之數，司馬遷因此巧妙地次説燕於周顯王三十五年下，使合縱一事首尾具備。然而如此編次，却和同時其他各事合不攏來。何以見得？查《燕世家》：「易王初立（前三三二，當周顯王三十七年），齊宣王因燕喪伐我，取十城。蘇秦説齊，使復歸燕十城。」詳見於《蘇秦列傳》及《燕策一》。按其時間，距蘇秦説燕僅二年。若蘇秦合從六國已成功，則齊燕爲盟國，齊無伐燕之理。如縱約未定，蘇秦方僕僕風塵，游説諸侯之不暇，何能遽返燕國爲之説齊歸十城？於理也礙。又同在一年，《六國表》齊表記「與魏伐趙」，魏表記「伐趙」，趙表記「齊魏伐我，我決河水浸之」。此事也見於《趙世家》肅侯十八年（前三三二），此乃軍政大事，國史必載，應該可信。若蘇秦這時説諸侯合縱，三國方構釁，怎能使其聽從？尤其是趙爲發起國，又怎能令齊魏信任呢？蘇秦説齊歸燕城一事，《六國表》不載，考其内容，語多乖舛，不能究實。如蘇秦説齊王云：「今燕雖弱小，即秦王之少婿也。大王利其十城而長與强秦爲仇……是食鳥喙之類也。」（《燕策》一文略同）燕易王元年當秦惠文王之六年。秦惠文王三年始冠（見《秦本紀》及《六國表》），男子冠年一般爲二十歲。國君可能特殊，提早幾年，如晉悼公説：「國君十五而生子，冠而生子，禮也。」（《左氏傳》襄公十九年）冠年又早於生子之年，故又謂魯襄公年十二「可以冠矣」。説明國君冠年是較早的，秦制未詳。據《秦始皇本紀》謂「惠文王享國二十七年」，司馬貞《索隱》云「十九而立」，此語必有據。依此推算，即位三年而冠，則惠文王年二十一，倒與一般士民冠年接近。婚年即使早於冠年，但相距不會太遠。我們姑從「國君十五而生子」例來推算，則惠文王六年，其長子或女年不過十齡，何況燕易王是少婿，秦女是少女，年齡更幼，怎能已爲燕妃？顯然不合於情理。並且蘇秦方以秦害説六國合從，豈有反挾秦以懾齊之理，更爲不通。同時《蘇秦列傳》在説齊歸十城之後，接記「人有毁蘇秦者」云云，此文也見於《燕策一》，分爲二章，一作「人有毁蘇秦於燕王者」，「燕王」不著何王；一作「蘇代謂燕昭王曰」云云，帛書《戰國縱横家書》第五章也有此文，首作「謂燕王曰」，不著説士名氏。這三篇文字與《蘇秦傳》雖有出入，内容基本相同，而説士或作蘇秦，或作蘇代，或不著人名。説話的對象，或作燕易王，或作燕王，或作燕昭王。時代參差，人物不一，顯見此即屬於所謂「異時事有類似者皆附之蘇秦」之類，司馬遷也序次失當。

其實，《史記》記田齊年世，若據《古本竹書紀年》對校，相差二世，顯有訛誤，此爲今天史學家所公認，司馬遷未見《紀年》，致編列失次。若據《紀年》，燕易王元年當周顯王三十七年（前三三二），秦惠王六年，齊威王二十五年，不當宣王時。若以齊宣王元年核之，則當周慎靚王元年（前三二〇），燕王噲元年，秦惠文王更元五年，其時縱約已有裂痕，所謂因燕喪者，乃因易王之喪，非因文侯之喪，如此庶幾近之（參考拙著《古本竹書紀年輯校訂補》附篇《戰國年表》）。

由於某些國家的年世記録有誤，連帶影響蘇秦合縱繫年的正確性，故《史記》周顯王三十五年「蘇秦説燕」之説可疑，但並不否定「合縱」之事。

在此順帶談一下其時秦國的國勢。近代學者多認爲惠文王時，秦雖强，尚不足以威脅諸侯，諸侯無合縱之必要，此有其部分理由。然查《六國表》秦表惠文君四年（當周顯王三十五年）載「天子致文武胙」，《秦本紀》同。這種王室賞賜的特殊恩典，前此僅見於秦孝公二年（前三六〇），《表》及《秦本紀》並云：「天子致胙。」一九四八年陝西鄠縣出土有秦庶長歜封邑陶券，兩面刻文，正面文云：「四年，周天子使卿大夫辰來致文、武之酢（按酢爲胙之同聲通用字）。冬十一月辛酉，大良造庶長游出命曰：杜在酆邱到潏水，以爲右庶長歜家邑。乃爲封書，畀司御不更封之曰：子子孫孫，以爲宗邑……」〔七〕此券所載與《史記》合得起來，可見其事的真不虛。從券文看來，儘管周室衰微，徒抱虚名，秦人重視此事，認爲無上光榮，連賜臣下封邑的陶券上也記上了。賜文武胙，乃是賜祭文王、武王廟的胙肉，天子賜給親兄弟國的殊禮。春秋時，齊桓公盟諸侯於葵丘，尊奉王室，周王使宰孔以文武胙賜齊侯（見《春秋左氏傳》僖公九年）。齊爲異姓國，按禮無此享受，周王以其有功王室，特賜文武胙，隱寓有尊爲諸侯長之意。秦也爲異姓國，但無功於王室，若非國勢强大，周天子未必肯降此特殊優禮。這正反映出秦日漸强大，有威脅天下之勢。考其時齊、楚、魏争霸劇烈，互相征伐，經過馬陵、徐州幾次大戰役，敗者削弱，勝者也國力損傷，而秦承商鞅之遺教，繕兵伺機，收漁人之利。致胙一事，更可助其趾高氣揚，諸侯爲之側目，萌畏秦之心，起制止之謀。過後數年，蘇秦以合縱游説諸侯，至於成功，這是符合客觀情況的。

其次，《秦策一》謂蘇秦説趙肅侯，「肅侯大悦，封爲武安君」；《楚策一》記張儀破縱説楚王，言「凡夫諸侯約親者蘇秦，封爲武安君而相燕」（此二則不見於《史記》蘇張二人本傳）。帛書《戰國縱橫家書》第十七章有云：「今事來矣，此齊之以母質之時也，武安君之棄禍存身之夬（決）也。」此篇大意是有人爲齊國與蘇秦游説秦大夫起賈的，「武安君」即指蘇秦。可證蘇秦確受過武安君封號〔八〕，帛書是出土文獻，更無懷疑。若非合縱之事，蘇秦又憑什麼受此尊號呢？故蘇秦合縱之事不虛，而《史記》繫於周顯王三十五年則不然。

然則合縱究以何年爲宜？絶對年代，限於史料不足，無從確定，只能求其相對年代。蘇秦合縱，張儀連横，一縱一横，針鋒相對，蘇張並稱，由來已久。他們的事跡有關連，而張儀的記載比蘇秦較爲完備，所以從張儀的事跡中也可找到些蘇秦的行踪。我不信《張儀傳》所載蘇秦誘張儀入秦之事，這當出於縱横家流的虛構，以神秘其先輩之智術而已。《秦策一》有一章云：

秦惠王謂寒泉子曰：「蘇秦欺寡人哉。欲以一人之智，反覆山東之君，從以欺秦。……寡人忿然含怒日久，吾欲使武安子起往喻意焉。」寒泉子曰：「不可。夫攻城墮邑，請使武安子。善我國家，使諸侯，請使客卿張儀。」秦王曰：「敬受命。」

文中的「武安子起」，乃秦昭襄王時的名將白起，非惠王時人，殆策士夸談，不顧歷史背景，扯上一位秦國著名軍事家以表示採用武力，無關輕重。中心人物實爲客卿張儀。

張儀連横破縱，有人也不信其事。然而李斯《上諫逐客書》有云：「惠王用張儀之計……遂破六國之從，使之西面而事秦。」（《史記・李斯傳》及《昭明文選》卷三十九）此爲秦臣對君上之言，又爲本國之事，必不有誤。「破諸侯之從」，即是破六國合縱，《戰國策》、《史記》並載其事，不容盡僞。因之張儀用秦與蘇秦合縱事有連帶關係的。

考張儀用秦的時間，《秦本紀》載「惠文王十年（前三二八，當周顯王四十一年）張儀相秦」；「十三年（前三二五，當周顯四十四年），使張儀取陝」；「更元二年（前三二三，當周顯四十六年）張儀與齊、楚大臣會齧桑」；「更元三年（前三二二），張儀相魏」（《六國表》同）。依此推算，張儀用秦，當在其爲相前一、二年中，而蘇秦合縱又在其前。從上述各點推之，合縱的上限，約在周顯王三十七年（前三三二）齊魏伐趙之後；下限約在周顯王四十一年（前三二八）張儀相秦之前一、二年中，總之不出公元前三三三至三二九年四年之中。秦惠王更元三年（前三二二）張儀相魏，可能是進一步開始破縱活動，爲間於魏。

四、五國伐秦及縱約之散

六國合縱結成對秦的聯合陣綫，這條陣綫維持多久呢？史未明言。《蘇秦傳》云：「其後犀首欺齊魏，與共伐趙，欲敗從約。齊魏伐趙，趙王讓蘇秦，秦恐，請使燕，必報齊。蘇秦去趙，而從約皆解。」犀首爲公孫衍的封號，或謂官名，魏人，曾事秦，又立五國爲王，佩五國相印，與張儀不善，其欺齊魏敗縱約事不詳。但以《史記》他文考之皆不合。齊魏伐趙爲周顯王三十七年（前三三二），其時從約尚未達成，怎能會「從約皆解」（詳參上章）。故本傳這段話靠不住。

有一事見於《史記》倒和縱約解散有關。《六國表》周慎靚王三年（前三一八）秦表惠文王更元七年云：

五國共擊秦，不勝而還。

同年魏、趙、韓、楚、燕表並書「擊秦不勝」。《秦本紀》惠文王更元七年下云：

韓、趙、魏、燕、齊帥匈奴共攻秦，秦使庶長疾與戰修魚，虜其將申差，敗趙公子渴、韓太子奐，斬首八萬二千。

《楚世家》懷王十一年云：

蘇秦約從山東六國兵攻秦，楚懷王爲從長，至函谷關，秦出兵擊六國，六國皆引而歸，齊獨後。

《趙世家》武靈王九年云：

與韓魏兵擊秦，斬首八萬。（按此事《六國表》趙表次於武靈八年，疑戰始於八年，結束於九年，各就其終始時言之耳，實無異。）

魏表哀王（當作襄王，《史記》有誤）元年云：

五國共伐秦，不勝而去。

韓表宣惠王十六年云：

秦攻我修魚，虜得韓將申䱸、申差於濁澤。（按此繫年在五國攻秦之次年，情況疑與趙表類似。）

《燕世家》王噲三年書：

與楚、三晉伐秦，不勝而還。

《田齊世家》與齊表並不載此事。《史記》所記甚備，基本上是一致的。雖然齊國獨後，擊秦者止五國，但齊表與《田世家》於五國擊秦的次年書「敗趙魏觀澤」，這仍和攻秦有關。此乃軍國大事，史官必書的，司馬遷也有所據，其言可信。合縱國共同伐秦，趙韓先戰而敗，他國坐視不援，再發生內部戰爭，結果導致縱約的解散，不言可喻。由此我們可推知蘇秦合縱之確有其事，而縱約解散則在五國擊秦之時。爲了證明此事的真實性，除《史記》所載外，再增援其他資料作佐證。

(一)《戰國策》的佐證

(甲)《韓策一》：「五國約而攻秦，楚爲從長，不能傷秦，兵罷而留於成皋。」

(乙)《楚策一》：「五國約以伐秦(姚宏本秦作齊，誤，今從鮑彪本)，昭陽謂楚王曰：『五國破秦(鮑本原來秦下有齊字，後衍此字)，必南圖。』楚王曰：『然則奈何？』曰：『韓氏轉國也，好利而惡難。好利，可營也；惡難，可懼也。我厚賂之以利，其心必營。我悉兵以臨之，其心必懼我兵而營我利，五國之事可破也。』」鮑彪注云：「秦惠後七年，趙韓燕齊兵攻秦，此(懷王)十一年。」林春溥《戰國紀年》、顧觀光《國策編年》、于鬯《國策年表》皆繫此章於周慎靚王三年，同《史記》。

(丙)《楚策三》：「五國伐秦，魏欲和，使惠施之楚。楚將入之秦而使行和。杜赫謂昭陽曰：『凡爲伐秦者楚也，今施以魏來而公入秦，是明楚之伐而信魏之和也。公不如無聽惠施，而陰使人以請聽秦。』昭子曰：『善。』因謂惠施曰：『凡爲攻秦者魏也，今子從楚而和，楚得其利，魏受其怨。子歸，吾將使人因魏而和。』惠子反，魏王不説。杜赫謂昭陽曰：『魏爲子先戰，折兵之半，謁病不聽，請和不得。魏折而入齊（按齊字疑衍）秦，子何以救之？東有越累，北無晉，而交未定於齊（疑齊字衍）秦，是楚孤也。不如速和。』昭子曰：『善。』因令人謁和於魏。」此雖未明言楚爲縱長，但魏欲和而先使人請命於楚，則楚非縱長而何？其時張儀相魏已四年，恐怕魏懷貳心。未始不是張儀破縱之力。此章也反映攻秦初期戰役及諸侯内部異心的情況，可補《史記》的不足。

（丁）《秦策二》義渠君之魏章有「公孫衍謂義渠君曰：『中國無事於秦，則秦且燒焫獲君之國。中國爲有事於秦，則秦且輕使重幣而事君之國也。』……居無幾何，五國（高誘注云：「五國，齊、宋、韓、魏、趙也。」按高注失考，或由於傳聞異辭）攻秦，陳軫謂秦王曰：『義渠君者，蠻夷之賢君，王不如賂之以撫其心。』秦王曰：『善。』因以文綉千匹、好女百人，以遺義渠君。義渠君致群臣而謀曰：『此乃公孫衍之所謂也。』因起兵襲秦，大破秦人於李帛之下。」此和《秦本紀》「五國帥匈奴」之言相合。義渠爲匈奴部族之一種，在岐、梁山、涇、漆之北（見《史記・匈奴傳》），故也稱匈奴。

上引（甲）條「楚爲從長」與《楚世家》相合。蘇秦合從，趙爲從長，何以此又作楚？這可有幾種解釋。一、六國合縱與此相距時間較長，從長可能有限期，届期更换，其年值楚，故懷王爲從長。二、蘇秦奉趙王命説諸侯合縱，其時未定約從，趙爲發起國，因暫以從長推之，不必是定稱。三、六國合縱，必有一次正式會盟儀式，如蘇秦所言，「令天下之將相，相與會於洹水之上，通質，刑白馬以盟」〔九〕，推定從長當在其時。六國之中，依國勢而論，楚最强大，有資格被推任爲從長。這幾種推測都有可能。今檢《藝文類聚》卷六十有引《戰國策》一條云：「蘇秦爲楚合從，元戎以鐵爲矢，長八寸，一弩十矢俱發。」此不見於今本《戰國策》，當是佚文。「蘇秦爲楚合從」，正和《楚世家》懷王爲從長事相合，在這戰役中還使用了新式武器——鐵製長矢。這足以證明蘇秦爲楚合從的確有其事，而也只有五國伐秦一役合得起來。故我對此事深信不疑。

附帶提一下，蘇秦合縱諸侯，《戰國策》除燕、趙策外，其餘國諸章首多作「蘇秦爲趙合從説某王」，其後諸王答辭常作「今主君以趙王之教詔之」。獨有《韓策》章首作「蘇秦爲楚合從説韓王」，韓王答辭作「今主君以楚王之教詔之」。從語氣看來，好像蘇秦説楚之後説韓，即以楚王爲縱長了。合縱未定，正式縱長尚虛，忽然更換其人，於情理也不合。又蘇秦説韓，《史記》列於奉趙王命約縱諸侯的第一個國家，更不協。故鮑彪注徑改二「楚」字爲「趙」。然而《戰國策》文和《史記》多不相同，其例屢見。即如此文，《藝文類聚》卷二十五引《國策》亦作楚字，可見唐本已然，鮑改專輒，此當各存其本。這於大體無礙，不須深究了。

（二）《韓非子》的佐證

《韓非子·存韓篇》後附有李斯《上韓王書》云：

> 先時五諸侯共伐秦，韓反與諸侯先爲雁行，以向秦軍於關下矣。諸侯兵困力極，無奈何諸侯兵罷。杜倉相秦，起兵發將以報天下之怨而先攻荆。

「五諸侯伐秦」即周慎靚王三年「五國共攻秦」事；「軍於關下」即「至於函谷關」事。「雁行」猶「顔行」，顔與雁同音通借，意猶前鋒。此役，韓、趙先與秦戰，《秦本紀》所謂「敗趙公子渴、韓太子奂，斬首八萬二千」者。「秦報天下怨而先攻荆」，荆即楚，秦莊襄王名楚，故李斯避諱改稱荆。「楚爲從長」，故秦深怨之而先攻。此文一一與《史記》所記若合符節，足爲證明。

又《戰國策·趙策一》也有類似的記載，云：「秦王謂公子地曰：『昔歲殽下之事，韓爲中軍，以與諸侯攻秦。』」按殽下爲崤山，其地與函谷關延接，在今河南靈寶縣東北，地勢險岩，爲軍事要塞。賈誼《過秦論》謂「秦孝公據殽、函之固」，殽、函並稱，故「殽下」猶言「關下」。五國攻函谷關，其事距秦昭王及李斯已多年，而秦君臣還念念不忘地提到它，可見此役對他們印象之深刻。

（三）《秦詛楚文》的佐證

北宋時出土有三塊秦石刻，文辭相同，惟所禱神祇之名則各異，一曰夂（宋人釋文並作久。按久與夂字形相似，但《説文》氏部有𢀚字，「讀若厥」，金文銘辭並作夂，形亦相似，或讀爲厥。此不能强斷，姑从原文）湫，一曰亞駞，一曰巫咸。宋人名此石刻爲《秦詛楚文》。原石久佚，宋拓墨本也未見，僅存幾種摹刻本在匯帖中，多失真。這篇詛文與五國攻秦之事有關，不大爲人注意，今據一九四四年吳公望以珂羅版景印的元周伯琦摹刻本（這是現傳各摹本中較爲完善的一種）轉載於下，並參考《古文苑》章樵注本和王厚之等釋文略釋之：

有秦嗣王敢用吉玉宣璧，使其宗祀邵鼜愍告於不顯大神夂湫，以氐楚王熊相之多辠。昔我先君穆公及楚成王是僇力同心，兩邦若壹，絆以婚姻，袗以齊盟，曰：「枼（葉）萬子孫，毋相爲不利。」親即不顯大沈夂湫而盟焉。

今楚王熊相庸回無道，淫佚湛亂，宣侈競從，變渝盟刺，内之則虣（同暴）虐不辜，刑戮孕婦，幽刺親戚，拘圉其叔父，寘諸冥棺槨室之中。外之則冒改久（厥）心，不畏皇天上帝及大神久湫之光烈威神，而兼倍十八世之詛盟，率諸侯之兵以臨加我，欲剗伐我社稷，伐滅我百姓，求蔑法，皇天上帝及大神久湫之卹祠圭玉犧牲，述（按述古字通遂，舊釋求）取我邊城及新郢郗長親，吾不敢曰可。

今又悉興其衆，張矜意怒，飾甲底兵，奮士盛師，以逼我邊競（境），將欲復其賍（兇）跡，唯是秦邦之嬴衆敝賦鞈輸（王厚之釋鞈爲鞹，革也。輸，刀鞘也。言以革飾刀鞘也）棧輿，禮使介老將之，以自救也，亦應受皇天上帝大沈久湫之幾靈德，賜克劑楚師，且復略伐邊城，敢數楚王熊相之倍盟犯詛。著諸石章，以盟大神之威神。

今按《史記·十二諸侯表》及《六國表》排比秦楚二國先君先王的年世如下：

秦	楚
一、穆公三十九年（前六五九——前六二一）	成王四十六年（前六七一——前六二六）
二、康公十二年（前六二〇——前六〇九）	穆王十二年（前六二五——前六一四）
三、共公五年（前六〇八——前六〇四）	莊王二十三年（前六一三——前五九一）
四、桓公二十七年（前六〇三——前五七七）	共王三十一年（前五九〇——前五六〇）
五、景公四十年（前五七六——前五三七）	康王十五年（前五五九——前五四五）
六、哀公三十六年（前五三六——前五〇一）	郟敖四年（前五四四——前五四一）
七、惠公十年（前五〇〇——前四九一）	靈王十二年（前五四〇——前五二九）

八、悼公十四年（前四九〇——前四七七）	平王十三年（前五二八——前五一六）
九、厲共公三十四年（前四七六——前四四三）	昭王二十七年（前五一五——前四八九）
一〇、躁公十四年（前四四二——前四二九）	惠王五十七年（前四八八——前四三二）
一一、懷公四年（前四二八——前四二五）	簡王二十四年（前四三一——前四〇八）
一二、靈公十年（前四二四——前四一五）	聲王六年（前四〇七——前四〇二）
一三、簡公十五年（前四一四——前四〇〇）	悼王二十一年（前四〇一——前三八一）
一四、惠公十三年（前三九九——前三八七）	肅王十一年（前三八〇——前三七〇）
一五、出子二年（前三八六——前三八五）	宣王三十年（前三六九——前三四〇）
一六、獻公二十三年（前三八四——前三六二）	威王十一年（前三三九——前三二九）
一七、孝公二十四年（前三六一——前三三八）	懷王三十年（前三二八——前二九九）
一八、惠文王二十七年（前三三七——前三一一）	頃襄王三十六年（前二九八——前二六三）

秦楚二國各十八世，秦穆公元年當楚成王之九年（前六五九），秦惠文王末年（更元十四年）當楚懷王之十八年（前三一一）。若依秦國的十八世計算，惠文王末年爲更元十四年（前三一一），當楚國十七世懷王十八年。若依楚國十八世計算，頃襄王末年爲三十六年（前二六三），當秦國的二十世昭襄王四十四年，中歷武王一世。詛文中「十八世」究指秦的世數還是楚的世數？歐陽修《集古録跋尾》云：「嘗以《世家》考之，自成王十八世爲頃襄王，而頃襄名横，不名相。」又云：「至懷王熊槐、頃襄王熊相當秦惠文王及昭襄王時，秦楚屢相攻伐，則此文所載，非懷王則頃襄王也，而名皆不同，又以

十八世數之，則當是頃襄。」他以詛文「十八世」當楚之十八世，一字之失，全局俱非。後來王柏又申其説，治絲益紊。他在《詛楚文辭序》云：「予嘗讀蘇氏之論曰：昭王欺楚王而囚之，要之割地，諸侯熟視，無敢以一言問秦者。田文免於秦，幾不得脱，歸而怨之，借楚爲名，兵至函谷，秦人震恐講解，自山東難秦，未有如此之壯者。此赧王十七年也，司馬《通鑑》失載，後人幾不得而知，《詛楚》者必此時乎！」（載周伯琦本《詛楚文》尾）按上引蘇氏之論，乃蘇轍《古史》論孟嘗君率三國攻秦事，王氏據以爲與《詛楚》同時，毫不相涉，大謬。惟王厚之《跋》辨之甚善。王氏云：「秦人之文，自不應數楚之世，況謂襄王立，乃秦昭王之九年，歷惠文、武王及昭王，楚已微弱，非秦所畏，不應有詛也。」駁斥歐説簡而有力。詛文三石，皆出於秦境，審其語，乃秦人出師前禱祀山川神祇之靈祐，自當從秦之世數而言之無疑。「十八世」必不屬於楚。楚王先世無名相者，則《史記》或有脱訛（郭沫若以爲熊横、熊相，疑爲一名一字，可備一説）。至於詛文所述各節，實與楚懷王十一年五國伐秦，楚爲從長一役相符合，王厚之也已辨之，今並引作參考。王氏云：

懷王十一年，蘇秦約從（自注：《戰國策》作李兑）山東六國共攻秦，楚懷王爲從長，至函谷關。秦出兵擊之，皆引而歸，齊獨後。今文曰：「熊相率諸侯之兵以臨加我。」後五年，秦使張儀以商於之地六百里地欺楚，使絶齊，懷王信之，使一將軍西受地，秦倍約不與。文又曰「遂取我新郢及郱，長親，我不敢曰可」是也。懷王怨張儀之詐，發兵攻秦，文又曰「今又興其衆以逼我邊境」是也。是歲秦遣庶長章拒楚，文又曰「禮使介老將之以自救」是也。此文之作乃秦惠文王之後十二年，楚懷王之十六年也。

王氏所釋，主要方面不誤，有些地方要訂正。詛文時代背景應以周慎靚王三年爲正。文云「率諸侯之兵以臨加我」，此對五諸侯初起師而言。又云「今悉興其衆……以逼我邊境」，此時戰争進入第二階段，指兵至函谷關而言，前後實爲一事。「使介老將之」，即《秦本紀》「使庶長疾與戰」，也同年事。若在懷王十六年，相去五年，五國兵早解，秦已敗韓趙之師，獲得勝利，尚何用禱神詛敵爲？張儀以商於地六百里欺楚，此事在後，不能以文中有「鄒」字（鄒與於通，而「商於」或稱「商」，或稱「於」，皆於古有證）而牽連在一起。商於地鄰近楚境，故秦以割地誘之，但這屬於後事。此詛文所言不過謂楚師逼其地而已。故王氏定爲楚懷十六年，不協。

又王氏於蘇秦約縱下注云：「《戰國策》作李兑。」按李兑主五國伐秦事見於《戰國策》中《趙策》、《魏策》者數章，乃齊趙謀滅宋以益李兑封地，而秦禁之，因伐秦，其事在齊湣王時，此則楚爲縱長率五國伐秦，年代、人物和事因並異，不容混淆。清梁玉繩《史記志疑》卷二十二於《楚世家》「蘇秦約從山東六國共攻秦」疑之云：「蘇秦已死四年。」此蓋據《張儀傳》儀謂「（蘇秦）詳有罪，出走入齊，齊王因受而相之。居二年而覺，齊王大怒，車裂蘇秦於市」。又《蘇秦傳》集解徐廣云：「蘇秦爲客卿在燕易王十年時。」合以《儀傳》「居二年秦死」，則其死在齊宣王末年（二十二年，上述田齊年代皆從《史記》），當周顯王四十八年（前三二一），距慎靚王三年（前三一八），計爲四年，故梁氏云然。他説：「約六國以伐秦者李兑也，《戰國策》甚明。」則與王氏同誤。又蘇秦死當在齊湣王時，本傳言「説湣王厚葬以明孝，高宫室，大苑囿以明得意」，豈是齊宣王之時？

五國攻秦，蘇秦約縱，楚爲縱長，從古文獻資料中，出土石刻上皆足證明有此事，無須懷疑。這一戰役是六國和秦强弱的轉折點。此後秦國離間齊楚關係，制造六國間矛盾，玩弄威脅利誘手段，日益强大。後來李兑、田文、黄歇等雖也發起幾次合縱以抗秦，終是强弩之末，不足爲秦憂。

五、結　論

綜合以上各點，可以概括作結如下：

（一）戰國時期，縱横家興起，蘇秦是此派的典型代表人物，其事跡及名聲，著於史籍和秦漢之間的傳記百家，普遍流傳，決不盡是向壁虚構的。

（二）蘇秦合縱六國是戰國時期的一件大事，也是蘇秦一生的要事，當有其事，由於《史記》繫年失當，致人們發生懷疑。

（三）六國合縱的相對年代，上限大約在周顯王三十七年（前三三二）前後，下限在顯王四十一年（前三二八）前後，總不出此三、四年中。

（四）五國擊秦，楚爲縱長，《史記》有具體年代的記載，證之各種資料皆相合，更爲可信。這事反映其時縱約已有裂痕，漸至解散。此爲秦與六國勢力强弱的轉折點。

（五）蘇秦合縱與他説六國之辭要區别來對待。説六國之辭出於縱横學家所擬作，馳騁夸張，有失實之處。但這屬於另一回事，並不損害合縱一事的真實性。

（六）司馬遷撰《蘇秦列傳》，態度嚴肅，取材審慎，尤其在《傳贊》中説明蘇秦事多異聞和附會，表示出史家下筆不苟的崇信精神。如果反因此語而懷疑其所撰也屬於「異時事有類之者皆附之蘇秦」之流，未免厚誣古人。蘇秦兄弟的事跡錯綜複雜，真僞難辨，《史記》所載雖不能盡信，基本上還是可取的。

蘇秦和他的兄弟蘇厲、蘇代的事跡，《史記》和《戰國策》所載時有交錯或乖違，問題不少，待後另撰文討論。

關於蘇秦合縱的始末，考證具如上述，別編《蘇秦合縱六國年表》附於文後。

重定蘇秦合縱六國年表

公元前	周顯王	秦惠文王	齊威王〔一〇〕	楚威王	趙肅侯	魏惠王〔一一〕	韓昭侯	燕文侯
三三四	三五	四 天子致文武胙於秦。	二三	六	一六	後二	二九〔一二〕	二六〔一三〕
三三三	三六	五 敗魏雕陰。	二四	七	一七	三	三〇	二七
三三二	三七	六	二五 魏以陰晉爲和，命曰寧秦。	八 伐趙。	一八 齊魏伐趙。	四	宣惠王一	易王一
三三一	三八	七	二六	九	一九	五	二	二 蘇秦説燕。
三三〇	三九	八 魏入少梁河西地於秦。張儀入秦。	二七	一〇	二〇 蘇秦從燕至趙，始合縱。	六	三	三

（續表）

公元前	周顯王	秦惠文王	齊威王	楚威王	趙肅侯	魏惠王	韓宣惠王	燕易王
三二九	四〇	九 渡河取汾陰、皮氏，圍焦，降之。王聽寒泉子言，用張儀。	二八	一一	二一	七	四	四
三二八	四一	一〇 張儀相。魏納上郡。	二九	懷王一	二二	八 入上郡於秦。	五	五
三二七	四二	一一 反魏曲沃。	三〇	二	二三	九	六	六
三二六	四三	一二	三一	三	二四	一〇	七	七
三二五	四四	一三	三二	四	武靈王一	一一	八	八
三二四	四五	更元一	三三	五	二	一二	九	九
三二三	四六	二 相張儀，會齊楚於嚙桑。	三四	六	三	一三	一〇	一〇
三二二	四七	三 張儀免相，相魏。	三五	七	四	一四 張儀來相。	一一	一一
三二一	四八	四	三六	八	五	一五	一二	一二

（續表）

公元前	周慎靚王	秦惠文王	齊威王	楚懷王	趙武靈王	魏惠王	韓宣惠王	燕易王
三二〇	一	五	三七	九	六	一六	一三	一三
三一九	二	六	宣王一〔一四〕伐燕取十城，復歸之。	一〇	七	一七	一四	王噲一 齊乘喪伐燕，取十城，蘇秦説齊，歸之。
三一八	三	七 五國兵共擊秦，秦出兵函谷關，諸侯不勝而還。	二 擊秦，兵後至。	一一 蘇秦約縱擊秦，楚爲縱長，不勝而還。	八 擊秦不勝。	襄王一〔一五〕擊秦不勝。	一五	二
三一七	四	八 與韓魏戰，敗之。	三 齊敗趙魏觀澤。	一二	九	二	一六	三

注釋

〔一〕錢穆《先秦諸子繫年考辨·蘇秦考》。

〔二〕法人馬斯帛洛（H·Maspero）《蘇秦的小説》，馮承鈞譯（載一九三二年《國立圖書館刊》七卷六號）。

〔三〕見唐蘭《司馬遷没有見過的珍貴史料》(載於《戰國縱横家書》附録)。

〔四〕今本《孫子兵法》無之。《孫子》書不應有蘇秦事，此當出於後人所附益。簡書是西漢初年之物，附益的年代可能在戰國晚期或秦時。

〔五〕清人馬國翰《玉函山房輯佚叢書》輯集《蘇子》，採引《戰國策》文，不爲無見。

〔六〕兼及蘇代、蘇厲者，以二人事多與蘇秦錯見之故。合之，便於審核。

〔七〕據今人陳直《史記新證》頁一四轉引。

〔八〕《戰國策·楚策三》楚王死章有「(楚王)因封蘇秦爲武貞君」。按此章爲説士假擬揣摩之作，以訓練辯術，記事非實，故不取。「武貞君」之稱，也不見他書。

〔九〕見《戰國策·趙策二》蘇秦始合從説趙王章。

〔一〇〕齊威王，《史記·六國表》作齊宣王；「二十三年」作「九年」；此從《古本竹書紀年》推算。田齊年世，《史記》有誤，今並據《古本紀年》編次，下略。

〔一一〕魏惠王，《六國表》作魏襄王；下「後二年」作「元年」；此從《古本紀年》訂正。

〔一二〕韓昭侯二十九年，《六國表》作韓昭侯十五年，此從《古本紀年》推算。

〔一三〕燕文侯二十六年，《六國表》作燕文侯二十八年，此從《古本紀年》推算。

〔一四〕齊宣王元年，《六國表》作齊湣王五年，非，説見上。

〔一五〕魏襄王元年，《六國表》作魏哀王元年。《史記》誤以魏惠王後元年數繫於魏襄王，而誤增哀王一代，今從《古本紀年》訂正。

(原刊《中華文史論叢》一九八五年第四期，上海古籍出版社出版)

釋縱橫

縱横（或作從衡），即是合縱連横的簡稱。它的含義如何，有不同的説法，今臚列於後：

（一）高誘云：「合關東從通之於秦，故曰連横者也。」（《秦策一》注）又云：「連關中之謂横，合關東之謂從。」（《齊策一》）又云：「關東地形從長，蘇秦相六國，説爲合從。關西地形横長，張儀相秦，壞關東之從，使秦合，號曰連横。」（《史記·項羽本紀》索隱引）又云：「關東六國爲從，關西爲横也。」（《吕氏春秋·離謂篇》注）

（二）孟康云：「南地（「地」疑「北」誤）爲從，東西爲横。」（《漢書·項籍傳》注）

（三）文穎云：「關東爲從，關西爲横。」（《史記·周本紀》集解引）張守節云：「關東地南北長，長爲從，六國共居之。關西地雜廣，廣爲横，秦獨居之。」（《周本紀》正義）

（四）臣瓚云：「以利合爲從，以威勢相脅曰横。」（《史記·周本記》集解引）

（五）《韓非子·五蠹篇》云：「從者，合衆弱以攻一强；横者，事一强以攻衆弱也。」

（六）《淮南子·要略訓》：「晚世之時，六國諸侯，谿異谷别，水絶山隔，各自治其境内，守其分地，握其權柄，擅其政令。下無方伯，上無天子，力征争權，勝者爲右。恃連與國，約重致，剖信符，結遠援，以守其國家，持其社稷。故縱横脩短（按「脩短」即「短長」。《漢書·張湯傳》，邊通「學短長術」。

張晏注云：「蘇秦張儀之謀，趣彼爲短，歸此爲長，《戰國策》名短長術也。」）生焉。」

從上引諸説分析，當以地形釋義爲本（因其符合當時形勢），而《韓非》、《淮南》以六國與秦强弱爲釋者，乃是後起之義。張儀破從連横説魏之辭有云：「今秦下兵攻河外……劫衛取陽晉，則趙不南；趙不南，而梁不北；梁不北，則從道絶。」（見《張儀傳》及《魏策》）趙魏南北之通道謂之從道，相反的東西通道，當謂之横道，不言可喻。

縱横之義已明確，此詞創始於何人何時呢？一般都以蘇秦、張儀二人爲代表。儀、秦爲縱横家中之顯赫人物，應無懷疑，但他們二人是擅長縱横術，而不是創始人，縱横術應該早於他們的時代已存在。《漢書・藝文志》謂「縱横家者流蓋出於古行人之官」，這是依照九流出於王官説來推論的，當然有其一部分理由，但不足以説明蘇張時之縱横術。連合幾個國成爲一個集團，在外交或軍事上對付另外一個集團，這種情況，春秋晉、楚、齊、秦争霸之時即有之，却不見稱爲縱或横。見於文獻記載的，《秦策三・蔡澤説秦相范雎》云：「吴起爲楚悼臣，罷無損不急之官，塞私門之請，壹楚國之俗，南攻揚越，北並陳蔡，破横散從，使馳辯之士無所開其口。」（《史記・蔡澤傳》同）《史記・吴起傳》也云：「要在强兵，破馳説之士言從横者。」吴起在戰國之初，已有「破横散從」之事，可證彼時操縱横術的辯士已出現活動了。故蘇秦始將連横説秦惠王有云：「約從連横，兵革不藏」，（《秦策一》）更顯「縱横」説至遲在戰國初年已有之。

縱横術之流行比較早，所以並不是專爲秦與六國言之。《趙策四》：「趙使趙莊合從欲伐齊。」此謂趙合諸侯伐齊，齊負海之國，在東方，趙在北方（不明何國）合諸侯伐之，地形上正是合縱（南北爲縱）。《史記·樂毅傳》云：「諸侯害齊湣王驕暴，皆争合從。與燕伐齊。」此亦是伐齊。燕連合秦、趙、韓、魏五國軍隊攻齊，地形上也屬於縱。連横也然，不僅僅限於連秦而已。《魯連爲齊與燕將書》有云：「且楚攻南陽，魏攻平陸，齊無南面之心。……故定計而堅守之。今秦人下兵，魏不敢東面，横秦之勢合，則楚國之形危，且棄南陽。」（《齊策六》）「横秦」謂齊與秦連横，此謂楚魏合攻齊，齊之西南境受威脅；燕將堅守聊城不去，齊之北境危，爲心腹之患。今齊得秦助，秦出兵，則楚魏不安了，這樣横秦之勢成也。以地形（東西爲横）言之。到戰國中後期，秦國特强於諸國，諸侯日弱，不能與抗，秦人威逼賂誘，以連横散縱，卒達統一之目的。而合縱連横遂成爲秦與六國之特有詞，《韓非》所言即屬於此種性質，也反映其時的特色。張守節之解，更是依符後來情勢而傅會之，非本義也。

蘇秦合縱，張儀連横，大體如此。他們都是因時乘利，没有一定的主張。故蘇秦先以連横説秦，又以合縱説六國。《吕氏春秋·離謂篇》云：「齊人有淳于髡者以從説魏王。王辯之，約車十乘，收使之荆。辭而行，有（又）以横説魏王，乃止。」淳于髡的一縱一横，顯示縱横家之善辯，能「權事制宜」，但「邪人爲之，則上詐諼而棄其信」。（《漢書·藝文志》）爲人所鄙視。

蘇秦、張儀並師事鬼谷先生，見於《史記》本傳。鬼谷先生事跡不詳。《集解》引《風俗通義》曰：「六國時縱横家。」《索隱》則引樂臺注《鬼谷子》書云：「蘇秦欲神秘其道，故假名鬼谷。」則以爲是蘇秦本人。今世傳有《鬼谷子》，此書不見録於《漢志》及《隋志》，唐柳宗元著《讀鬼谷子》，已疑其僞。我們可姑置勿論。

附記：此篇手稿未曾發表，疑未完。　范邦瑾記

滿城漢墓銅壺(甲)釋文商榷

《中華文史論叢》一九七九年第三輯載有張政烺先生《滿城漢墓出土金銀鳥蟲書銅壺(甲)釋文》一文,對於文字的辨識、讀法的探索,匠心妙運,巧解連環,確是有創獲的。這篇銘文基本上可以讀通了。但是其中有若干字句的讀釋,我有些不同的見解,提出來就正於張先生,並向其他同志請益。

先談壺蓋的銘文,原釋作「有言三,甫金鯠。爲荃蓋,錯書之」。

這四句中首尾二句容易懂,無異見。第二句「甫金鯠」,張《釋》云:「甫讀爲敷,義爲鋪設。鯠是魚名,不知何魚,疑即鯉,它魚罕金色者。蓋銘十二字,除一『三』字外,其他十一字中都有魚形。」這段解釋不能令人愜意。其理由:(一)鯠魚既不知爲何魚,怎能遽别其顏色而斷爲鯉字呢?鯉从里聲,鯠从來聲,古韻同部雖可通用,然依照原解,實在不必改字。爲什麽呢?用金銀錯作魚形,不論哪種魚形都可稱作金×。何況鯠字見於《玉篇》魚部和《廣韻》咍韻。(二)所説「十一字中都有魚形」,細審銘文摹本,詰曲作蟲蛇形或鳥咮蟲身形,未見其類魚者。當然蟲魚有些容易混淆,但一般不難區分。鳥蟲書本從其所象之形而得名,或省稱之爲鳥書或蟲書,却從未聞有鳥魚書或魚書者。即此一端,可證非魚。我意張先生所以認爲魚形者,無非使釋文鯠字有歸宿而已,錯誤主要産生於鯠字不得其解。(三)銘文字形既不似魚,器紋又無魚形,甫爲「鋪設」之解也要動摇了。這一句釋文必須重作新釋，纔能瞭解全文。今試釋如下：

「甫」當讀爲「酺」，古字通用。《說文・酉部》酺字云：「王惠布大飲酒也。」《漢書・文帝紀》「（元年）酺五日」。《注》引文穎曰：「《漢律》：三人以上無故飲酒，罰金四兩。今詔橫（按：橫同廣）賜得令會聚飲食五日也。」這説明酺是國家特許聚飲狂歡的大節日。鍊當讀爲賚，即賚字（鍊、賚並从來聲，通用），賜也。甫金鍊，即酺日賜金。《晉書・天文志上》：「軒轅右角南三星曰酒旗，酒官之旗也。王饗宴飲食，五星守酒旗。天下大酺之日，有酒肉財物賜若爵宗室。」這裏從星象聯繫到人事，反映世代相襲下來的習俗和典制，在大酺之日，皇上對宗室貴族有酒肉財物之賜。蓋銘文「酺金賚」正相印證，這也符合墓主劉勝的身分。

第三句「爲荃蓋」，荃字費解。張《釋》云：「疑心這個字會有華美的意思。《說文》錦字从帛，金聲，義爲織文，謂染絲織之成文章。荃蓋也許是滿身有華麗文飾的蓋。」語氣比較猶豫。荃、錦並从金聲，從聲借上説可以通用的。但以錦字來表示銅器的文飾華美是不貼切的，也未見先例。這字又得別求新解。

蓋文的「荃」與本義無涉，顯然是假借字。荃與芩通用。荃从金聲，《說文・金部》金字「从土，左右注，象金在土中形。今聲」。金从今聲，故金、今聲字多通用，例如：崟或作岑、唫或作吟、衿或作衿、淦或作泠，並其證。這裏的荃又作芩，皆爲「今」的假借字，正字當作今。芩之作今，猶苹可作平。（《周禮・車僕注》：「故書苹爲平。」）《說文・今部》今字云：「是時也。」用作定語，猶「是也，此也」。荃蓋即今蓋或此蓋。

綜合第二第三句的新釋，全文重定如下：

有言三，甫（酺）金鯀（賚）。爲荃（今）蓋，錯書之。

銘辭表示此壺爲酺賜之金所作，文氣似乎就連貫通順了。原字無變動，釋義則有所改易。

其次談壺身銘文，有異見的只「充閭血膚」一句。張《釋》此句云：「血膚之屬（按此四字爲引《尉繚子》文）譯成口語就是骨肉的關係。壺銘充閭血膚意爲兒孫滿堂。舊社會千百年來……常說『充閭之慶』，典故的出處是《晉書·賈充傳》，但文義並不清楚，今見此壺，知道古人希望充閭的是血膚，即兒孫。」這話講得勉强而又附會，可指出二點：（一）《賈充傳》云：「（充）字公閭……（父）逵晚生充，言後當有充閭之慶，故以爲名字焉。」賈逵因後嗣蕭索，希望賈充將來能充實其門閭，所以將充閭二字題爲其子的名字，文義没有什麼難懂。充閭二字並不是當時習用的俚語，它和血膚毫無關係，不能牽合在一起。（二）從壺身銘辭前後文看來，都是頌願飲食壽考的話，中間突然插入一句兒孫滿堂祝辭，和銅壺不相涉，亦不倫。原釋不恰當，又得重釋之。

我以爲「閭」不是門閭之閭，當讀爲「吕」，閭是假借字。《説文·吕部》吕字云：「脊骨也。」篆文作膂。充吕者，謂此酒能强筋骨也。血字，蕭蘊舊釋作益，張《釋》謂其誤，我審視摹本（見圖），像是益字。益膚與充吕相對爲並列句，吕與膚猶言骨肉。充吕益膚，猶言强骨健身，和前後句相呼應。故從文義分析，益字爲勝。如作血字，以充字下貫吕血膚三字，也講得通，惟修辭有遜色耳。壺身銘辭的釋文重定如下：

盛兄（況，按亦同貺）盛味，於心佳都。揜（饜）於口味，充閭（吕）益膚。延壽谷病，萬年有餘。

從壺蓋銘文「甫金觴」句知道此器爲飲酺日賜金所作，則製作年代由此綫索也可推知。墓主人劉勝爲漢景帝之子，在景帝三年（公元前一五四）封爲中山王，在位四十二年（《列傳》作四十三年），見於《漢書·景帝本紀》、《諸侯王表》及《中山靖王傳》。查西漢景、武之世舉行賜酺禮有五次：一、景帝後元年（公元前一四三）；二、武帝元光二年（公元前一三三）；三、元朔三年（公元前一二六）；四、太初二年（公元前一〇三）；五、太始三年（公元前九四），並見《漢書·景帝、武帝本紀》。劉勝死在武帝元鼎五年（公元前一一二）或六年（公元前一一一），因此這壺的製作年代可以斷其不外於景帝後元年（公元前一四三）、武帝元光二年（公元前一三三）和元朔三年（公元前一二六）三個年代之中。

附記： 頃檢《隸篇再續》載《漢尚方鏡銘》：「壽敝仐石侯王。」仐即今字，借作金。翟雲升云：「以今爲金，同音借用也。」金可作今，猶今之可作金，彼此正相互證。又按《大唐西域記》卷一《屈支國》條「割勢自明，今果有征」。倫敦博物院所藏敦煌唐寫本S0958號殘卷照片「今」作「金」。卷三《烏仗那國》條「昔僧徒一萬八千，今漸減少」。S2659號殘卷照片「今」也作「金」。審視二卷字跡，不出於一人之手，今字皆作金，決不是偶然的筆誤，恰好表明古代此二字通用，唐人猶有遵其遺習的。至於荃金通用，則是聲借常例，不待繁舉了。

（原刊《中華文史論叢》一九八〇年第三期，上海古籍出版社出版）

釋《山海經·大荒經》的異文「麈」

《山海經·大荒南經》榮山一則云：

黑水之南，有玄蛇食麈。

同書《大荒北經》大人之國一則云：

有大青蛇，黄頭，食麈。

這二則文字，各本皆同，從文義看來，明白無疑。但唐歐陽詢於武德七年（六二四）奉詔編的《藝文類聚》卷六《地部·塵類》引此文，「黄頭」作「頭方」，二「麈」字並作「塵」。北宋初李昉編的《太平御覽》卷三十七《地部·塵類》也引此二則，文字全同《類聚》，僅「大青蛇」句少一「大」字。「黄頭」和「頭方」有何差異，留給爬行動物學者去研究。至於「玄蛇食塵」、「青蛇食塵」，不合情理，而塵麈二字形相似，容易致譌。故郝懿行《山海經箋疏》説：「《藝文類聚》引作塵字，在地部六卷，誤。」好像問題解決了。仔細思考，怕不如此簡易。古書年代久遠，輾轉傳抄，最易發生字形的錯誤。「書三寫，帝成虎」，這在校勘學上是常見的現象。然而這裏不能適用。假如歐陽詢所見的《山海經》原來作「玄蛇食麈」、「大青蛇食麈」，和今本一樣，他決不會録入於《地部·塵類》中去；《太平御覽》也決不會繼續沿襲此錯誤。既然兩書同歸入《地部·塵類》，顯見所據的《山海經》作塵不誤。

有人要説：「郭璞注《大荒南經》云『今南山蚺蛇吞鹿，亦此類』；注《大荒北經》云『南方蚺蛇食鹿，鹿亦麈屬也』。説明郭璞注本作麈不作塵，而塵是麈之形譌，不容置疑。」誠然，郭璞注本作麈，但歐陽詢所據是郭本還是别本呢？如他據的是郭注本，不會不看到郭注，怎會神經錯亂地歸入《地部・塵類》？因此，我認爲《類聚》所據的來源不外乎二種：一是《山海經》的白文古寫本〔一〕；一是沿襲更古的類書，如《隋書・經籍志》著録的《皇覽》、《華林遍略》、《類苑》、《書鈔》之類，而照録的〔二〕。《太平御覽》則大概沿襲《類聚》或其他古類書。

「塵」字雖經肯定無誤，「蛇食塵」終究講不通，還要作進一步探討。

「蛇食塵」的塵字不誤，但不是「塵埃」之塵。

《殷虚書契前編》卷七第十七葉有甲文：

□□□永貞巽丁酉□⧄俎於𢆶⧄固曰其之⧄

其字從鹿從丄。羅振玉釋此字爲牡，説：「(牡)或從羊，或從犬，或從鹿。既爲畜父，則從牛從羊從鹿，得任所施。牡或從鹿作麈，猶牝或從鹿作麀矣。」(《增訂殷虚書契考釋》)王國維從羅説，解釋隸化作麈字説：「丄古士字，孔子曰：『推十合一爲士。』丄字正丨(古文十字)一之合矣。古音士在之部，牡在尤部，之、尤二部音最相近。麈(原誤作牡，今正)從士聲，形聲兼會意也。士者，男子之稱。」(《甲骨學文字編》引)其後商承祚《殷虚文字類編》、朱芳圃《甲骨學文字編》、孫海波《甲骨文編》並收此字入牛部牡字下。按羅王二家之釋有未當的。王氏以丄爲士，强附「推十合一」之説，並曲作古音部近爲釋。審字形正當作土。牡、羏、豼等字，甲文皆作從丄，隸化作土，爲什麽此字從丄要隸化作士呢？甲骨文不見士字，金文則有之，多作土（見《金文編》卷一），下二横長短齊，不作丄形。金文士字都作丄，甲骨文作Ω，亦有作丄的（《殷契粹編》九〇七），孫海波説：「卜辭後期土作丄，與金文同。」（《甲骨文編》卷十三）按理此字當隸化作麈，雖然此丄並不真是士字。大概王氏嫌於和麈埃之塵字相淆，强求區别，就説不圓通了。又諸從丄從匕之字，乃象徵雌雄性别之識，實際上丄非士字。郭沫若説：「據余所見，丄實爲牡器之象形。」（《甲骨文字研究》）其言是也。所以麈字乃象形兼會意，非形聲兼會意也。羅氏釋麈爲牡鹿，於義得之；但讀與牡同則失之。牝鹿爲麀，音憂，不讀作牝，故知麈别有音，不讀作牡。這個問題只解決了一半。

甲骨文中别有從土之字羊土、犬土，從匕之字羊匕、豕匕、馬匕，羅氏並釋作牡和牝，與麈同例。楊樹達疑之，在《釋麈羊土羊匕豕匕馬匕》一文中説：「以《爾雅·釋獸》、《釋畜》及《説文·牛部》、《馬部》諸文觀之，物色形狀，辨析綦詳，事偶不同，别爲一字。蓋畜牧時代之殘遺也。假令牛羊鹿犬種類各殊，衹以牝牡相符，即爲一字，以此校彼，詳略懸殊，殆不當爾。況母牛爲牝，母鹿爲麀，牝麀既不同文，牡羊土麈犬土安能爲一字？」（《積微居甲文説》卷上）他據《爾雅·釋獸》「鹿牡麚」釋麈爲麚；據「豕牝豝」釋豕匕爲豝；據《釋畜》「牡曰騭，牝曰騇」釋馬匕爲騇；據「羊牡羒牝牂」釋羊土爲羒，羊匕爲牂。又據卜辭二則，一云：「辛巳，貞其桒生於妣庚妣丙，牡、羊土、白豕？」一云：「□□貞□桒生於妣庚妣丙，□（牝）羊匕、豕匕？」説：「一以牡羊土連言，又其一以牝羊匕豕匕連言，若如羅説，文乃絶不可通。」這解釋確當，足以補羅釋的不足，只是麈字還拘泥於王國維的舊釋，應加改正。從此可以證明《藝文類聚》、《太平御覽》引《大荒經》的兩個麈字即甲骨文的麈字，亦即《爾雅·釋獸》的麚字，「蛇食麈」即「蛇食麚」，亦即「蛇食牡鹿」。

牡鹿體大有力，正以狀玄蛇、青蛇之巨大爲蟒蛇類。今本之塵字乃後人（可能是郭璞）不識塵字而誤改。《類聚》和《御覽》雖保存了這個古字「塵」，但却誤讀爲塵埃之塵而收入《地部·塵類》，仍然犯了錯誤，我們要辨證地分析開來。推求塵之改爲麚，當由[illegible]（塵埃之塵的本字）簡化爲塵之後〔三〕發生混淆，纔加以變動作形聲字的。

鹿之牡者曰麚，豕之牡者曰豭（見《説文·豕部》），甲骨文有[illegible]字，同爲一字。二字並從叚聲，疑和牡義有關〔四〕。《左氏傳》定公十四年載宋野人之歌：「既定爾婁豬，盍歸吾艾豭！」婁是求子豬，豭是牡豬。這首歌譏刺衛靈公夫人南子和她的舊情人宋朝相會於洮，以豬來比擬這一對無恥男女，尖鋭地表達了人民對統治階級的荒亂行爲厭惡之至。

麚字只見於《爾雅·釋獸》和《説文·鹿部》，其字又作䴥，北魏太武帝（拓跋燾）有神䴥年號。經傳不見其字。我讀《左氏傳》襄公四年晉魏絳引《虞人箴》有云：「在帝夷羿，冒於原獸，忘其國恤，而思其麀牡。武不可重，用不恢於夏家。」這是引徵夷羿好獵喪國之事以爲儆戒，麀牡指畋獵所獲物。我認爲這個牡字當作麚。麀爲牝鹿，下一字當爲牡鹿——麚，始相偶合。有人要説麚字於韻不叶，江有誥《羣經韻讀》此箴以州道草擾獸牡叶韻，同入幽部，以家夫叶韻，同入魚部。不知麚與家夫叶韻，亦可入魚部。此字之改爲牡者，大約由於字不習見，旁注牡字以識其義，後徑改本字爲牡，恰和上文韻相諧，遂不悟其非。但麀牡不同類，不當並列，所以知牡之應爲麚也。從塵之改麚，而或改作牡，其字幾於消失無蹤了。

《山海經》一書，問題複雜，對於著述年代，爭辯紛紜，因非本題範圍，不作討論。這部書舊時爲正統學者所輕視，《四庫全書總目提要》把它從舊録地理類改入小説家類。宋洪興祖《楚辭補注》據《山海經》、《淮南子》以注《天問》，朱熹反謂「疑此二書本緣解《天問》而作」（《楚辭辨證》）。《淮南子》姑不論（其實《淮南子》多採《山海經》語，《墬形訓》尤其明證），説《山海經》「緣解《天問》而作」，未免本末倒置。《大荒》四經和《海内經》五篇原來不在劉秀表進的十八篇之内〔五〕，所記較之他篇顯得龐雜無章，怪誕不經，被人認爲後代所附益。竟有人説：「係東漢人以《海外經》更遠處當有《大荒經》，故依《山海經》、《淮南子》、《世本》等造《大荒經》，附《山海經》後。」〔六〕信口開河，毫無根據，不值一辯。王國維撰《殷卜辭中所見先公先王考》（見《觀堂集林》卷九），友人胡厚宣先生撰《甲骨文四方風名考釋》（見《商史論叢初集》第二册），楊樹達撰《甲骨文中之四方風名與神名》（見《積微居甲文説》），先後從殷契文字中求得和《山海經》相印證的材料，而這些材料又出於《大荒》四經、《海内經》五篇中。於是《山海經》的重要性大明，而《大荒經》五篇來源之古決非漢人所能杜造。本文所討論《藝文類聚》、《太平御覽》引古本《山海經》的異文「麈」，恰又與甲骨文的麈字相印證，又同出於《大荒經》，對於《山海經》研究者來説是應該重視的。

雖然「食塵（麚）」與「食麈」文義上出入不大，但這一個字的差異正反映了時代特徵和文字演變，我想還是值得提出來討論的。

注釋

〔一〕古代經籍，正文和傳注多各自分卷寫的。《漢書・藝文志》所載，如「《易經》十二篇」，乃經的本文，而

《周氏》、《服氏》、《楊氏》等各二篇，則爲傳注文；「《尚書古文經》四十六卷、《經》二十九卷（顏師古注：伏生傳授者）」，乃經的本文，而「《傳》四十一篇」，顯爲傳注文別行，他不繁引。甘肅武威出土的《儀禮》竹簡，長沙馬王堆出土的《老子》帛書，皆爲本書白文。漢代的情況如此。其後爲誦習方便起見，就有經注合併本，但白文本同時流行。略舉法國巴黎國民圖書館所藏敦煌唐寫卷子爲例，白文的寫本書籍有：P. 二五四八《論語》卷六、P. 二五四五《孝經》殘卷、P. 二七一五《孝經》一卷、P. 三七一九《爾雅》（《釋詁》至《釋訓》）、P. 二五九九《老子道德經》卷下、P. 二五四二、二五四三、二五五四《文選》殘卷等等（見《敦煌遺書總目索引》），不具。直至雕版書流行之後，今天還能見到宋刊本《八經白文》、明末秦刊《九經白文》等，可見白文本流傳之久。

〔二〕《藝文類聚序》云：「《流別》、《文選》，專取其文；《皇覽》、《遍略》，直書其事。……爰詔撰其事且文。」《流別》爲《文章流別集》，《文選》爲《昭明文選》。《皇覽》爲魏繆襲等撰，《遍略》即《華林遍略》，爲梁徐僧權等撰。這説明其兼取四書之長而編纂的。關於事類資料或沿襲《皇覽》、《遍略》等書舊文，極爲可能。

〔三〕《説文》麤部有其字云：「鹿行揚土也。從麤土。」土部塺字、坋字、埃字，解文云：「塵也」；坱字、堅字解文云：「塵埃也」（大徐本如此，段注本塵字並改從篆文本字，非），但不出塵本字。蓋本字從篆文，解文則從當時隸字。《孔彪碑》「浮斿塵埃之外」，亦作塵，可證漢時久通行塵字了。

〔四〕按叚聲之字古音入魚部。《爾雅·釋詁》：「嘏，大也。」「假，大也。」《方言》卷一云：「凡物之大貌曰豐……宋魯陳衛之間謂之嘏。……秦晉之間，凡物壯大謂之嘏，或曰夏（按夏古音亦在魚部）。」又云：「自關而西，秦晉之間，凡物之壯大者而愛偉之，謂之夏。周鄭之間謂之嘏。」嘏，一本作假。獸之牡者都壯大，故於鹿、豸、豕傍並從叚聲歟？

〔五〕《漢書・藝文志》著録《山海經》十三篇，合《五藏山經》五篇、《海外經》四篇、《海内經》四篇加起來算。劉秀校定的十八篇，《大荒經》下五篇不在内，則當和《藝文志》相合，却多了五篇。滋生疑問。據南宋淳熙刊本《山海經》的尤袤《後序》説：「繼得《道藏》本，《南山經》、《東山經》各自爲一卷，《西山》、《北山》各分爲上下兩卷，《中山》分爲上中下三卷，别以《中山》東北爲一卷。」（淳熙本今藏北京圖書館）如此《五藏山經》合爲十卷，加上《海外》、《海内經》八卷，共十八卷。這個《宋道藏》本卷數來源必古，疑就是劉秀的校定本。《隋書・經籍志》著録郭璞注本二十三卷，則加上《大荒》四經和《海内經》五篇數正相合。不過今所見的郭注本爲十八卷，與《隋志》不合，恐又出於後人改定，以符合劉秀《奏表》的卷數。今郭注本《山海經》於目録「《海内經》第十八」下注云：「此《海内經》及《大荒經》本皆進在外」，淳熙本「進在外」作「逸在外」。不論作進或作逸，都説明這五篇原來不在劉秀校本之内。注語大概出於郭璞。五篇何時何人併入，不能遽定。

〔六〕衛聚賢《山海經的研究》，見《古史研究》第二輯。

（原刊《中華文史論叢增刊・語言文字研究專輯》（下册），上海古籍出版社一九八六年出版）

略論古竹木簡書的書法

一、引　言

我國文字，古稱書契，書是用筆寫的〔一〕，契是用刀刻的〔二〕。一般説來，書是用筆寫在簡、牘、帛、紙上，也有寫在甲、骨、玉上的〔三〕，契是用刀刻在甲、骨、銅、玉、石、匋上，工具不同，功用亦異。但刀刻往往先用筆寫然後鎸雕〔四〕，則比較鄭重，製作精美。從商周彝器銘識、《石鼓文》、秦刻石和兩漢以下的碑志，它們都經過書寫而或刻或鑄的，再由摹搨技術發明，開展了我國書法流傳的道路，呈現出燦爛景象。然而其間還存在差距，終不如書寫者直接遺留下來的墨跡。

在紙未發明或普遍流行之前〔五〕，當時人用以書寫的材料是「竹帛」。《墨子·明鬼篇》説：「書之竹帛，傳遺後世。」又説：「一尺之帛，一篇之書。」篇就是指竹簡。《韓非子·安危篇》説：「先王致理於竹帛。」可見竹帛並用，由來已久，今天我們也見到了不少實物證據。以竹帛而論，帛比竹稀貴得多，非常人所能用，最廣泛爲人使用的當然是竹簡（包括木牘）。由於此，我們先對竹木簡書作一研究，帛書則留待另外討論。

竹木簡書何時開始？無法確知，依照社會發展史來看，一定先於帛書，和契文相距不遠。我們知道把竹木簡編連起來就成爲册。《説文》册字小篆作册，解説：「符命也，諸侯進受於王也。象其札一長一短，中有二編之形。」金文作册，或册，甲骨文作册〔六〕，大體和小篆相似，並爲象形字。檢視出土的册書，册的長短多寡不一，長的多至一百餘札，中有繩子二編連綴起來成爲册形，與《説文》等合。再從西周的文獻資料看，《尚書·金縢》「史乃册祝」；《洛誥》「王命作册，逸作册」；《顧命》「命作册度」。編簡爲册，由來久矣。竹木簡在「蔡侯紙」〔七〕初行之時還繼續使用，據王國維推論：「至南北朝之終而始全廢矣〔八〕。」竹木簡書占據了中國古代歷史一長段時期，對當時文化起過不小的作用，並保存着許多古人的手跡，可惜由於材料容易蠹蝕腐朽，不能保存，從前没有片簡留下來。

北宋的大書家和鑒賞家米芾曾説：「余閲書白首，無魏遺墨。」〔九〕以他那樣去古未遠，又當過朝廷的書博士，尚看不到晉以前的「遺墨」，其餘莫談了。宋太宗趙光義愛好書法，出御府所藏墨跡，命侍書王著鈎摹匯刻爲《法帖》，這就是烜赫後世的《淳化閣帖》，起於上古，下迄唐代。究其内容，晉前諸書，都是贋作，或出後人模摹，餘亦真僞參半，米芾、黄伯思等辨之已詳。所以那時雖帝王之尊也無法獲見漢魏遺墨，何況我們生於近千年之後的平民呢？近代考古發掘工作開展，先後從地下發現了大量的古代竹木簡書，古人所萬萬夢想不到的東西已呈現眼前，對於研究我國古代文化者無疑是一大寶藏。中外學者運用這些資料對經籍、史實、朝章、法制、經濟、民俗以及古文字等各方面作了整理和考證工作，獲得豐富的果實（這方面還有許多工作要做），但從書法藝術方面提出討論的還不多見。本文試從這一問題提出探討，希望引起書法愛好和專業工作者的注意。

二、古竹木簡書的歷次發現情況

我們在進入討論竹木簡書的書法之前，先要瞭解一下它的過去和現在的底，便於究尋根源。這裏分期略舉其比較重要者如下：

（一）漢景帝〔一〇〕時（公元前一五六——前一四一），魯恭王劉餘拆毀孔子舊宅以擴建宮殿，從墻壁中得古文寫本《尚書》、《禮記》、《論語》、《孝經》等數十篇〔一一〕。

（二）漢宣帝時（公元前七三——前四九），河内女子發老屋，得佚失的《易》、《禮》、《尚書》各一篇，奏上〔一二〕。

（三）晉武帝太康二年（二八一）〔一三〕，汲郡有盜發魏襄王（或作魏安釐王）墓，得竹書數十車，多是古書傳記。武帝司馬炎命荀勗等校定編綴，以今文寫之。流傳下來的有《竹書紀年》、《穆天子傳》等書〔一四〕。

（四）西晉時有人在嵩高山下得竹簡一枚，上二行是科斗書，没有人識得。司空張華以問束晳，束晳道：「此漢明帝顯節陵策文也。」〔一五〕

（五）南齊高帝建元元年（四七九），襄陽盜發楚塚，得竹簡書，以青絲編簡，廣數分，長二尺。後有人得十餘簡以示王僧虔，僧虔說：「是科斗書《考工記》，《周官》所闕也。」又建元初（四七九——四八二），延陵季子廟有人掘出泉，泉中得木簡。簡有字隱起曰「廬山道士張陵再拜謁」〔一六〕。

（六）宋徽宗政和年（一一一一——一一一七）中，陝西有人發地得古瓮，中有東漢時竹簡甚多，散亂不可考，獨有章草書《永初二年伏羌符》完整〔一七〕。

以上並爲古代文獻傳下來竹木簡書發見的記載，實物全不存在，其書體形狀，只有孔壁書、漢代古文經書中的若干字尚保留於《説文解字》、《魏正始三體石經》、宋代的《汗簡》、《四聲古文韻》等書内，其餘不可踪尋了。《永初二年伏羌符》據説當時爲太監梁師成所得，曾經摹刻上石，梁死後，原簡和石俱亡失〔一八〕，今天連摹刻的石本也看不到了。

我們真正能看到古竹木簡書的實物及其影印本乃是近九十年内的事，其歷次發見情況如下：

（一）一八九九年（光緒二十五年）瑞典人斯文赫定在新疆塔里木河下游古樓蘭遺址得晉木簡一百二十餘枚〔一九〕。

（二）一九〇一年（光緒二十七年）匈牙利人斯坦因在新疆尼雅河下游古于闐廢址得晉簡四十餘枚，又在古樓蘭遺址得漢木簡十九枚〔二〇〕。一九〇六——一九〇八年（光緒三十二——三十四年）再在甘肅敦煌西北古長城遺址得漢晉木簡七百餘枚〔二一〕。

（三）一九〇八——一九〇九年日本人橘瑞超在古樓蘭遺址得晉木簡四枚〔二二〕。

（四）一九一三——一九一六年斯坦因在敦煌附近得漢木簡百五十枚〔二三〕。

（五）一九三〇年西北科學考察團在今内蒙古自治區額濟納河流域（古居延海）得漢簡一萬多枚〔二四〕。

（六）一九三〇年黄文弼在新疆羅布淖爾得西漢木簡七十餘枚〔二五〕。

（七）一九四四年前中央研究院、中央博物院及北京大學文科研究所合組之西北科學考察團在甘肅敦煌沙磧得漢簡數十枚〔二六〕。

以上都爲解放前出土的竹木簡實物，地區偏在西北一帶，其中以斯坦因在敦煌所得的和西北科學考察團所得的兩批數量多，内容豐富，最爲珍貴。可惜這兩批古簡已流入海外（英國倫敦博物館和美國國會圖書館），我們僅能見到影印的圖版。

解放以後，在中國共産黨領導下，黨和政府重視文物保管和考古發掘工作。全國各地一批批新出土的古簡紛呈異彩，數量之多，内容之富，遠遠邁越過去。地不愛寶，還在源源出現。現有總數多少，無從知道，今就一部分報道所知的略舉如下，遺漏必多。

（一）一九五一年湖南長沙徐家灣出土漢木札；　長沙五里碑出土戰國竹簡三十八枚〔二七〕。

（二）一九五三年湖南長沙仰天湖古墓出土戰國竹簡四十三枚〔二八〕。

（三）一九五四年湖南長沙楊家灣古墓出土戰國竹簡七十二枚〔二九〕。

（四）一九五七年河南信陽長臺關古墓出土戰國竹簡二百二十九枚〔三〇〕。

（五）一九五九年甘肅武威磨咀子六號漢墓出土竹木簡書《儀禮》四百九十枚〔三一〕。

（六）一九五九年武威磨咀子十八號漢墓出土木簡十枚〔三二〕。

（七）一九六二年江蘇連云港市海州出土木札二枚〔三三〕。

（八）一九六五年湖北江陵縣紀南城楚墓出土竹簡三十七枚，約有二千多字；　同出土的有越王勾踐劍一柄〔三四〕。

（九）一九七二年山東臨沂縣銀雀山漢墓出土竹簡四千九百餘枚，初步整理出有《六韜》、《孫子》、《孫臏兵法》、《管子》、《尉繚子》、《晏子》、《墨子》及其他陰陽書等殘簡〔三五〕。

（一〇）一九七二年甘肅武威出土竹簡七十八枚，木牘十四枚，皆關於醫療的記録〔三六〕。

（一一）一九七三年湖南長沙馬王堆三號漢墓出土竹簡木牘六百餘枚〔三七〕。

（一二）一九七二——一九七四年内蒙古自治區額濟納河（古居延海）出土漢簡近二萬枚〔三八〕。

（一三）一九七四年江西南昌晉墓出土木牘六枚〔三九〕。

（一四）一九七五年湖北江陵鳳凰山一六八號漢墓出土竹簡六十六枚及文書工具（筆墨等）〔四〇〕。

（一五）一九七五年湖北雲夢睡虎地秦墓出土竹簡一千一百餘枚，經整理出來有《編年記》、《語書》、《秦律》等八種〔四一〕。

上面所講到的部分出土古簡，少數已整理出來編印成書，好多還在整理之中。這些古簡出土地區廣及南北，包括新疆、甘肅、内蒙自治區、河南、山東、湖南、湖北、江蘇、江西等省，時代上自戰國下迄晉朝，二者都超越了過去。内容有經傳方技遺籍、官私文件和簿册等，書體有不同類别（下文詳談），可謂豐富多彩。

關於近代出土的古簡圖録和考釋書籍略列於下，以便參考。（一）《流沙墜簡》、又《考釋》；（二）《漢晉西陲木簡匯編》；（三）《長沙仰天湖楚簡》；（四）《武威漢簡》；（五）《武威漢代醫簡》；（六）《居延漢簡甲編》；（七）《居延漢簡釋文之部》；（八）《居延漢簡圖版之部》（本書於一九五七年臺灣出版）；（九）《木簡殘紙集》（日本二玄社印）；（一〇）《睡虎地秦墓竹簡》。其餘法國人沙畹、馬伯樂的敦煌簡考釋、美國人貝格曼的居延簡考古報告原書等，此處從略了。

三、簡牘釋名

竹木簡，或稱簡牘（竹簡木牘），由於使用和形制的不同，產生許多異稱，舊解含糊，容易混亂，在進入正題之前，有必要弄清楚這些概念。王國維的《簡牘檢署考》、馬衡的《中國書籍制金石叢稿》對這個問題做了研究，有所收獲。現從他們研究的基礎上概括作介紹，有些不同的看法隨文引據，因非本文討論的重心，不加詳辨了。

古簡所用材料非竹即木，分析起來，名目甚多，其字大半屬於形聲一類，本來容易區別，竹製者从竹，木製者从木或从片，由文字上可以推定物的性質。然而實際發生變化，別名變成通名，甲義派生乙義，例如「簡」字从竹，原指竹製者而言，後來「簡」漸變成通名，不分竹木了。因之我們稱古簡有時用「竹簡」、「木簡」以示區別。又「牒」本是木製者，而《論衡・量知篇》說：「截竹爲簡，破以爲牒。」變成竹製了。從這些例子可以類推。以下臚列竹木二類各名目（斷於漢代）並略釋其制：

（甲）竹製者

簡　《説文》：「牒也。」按此謂「簡」猶木製之「牒」（札），非簡即是牒。中山王礜壺銘簡作「笲」，

「笷」乃閒（間之古文）省聲。連綴多簡編之成册，故《釋名·釋書契》：「簡，間也，編之篇，篇有間也。」用聲訓解釋「簡」的含義。簡亦稱作策（詳下），簡策二字後來使用廣泛，可指單一之簡，亦指連綴之簡（册書），可指竹製者言，亦可指木製者言〔四二〕。簡的長短不一，參考「策」解。

策　字或作筴。馬王堆帛書老子甲本「策」作「⿱竹析」，乙本作「⿱竹⿰片斤」，一从析（破木意），一从片，其字皆爲會意，與單一之名義合。河北出土中山王嚳壺銘作⿱竹⿰片斤（據張政烺釋文，見《古文字研究》第一輯），亦會意字。「策」與「册」同音，古書中常借策爲册，要分別看待。策乃單一之名，册爲連編之稱，經傳所言「策命」、「策書」，實際皆爲「册」。《説文》解爲馬鞭，那是別一義。段玉裁《説文解字注》説：「計謀曰籌策者，策猶籌，籌猶筭，筭所以記歷數。……故曰筭曰籌曰策，一也。」比較得之。蔡邕《獨斷》説：「策者簡也。……其制長二尺，短者半之。」這説明策與簡同，但下文又與連編之册相淆。《尚書正義》引顧彪説：「二尺四寸爲策，一尺二寸爲簡。」當是記單一的簡、策長度。簡策的長度視所記文字性質輕重而定，從抄寫經籍來看，鄭玄《論語序》説：「《易》、《詩》、《書》、《禮》、《樂》、《春秋》，策皆二尺四寸，《孝經》溢半之。《論語》八寸策者，三分居一，又溢焉。」〔四三〕此所云尺，皆指漢尺。其他可以類推。附帶講一下筭和籌。筭有長短二種：《禮記·投壺》「筭長尺有二寸」，這是長的；《説文》「筭長六寸」，《漢書·律曆志》「筭法用竹六寸，徑一分」，這是短的，可能因用途不同而異其尺寸。籌，《儀禮·鄉射禮》：「箭籌八十，長尺有握。」鄭玄《注》：「籌，筭也。握，本所持處也。」賈公彥《疏》：「云長尺復云有握，則握在一尺之外，則此籌長尺四寸矣。」筭與籌常用以記數，未聞記文字，和策似不同。

篇　《説文》：「書也。」《漢書·武帝紀》「著之於篇」。《注》：「篇謂竹簡也。」《論衡·書説篇》：「著文爲篇。」總括來説，用文字完成的作品寫在竹簡上，名之曰篇。《漢書·藝文志》記録著作或以篇或以卷，篇指簡書，卷指帛書。衍至今日篇仍爲文章記數名。

畢　字或作篳〔四四〕。《爾雅·釋器》：「簡謂之畢。」郭璞《注》：「今簡札也。」《禮記·學記》「呻其占畢」，占即下「笘」字。

笘　或作占（見上）。《説文》：「潁川人謂小兒所書寫爲笘。」

籥　《説文》：「書僮竹笘也。」《一切經音義》引《纂文》「關西以書篇爲籥」。

箖　《説文》：「籥也。」箖與牒並从枼聲，字本相通，竹製者爲箖，木製者爲牒。其後不分。箖又作葉，《文心雕龍·書記篇》：「牒者葉也，短簡編牒，如葉在枝。」似有曲解。以上四字原爲學僮書用而異其名。

節　《説文》：「蒚爰也。」段玉裁《説文解字注》：「蒚爰漢人語。許書無簿字，蓋即今之簿字也。」按《玉篇》云「節，竹牘也」，則泛稱之辭。

篇篓　《説文繫傳》節字注引《字書》：「篇篓，簡牘也。」《廣雅·釋器》：「篇篓，節也。」篇篓即蒚爰。

籍　《漢書·元帝紀注》引應劭曰：「籍爲二尺竹牒，紀其年紀名字物色。」〔四五〕《説文》：「簿書也。」

符　《説文》：「信也。漢制以竹長六寸，分而相合。」例見《居延漢簡甲編》一一〇號簡。

莂　或作箣。《釋名·釋書契》：「大書中央，中破別之。」按字當从竹，《廣韻·薛韻》有箣字云：「分箣，一曰分契。」與《釋名》合（同紐下有莂字，義異）。莂即傳別〔四六〕，券書之類。以上四字從其用途名之。

（乙）木製者

牘　《說文》：「書版也，長一尺。」顏師古《急就篇注》：「木簡也。」《史記·匈奴傳》：「漢遺單于書牘尺一寸。」

版　衛宏《漢舊儀》：「尺一版。」《周禮·司民》：「掌民之教，自生齒以上皆書於版。」

槧　《釋名·釋書契》：「槧，版之長三尺者。」《說文》：「牘樸也。」牘樸謂牘未成形的。《論衡·量知篇》說：「斷木爲槧，析之爲版，力加刮削，乃成奏牘。」〔四七〕對於槧、版、牘的區別，作了具體說明。

牒　《說文》：「札也。」《史記·孟荀列傳索隱》：「小木札也。」《論衡·量知篇》：「截竹爲簡，破以爲牒，加筆墨之跡，乃成文字，大者爲經，小者爲傳記。」以簡與牒爲通稱，不拘竹木矣。牒之大小可與策之長短相參。

札　《說文》：「牒也。」此與「牒」字解互訓。《漢書·郊祀志注》：「木簡之薄小者也。」

柹　《說文》：「削木札。」一九四四年西北科學考察團在甘肅敦煌所得漢簡，中有其薄如紙者，夏鼐以爲乃削牘後遺棄的木衣再用之〔四八〕。

方　《儀禮·聘禮記》：「不及百名書於方。」又《既夕禮》：「書賵於方。」鄭注並云：「方，板也。」《管子·霸形篇》「削方墨筆」，尹注：「方謂版牘也。」例見江陵鳳凰山十號漢墓出土六號木牘（《文物》一九七四年第六期圖版五），此牘記録隨葬器物，近似遣册，蓋即「不及百名書於方」的「方」。

觚　字或作柧，或作箛。顔師古《急就篇注》：「觚形或六面或八面，皆可書。觚者棱也。」《文選·文賦注》：「觚，木之方者，古人用之以書，猶今簡也。」今所見敦煌出土之《急就章簡》作觚棱形三面。馬衡説：「《急就篇》一簡，長營造尺一尺一寸强，背平而面有觚棱作三角形，中隆而旁殺，上端斜削處有穿，古之所謂觚也。」〔四九〕例見《流沙墜簡》圖録卷一頁一上《急就篇》簡。《居延漢簡甲編》第二五五四號簡，方形，四面有字，勞榦《考釋》謂是觚（頁九八），此又一形。又按《説文》巾部幡字云：「書兒拭觚布也。」段玉裁《説文解字注》：「觚以學書或記事，今書童及貿易人所用粉版，既書，可拭去所書。」觚既書又可用幡拭去再書，若今小學生所用之石版，則必髹以油漆，出土之觚不聞有漆。疑觚有用作兒童教科書用者，如所見《急就篇》三棱牘是；有用作習字書者，如《説文》幡字解所言是。《流沙墜簡》圖録卷一頁四下有觚棱形篆書干支譜簡一枚，此則觚和一般簡牘相似，故云「猶今簡也」。

楬　《説文》：「楬櫫也。」（櫫原作桀，從段校改）《周禮·職金》：「楬而璽之。」《注》：「鄭司農曰：今時之書有所表識謂之楬櫫。」賈《疏》：「楬即今之版書也。」按今所見出土簡册往往有木版别繫之，題識其上，即爲楬或楬櫫，所以表識器物。例見《流沙墜簡》圖録卷二頁十二下《稿矢》簡。

檢　《説文》：「書署也。」《廣韻·琰韻》：「書檢，印窠封題也。」王國維説：「書牘之封緘法，則於牘上復加一板，以繩縛之。其所用以封之版謂之檢，其所書署之物因亦謂之檢。」馬衡説：「以檢封者，其上多刻綫三道，所以約繩而封泥鈐印也。」例見《文物》一九七八年第一期圖版四居延新出土漢簡第四簡。

檄　《説文》：「二尺書。」（段注本改二尺爲尺二）《漢書·高帝紀注》：「檄者以木簡爲書，長尺二寸，用徵召也。其有急事，則加以鳥羽插之，示速疾也。」例見《居延漢簡甲編》一四二七號《府檄》簡。

棨　傳信　《説文》：「棨，傳信也。」《漢書·孝文紀》：「除關無用傳。」（注）「張晏曰：『傳信也，若今過所也。』李奇曰：『傳，棨也。』」是傳與棨爲一物。過所猶今之通行證。又《漢書·平帝紀注》如淳引《漢律》：「持尺五寸木傳信，封以御史大夫印章。」《古今注》：「凡傳皆以木爲之，長五寸，書符信於上，又以一板封之，皆封以御史印章，所以爲信也，如今之過所也。」又顔師古《孝文紀注》：「（傳）古者或用棨，或用繒帛。棨者，刻木爲合符也。」按新出土居延文物中有棨信一件，紅色織物，上方綴系，墨筆篆書，文云「張掖郡尉棨信」（見《文物》一九七八年第一期圖版一）。則棨也不必全是木製者。《説文·糸部》有綮字云：「致繒也。一曰徽幟信也。」其第二義正爲此作證。「傳」，例見《居延漢簡甲編》三二三號簡；「過所」，例見同書二七九號簡。

露布　王國維説：「漢時文書有封緘、露布二種。《獨斷》云：『凡制書有印，使符下遠近，皆璽封，尚書令重封。唯赦令、贖令，露布下州郡。』詔書然，他文書亦當有之。」〔五〇〕露布是一種文件，要使大衆知道，故不加檢封，因發表的形式而名，猶後世的告示。例見《流沙墜簡》圖録卷二頁二下《玉門官隧》簡。

（丙）竹木並用者

册　古文作𠕁。按册乃連綴竹簡或木札用繩子上下二道縛起來，成爲書籍、文件之用。上文引言中已言之，今略。

典　古文作䈇。《説文》引莊都説：「典，大册也。」按《克盨》「王命尹氏友史趛典善夫克田人。」容庚謂「以典爲册」〔五一〕。這與莊都之説相合。

關於簡策的長短於上文已約略道及，據王國維考證，其初用二十四之分數（如二尺四寸、一尺二寸、八寸），後漸改爲二十之分數（如二尺、一尺五寸、一尺、五寸），大事用長簡，小事用短簡。這是個大概情況，時有變動，不可拘泥。字的行數視簡牘的廣狹和記事的多寡而參差〔五二〕。每行的字數視簡的長短而參差〔五三〕。書字有書於一面的，有書於正背兩面的，棱形的觚有書於三面的。簡牘都經過削治，形制較爲整齊。間亦有不規則的，例如居延新出土的《候史廣德坐罪行罰》檄乃是以樹枝草草削成，正反面書（見《文物》一九七八年第一期頁九及圖版七），比較少見。

四、簡牘時代的書體和書風

現有出土的竹木簡總數多少，無法估計。僅就已整理印行的圖籍觀之，内容極其豐富，足供長時間研究之用。目前我們只能根據這些資料來觀察當時的書體和書風。

簡牘代表的年代是比較長的，上起戰國，下訖西晉十六國〔五四〕，約七百餘年，書體各種具備。長沙楚墓、信陽古墓和紀南城楚墓出土的簡書大概屬於六國古文〔五五〕之類，文字不易認辨，和《長沙繒書》有些仿佛，還待將來研究。睡虎地出土的《秦簡》一千餘枚，文史資料價值甚高，其書體介於篆隸之間，和馬王堆出土帛書《老子》甲本、《戰國縱横書》相似，應爲秦篆（小篆），或草篆，也有人以爲秦隸〔五六〕。敦煌、居延（先後二次）和各地漢墓出土的簡書，數量龐大，書體紛繁，有篆、隸、八分、真（或稱楷書）、章草、草、行各種，或工整，或狂放，或謹嚴，或恣肆，或草率，對於書法研究有重要參考價值，值得注意。從此我們可以窺見書體演變的歷史痕跡，討論問題的中心也側重在這個時期。

結合文獻記載和實物資料來試作探討。許慎《説文叙》在古代文獻中最爲翔實可信，作爲主要參考，再選擇其他原始材料爲輔。《説文叙》説：「秦書有八體：一曰大篆，二曰小篆，三曰刻符，四曰蟲書，五曰摹印，六曰署書，七曰殳書，八曰隸書。漢興有草書。」分析八書的内容，其性質並不一致。大篆、小篆、隸書，乃是依書體分類的。刻符書於符信，蟲書（即王莽六書的鳥蟲書）書於幡信，摹印書於印璽，署書書於封檢，殳書書於兵器，皆依其用途而爲名，實則或篆或隸，稍改變些體勢罷了。嚴格説起來，只有大篆、小篆、隸書三書。草書的興起，後漢趙壹《非草書》説：「起秦之末。」〔五七〕北魏江式《論書表》説：「（漢）又有草書，莫知誰始，考其書形，雖無徵厥誼，亦是一時之變通也。」大致和許説不抵牾。不過所謂草書究指的是章草、今草，還是草篆、草隸呢？江陵鳳凰山十號西漢墓出土的六號木牘〔五八〕，隸書而帶章草筆意。這墓的年代據推定下限在「景帝四年」（公元前一五三）〔五九〕，以時代合之，許《叙》所説「漢興有草書」，大約屬於此類草隸。草書不與八書六書並列，或是解散隸體而趨於簡易，尚未公認爲正規書體吧。大篆書體有的以爲獨指籀文，有的以爲包括古文〔六〇〕。依照後説，則楚墓出土的簡書可屬於此類。小篆在《睡虎地秦簡》和《流沙墜簡》、《居延漢簡甲編》有之，不煩例舉。隸書在簡書中更爲廣泛。實物和記載連繫起來，基本上相符合。前漢末年，王莽居攝之時，重新校定文字，當時有六書：一古文，即孔子壁中書（魯恭王壞孔子舊宅所得的古文經書）；二奇字，即古文而異者（不同於孔壁書的古文）；三篆書，即小篆；四左（佐）書，即秦隸書；五繆篆，所以摹印；六鳥蟲書，所以書幡信。六書和八書相比較，只是少了刻符、署書、殳書，這三種書不外乎用篆書和隸書寫的；無大篆而有古文、奇字。依我的猜測，大篆並没有廢止，它大概分隸於古文、奇字内。看《説文解字》中有籀文，籀文即大篆，可知許慎之時仍有大篆。許《叙》又説（大篆）「與古文或異」〔六一〕，或異者，説有些字和古文不同，則必有好些字同於古文；奇字乃孔壁書之外的别一種古文，所以王莽時以大篆散列於古文、奇字中乃可能之事〔六二〕。從書體觀之，古文、篆書和隸書占主要地位。古文居首，當由於古文經學派的抬頭使然〔六三〕。東漢的情況略亦相同。

漢朝律令規定：

> 學僮十七已上，始試。諷籀（讀）書九千字，乃得爲史。又以八體試之，郡移大史並課，最者爲尚書史。書或不正，輒舉劾之〔六四〕。

史，謂郡縣守令手下草文書的諸曹掾史。尚書史，《漢書藝文志》作「尚書、御史史書令史」，謂尚書和御史手下的史書令史，即蘭臺令史。這裏叙述當時低級官吏的考試情況，先要識字，再考書法，不合格的遂遭淘汰，定爲法令，反映其時對書法的重視。風行草偃，形成風氣。史書令史的「史書」，乃漢人稱隸書之名〔六五〕。「善史書」的人見於史傳的，前漢有元帝劉奭〔六六〕、孝成許皇后〔六七〕、楚王侍者馮嫽〔六八〕、嚴延年〔六九〕、王尊〔七〇〕；後漢有安帝劉祜〔七一〕、和熹鄧皇后〔七二〕、順烈梁皇后〔七三〕、安帝生母左姬〔七四〕、北海敬王劉睦〔七五〕、樂成靖王劉黨〔七六〕等。其他如章德竇皇后「能書」，和帝陰皇后「善書藝」〔七七〕，不明言何書，大約也是史書。武帝時法令嚴密，地方官「擇使巧史書習於計簿能欺上府者，以爲右職」。因此民間謡諺：「何以禮義爲？史書而仕宦！」〔七八〕説明了史書（隸書）盛行的一部分理由。兩漢時期的簡牘書隸書居多數，漢隸爲百世所宗，都可以作佐證。

遠古書家姓名都湮没無傳，有的出於臆造僞托，不足置辨。最可信的當以秦代李斯爲首。《琅邪刻石》尚存殘跡，《泰山刻石》傳有墨本全文。程邈雖號首創隸則，跡不可尋，《淳化閣法帖》所模，僞托顯然。兩漢隸書爲盛，上引史傳所記諸人之外，前漢尚有張安世「能書」〔七九〕，「谷子雲筆札」〔八〇〕，陳孟公尺牘〔八一〕，稱重一時，不知謂何種書體。元帝時，史游作《急就篇》〔八二〕，乃是草書。這些人雖無書跡流傳下來，然其姓名班班可靠。東京之時，書風益盛，分隸真草，窮變極化，著名書家輩出，杜（操）、崔（瑗）、曹（喜）、蔡（邕），不勝枚舉。書法成爲獨立的藝術，當濫觴於兩漢。當時的金石刻文雖有保存，但墨跡早已片紙無遺。敦煌、居延和各地漢墓出土的簡牘書（占竹木簡書的大部分）正屬於這個時期，各體咸備，填補了缺陷，對於書法研究者説應該何等喜悦、何等重視啊！

五、竹木簡書的評價

從書法研究的角度來看，古竹木簡書是極爲重要的，表現在書法史和書法藝術兩方面。今就這兩方面作進一步的探討。

首先談書法史方面。我國書法，源遠流長，書體演變繁複。唯其如此，前人記載憑輾轉傳聞，容易發生譌誤。後代遞相祖述，習非成是，不見實據，也無法辨其曲直。甲骨和金文訂正了許多古史舊說，竹木簡書也提供了實物證據可糾正書法史上若干承襲已久的説法，這裏按時代分別其書體來討論。

甲、古文和秦篆　《説文叙》説：「（秦時）官獄職務繁，初有隸書，以趣約易，而古文由此絶矣。」則古文曾一度中絶。漢代流傳的古文，據許《説文叙》説來自三方面：一、孔子宅壁中書；二、張蒼所獻《春秋左氏傳》；三、郡國山川所得鼎彝銘辭。前二種是古文寫的經籍，後一種是金文。經籍的古文，除《説文》所載若干字外，《魏正始三體石經》中有之，可惜《石經》殘存無多字。金文則陸續出土的不少，恐還是後來居上。出土的戰國簡書文字多不易辨認，和漢代的古文、現傳的金文，有何異同，尚待古文字學者研究。古文簡書對書法影響較少，此從略了。秦篆是秦國使用的文字，又稱小篆。「秦始皇帝初兼天下，丞相李斯乃奏同之，罷其不與秦文合者。」〔八三〕「奏同之」即「書同文字」〔八四〕，「秦文」即秦篆，乃秦始皇二十六年（公元前二二一）事。上文明顯地説廢止那些與秦篆不合的(六國書),則秦篆使用已久,始皇用政治力量將它推廣到天下,並不是另造一套新文字來推行。然而後來傳訛爲「小篆者,秦相李斯所作也」[八五],把發明權授與李斯。李斯曾作《倉頡篇》,趙高作《爰歷篇》,胡毋敬作《博學篇》,用秦篆寫成幾種幼童教科書,推動統一文字的工作。他們對秦篆本身做過一番整理工作使之簡便化、規範化,但決不是創造一種字體。近代學者研究秦金石刻辭,自《石鼓文》[八六]、《詛楚文》、《秦公毁》、《新郪虎符》等與《始皇刻石》爲秦篆一系,表示出小篆的淵源。睡虎地出土的秦簡,其中《編年記》簡最後記載止始皇三十年(公元前二一七),《語書》則爲始皇二十年(公元前二二七),寫用小篆,更强有力地否定了「李斯造小篆」之説。

乙、秦隸、隸書、八分書和真書　秦隸的興起,《漢書・藝文志》説:「起於官獄多事,苟趣簡易,施之於徒隸也。」許慎説略同。衛恒《四體書勢》説:「秦既用篆,奏事繁多,篆字難成,既令隸人佐書曰隸字。」所説情況差不多,近於情理。但蔡邕《聖皇篇》説:「程邈删古立隸文。」(見《書斷》)程邈姓名也見於《説文叙》,説秦始皇使他作小篆,這與《説文叙》前後有矛盾,文字恐有錯亂,不足據。《四體書勢》則説:「下土(杜)人程邈爲衙獄吏,得罪始皇,幽繫雲陽十年。從獄中作大篆,少者增益,多者損減,方者使員,員者使方,奏之始皇。始皇善之,出以爲御史,使定書。或曰:「邈所定乃隸字也。」衛恒的前説或承《説文叙》之誤,易小篆爲大篆,益謬;後説則略同蔡邕。他生在三國晉初,對「程邈造書」已不能決定何書,作了個騎墻派的模棱説法,使人對「程邈」這人發生懷疑。《睡虎地秦簡》的字體雖説是篆書,細看一下,很多字已經隸化了。舉例説,从人之字作亻,从阜之字作阝,从邑之字作阝,从水之字作氵,从艸之字作艹,月作月,者作者,之字作𡳾或之,不作不或不,諸如此類,顯已隸化，這是略從《編年記》摘録下來的。無論這些秦簡書體定爲秦篆，或草篆，或秦隸，表明了一個情況，在秦兼併六國之前所用文字已篆隸相雜了〔八七〕。這種字體解放乃自然客觀的規律。初無隸名，後來擴大使用，正統的書人瞧不起，乃名之曰「隸」，賤視它比於徒隸人使用的書。秦簡糾正了「隸起官獄」和「程邈作隸」的舊説。

隸書自秦至漢更爲發展，漢隸在書法史上享有盛名，不過多屬於東京石刻，西漢的寥寥可數，因之前人論隸，多有失誤，洪适《隸釋》論隸書，至於説：「終西京之世，學士大夫不留意此書，故彝鼎所識，碑碣所刻，皆不復用之。」蓋由少見遺跡。今出土竹木簡書中有西漢年號的簡數量不少，又西漢墓出土的簡牘帛書更呈奇觀，正可填補書法史上這一時期的空白。

漢隸也有稱八分書的，八分之名始見於衛恒《四體書勢》，只説梁鵠的弟子毛弘「教於秘書，今八分皆弘法也」。似謂當時流行的八分書爲毛弘一派。歷代相傳王次仲作八分〔八八〕，或説蔡邕作〔八九〕，皆不可信〔九〇〕。八分究竟怎樣理解，異説紛紜，此不詳舉。我以爲顧藹吉《隸辨》和翁方綱《隸八分考》（見《兩漢金石記》卷二十）比較近似。顧氏説：「王愔《文字志》：『王次仲於建初中以隸草作楷法，字方八分。』……字方八分者，字體本方而八分之，謂其皆似八字勢有偃波。《説文》訓夰字云：『從大而八分之。』八分二字當作是解。」翁氏進一步引《説文》爲證，他説：「《説文》平字條下云：『从虧从八；八，分也。』詹字條下云：『从言八；八，八分也。』尒字條下云：『从人丨八；八象氣之分散。』八字條下云：『八，別也，象分別相背之形。凡八之屬皆从八。』又《説文部敘》曰：『八實分之，故次之以八。』右數條象形於八分之義，最爲的據。」又説：「八分者，若八字分散，此語當爲八分定解。……隸生於篆，八分生於隸。然隸無定名，就其初改篆而言，則無波者謂之隸。就其再變而言，則有波之八分，亦可謂之隸。洎乎後來對八分而言，則楷書亦未嘗不可謂之隸。」又説：「漢人有波之隸則由隸漸增筆勢，其形象八字分布，故曰八分。」他們從「八分」二字古訓來探源，得出隸之有波偃者爲八分的結論。我們泛覽隸寫竹木簡書，漢初的字體波偃較稀，其後逐漸增繁，妙盡八分生姿之勢，可證成顧、翁二氏之説。八分乃隸書書體的一種發展，很難劃分，實也不必劃分。不過八分書的形成，距離隸書初期時代並不遠，西漢諸簡中有不少具備分書波偃之勢的，這又糾正了王次仲或蔡邕造八分和八分出於後漢之説。

真書即楷書或正書，是由隸書發展而成的又一種書體；故也稱隸書。形成時代，不見記載。《史記·三王世家》後有褚少孫的補叙説：「謹論次其真草詔書編於左方。」草指草稿〔九一〕，真是否指真書或指真僞之真，不能定。蔡琰曾對曹操的使者説：「乞給紙筆，真草唯命。」〔九二〕那是時代太後。我們還是從簡牘書中尋踪追跡。《流沙墜簡》卷二有武帝《天漢三年》（公元前九八）簡〔九三〕，隸書已具真書形，《居延漢簡》的元帝《永光三年》（公元前四一）簡〔九四〕、成帝《陽朔四年》（公元前二一）簡〔九五〕亦然。這説明西漢時代真書已經萌芽了，足以填補書法史的缺頁。

丙、章草、草書和行書　許慎説：「漢興有草書。」沒有説明哪種草書，無從知道其字體。如果以像今日所謂草隸當之，則既可稱爲草書，也可稱爲隸書，很難確定。黄伯思《法帖刊誤》説：「凡草書分波磔者名章草，非此者但可謂之草，猶古隸之生今正書。章草當在草書先。」此語可從。章草起始，其説多種。或説漢章帝，故名章草〔九六〕；或説章帝時杜操，章帝好之，因而名焉〔九七〕；或説元帝時史游作《急就章》，解散隸體粗書之〔九八〕。證之漢簡有年代可指實者，漢成帝《陽朔三年》（公元前二二）簡〔九九〕、《元延二年》（公元前十一）簡〔一〇〇〕、王莽《始建國三年》（公元十一）簡〔一〇一〕和光武帝《建武三十一年》（公元五五）簡〔一〇二〕，其年代皆在章帝之前。江陵鳳凰山西漢墓出土的六號木牘〔一〇三〕，隸書具有章草筆意。此墓年代約在文、景之際，則又先於元帝時了。再次證明舊說的不可靠。章草而間有連綿草法，逐漸發展，遂成爲今草，開闢書法藝術的新門户，這在簡牘書中可窺見其消息。《流沙墜簡》圖録卷二頁三上有殘簡一枚，首字連綿草，但不能確認（王國維所釋似未當）。又頁二十下首一簡，正背面草書，爲連綿書，惟字跡不清難辨。又卷三頁二下《以駑鈍衆》簡草書帶連綿法。這些雖是漢簡，無年代可考。敦煌簡中别有光武帝建武三十一年（公元五五）《入十一月食税簡》〔一〇四〕亦草書帶連綿，則連綿書殆起於前漢季年。

行書又名行押書，是介於真草之間一種書體，據説後漢桓、靈時期有劉德升「以造行書擅名」〔一〇五〕。《居延漢簡甲編》有宣帝《元康二年》（公元前六四）簡（第一七八號）、元帝《永光三年》（公元前四一）簡（第九九一號），並是真書帶行，推翻了劉德升造行書之説。

古人著作每喜將某事某物的創始歸之於幾個歷史上有名的人物，如《世本·作篇》、《事始》、《物原》等書，談書法的學者也不例外。這本是一種追根尋源的好習慣，但往往不合實際情況。我們知道事物的發展大都經過廣大群衆的智慧和勞動經歲累月逐漸推動而形成的，決不是一二人能特殊創造出來的。文字與人民日常生活接觸最頻繁，一種書體的流行必經過長時期從群衆中不斷試用和改進，才會約定俗成而普遍使用。竹木簡書作爲實物證據，改正了書法史上傳統的説法，同時也闡明了群衆創造歷史的真理。

其次要談書法藝術方面。漢字不是拼音文字，字形是主要的表識，它以綫條或點劃構成鮮明的形象，演變爲繁複的形態，使人產生深刻的感受，和繪畫媲美，成爲造型藝術的一種。這是中國書法的特點。溯源中國書法，自殷墟甲骨，三代鼎彝，以至秦漢刻石，已達妙境，但究非墨跡，終隔一層。古竹木簡書，出自當時手寫，各體兼有，是研究書法的最佳資料之一。無須諱言，其中不乏粗糙之作，然披沙得金，時時遇之。這裏再結合書體談談我的一些淺見。

古籀文字，僅見於長沙、信陽出土諸簡，爲數不夥，可爲鼎彝銘辭之輔。睡虎地出土秦簡一千餘枚，有小篆，有草篆，有秦隸，較之《始皇刻石》〔一〇六〕遜其謹嚴，但自然流麗，別具風韻，似勝過秦權、量、詔版的銘文。

簡牘書中隸書、分書數量占重最大，妙跡亦多。秀逸似《曹全》，遒勁似《張遷》，端凝似《史晨》，崛奇似《石門》，例不勝舉，美不勝收，草隸又爲碑碣所稀見。粗略舉之，如：《流沙墜簡》圖録卷一頁一上《倉頡篇》簡、頁二上、五下《急就篇》諸簡、卷二頁十二下《陷堅蚩矢》簡、頁十二上《龍勒》簡、卷三頁二上《久不相見》簡、頁三上《王母》以下八簡、《漢晉西陲木簡匯編》頁五一《風雨詩》簡、《居延漢簡甲編》第一〇三五A、B號《元康元年》簡、第五一六號《寅當》簡等，皆隸分佳作。而《武威漢簡》書《儀禮》，細字精工，更爲難得。蔡邕《隸勢》説：

或穹窿恢廓，或櫛比針列，或砥繩平直，或蜿蜒繆戾，或長邪角趣，或規旋矩折。修短相副，異體同勢。奮華輕舉，離而不絶；纖波濃點，錯落其間。若鍾虡設張，庭燎飛烟。嶄嵓崔嵯，高下屬連。似崇臺重宇，層雲冠山。

文中所列殊形詭態，可於竹木簡書中求證。這裏須提出商討的，隸書的轉爲八分，表現主要在波磔（詳前），波磔之美又在書勢。竹簡由於地位局促，字勢常受限制。木牘較寬，尤其是封檢的署書，字跡較大，波磔妙勢，可以畢見。略舉其例，如《流沙墜簡》圖録卷二頁十二上《始建國天鳳元年》簡、同頁下《稿矢》簡、頁十五上《顯明隧》簡、《居延漢簡甲編》頁四八第四五六號《肩水候以郵行》簡、頁六三第七三五號《甲渠官以亭行》簡、頁八十第一〇一八號《梁國》簡、居延新出土的《戍卒南陽郡》簡〔一〇七〕等。隸書由波磔而爲八分書，稍變而爲真書。竹木簡中真書不多，也有佳構。《流沙墜簡》圖録卷二頁六上宣帝《神爵四年》（公元前五八）簡，渾厚雄健，羅振玉謂：「與《二爨碑》相近，爲今楷之濫觴。」〔一〇八〕同書頁十五上《鎧曹》等三簡、卷三頁二下《張君坐前》簡及居延新出土光武帝建武三年（公元二七）《居延都尉吏奉穀秩別令》册，不失爲真書的上乘。附帶提一下，《流沙墜簡》卷三《簡牘遺文》中有一部分紙書，年代稍後，約在魏晉之間，羅振玉《考釋》說：「此卷魏晉以後諸書，楷法亦大備。昔人疑鍾太傅諸帖爲傳摹失真或贋作者，以此卷證之，殆不然也。」此雖不屬簡牘書，然年代相接，可以互證。真書孳乳於隸書，由波磔而開啓八法，故前人也稱它爲隸書。從此發展爲今日通行的晉唐楷書，竹木簡書中已顯示其痕跡了。

章草書在竹木簡書中最爲突出，妙跡争妍，嘆爲觀止。宋時出土的《伏羌符》簡，也是章草。章草一體，後代少傳。黄伯思説：「章草惟漢、魏、西晉人最妙。……至唐人絶罕爲之，近世遂窈然無聞。蓋去古既遠，妙指弗傳，幾於泯絶邪！」〔一〇九〕宋人已有此嘆，何況其後。《流沙墜簡》圖録卷三頁三下有《可以殄滅》簡，在漢平帝中（公元一——五）王莽輔政之時，羅振玉説：「此簡章草精絶，雖寥寥不及二十字，然使過江十紙猶在人間，不足貴也。張、索遺跡，唐人已不及見，況此更遠在張、索以前乎！」他以此簡比擬張芝、索靖的真跡還過之，推崇之至。我看《漢晉西陲木簡匯編》頁四八《勵（或釋勒）順》簡，章草書六十餘字，結體瘦勁，與之仿佛。《四體書勢》評杜操書「殺字甚安，書體微瘦」，大概這可以作表杜操一派的書法。其他如《流沙墜簡》圖録卷二頁九下《建武十一年》簡、《永平十一年》簡、頁二十上《如期送》簡、卷三頁二下《以駑鈍》簡、《居延漢簡甲編》的《元延二年》簡（九五四A、B號）、《前子閼佳》簡（一〇一二A、B號）、《中旦》簡（一三〇二號）、《白在所蒙》簡、《府檄》簡（一四二七號）等都是章草的墨妙，而和帝永元九年（公元九七）《廣地南部兵器簿》連綴七十餘簡爲册，更是偉觀。《武威漢代醫簡》中也有不少章草妙跡。把這些簡書來和傳世的《松江本急就篇》（傳爲皇象書）、《出師頌》（傳爲索靖書）、《月儀帖》及《淳化閣帖》中諸家章草書相比較，則精神面貌完全兩樣，顯見那些書或出臨摹，或出贋造，不可同日而語。漢崔瑗《草書體》説：

> 草書之法，蓋又簡略。應時諭旨，用於卒迫。兼功並用，愛日省力。純儉之變，豈必古式？觀其法象，俯仰有儀。方不中矩，圓不副規。抑左揚右，望之若欹。竦企鳥跱，志在飛移。狡獸暴駭，將奔未馳。或黈點染，狀似連珠，絶而不離。蓄怒拂鬱，放逸生奇。或凌遽而惴慄，若據高而臨危。傍點邪附，似螳螂而抱枝。絶筆放體，餘蜒糾結，若山蜂施毒，看隙緣巇。騰蛇赴穴，頭没尾垂。是故遠而望之，漼焉若注岸崩涯；就而察之，即一畫不可移。

崔瑗受學於杜操，所談草書當指章草的體勢，據「狀似連珠，絶而不離」句，似已有連綿書者。連綿草書發展即爲今草，《流沙墜簡》圖録卷二頁三上有五簡，頁十一上首一簡及頁二十下首二簡，皆爲連綿草書，有的已逼似晉人草書。行書在簡牘書中出現稍遲，《元康》、《永光》二簡已真書帶行（見前），隸意較重。《流沙墜簡》圖録卷二頁十下晉武帝《泰始六年》（公元二七〇）簡、頁十一下愍帝《建興十八年》（公元三三〇）簡[二一〇]，《流沙墜簡補遺》[二一一]晉武帝《泰始五年》（公元二六九）簡，則已與後世所傳法帖行書無異。我們若將《漢晉西陲木簡匯編》頁二九——三〇和斯文赫定在樓蘭得到的各殘紙書所有行草真書跡會同參證，有的幾可與二王法書並駕，則山陰書法的源流可以踪尋，《蘭亭》的真僞也值得提出商榷。

總之，書法藝術的表現重在筆墨，筆墨的要髓只有從真跡中可以領略到，一經撫模翻刻，神氣全失，就談不上藝術了。米芾説：「石刻不可學，但自書使人刻之，已非己書也。故必須真跡觀之，乃得趣。」[二一二]又説：「河間古簡，爲法書祖。」[二一三]「河間古簡」謂前漢河間獻王劉德所得古文經書，用竹簡寫的，肯定古簡書的重要性（他本人雖未見真跡）。范成大説：「學書須是收古人真跡佳妙者，可以詳觀其先後筆勢輕重往復之法。若只看碑本，則惟得字畫，全不見其筆法神氣，終難精進。」[二一四]二人對書法皆深於研究的，所言乃從實踐中得出的結論。正因爲竹木簡書是傳世最早的墨跡，唐人所未見，所以不憚辭費再次强調其在書法藝術上的重要性。本文的目的希望引起書法家注意，跳出晉帖唐碑的圈子，從竹木簡書跡中吸取養料，推陳出新，別開生面！

六、一點建議

關於竹木簡書的圖録，早期印行的有《流沙墜簡》、《漢晉西陲木簡匯編》，解放後印行的有《仰天湖楚簡》、《居延漢簡甲編》、《武威漢簡》、《睡虎地秦簡》等。這些書的編纂主要提供了資料，不純爲某種專業性質服務。純爲書法藝術而編纂的書，國内似尚未睹，日本書界注意及之，《書道全集》内有一册專屬竹木簡，《書跡名品叢刊》中有《木簡殘紙集》三册。我們現在掌握的資料極爲豐富，因此，建議出版部門編印一部《竹木簡書選集》，採取下列幾種辦法：

（一）分類編印，如籀（除小篆之外的各種古籀）篆、隸分（八分書）、草（章草、今草）行真書等，各自成册（數量多的可分爲數册）。這樣容易成書，售價亦廉，利於普遍，也使學書者各取所需。

（二）另出放大本。竹木簡書一般字跡比較小，模糊不清，今選擇其中精品放大影印，便於學者。

（三）另外，帛書和紙書，先後出土的也不少，中多妙跡，宜仿此例選印之，或單行，或分附於竹木簡書選後。

我於書法缺乏深研，竹木簡書又爲近世出土物，前人極少論及，無從借鏡，此文乃嘗試之作，疏漏紕繆必多，願同志們指出和匡正。

注釋

〔一〕《說文》書作書，「箸也，从聿，者聲（者古讀如諸）。」聿即是筆，同書聿字云：「所以書也，楚謂之聿，吴謂之不律，燕謂之弗。」筆字云：「秦謂之筆。」這些異名表示各地方言的不同，今統稱爲筆。用筆來表明語言，故名書。所以《說文叙》云：「箸於竹帛謂之書。」

〔二〕契，《說文》作栔，云：「刻也。」字亦作鍥。

〔三〕書既與筆有密切聯繫，而筆究始於何代？崔豹《古今注》有一段話，「牛亨問曰：『自古有書契以來，便應有筆。世稱蒙恬造筆，何也？』答曰：『蒙恬始造，即秦筆耳，以枯木爲管，鹿毛爲柱，羊毛爲被，所謂蒼毫，非兔毫竹管也。』」這是揣測的話，不足憑信。一九三一年在河南安陽小屯附近發現有仰韶期用毛筆彩繪的陶器，估計至少在四千五百年以上。（見梁思永《小屯龍山與仰韶》）前中央研究院在殷墟發掘中發現三塊牛胛骨版上有幾個殘缺的毛筆書寫的字。還有塗朱塗墨的甲骨，塗得均勻，可以爲殷人應用毛筆的一證。（略見朱芳圃《甲骨學商史編》卷六引董作賓文）當時所用的筆必和現代的竹管毛筆不同，有的可能完全異物。實物的證據，我們已見到戰國筆（見《文物參考資料》一九五四年第十二期）和漢居延筆（見馬衡《記漢居延筆》，北京大學《國學季刊》三卷一號）。侯馬出土有春秋晚期盟書，是用毛筆蘸朱色或墨色書寫在玉片上，大小數量約達五千餘件，每篇最多二百二十二字，最少二十一字（張頷《侯馬盟書叢考續》），「書法非常熟練」（《古文字研究》第一輯）。《侯馬盟書》的下限與戰國上限僅差十餘年，這些文書應是用考古發現的戰國筆書寫的。

〔四〕我以爲有兩種情況直接用刀刻的。一種是簡單粗糙的文字或圖案；一種是熟練工人的作品，他們運刀如運筆，不必預先假手於書寫，同樣有精巧之作。

〔五〕歷代相傳的「蔡倫造紙」並不盡然。《後漢書・宦者列傳》説：「自古書契多編以竹簡，其用縑帛者謂之爲紙。縑貴而簡重，並不便於人。（蔡）倫乃造意用樹膚麻頭及敝布魚網以爲紙。」紙的本義是絮——笘，段玉裁説：「造紙昉於漂絮，其初絲絮爲之，以笘薦而成之。」（見《説文・系部》注）蔡倫改良造法，取材廢料，成本降低，遂易於推廣了。蘇易簡《文房四譜》説：「漢初已有幡紙代簡。」我國現今所知最古的紙是一九五七年陝西西安市出土的「灞橋紙」，經專家化驗斷定大約爲公元前二世紀至一世紀物，可參考《陝西省發現西漢的紙》（見《文物參考資料》一九五七年第七期）、《世界上最早的植物纖維紙》（見《文物》一九六四年第十一期）和《世界上最早的紙》（見《化學通報》一九七四年第十一期）。一九七八年陝西扶風縣又出土了西漢紙，經專家化驗鑒定可能製造在宣帝時代（公元前七三——前四九），紙的原料是麻類，質地略精於「灞橋紙」。（見一九七九年五月十九日《文匯報》）

〔六〕《金文編》、《甲骨文編》收有多字，形雖參差，大體無異。

〔七〕指蔡倫所造的紙，見《後漢書・宦者列傳》。

〔八〕見王國維《簡牘檢署考》。南北朝時使用簡牘的範圍很狹。

〔九〕見米芾《書史》。

〔一〇〕各書皆作「武帝」，惟《論衡》作「景帝」。王先謙《漢書補注》云：「《魯恭王傳》以孝景前三年徙王魯，二十八年薨，不得至武帝末。《論衡》以爲孝景時，是也。」今從之。

〔一一〕見《漢書・藝文志》、劉歆《移讓太常博士書》、《論衡・正説篇》、許慎《説文敘》、衛恒《四體書勢》。

〔一二〕見《論衡・正説篇》。雖不明言何種書，可推定其爲古文書無疑。

〔一三〕王隱《晉書》作「太康元年」。（《春秋經傳集解後叙正義》引）荀勗《穆天子傳序》則作「二年」，與今《晉書》同。

〔一四〕見《晉書·束皙傳》、杜預《春秋經傳集解後叙》和孔穎達《正義》引王隱《晉書》。《竹書紀年》指「古本」，原書已佚，今有輯本。

〔一五〕見《晉書·束皙傳》。

〔一六〕前一事見《南齊書·文惠太子傳》、《南史·王僧虔傳》。後一事見《酉陽雜俎·物異篇》。

〔一七〕見黃伯思《東觀餘論》、趙彥衛《雲麓漫鈔》、陶宗儀《古刻叢鈔》。

〔一八〕見《古刻叢鈔》所録《張駒題跋》。

〔一九〕見《居延漢簡甲編·編輯後記》。

〔二〇〕見斯坦因《西域考古記》。

〔二一〕見《流沙墜簡》及伏見冲敏《木簡殘紙集一·後記》。

〔二二〕〔二三〕見《居延漢簡甲編·編輯後記》。

〔二四〕見上書勞榦《居延漢簡考釋釋文之部》。

〔二五〕見黃文弼《羅布淖爾考古記》。

〔二六〕見夏鼐《考古學論文集·新獲之敦煌漢簡》。

〔二七〕見《長沙發掘報告》。

〔二八〕見《考古學報》一九五七年第二期《仰天湖楚簡》。

〔二九〕見《文物參考資料》一九五四年第十二期。

〔三〇〕見《文物參考資料》一九五七年第九期及《文物》一九七六年第六期。

〔三一〕見《武威漢簡》。

〔三二〕見《考古》一九六〇年第九期。

〔三三〕見《考古》一九六三年第六期。

〔三四〕見《文物》一九六六年第五期。

〔三五〕見《文物》一九七四年第二期。

〔三六〕見《武威漢代醫簡》。

〔三七〕見《文物》一九七四年第七期。

〔三八〕見《文物》一九七八年第一期。

〔三九〕見《考古》一九七四年第六期。

〔四〇〕見《文物》一九七五年第九期。

〔四一〕見《文物》一九七六年第六期《睡虎地秦墓竹簡》。

〔四二〕《通典》卷五十五引晉博士孫毓《議》有「禮稱祝文尺一白簡」。王國維説：「此簡字謂木簡，猶《獨斷》之以尺一木爲策也。」（見《簡牘檢署考》）

〔四三〕見《儀禮・聘禮疏》引。

〔四四〕見《爾雅釋文》引李巡本。

〔四五〕崔豹《古今注》文略同，「二尺」作「尺二」。

〔四六〕《周禮・小宰職注》：「傅別謂爲大手書於一札中字別之。」則莂亦有用木札爲之者。晉太康《楊紹買地莂》乃刻莂文於磚上，似非原莂。莂是契券之類，當執書爲憑。

〔四七〕王國維據《釋名·釋書契》文，謂「漢時之牘，分廣狹二種，廣者爲牘，狹者爲奏。」（見《簡牘檢署考》）

〔四八〕見夏鼐《考古學論文集·新獲之敦煌漢簡》。

〔四九〕見《凡將齋金石叢稿》。

〔五〇〕見《流沙墜簡考釋》卷二簿書類二十三。

〔五一〕見《金文編》卷五。

〔五二〕竹簡通常是一行。木牘則其數無定。《儀禮·既夕禮》：「書賵於方。」鄭注：「方，版也。書賵奠賻贈之人名與其物於版，若九行、若七行、若五行。」今所見牘狹者一二行，廣者有十行。

〔五三〕據古籍記載，字數有四十字（荀勗《穆天子傳序》）、有三十字（《儀禮·聘禮疏》謂《鄭注尚書》）、有二十五字、二十二字（《漢書·藝文志》）、有八字（《儀禮·聘禮疏》謂服虔注《左氏傳》）。今所見睡虎地秦墓出土的《南郡守騰文書》每行四十三或四十四字，武威出土的《儀禮》每行則多至六十字。

〔五四〕檢有年號的簡，《流沙墜簡》圖録卷二頁十一上《建興十八年》簡，「建興」乃晉愍帝年號，愍帝只有四年，降於劉曜，西晉遂亡。此簡出於敦煌，其時屬前凉張氏，奉晉正朔，仍稱其年號，實爲東晉成帝咸和五年（三三〇）。這是可考見年代的實物。《桓玄僞事》説：「古無紙，故用簡，非主於敬也。今諸用簡者，皆以黄紙代之。」（《初學記》卷二十一、《太平御覽》卷六百五引）則東晉末年尚有用簡者，故王國維推測「至南北朝之終而始全廢」。

〔五五〕據王國維《戰國時秦用籀文六國用古文説》，見《觀堂集林》卷七。

〔五六〕見吴白匋《從出土秦簡帛書看秦漢早期隸書》。（《文物》一九七八年第二期）

〔五七〕見《法書要録》。

〔五八〕見《文物》一九七四年第六期圖版五。

〔五九〕見裘錫圭《江陵鳳凰山十號漢墓出土簡牘考釋》。（《文物》一九七四年第七期）

〔六〇〕段玉裁《説文注》。

〔六一〕《説文叙》：「宣王大史籀著大篆十五篇，與古文或異。」

〔六二〕段玉裁《注》説：「不言大篆者，大篆即包括古文、奇字二者之中矣。」此語殆然。

〔六三〕王莽的親信大臣劉歆是一個古文經學倡導者。

〔六四〕見《説文叙》。《漢官儀》：「能誦《倉頡》、《史篇》，補蘭臺令史。滿歲，補尚書令史。滿歲，爲尚書郎。」（孫星衍輯本）也可參證。

〔六五〕從錢大昕《漢書考異》、段玉裁《説文序注》説。

〔六六〕《漢書・元帝本紀》。

〔六七〕同書《外戚傳》。

〔六八〕同書《西域傳》。

〔六九〕同書《酷吏列傳》。

〔七〇〕同書本傳。

〔七一〕《後漢書・安帝本紀》。

〔七二〕同書《皇后紀》。

〔七三〕同上。

〔七四〕同書《章八王列傳・清河王傳》。

〔七五〕同書《齊武王傳》。

〔七六〕同書《明八王傳》。

〔七七〕並見《後漢書・皇后紀》。

〔七八〕《漢書・貢禹傳》。

〔七九〕同書本傳。

〔八〇〕《漢書・游俠傳》。

〔八一〕同書《陳遵傳》。

〔八二〕王愔《文字志》。

〔八三〕《説文叙》。

〔八四〕《史記・秦始皇本紀》。

〔八五〕張懷瓘《書斷》。

〔八六〕自宋鄭樵至近代馬衡、唐蘭皆考《石鼓文》的年代爲秦代。

〔八七〕《水經・穀水篇注》説：「臨淄人發古冢得銅棺，前和外隱起爲隸字，言齊大公六世孫胡公之棺也。唯三字是古，餘同今書。證知隸自出古，非始於秦。」此故事或有可疑，但隸「非始於秦」，亦可存一説。

〔八八〕王愔、蕭子良、張懷瓘主此説，見《書斷》。

〔八九〕蔡琰（《衍極注》引，當出舊傳）、包世臣（《藝舟雙楫》）。

〔九〇〕王次仲的年代，王愔以爲後漢章帝時，蕭子雲以爲後漢靈帝時，張懷瓘則以爲秦羽人，又引《序仙記》的神話，怪誕不經。年代相差前後三四百年，王次仲的人物很可懷疑。蔡邕最著書名，今漢碑中有傳爲邕書的難以憑信，但《熹平石經》是蔡邕奏定而自書（見《後漢書》本傳），今賸有殘石，驗其字跡，和其他漢碑也無大異。若説邕造八分，恐未必然。劉有定《衍極注》調停二説，謂「八分，王次仲作，蔡邕述之」，不過臆測之論而已。

〔九一〕從王國維説，見《簡牘檢署考》。

〔九二〕見《後漢書·列女傳》。

〔九三〕《流沙墜簡》圖録卷二頁九上。

〔九四〕《居延漢簡甲編》頁七八，第九九一號。

〔九五〕同書頁七八，第九八九號。

〔九六〕徐浩《古跡記》，見《法書要録》。

〔九七〕竇臮《述書賦》：「草分章體，肇起伯度。時君重而立名，自我行而作故。」伯度爲操之字。

〔九八〕王愔《文字志》。王僧虔《名書録》亦云：「上穀王次仲，後漢人，作八分楷法。」（《書斷》引）

〔九九〕《居延漢簡甲編》頁一一三，第一五二六A號。

〔一〇〇〕同書頁七五，第九五四A、B號。

〔一〇一〕同書頁八九，第一一六一號。

〔一〇二〕《流沙墜簡》圖録卷二頁九下。

〔一〇三〕《文物》一九七四年第六期。

〔一〇四〕《漢晉西陲木簡匯編》頁十四，《流沙墜簡考釋》卷二廪十一。

〔一〇五〕見《書斷》。

〔一〇六〕現見的有《泰山刻石》和《琅琊臺刻石》。

〔一〇七〕見《文物》一九七八年第一期。

〔一〇八〕見《流沙墜簡考釋》卷三。其實武帝《天漢三年》簡已具真形，早於此簡四十年。

〔一〇九〕見《東觀餘論·論書八篇示蘇顯道》。

〔一一〇〕晉愍帝只四年，降於前趙。此簡實爲張駿太元七年，東晉成帝咸和五年，見前注〔五四〕。

〔一一一〕其中有《流沙墜簡·簡牘遺文》失收的。

〔一一二〕見《海岳名言》。

〔一一三〕見《書史》。又《寶章待訪録》説：「漢河間憲王購書，必録古簡。」可作「河間古簡」的注脚，但兩漢無河間憲王，憲與獻音近而誤。河間獻王劉德購古文經傳，見於《漢書》本傳，米説本之。

〔一一四〕宋陳櫄《負暄野録》引石湖言，石湖爲范成大之號。

（原刊《書法研究》一九八〇年第三期，上海書畫出版社出版）

附記： 本文據先父浮簽旁批手跡略有訂補。但有些文稿僅鈔録需增補的資料而未具體標明補於文内何處，只能以文意大概斷之。又手書字跡帶草，雖儘量查核原書，然辨識仍或有差誤，望讀者鑒之。　范邦瑾記

唐代中印交通吐蕃一道考

一、引言

自從漢武帝遣張騫通使西域之後，中國和西域及中亞諸國的關係密切起來，無論官方或民間，不斷有人交往。國際交通路綫主要有南北二道。北道，出玉門、陽關（今甘肅敦煌以西）；經今新疆天山山脉和塔里木河之間的通道西行，在疏勒（今喀什布）以西，越過葱嶺通往中亞，或南折進入印度〔一〕。南道，出玉門、陽關，經今新疆南部塔里木河與阿爾金山山脉、昆侖山脉的通道西行，在莎車（今莎車縣）以西，越過葱嶺，通往中亞或南折進入印度。這兩條路綫也是舉世著名的「絲綢之路」的通道。玄奘赴印度求法，去時有一段路走的是北道，回來走的是南道（大略言之）。這兩條路綫歷史悠久，學者討論也詳，不須多談。現在要討論的是另一條通往印度的路綫。

在七世紀前期，西方羌族的一支吐蕃〔二〕（即藏族）强盛起來，統一内部，開拓疆土，東北與唐爲鄰。其王棄宗弄贊〔三〕（即松贊干布）「慷慨材雄」〔四〕，遣使聘唐，並請婚姻，唐太宗李世民以文成公主許嫁，結成聯姻之好。這是漢藏二族建立親善關係之始。從此長安（今陝西西安市）與邏些城（今西藏拉薩）之間使節和人民來往無阻，其時又新闢了一條經吐蕃往泥婆羅國（今尼泊爾國）進入中印度的國際通道。這條通道從今青藏高原地帶越過喜馬拉雅山至加德滿都谷地進入印度，縮短不少行程，對當時政治、經濟、文化上曾有過大影響。我國史籍對此通道未曾注意，間有涉及，亦不能詳。今試對此問題作一探討，温故知新，似亦有益於增進漢藏兩族的親善關係。

二、《釋迦方誌》的記載

最早記載這條通道的是唐初僧人道宣（五九六——六六七），在他的《釋迦方誌・遺跡篇》説：

其東道者[一]，從河州[二]西北渡大河[三]，上曼天嶺[四]，減四百里，至鄯州[五]。又西，減百里至鄯城鎮[六]，古州地也。又西南減百里，至故承風戍[七]，是隋互市地[八]也。又西減二百里，至青海[九]，海中有小山，海有七百餘里。海西南至吐谷渾衙帳[一〇]。又西南至國界，名曰白蘭羌[一一]，北界至積魚城[一二]，西北至多彌國[一三]。又西南至蘇毗國[一四]。又西南至敢國[一五]，又南少東至吐蕃國[一六]。又西南至小羊同國[一七]，又西南度呾倉法關[一八]，吐蕃南界也。又東少南，度末上加三鼻關[一九]。東南入谷，經十三飛梯，十九棧道[二〇]。又東南或西南，緣葛攀藤[二一]，野行四十餘日[二二]至北印度泥波羅國[二三]。原注：「此國去吐蕃約爲九千里。」[二四]

此文向無校釋，今略考地志等書注之。日本學者足立喜六有《唐代的吐蕃道》一文（附於其所著《大唐西域記的研究》後編中），對此文及《新唐書・地理志》鄯州條，均加箋釋，惟語多推測，這裏亦擇譯若干條，以資參考。箋文數號互見於上引本文内。

〔一〕　其東道者　按本篇首述唐朝使者通往印度「則有三道」，其下列舉東道從河州西北出，中道從鄯州東出，北道從西州出云云。依照西域通印度的道路言之，皆爲自東向西，此三道並列則只有南、中、北之别。即從實地方位言之，吐蕃一道亦爲南道，何能稱「東」？然我疑道宣所據的原始資料乃自鄯城鎮開始（《新唐書・地理志》記吐蕃道亦在鄯州鄯城之下，可證），鄯城鎮爲唐與羌族分界處，以此爲起點，而河州在鄯城之東，自鄯城方面來説，故標其爲「東道」。若統三道而並言，則東當作南始諧。

〔二〕　河州　唐屬隴右道。《元和郡縣志》三十九《河州》云：「今州即（漢）金城郡之枹罕縣也。」枹罕在今甘肅臨夏附近。

〔三〕　大河　謂黄河。《元和志》河州枹罕縣云：「河水在縣北五十里，河下也。」

〔四〕　曼天嶺　曼同漫，漫天狀言山的高峻，當是小積石山山脉之一峻嶺。《元和志》云：「小積石山在（枹罕）縣西北七十里。」

〔五〕　鄯州　唐屬隴右道，爲隴右節度使治所，轄境當今青海西寧市、湟中、樂都等地。

〔六〕　鄯城鎮　當今青海西寧市。《通典》一七四鄯州下鄯城云：「漢西平郡故城在西。」

〔七〕　承風戍　《册府元龜》九九九載「唐高祖武德八年（六二五）吐谷渾款承風戍，各請互市，並許之」。按《新唐書・吐蕃傳》（以下簡稱《吐蕃傳》），如引《舊唐書・吐蕃傳》，則用全稱）記吐蕃敗李敬玄軍於青海上云：「敬玄頓承風嶺，礙險不得縱。」《資治通鑑》二〇二儀鳳三年（六七八）九月條亦記此事云：「頓於承風嶺，阻泥溝以自固。」胡三省注引杜佑曰：「承風嶺在廓州廣威縣西南，東北去鄯州三百一十三里，故吐谷渾界。」廓州當今青海化隆迤西地區，在鄯州之南。《吐蕃傳》又記開元二十九年（七四一）「虜乃悉衆四十萬攻承風堡，抵河源軍」。承風戍、承風嶺、承風堡當爲一地，因其地勢險要，故駐兵戍防或築堡固守，各承其稱，遂稍不同。

［八］　隋互市地　上引《册府元龜》武德八年（六二五）吐谷渾請市事，從此文觀之，則隋時已經互市，大概因隋末戰亂而停止，至武德中又恢復耳。《隋書·裴矩傳》記煬帝令矩掌與西域諸蕃至張掖交市事，不及廓州之承風戍。此可補史之闕文。

［九］　青海　《新唐書·西域傳》吐谷渾下云：「有青海者，周八九百里，中有山。須冰合，游牝馬其上，明年生駒，號龍種。」《衛藏通志》三云：「青海，番名呼呼腦兒，周七百里。中有二山，一曰魁森拖羅海，一曰插漢峰，東西對出。水色青碧，冬夏不枯不溢。」按青海即青海湖，古稱西海，在西寧市西。湖中有小島，其著名者今稱海心山，即魁森拖羅海山。

［一〇］　吐谷渾衙帳　衙帳即牙帳，爲吐谷渾王所居地。游牧民族習居廬帳，雖「有城郭，不居也」〔五〕，其王所居樹牙旗，故名。吐谷渾王居伏俟城，《隋書·地理志》：「西海郡置在古伏俟城，即吐谷渾國都。」地在「青海西十五里」〔六〕。黄文弼《羅布淖爾考古記》謂「伏俟城當即今之都蘭」。但都蘭距青海湖岸一百公里以上，與「青海西十五里」之言不合。一九六〇年六月方永在青海湖區作地貌考察，發現伏俟城遺址在湖西岸布哈湖下游谷地，當地人呼此爲鐵卜卡（原屬蒙古族鐵卜卡部落所居），距青海湖最短距離約七點五公里，詳見黄盛璋、方永合寫的《吐谷渾故都——伏俟城發現記》（載《考古》一九六二年八期）。該文指出中古時期其地聯繫中外交通的兩條路綫，其中一條路綫即尼波

羅道，引據《釋迦方誌》此文，釋「吐谷渾衙帳」云：「此處的吐谷渾衙帳依方位、里距，其爲伏俟城是毫無疑問的。」不過，青海省文物管理委員會對此有不同意見，他們認爲「所謂吐谷渾衙帳，即其王之帳房，帳房並不一定要長時期置於一地，也不見得一定設在伏俟城內。同時唐時吐蕃—尼波羅道在越赤嶺後，繞青海湖南岸向南而行，不會繞青海湖西之伏俟城，根據《釋迦方誌》所記吐谷渾衙帳的方位、里距，當在今茶卡湖以南草原，和伏俟城無關。」（見上引記文附録）此問題尚未獲定論。我以爲吐谷渾衙帳與吐蕃的贊普衙帳含義當相同，皆爲其王居處。雖説游牧民族有城郭而不居，但吐谷渾既立都城，則此衙帳當距伏俟城頗近，黄、方二氏之説與《方誌》記載不悖。

［一一］ 白蘭羌 《通典》一九〇云：「白蘭，羌之别種……東北接吐谷渾。」《新唐書·西域傳》党項下云：「又有白蘭羌，吐蕃謂之丁零，左屬党項，右與多彌接。」王忠《新唐書吐蕃傳箋證》（以下簡稱「王忠箋證」）云：「白蘭羌在党項之右，常璩《華陽國志·蜀志》汶山郡有白蘭，白蘭羌當自川西遷入青海。……吐蕃稱白蘭羌爲丁零，疑即滇零，爲漢代羌之一種。」

［一二］ 積魚城 足立喜六云：「積魚城是在玉樹土司的東北，當今的石渠城。……積魚城是在白蘭羌的北界，其處於吐谷渾和白蘭羌的交界地方，故必與《新唐書》（按謂《地理志》）中『渡黄河』是同一地點。」按今石渠在四川西北部。

［一三］ 多彌國 《新唐書·西域傳》云：「多彌，亦西羌族，役屬吐蕃，號難磨，濱犛牛河。貞觀六年（六三二）遣使者朝貢，賜遣之。」同書《地理志》云：「渡西月河，二百一十里至多彌國西界。」《太平寰宇記》一八五吐蕃條記其四至云：「去鄯善五百里，過烏海，入吐谷渾部落彌（此彌字疑涉下

文而衍）多彌、蘇毗及白蘭等國，至吐蕃界。」然則此數國者爲自吐谷渾入吐蕃境之要途，其後皆臣屬於吐蕃。又《吐蕃傳》記侯君集爲行軍大總管伐吐蕃，「出當彌道」，當、多一聲之轉，疑亦爲多彌。

〔一四〕　蘇毗國　《新唐書・西域傳》：「蘇毗，本西羌族，爲吐蕃所並，號孫波，在諸部中最大。東與多彌接，西距鶻莽峽。户三萬。天寶中（七四二——七五六）王没陵贊欲舉國内附，爲吐蕃所殺。」按蘇毗Su-bi，伯希和謂即藏文Sum-pa（讀若孫波），這個地名現今尚見存在西藏北部的一個地方〔七〕；《新唐書》謂「在諸部中最大」，王忠《箋證》據吐蕃歷史文獻資料云：「可以定蘇毗最强盛時之地域，在今新疆維吾爾自治區之南，西接印度，東北伸入青海玉樹藏族自治州一帶，其南界即吐蕃。因據鉢教古傳説，吐谷渾、党項、蘇毗、羊同爲内四族，孟族、突厥、吐蕃、漢族爲外四族。而内四族中羊同在西部，吐谷渾、党項在東部，只有蘇毗在吐蕃之北。」（頁二二）又謂蘇毗曾爲女王統治，即《隋書》三八之女國。「蘇毗與吐蕃東西爲鄰，南北對峙。……吐蕃似亦曾臣服蘇毗，達布聶西（按即棄宗弄贊之祖父詎素若）之妹爲女王侍女。由於蘇毗内亂，統一於小王後，表面雖强大，内部却衆叛親離，給吐蕃以可乘之機。達布聶西雖未完成統一大業，至其子論贊終滅蘇毗而有之。」又據吐蕃歷史文書謂在吐蕃未統一前，「各小王已包括大部西藏高原，如羊同爲現今阿里，蘇毗在今玉樹一帶，璨在今日喀則，琳在年楚河上游，拿杰在羌塘。六世紀末葉，略以前藏雅魯藏布江爲界，北部統一於蘇毗，南部統一於吐蕃。後吐蕃滅蘇毗，統一全部西藏高原，建吐蕃王朝。」從上所説，其時蘇毗已是破殘之餘，疆土狹促了。蘇毗國與兩《唐書・西域傳》的東女國、《隋書・西域傳》的女國及《大唐西域記》四的蘇伐剌拏瞿呾羅國（Suvarnagatra，唐言金氏國）是否爲一國，尚有争論，此省。

［一五］　敢國　足立喜六云：「敢國（Kan）是在拉薩西北，相當於Tagri 湖東之挂楚密Kua-chu-mi，普通謂之Kansa。」

［一六］　按此文自「又南少東至吐蕃國」，接下便云「西南至小羊同國」，其間距離甚遠，疑文有脱訛。

［一七］　小羊同國　《通典》一九五、《唐會要》九九、《太平寰宇記》一八五並謂「大羊同國東接吐蕃，西接小羊同，北直于闐」，則小羊同國在大羊同之西。《釋迦方誌·遺跡篇》謂「（婆羅吸摩補羅）國北大雪山，有蘇伐剌拏瞿呾羅……即東女國，非印度攝，又即名大羊同國。東接土蕃，西接三波訶，北接于闐」。《大唐西域記》四蘇伐剌拏瞿呾羅國條下同，惟無「又即名大羊同國」句。取與上引三書對照，其中「西接小羊同」句此作「西接三波訶」異，餘則皆同。疑三波訶爲小羊同之異名，惜無他證。又如《釋迦方誌》言大羊同即東女國，亦未見他書，姑存待考。二國位置大約在今西藏阿里地區克什彌爾附近。足立喜六以小羊同爲Shigatse 對音，定爲前藏札什倫布，核與諸書所言不合，難信。又按小羊同國已鄰接印度境，何爲下文又折至吐蕃南界？或其時此路阻塞不通耶？

［一八］　呾倉法關　足立喜六云：「呾倉法 Tan-tsang-fa 是 Tala-liabran 的訛略，在Brahmatutra 河之南，Ladag 嶺之東。此處爲吐蕃與泥波羅邊界有名的關塞。即從薩塔渡Brahmatutra 河，出呾倉法關，往東南行至Ladag 嶺的東面，越過此嶺至通嶺，再沿Buria Gandak 往東偏南行。」

［一九］　末上加三鼻關　足立喜六云：「末上加Ma-shang-chia 是Marsyangdi 的音譯，撒罷、三

埧、三鼻在西藏語是橋的意思。故『末上加三鼻』從語法構詞上可理解在Marsyangdi河上有橋，其處設關。……此地形勢逼居於Marsyangdi河上游，從北入大雪山谿谷的正門口。」〔八〕

〔二〇〕　十三飛梯十九棧道　此泛狀岡底斯山與喜馬拉雅山間的險峻難行，飛梯、棧道已不可踪跡。

〔二一〕　又東南或西南緣葛攀藤　足立喜六云：「入末上加三鼻關至過大雪山軸谿谷，在本文裏描述猶如小説，特别是東南入谷，由東南或西南這方向與Buria河的谿流的確一致，可以推測其實況。」按此寫入泥婆羅國之行程，谷地縈回艱險，顯示通行之不易。《衛藏通志》二《疆域》西南界云：「西南至布嚕克巴、巴勒布二部落爲界。一由業爾奇木樣納山、業朗地方至結隆，與哲孟雄宗里口交界；一由業爾斯卡納、業朗塞爾交廓爾喀界，俱係險道。」此記雖時代較晚，然天然險峻未聞開鑿，變化不會多。

〔二二〕　野行四十餘日　足立喜六疑此是拉薩至泥波羅國之行程日期，説詳下。

〔二三〕　北印度泥波羅國　今尼泊爾國。唐人稱印度，其範圍頗廣。《大唐西域記》二云：「五印度之境，周九萬餘里，三垂大海，北背雪山，北廣南狹，形如半月。畫野區分，七十餘國。」它將泥婆羅國隸屬於中印度。此稱北印度者，或自泥婆羅與吐蕃邊界言之。

〔二四〕　此國去吐蕃約爲九千里　足立喜六云：「必須注意，夾注所記從拉薩起四十餘日至北印度泥波羅國的日程，因拉薩——泥波羅國之間約有五百五十哩（原注：一九二五唐里，日速四八唐里），可作此地方之適當行程。然而吐蕃——泥波羅國約有九千里之説何其謬誤！恐四十餘日是拉薩——泥波羅國的行程日期，而九千里是長安——泥波羅國之間的行程。」按《吐蕃傳》云：「直京師西八千里」，加上吐蕃至泥波羅國行程一千餘唐里（依足立氏説），共約爲九千里，足立之説疑是。若然，注内「吐蕃」二字當作「京師」。

上引道宣之文乃是第一篇記載唐朝——吐蕃——泥波羅通道的全程，所記殊嫌疏闊，這或由於資料不足與實際情況的限制，不能苛求。要之，在吐蕃道纔開闢時候，能記録下這份材料，還是很可貴的。

《釋迦方誌》大約成書於高宗永徽（六五〇——六五五）中〔九〕，其時通道初並，李義表、王玄策出使印度皆取徑此道（詳後），商旅、僧徒往來漸繁，通道的利益亦萌見了。道宣及時地記此新道，證明他有卓識。然而粗存梗概，終感不足（有些還存疑問），尚須參考其他資料作補充。

三、《新唐書》的記載及其他

《新唐書》記載唐蕃交通的有二處，今分録於後，並附小箋。

甲 《地理志》隴右道鄯州鄯城下注文云：

（鄯城）西六十里有臨蕃城〔一〕，又西六十里有白水軍〔二〕、綏戎城〔三〕，又西南六十里有定戎城〔四〕。又南隔澗七里有天威軍，軍故石堡城〔五〕，開元十七年（七二九）置，初曰振武軍……天寶八載（七四九）克之，更名。又西二十里至赤嶺〔六〕，其西吐蕃，有開元中分界碑〔七〕。自振武經尉遲川、苦拔海[八]、王孝杰米柵[九]，九十里至莫離驛[一〇]，又經公主佛堂[一一]、大非川[一二]，二百八十里至那禄驛，吐渾界[一三]也。又經暖泉[一四]、烈謨海[一五]，四百四十里渡黄河。又四百七十里至衆龍驛。又渡西月河[一六]，二百一十里至多彌國西界，經犛牛河[一七]，渡藤橋，百里至列驛。又經食堂、吐蕃村[一八]、截支橋，兩石南北相當。又經截支川，四百四十里至婆驛。乃渡大月河[一九]、羅橋，經潭池、魚池，五百三十里至悉諾羅驛[二〇]。又經乞量寧水橋[二一]，又經大速水橋，三百二十里至鶻莽驛，唐使入蕃，公主每使人迎勞於此。又經鶻莽峽[二二]，十餘里兩山相崟，上有小橋，三瀑水注如瀉缶，其下如烟霧。百里至野馬驛，經吐蕃墾田。又經樂橋湯[二三]，四百里至合川驛[二四]。又經恕諶海[二五]，百三十里至蛤不爛驛[二六]，旁有三羅骨山，積雪不消。又六十里至突録濟驛[二七]，唐使至，贊普每遣使慰勞於此。又經柳谷、莽布支莊[二八]，有温湯[二九]，涌高二丈，氣如烟云，可以熟米。又經湯羅葉遺山[三〇]及贊普祭神所。二百五十里至農歌驛[三一]，邏些[三二]在東南，距農歌二百里，唐使至，吐蕃宰相每遣使迎候於此。又經鹽池[三三]、暖泉、江布靈河[三四]，百一十里渡姜濟河[三五]，經吐蕃墾田，二百六十里至卒歌驛[三六]，乃渡臧河[三七]，經佛堂。百八十里至勃令驛[三八]、鴻臚館[三九]，至贊普牙帳[四〇]。其西南拔布海[四一]。

地名小箋（足立喜六亦有考證，稍加擇譯）：

[一]　臨蕃城　在今青海西寧市西。

[二]　白水軍　《元和郡縣志》三九隴右道鄯州下有白水軍云：「州西北二百三十里。開元五

年（七一七）郭知運置。」

［三］　綏戎城　在今青海湟源縣西附近。

［四］　定戎城　在今臨蕃城之西南。

［五］　天威軍軍故石堡城　《吐蕃傳》記長慶二年（八二二）劉元鼎使吐蕃有云：「過石堡城，崖壁峭竪，道回屈，虜曰鐵刀城。」王忠《箋證》謂：「鐵刀城當作鐵刃城。……吐蕃歷史文書石堡城即作Mker-lcags-rce，義爲鐵尖城。尖有鋒刃之義。」《資治通鑑》二一六天寶八載（七四九）六月條記哥舒翰攻吐蕃石堡城云：「其城三面絶險，唯一徑可上。」吴景敖《西陲史地研究》云：「石堡城故址在西寧南八十公里哈喇庫圖城附近之石城山。」

［六］［七］　赤嶺　《吐蕃傳》云：「（開元時）吐蕃又請交馬於赤嶺，互市於甘松嶺。宰相裴光庭曰：『甘松中國阻，不如許赤嶺。』乃聽以赤嶺爲界，表以大碑，刻約其上。」「帝又令金吾將軍李佺監赤嶺樹碑。詔張守珪與將軍李行禕、吐蕃使者莽布支分諭劍南、河西州縣曰：『自今二國和好，無相侵暴。』」又載劉元鼎使蕃所見云：「（石堡城）右行數十里，土石皆赤，虜曰赤嶺，而信安王禕、張守珪所定封石皆僕，獨虜所立石猶存。赤嶺距長安三千（王忠云：「疑是二千」）里贏，蓋隴右故地也。」《嘉慶一統志》五四六青海厄魯特下赤嶺云：「石堡城西三十里有山，土石皆赤，北接大雪山，南連小雪山，號曰赤嶺。」

［八］　苦拔海　足立喜六云：「苦拔海是苦格海之誤，即云庫庫淖爾。」

［九］　王孝杰米柵　按王孝杰於高宗儀鳳三年（六七八）從劉審禮爲副總管擊吐蕃，兵敗被俘。

後於武后長壽元年（六九二）爲武威軍總管，大破吐蕃，復（龜兹、于闐、疏勒、碎葉）四鎮。此米栅當是其破吐蕃屯糧之處。

［一〇］　莫離驛　吴景敖《西陲史地研究》云：「莫離驛廢址，就其距石堡城之里程及方向言之，當在今恰卜恰附近。恰卜恰海拔三千三百五十公尺，東至郭密、曲溝一帶，均今共和縣治。」按吐蕃置驛，初爲傳遞軍情之用，後又作爲宣布政令和使臣來往之駐足地。《吐蕃傳》云：「百里一驛。有急兵，驛人臆前加銀鶻；甚急，鶻益多。告寇舉烽。」這裏下文所舉各驛相距多至五百餘里或少至六十里者，蓋約指某地至某驛的里程，實際上有的包括幾個驛（省去某些驛名），有的指一個驛，故差距很多。但「百里一驛」亦是個約數。《舊唐書·吐蕃傳》謂黄河源「西去蕃之列館約四驛，每驛約二百餘里」，就相差一倍。我意各驛相距大約爲一日之程。《衛藏通志·程站》所記各站尖宿處距離最長者一八〇里（鹿馬嶺至烏蘇江），最短者五〇里（打箭爐至析多），途有險夷，故行有遲速，理所當然。驛和站是古今異稱，西藏地區閉塞，變化較少，由清朝交通推測唐時，不至於差遠。

［一一］　公主佛堂　《吐蕃傳》記貞觀十五年（六四一）文成公主出嫁吐蕃云：「築館河源王之國，弄贊率兵至柏海親迎。」「河源王之國」即吐谷渾，「柏海近河源」［一〇］，公主佛堂疑即此築館之地。《文物參考資料》一九五七年第五期載趙生琛報導，説青海省玉樹藏族自治州首府結古南約五十里之巴唐，有一山溝名百南巴，現仍存有一座以文成公主石刻像爲主之寺院。據當地藏民傳説，文成公主入藏時曾在此地停留一個時期，並教當地藏民種植。

〔一二〕 大非川　高宗咸亨元年（六七〇）吐蕃敗唐將薛仁貴軍於大非川，遂盡有吐谷渾地（吐蕃破吐谷渾在龍朔三年，相距七年）。《嘉慶一統志》五四六青海厄魯特下云：「大非川濱青海西，即今之布喀河也，唐時爲入蕃西道。」按吳景敖《西陲史地研究》考訂大非川古戰場，謂當即切吉曠原之通稱。考川有平原之義，《新五代史·周德威傳》云：「平川廣野，騎兵之所長也。」平川與廣野並列，可證。大非川之川應指平野，地近青海，非河川，吳説爲近。

〔一三〕 吐渾界　吐渾即吐谷渾。《新唐書·西域傳》云：「吐谷渾居甘松山之陽，洮水之西，南抵白蘭羌。」本文所記，其時吐谷渾已亡，此言其故界。

〔一四〕 暖泉　當是指温泉而言，非固有地名。《衛藏通志·山川》有熱水塘數處，亦屬此類。這裏所記在今青海境内。

〔一五〕 烈謨海　足立喜六云：「烈謨海乃鄂陵湖E-ling-nor之訛。鄂陵湖在《舊唐書》一九八作柏梁，《新唐書》二二一作柏海，贊普親迎公主停留處。」按足立以鄂陵湖當柏海，其説同於《嘉慶一統志》[一一]，惟烈謨海是否爲鄂陵湖，尚乏確證。

〔一六〕 西月河　足立喜六云：「西月河是怒江（Dza Chu），因西在西蕃語中爲怒或奴，而江河水並作chu，以出（chu）、月（yueh）、支（chih）、裕（yu）、濟（chi）表音，故西月河是從『怒江河』的唐蕃雙舉之譯名而來的。」

〔一七〕 犛牛河　《新唐書·西域傳》云：「（多彌）濱犛牛河。」

〔一八〕 吐蕃村　足立喜六云：「吐蕃村與吐蕃墾田是作爲吐蕃屯田開拓的聚落，非土地固有之名。」

〔一九〕　大月河　足立喜六云：「可作大水河之義，爲 noma chu 。」

〔二〇〕　悉諾羅驛　按《吐蕃傳》有「悉諾邏兵入大斗拔谷」，「悉諾邏恭禄入陷瓜州」，並在開元中爲吐蕃大臣。又有「蘇毗王子悉諾邏來降，封懷義王」，在天寶十四載（七五五），蘇毗亦羌族，臣屬吐蕃。疑悉諾邏爲部落名，衍爲地名或貴族氏姓。

〔二一〕　乞量寧水橋　足立喜六云：「乞量、地零在藏語有遠的意思。寧水是noma chu ，故乞量寧水橋是在寧水上游有橋之意。」按藏地諸橋有鐵索橋、木橋、藤橋，間有石橋。

〔二二〕　鶻莽峽　按《新唐書・西域傳》謂蘇毗「西距鶻莽峽」，則其地與蘇毗西境相接。從本文描寫觀之，此爲吐蕃北部要地。

〔二三〕　樂橋湯　足立喜六云：「湯 Taung 作爲藏語『寨』來説，多爾 Toerh 是山，所以樂橋湯 Lo-chiao-taung 與郎津多爾 Lang-chin-toerh 相一致。」

〔二四〕　合川驛　約在今西藏那曲附近。

〔二五〕　恕諶海　足立喜六云：「西藏語中江錯 Chiang-tso 是海，恕諶 Shu-shan 和江錯同是海的意思。」足立之意謂此譯名亦唐蕃雙舉，姑備一説。

〔二六〕　蛤不爛驛　足立喜六云：「蛤不 Ho-pu 是工布 Kumn-pu 的同音，爛 lan 與拉 la 同是山的意思。」按工布是族或部落名，工與蛤音稍遠，恐非。

〔二七〕　突録濟驛　足立喜六云：「突録 Tu-lu 也與多拉同爲山，濟 chu 是水，因此突録濟驛當在恕諶海的南面。」按贊普遣使慰勞唐使之處，此爲一大驛無疑。

［二八］　莽布支莊　足立喜六云：「莽布Mang-pu 或脉布Me-pu，在藏語是江的意思。因此柳谷莽布支莊來説，是表明温泉地帶的情景。」按武后時有吐蕃大臣贊婆率其兄子莽布支來降；玄宗開元時有燭龍莽布支入陷瓜州，又有莽布支爲樹碑赤嶺分界之吐蕃使者，並見《吐蕃傳》。此莊疑是某一莽布支之領地。

［二九］　温湯　足立喜六云：「如此顯著噴涌的温泉不見於其他文獻，蓋必隨着時代的推移這活動休止了吧。」按《法苑珠林》一二引《王玄策行傳》云：「吐蕃國西南有一涌泉，平地涌出，激水遂高五六尺，甚熱，煮肉即熟。氣上冲天，像似氣霧。有一老吐蕃云：十年前其水上激高十餘丈，然始傍散，有一人乘馬逐鹿，直赴泉中，自此以來不復高涌。泉中時時見人骸骨涌出。垂氈布水，須臾即爛。或名爲鑊湯。此泉西北六七十里更有一泉，其熱略等，時時盛沸，殷若雷聲。諸小泉温往往皆然。」所述二泉與此文狀寫略同，地區亦接近，足立謂「不見於其他文獻」，蓋未深考。

［三〇］　湯羅葉遺山　足立喜六云：「湯羅Tang-lo 爲山，葉遺yeh-i 藏語爲展開。湯羅葉遺是眺望之山的意思。」謂即《西招圖略》的卓拉山。

［三一］　農歌驛　足立喜六云：「農歌驛Nung-to 是凝多Ning-to 或寧多Ning-to 同一音譯語。」

［三二］　邏些　《吐蕃傳》作邏娑川，川謂平原，邏些、邏娑音同字異。《衛藏通志》一：「邏娑城、邏些城，今唐古特語（按即藏語）名前藏地爲拉薩，蓋譯音之異也。」

〔三三〕　鹽池　足立喜六云：「在拉薩西北有鹽池。」按《嘉慶一統志》五四七西藏公努木擦噶等十一（實九）鹽池條云：「在喇薩（即拉薩）西北七百餘里，一名公努木擦噶，一名里牙爾擦噶，一名呂布擦噶，一名牙根擦噶，一名那木鄂岳爾擦噶，一名苦公擦噶，一名必老擦噶，一名加木撮木擦噶，一名馬里擦噶，俱在牙爾佳藏布江之兩岸，大者廣一百九十里，小者廣五六十里，俱産鹽。其苦公擦噶、那木鄂岳爾擦噶二池，産紫鹽，餘俱産白鹽，喇薩居人俱食此鹽。」

〔三四〕　江布靈河　江布疑與工布有關係，江、工同聲可通用。工布乃西藏部落名。《衛藏通志》一五有工布江達，云：「原係西藏部落工布、達布二口路。」惟其地近烏蘇江，在拉薩東南，方位似未合。依本文言之，當在拉薩之西附近。古今地名變遷，不可究詰，姑以存疑。

〔三五〕　姜濟河　足立喜六云：「姜濟河Chiang-chi當是姜河，今日的Ki-chu。」

〔三六〕　卒歌驛　足立喜六云：「卒歌驛Tsu-ko是推達Tui-ta。」

〔三七〕　臧河　《吐蕃傳》記劉元鼎使蕃云：「臧河之北川，贊普之夏牙也。」正與下文之「拔布海」相應。《嘉慶一統志》五四七西藏下噶爾招木倫江條云：「在喇薩（拉薩）地，自衛之蓬多城東北一百十里查里克圖發源，名達穆河，西南流……繞蓬多城西流，與米的克藏布河會。……二水合而爲一，乃名噶爾招布倫江。……西南流……至喇薩（拉薩）之南。又經董郭爾……諸城，流三百餘里，與雅魯藏布江合。按唐時吐蕃牙帳近臧河，疑即此水。」

〔三八〕　勃令驛　《吐蕃傳》劉元鼎使蕃云：「至麋谷，就館。」王忠《箋證》謂麋谷「即勃令驛」。

[三九] 鴻臚館　按謂鴻臚寺卿所掌管的賓館。鴻臚寺卿主招待賓客之儀。《唐六典》一八云：「鴻臚寺卿一人……統典客、司儀、崇玄等三署。」又云：「鴻臚卿之職，掌賓客及凶儀之事。……凡四方夷狄君長朝見者，辨其等位，以賓待之。」此是唐制，吐蕃亦仿置此官以接待外賓，但名當有異。王忠《箋證》考證吐蕃職官云：「唐人記載吐蕃職官有鴻臚卿，或即此職。」

[四〇] 贊普牙帳　《舊唐書·吐蕃傳》劉元鼎使蕃云：「初見贊普於悶懼盧川，蓋贊普夏衙之所。其川在邏娑川南百里，臧河之所流也。」與本文相符，此牙帳乃贊普夏時避暑之所。

[四一] 拔布海　《吐蕃傳》：「贊普居跋布川或邏娑川。」王忠《箋證》云：「跋布川當即《通典》『匹播城』之所在地。匹播城在藏文寫本作Pyin-bu-stag-rce，在今西藏澤當西南之瓊結宗，爲吐蕃遷居拉薩前的舊都。」(頁八)又云：「吐蕃政治中心爲雅礱河流域之瓊巴，氣候較寒，爲贊普夏帳所在。」(頁四三)又云：「跋布海即羊卓雍湖。」(頁四〇)

上引《地理志》文未明言所據，從内容來判斷，(一)記述鄯城至贊普牙帳行程較詳，且歷記驛名、里數及吐蕃迎使之處，可假定其爲唐使入蕃之路程指南書。穆宗長慶元年(八二一)所立的《唐蕃會盟碑》，王堯的藏文譯本碑文末有段話云：「每須通傳，彼此驛騎一往一來，悉遵曩昔舊路。」附注云：「曩昔舊路，指蕃漢之間的固有的交通驛道。雙方使命驛騎往還，顯然有一條共同遵循的通道。」(《歷史研究》一九八〇年四期)《地理志》所記驛程當即碑文説的舊路。(二)文内所記唐朝地名最遲爲天寶八載更名之天威軍，其時代可斷爲天寶末年，與歷史情況亦相符。故我以爲這是依據天寶時唐使入蕃行記記録下來的。道宣記載吐蕃的行程太簡，此正可補其缺，雖然這時吐蕃——泥婆羅道已不通了(説詳後)。

乙　《吐蕃傳》記穆宗長慶二年(八二二)遣劉元鼎赴吐蕃會盟事,節録其有關地理部分云:

元鼎踰成紀[一]、武川,抵河廣武[二]梁,故時城郭未隳。蘭州[三]地皆秔稻,桃李榆柳岑蔚。户皆唐人,見使者麾蓋,皆夾道觀。至龍支縣[四],耋老千人拜且泣,問「天子安否?」言「頃從軍没於此,今子孫未忍忘唐服,朝廷尚念之乎?兵何日來?」言已,皆嗚咽,密問之,豐州人也。過石堡城,崖壁峭竪,道回屈,虜曰鐵刀城。右行數十里,土石皆赤,虜曰赤嶺。而信安王禕、張守珪所定封石皆僕,獨虜所立石猶存。赤嶺距長安三千里而羸,蓋隴右故地也。曰悶怛盧川[五],直邏娑川之南百里,臧河之所流也。河之西南,地如砥,原野秀沃,夾河多檉柳。山多柏坡,皆丘墓,旁作屋頳塗之,繪白虎,皆虜貴人有戰功者。徇死者瘞其旁。度悉結羅嶺,鑿石通車,逆金城公主道[六]也。至麋谷,就館,臧河之北川,贊普之夏牙也[七]。

地名小箋(凡見於前箋者,從略):

[一]　成紀　唐縣,屬隴右道秦州。

[二]　廣武　唐隴右道蘭州金城縣,本廣武縣。此橋梁名廣武,當是因地而名之。

[三]　蘭州　唐屬隴右道,今甘肅蘭州。按其時唐盡失隴右道、西域等地於吐蕃。

[四]　龍支縣　唐鄯州西平郡有龍支縣,肅宗上元二年(七六一)陷於吐蕃。

[五]　曰悶怛盧川　按此句與上文意不貫通,疑其上有脱文。悶怛盧川在拉薩之南,而上文僅述及赤嶺,南北相距頗遠,中間必有脱略。《舊唐書·吐蕃傳》作「元鼎初見贊普於悶懼盧川」。懼與

怛異，疑懼或作惧，與怛形近。印度地名往往有「呾羅」(Tra)字，如波理夜呾羅國、埿醯掣呾羅國、蘇伐剌拏瞿呾羅國、安呾羅縛國(並見《大唐西域記》)，藏語出於梵文，怛、呾通用，盧、羅聲近，則作怛盧者爲是。怛誤作惧，又訛作懼，形音俱遠矣。王忠《箋證》云：「由下文推測，尚在雅魯藏布江北岸，或即今曲水一帶。」《唐會要》九十七云：「(劉元鼎)奏以五月六日與吐蕃盟於悶懼盧川。是川蓋贊普之夏衙也，中有臧河流焉，滿川多紫薇樹。」怛也誤作懼。

[六] 逆金城公主道　王忠《箋證》云：「此爲邏娑與贊普夏牙勃令驛間之交通大道。」按金城公主嫁於吐蕃在中宗景龍三年(七〇九)。

[七] 臧河之北川贊普之夏牙也　按贊普夏牙在跋播城(跋布川)，見《吐蕃傳》。《地理志》云：「(卒歌驛)乃渡臧河，經佛堂，百八十里至勃令驛、鴻臚館，至贊普夏帳。其西南拔布海。」拔布海即跋布川或跋播城之異譯。則渡臧河而至贊普夏帳，其地顯在臧河之南無疑，此云「臧河之北川」，與之不合。然據上引《唐會要》記此次會盟在悶怛盧川，其地正居臧河之北，贊普之夏衙。蓋衙帳本可流動，跋播城爲贊普之夏衙是其一般常例，而劉元鼎會盟，贊普夏衙適移於悶怛盧川，臧河之北川，二者固不相矛盾。

這段記載時代和人物交代清楚，大約就是依據劉元鼎本人或其隨員所寫的行記而作〔一二〕。其時唐已失去河西走廊、安西、北庭都護府等地，吐蕃勢張，西道都阻絕，不要説吐蕃通道了。唐蕃之間只有外交使節來往，人民不許自由交接，觀元卿在龍支縣逢到老人的訴説，不敢公開問其籍貫，只能「密問之」，可以推想了。

《新唐書》這二段文章皆爲唐使臣入蕃行程的記載，終止點是邏娑城或疋播城，贊普牙帳所在地，這條路綫當屬於官道。其中無隻字提到通往泥波羅的邊境，顯然比《釋迦方誌》所記（儘管記得簡略）範圍縮小得多。這正表明時代遷移與政治變化。

附帶要談一下吐蕃和泥婆羅、唐朝和泥婆羅與通道的關係，先談吐蕃和泥婆羅的關係。

從地理上看，雙方之間雖有喜馬拉雅山天然屏障的阻隔，但人力勝天，終阻不住貼鄰二族人民的來往。吐蕃先從泥婆羅吸收了印度文化，棄宗弄贊即位又與之結爲婚姻。《蒙古源流》二言持勒德蘇隆（即棄宗弄贊）娶巴勒布國（泥婆羅國之異譯）拜木薩公主在唐朝文成公主之前。拜木薩公主入吐蕃之年，據蘭頓（Perceval Landon）的《尼泊爾》中引一説爲公元六三九年，這比文成公主入蕃（六四一）要早二年。黄盛璋從日本學者佐藤長榮之説赤貞（即拜木薩）公主爲尼王鴦輸伐摩（Amshu Varma）之女，此王執政時期爲公元六三〇——六四〇年，説：「根據尼史鴦輸伐羅逝世前一年班尼巴至固帝山口的通道（Banepa-Kuti Pass）開放了。（按此説也見Regmi, *Ancient and Medieval Nepal*。）這條通道爲傳統藏尼間最近捷的道路，亦即古代吐蕃、泥波羅道南段」〔一三〕。這推測大致不遠。我以爲他們的交往，時間還要提前些。無論邏娑或疋播（並爲贊普所居地），離加德滿都谷地要比長安近得多，容易接觸。隨着拜木薩公主出嫁而加强了關係自在意料之中。《西藏王統記》説尼泊爾公主嫁時，「由西藏大臣奉行入藏，尼泊爾臣民皆送至芒域（Man Yul）」〔一四〕。芒域是古代藏族人民對西藏南部邊鄙地區的總稱，可見當時典禮之盛。通道的開放也是適應需要，觀吐蕃迎金城公主「鑿石通車」〔一五〕，情況相類。因此，吐蕃——泥波羅通道開闢於先，接着唐蕃聯姻，開闢唐朝——吐蕃通道，兩條通道連貫一起，就成爲中國通往印度的吐蕃道。這樣設想，雖不能得其全面，大體不會差遠。

再談唐朝和泥婆羅關係。中國、尼泊爾二國人民往來的歷史比較悠久。早在五世紀初，東晉僧人法顯曾到迦毗羅衛城（在今尼泊爾南部）朝禮釋迦牟尼誕生聖地，見於《法顯傳》。與此同時，迦毗羅衛籍的僧人佛馱跋陀羅（此云覺賢）來中國傳法，譯出不少佛經要籍，見於《出三藏記集》及《高僧傳》。二人行程，法顯是經今新疆及中亞入印度而轉往的，覺賢是泛海而來的，道途皆艱險，但山川阻擋不住人民的親善關係。兩國正式派遣外交使臣通好，依據中國舊史記載，則自唐初開始。《唐會要》一〇〇載「貞觀中使者李義表（原脱表字，據《新唐書》補）使天竺，道其國。……二十一年（六四七）遣使獻波棱菜、渾提葱。永徽二年（六五一），其王尸利那連陀羅遣使朝貢。」〔一六〕李義表的出使在貞觀十七年（六四三）。（考見後）使臣往來雖未明言行程，從時代及地理考之，幾次通使都是循行新闢的吐蕃通道無疑。因之，這條通道不僅關係到唐蕃兩族的親善，也關係到唐泥二國的友好，很爲重要。

爲了使讀者易於明曉唐代吐蕃道的交往情況，依據《釋迦方誌》、《新唐書·地理志》及《吐蕃傳》、《西藏王統記》和*Regmi:Ancient & Medieval Nepal* 等書，並參考《中國歷史地圖集》第五册與足立喜六《唐代的吐蕃道》附圖斟酌損益，試繪一行程略圖附後。由於圖幅限制，《新唐志》所載地名，其中有短距離並列數地名者，只能擇一以載，其餘從略。

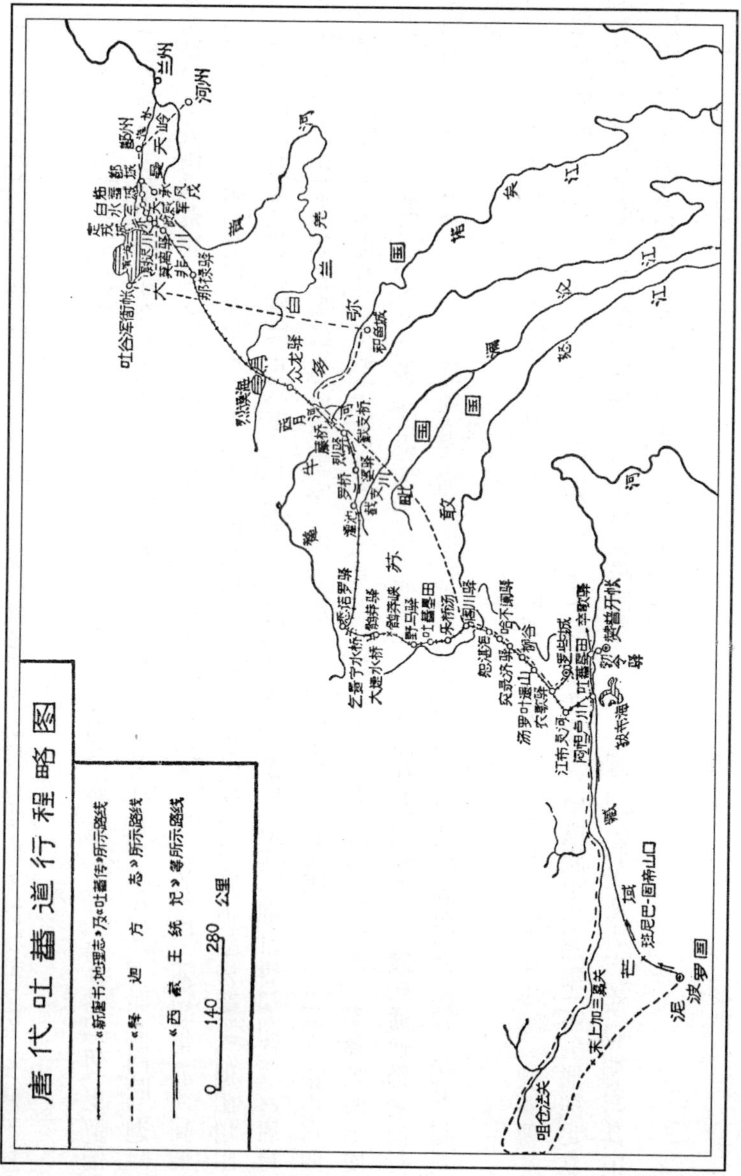
唐代吐蕃道行程略图
《新唐书·地理志》及《吐蕃传》所示路线
《释迦方志》所示路线
《西藏王统记》等所示路线
0 140 280 公里
兰州
河州
鄯州
吐谷浑衙帐
那禄驿
烈谟海
众龙驿
积鱼城
白
兰
羌
多
弥
国
苏
毗
敢
牛
截支川
悉诺罗驿
乞量宁水桥
大速水桥
鹘莽驿
野马驿
吐蕃垦田
乐桥汤
阁川驿
恕谌海
哈不烂驿
突录济驿
汤罗叶遗山
农歌驿
江布灵河
逻些城
赞普牙帐
拔布海
藏
域
芒
泥婆罗国
末上加三摩大
咀仓法关

四、王玄策的出使

關於吐蕃道的地理問題，已經討論如上。現在繼續討論通過這條通道當時人物活動的情況，首先談王玄策，附帶李義表。

自貞觀十五年（六四一）文成公主出嫁吐蕃之後，唐蕃關係密切，雙方使臣不絕。其中最引人注意的是王玄策和李義表，尤其是王玄策，他曾三次出使赴印度〔一七〕，取道於吐蕃新道，建立奇勛，促進唐朝、吐蕃、泥婆羅三方的關係，影響深遠。先輯集舊史資料如下：

《新唐書·西域傳》天竺國下：「貞觀十五年（六四一）（尸羅逸多）自稱摩伽陀王，遣使者上書。帝命云騎尉梁懷璥持節慰撫。尸羅逸多……遣使者隨入朝。詔衛尉丞李義表報之〔一八〕。……二十二年（六四八）遣右衛率府長史王玄策使其國，以蔣師仁爲副。未至，尸羅逸多死，國人亂，其臣那伏帝阿羅那順自立，發兵拒玄策。時從騎才數十，戰不勝，皆没。遂剽諸國貢物。玄策挺身奔吐蕃西鄙，檄召鄰國兵。吐蕃以兵千人（《舊唐書》作精鋭千二百人）來，泥婆羅以七千騎來。玄策部分進戰茶鎛和羅城，三日，破之，斬首三千級，溺水死萬人。阿羅那順委國走，合散兵復陣，師仁擒之，俘斬千計。餘衆奉王妻息阻乾陀衛，師仁擊之，大潰，獲其妃、王子，虜男女萬二千人、雜畜二萬，降城邑五百八十所。東天竺王尸鳩摩送牛馬三萬饋軍，及弓刀寶纓絡。迦没羅國獻異物，並上地圖，請老子像。玄策執阿羅那順獻闕下。」

《吐蕃傳》：貞觀「二十二年（六四八），右衛率府長史王玄策使西域，爲中天竺所鈔，弄贊（即棄宗弄贊）發精兵從玄策討破之，來獻俘。」

《舊唐書·太宗本紀》：「貞觀二十二年五月庚子，右衛長史王玄策擊帝那伏帝國，大破之，獲其王阿羅那順及王妃、子等，虜男女萬二千人，牛馬二萬餘以詣闕。」

《通典》一九三西戎天竺國下云：「貞觀十五年，其王名尸羅逸多……遣使奉表。二十二年右衛率府長史王玄策奉使天竺。會尸羅逸多死，國大亂，其臣那伏帝阿羅那順自立，乃發兵拒。玄策遁，抵於吐蕃之西南，以書征鄰國之兵。吐蕃發精鋭千二百人，泥婆羅國發七千餘騎來赴。玄策與其副蔣師仁率二國之兵，迫至茶鎛和羅城，即中天竺之所居也。進戰，大破之，斬首三千餘級，赴水溺死者且萬人，獲其王妃及王子等，虜男女萬三千人、牛馬三萬餘匹。於是天竺響震，城邑聚落降者五百八十餘所。遂得阿羅那順以還。」

關於王玄策第二次出使，得吐蕃、泥婆羅國的援助，俘獲阿羅那順以歸的事，亦見於《舊唐書·西域傳》、《唐會要》一〇〇、《册府元龜》九七三及《資治通鑑》一九九貞觀二十二年五月條，大略相同，不具録。

《册府元龜》九七三助國討伐下貞觀二十二年五月條記王玄策事下有夾注云：「王玄策往西域，爲東天竺所劫，章求拔國王發兵赴之，破賊有功。」同書九七〇貞觀二十年下云：「三月，悉立國、章求拔國、俱蘭國並遣使貢獻。章求拔國或云章揭拔，本西羌種。……後右衛率長史王玄策往西域，爲中天竺所劫，其王發兵赴之，破賊有功，自此職貢。」前後所言相同。然則助王玄策成功者，吐蕃、泥婆羅外，尚有章求拔國，此爲他書所不載，應爲補出。

據上引《新唐書》記載，唐朝正式派使臣梁懷璥通印度在貞觀十五年（六四一），正文成公主嫁蕃之年。梁懷璥赴印未詳何道，其時吐蕃新通道尚未開闢，梁使可斷其遵循天山路舊道而行，這也是戒日王遣使的來程。所以與吐蕃道無關。

李義表出使印度的年代及路程，舊史皆未明言，需要參考他書求證。《法苑珠林》三九引《王玄策傳》云：「粵以大唐貞觀十七年（六四三）三月內，爰發明詔，令使人朝散大夫行衛尉寺丞上護軍李義表、副使前融州黄水縣令王玄策等送婆羅門客還國。其年十二月至摩伽陀國，因即巡省佛鄉。……至十九年（六四五）正月二十七日至王舍城，遂登耆闍崛山。」此乃《耆闍崛山銘》的序文。同書三十八引《王玄策傳》云：「此漢使奉敕往摩伽陀國摩訶菩提寺立碑，至貞觀十九年二月十一日於菩提樹下塔西建立，使典司門令史魏才書。」碑文序有「（皇帝）乃命使人朝散大夫行衛尉寺丞上護軍李義表、副使前融州黄水縣令王玄策等二十二人巡撫其國，遂至摩訶菩提寺。」由此我們可確定李義表使印是在貞觀十七年至十九年，副使是王玄策，這個代表團人數共二十二人，足補史闕。他們的行程怎樣呢？還待探索。《新唐書·西域傳》泥婆羅國下云：「（王那陵提婆）遂臣吐蕃。貞觀中遣使者李義表到天竺，道其國。提婆大喜，延使者同觀阿耆婆瀰池〔一九〕。」這裏要注意的「道其國」句，意思是取道或道經泥婆羅國，如此則必行經吐蕃通道無疑，無論其往返是否皆經此道，至少有一次取這條國際通道的。按之年代亦相合（文成公主嫁蕃後二年）。從現有資料看來，李義表和王玄策是唐朝派遣使節第一次經吐蕃道赴印度的人，亦足補史闕。這是王玄策隨李義表第一次出使〔二〇〕。

王玄策第二次使印在貞觀二十二年（六四八），遭到襲擊，絶域建功，已詳於前，不須重復。所要討論的，他採取的行程怎樣？從玄策受襲擊後遁往吐蕃之西南及吐蕃、泥婆羅發兵援助各方面推測，應該還是這條吐蕃通道。還有理由補充，王玄策第一次已經行過，對路綫和人事比較熟悉，而這條綫去印度比較近捷，駕輕就熟，他選擇此路乃意想之中。況且唐蕃正結姻親，萬一遇變，易得援助，亦會考慮及之。王玄策孤行萬里而能立殊功者，原因即基於此，而吐蕃通道發揮了很大作用。

王玄策的第三次出使，史籍不載，只有從他的已佚著作《行記》及他書考得之。《法苑珠林》二四引《西國行傳》（《行記》的别名）云：「唐顯慶二年（六五七）勑（原作初，從《諸經要集》引改）使王玄策等往西國送佛袈裟，於泥婆羅國西南，至頗羅度來村東坎下有一水火池。」〔二二〕以下所記與《新唐書·西域傳》等書載李義表在泥婆羅國觀阿耆瀰池事略相類。《法苑珠林》六引王玄策《西國行傳》云：「王使顯慶四年（六五九）至婆栗闍國（按即《大唐西域記》之弗栗恃國），王爲漢人設五女戲。」同書五二又引《西域志》云：「王玄策至大唐顯慶五年（六六〇）九月二十七日，菩提寺主名戒龍爲漢使王玄策等設大會。」同書三八引《西域傳》記迦畢試國古王寺有佛頂骨一片下云：「唐龍朔元年（六六一）春初使人王玄策從西國將來，今現宮内供養。」（按此文似爲道世所附加。）歸納這些零星資料依年次排次，即可推知王玄策這次出使在顯慶四年，至龍朔元年返國，首尾三年（六五九——六六一）。其中「於泥婆羅國」一段，又表示他這次行途還是經過吐蕃道的。

王玄策三次出使印度都經過吐蕃通道，對於吐蕃方面風土應有陳述，然僅見《法苑珠林》一二引《王玄策行傳》云：「吐蕃國西南有一涌泉平地涌出」云云一條而已，不見其餘。假如他的原書和圖〔二二〕還存在，對於中印交通和唐代吐蕃道的研究一定有很大價值。

道宣在《釋迦方誌・遺跡篇》泥婆羅國下有段話説：「比者國命並從此國而往還矣，今屬吐蕃。」〔二三〕其時泥婆羅國受吐蕃的控制，故云今屬吐蕃。這段話説明泥婆羅國在當時的重要性，亦即是吐蕃通道的重要性。王玄策三次出使皆經此道，和道宣之言正相印證。

五、僧侶的往來

佛教自後漢傳入中國，歷代君王利用其超塵出世思想，加以保護（少數除外），借之麻醉人民，逐漸發展，至隋唐而大盛。爲了弘教或求法，中國和西域僧侶關係密切起來。他們的行途，除少數人由南方航海之外，大多數人是循今新疆天山路而行的。這條路經歷國家多，時間長，山川艱險，不容易通過。僧徒們出於宗教狂熱，不惜生命，甘冒危險，還是代不乏人。他們在無意中起了溝通文化作用，最著名的如東晉法顯、唐初玄奘。吐蕃通道的開闢，比起舊道，較多方便。一、旅程縮短；二、只要得到吐蕃政府許可，通行少礙；三、通譯比較簡易。雖然青藏高原比起帕米爾高原同樣險阻難行，但衡量得失，新道仍然受到歡迎的。因之政府使節駱驛於道，民間往來隨之而興。

吐蕃原來奉行鉢教，不信佛法〔二四〕。自棄宗弄贊派人從婆羅門學習梵文，制成藏文，漸改信仰。他先娶泥婆羅公主，公主帶來了三尊佛像及各種經卷；又娶唐朝文成公主，公主亦帶來平日供奉的釋迦佛像〔二五〕，其中二尊佛像現供在拉薩大招寺内。弄贊本人興建十二寺於拉薩。《興佛建聖碑》

云：「先祖棄松弄贊在位，於邏些城貝噶（Pe-ka）建佛寺，是爲吐蕃有佛教之始。」〔二六〕他又聘請各方高僧翻譯佛經。「當時翻譯經典的人，漢人有大天壽和尚，藏人有吞米柔布札、達摩廓霞、拉壠金剛祥，印度人有孤薩惹論師、商羯羅婆羅門，尼泊爾人有尸羅曼殊論師等。」〔二七〕在這種氣氛下，僧徒經過此地，非但不阻撓，反而會受到優禮或保護。其時赴西僧徒改程，這條通道遂變成活躍。今輯録唐時僧徒經過吐蕃和泥婆羅國者如下：

（一）玄照　《大唐西域求法高僧傳》：「沙門玄照法師者，太州仙掌人也。梵名般迦舍末底（唐言照慧）。……總髻之秋，抽簪出俗；成人之歲，思禮聖蹤。……以貞觀年中，乃於大興善寺玄證法師處初學梵語，於是杖錫西邁，挂想祇園。背金府而出流沙，踐鐵門而登雪嶺。……途經速利（按即《大唐西域記》之窣利），過睹貨羅（按即吐火羅），遠跨胡疆，到吐蕃國。蒙文成公主送往北天，漸向闍闌陀國（按即《西域記》之闍爛達羅國）……經於四載。……漸次南上，到莫訶菩提（按即中天竺摩揭陀國之菩提樹），復經四夏。……後之那爛陀寺（按在摩揭陀國王舍城北）留住三年。……遂住弶伽河（按即恒河），受國王苫部供養，住信者等寺，復歷三年。後因唐使王玄策歸鄉，表奏言其實德，遂蒙降敕，重詣西天，追玄照入京。途次泥婆羅國，蒙王遣送至吐蕃，重見文成公主，深致禮遇，資給歸唐。於是巡涉西蕃而至東夏。以九月而辭苫部，正月便至洛陽。五月之間，途經萬里。」其後在麟德中（六六四——六六五）奉敕復往天竺，取長年婆羅門盧迦溢多，輾轉之那爛陀寺，與義浄相遇，望歸東夏。「但以泥婆羅道吐蕃擁塞不通，迦畢試（今阿富汗卡菲里斯坦地方）途經多氏（原注：言多氏者，即大食國也）捉而難度。遂且栖志鷲峰，沈情竹園。……至中印度菴摩羅跛國，遘疾而卒，春秋六十餘矣。」

按： 玄照第一次赴印，往來皆經過吐蕃，惟去時始程還是循天山南路入吐火羅（今阿富汗境内），再折而南至吐蕃，又去印度。歸國時行的是泥婆羅——吐蕃新通道，而且游歷吐蕃境内各地。第二次赴印因有其他任務，未由吐蕃道。其後又因時局變化，路塞不通，卒老死異鄉。

（二）道希《大唐西域求法高僧傳》：「道希法師者，齊州歷城人也。梵名室利提婆（原注：唐言吉祥天也）。……幼漸玄門，少懷貞操。涉流沙之廣蕩，觀化中天；陟雪嶺之嶔岑，輕生殉法。行至吐蕃，中途危厄，恐戒檢難護，遂便暫舍。行至西方，更復重受。……住菴摩羅跛國，遭疾而終，春秋五十餘矣。」

按： 道希赴印年代不詳，義净未及相見。惟同書師鞭傳説與道希在菴摩羅跛城相見，而師鞭乃跟玄照從北天入印度的，依此推算，他和玄照亦是同時，大概在貞觀時。可注意的一點，他到吐蕃之時，因行途危險，遂破戒改裝作俗人趕路，反映其時吐蕃境内佛教尚未暢行，好多地方還是鉢教的勢力〔二八〕，佛教僧侣遭受歧視，不易通過，故道希只得採取從權辦法，於此亦暗示了時代背景。

（三）道方《大唐西域求法高僧傳》：「道方法師者，並州人也。出沙磧，到泥婆羅，至大覺寺住，得爲主人。經數年，後還向泥婆羅，於今現在。既虧戒檢，不習經書，年將老矣。」

按： 道方到泥婆羅未言行程，依其時情況推測，大約取道吐蕃。西征時期約在貞觀、永徽之間。

（四）道生《大唐西域求法高僧傳》：「道生法師者，梵名旃達羅提婆（原注：唐言月天）。以貞觀末年，從吐蕃路往游中國（按此中國謂中印度）。……停住多載。……多賫經像，言歸本國。行至泥婆羅，遘疾而卒，可在知命之年矣。」

（五）末底僧訶《大唐西域求法高僧傳》：「末底僧訶者（原注：唐云師子慧），京兆人也，俗姓皇甫，莫知名諱。與師鞭同游，俱到中土，住信者寺。……思還故里，路過泥婆羅國，遇疾身死，年四十餘。」

按：師鞭從玄照向西印度，此與師鞭同游，則亦並時人，年代接近。「過泥婆羅國」，蓋將循吐蕃道而還國。

（六）玄會《大唐西域求法高僧傳》：「玄會法師者，京師人也。從北印度入羯濕彌羅國。……少携經典，思反故居，到泥婆羅國，不幸而卒，春秋僅過而立矣。」（原注：「泥婆羅國既有毒藥，所以到彼皆亡也。」）

按：玄會要從泥婆羅返國，未遂而卒，其情況與末底僧訶相似。義浄謂泥婆國有毒藥，「到彼皆亡」，蓋疑諸僧死於非命〔二九〕。玄會卒時年纔過三十，則時代稍後了。

以上諸僧皆從唐土赴印求法，經過吐蕃或泥婆羅者。

（七）二僧《大唐西域求法高僧傳》：「復有二人在泥婆羅國，是吐蕃公主奶母之息也。初並出家，後一歸俗，住天王寺。……年三十五、二十五矣。」

此二僧疑是吐蕃人在泥婆羅出家者。

（八）善無畏《宋高僧傳》二：「釋善無畏，本中印度人也。……梵名戍婆揭羅僧訶，華言浄師子，義翻爲善無畏。……父曰佛手王。……十歲統戎，十三嗣位。……致位於兄，固求入道。」（中略）

「路出吐蕃，與商旅同次……至大唐西境。……畏以駝負經，至西州。」善無畏以開元四年（七一六）到長安，開元二十三年（七三五）奄化，九十九歲。

此是印度僧經過吐蕃入唐者。

上述這些僧侶，有唐土去印度的，有吐蕃去印度的，亦有印度來唐土的，行途皆經過吐蕃或泥婆羅，人數不算多。但我們要注意年代並不長（除善無畏較晚外，其餘前後相差不過三十年左右），而不見於記載的人更要加好多倍。

僧侶之外，商旅貿易該是通常的事，現尚未見唐民入蕃經商之證，但蕃商販賣唐貨者不乏其例。上引善無畏來唐時，「路出吐蕃，與商旅同次」，這些商旅當是吐蕃商人往唐地販貨者。又開元十九年（七三一）吐蕃「請於赤嶺爲互市，許之。」〔三〇〕互市是准許雙方商民在指定地點交易納稅。蕃商又運貨經通道轉售各處。格薩王傳所引古諺語：「來往漢藏兩地的犛牛，背上什麼東西也不願馱，但遇到貿易有利，就連性命也不顧了。」〔三一〕這諺語據說流傳極古。「商人重利輕離別」〔三二〕，古今皆然，新通道給他們致富之路，豈肯隨便放棄？至於唐商未聞，恐是禁令所限。

六、結　論

上面已經搜集關於吐蕃通道的歷史文獻資料並加以分析，現在試作總結，約分下列幾點來談：

（一）通道的開闢　這條通道要分兩段講，北段爲唐蕃綫，南段爲蕃泥綫。先談唐蕃綫。棄宗弄贊在唐朝貞觀八年（六三四）遣使求婚，十五年（六四一）文成公主出嫁，「築館於河源王之國，弄贊率兵次柏海親迎」；「乃爲公主築一城以夸後世」〔三三〕，可見對此姻事之鄭重。按照後來金城公主嫁蕃，「度悉結羅嶺，爲鑿石通車」〔三四〕之例，當時由青海至拉薩的路崎嶇難行，非經整治，文成公主的儀仗是不易通過的，故我以爲唐蕃綫的第一期工事在那時就動手了。次談南段蕃泥綫。加德滿都谷地離拉薩比較近，雖喜馬拉雅山險峻，兩地人民却早有來往。弄贊娶拜木薩公主先於文成公主二年（六三九），泥婆羅王鴦輸伐摩在是年開放班尼巴至固帝山口（見前），可見這段路綫比北段要早些年。把南北兩綫銜接起來，遂成爲一條唐朝——吐蕃——泥婆羅新的國際通道。貞觀十七年（六四三）李義表、王玄策出使天竺，經過吐蕃、泥婆羅，其時新通道已暢開通行了。故此通道全綫開放至遲不過貞觀十七年（六四三）。這條通道促進了三方的關係，皆獲其利。

（二）通道的關閉　唐蕃關係發生裂痕，依據史籍，在高宗顯慶五年（六六〇），吐蕃祿東贊當國，遣兵「擊吐谷渾，以吐谷渾内附故」〔三五〕，然尚未發生直接衝突。至咸亨元年（六七〇），吐蕃「入殘羈縻十八州，率于闐取龜茲撥換城，於是安西四鎮並廢」〔三六〕。唐朝遣名將薛仁貴爲邏娑道行軍大總管，保護吐谷渾王還國，率師十餘萬，至大非川，爲吐蕃所敗。正式發生戰爭，距通婚時已二十九年。對於吐蕃通道影響如何？舊籍不及，《大唐西域求法高僧傳》中《玄照傳》所記正可幫助説明這個問題（原文見前）。玄照在貞觀年中西去求法，從吐火羅到吐蕃，「蒙文成公主送往北天」，此事當在貞觀十五年（六四一）之後。他輾轉經歷印度諸國累計約十四年，碰上王玄策歸鄉，表奏推許其人，「遂蒙降敕，重詣西天，追玄照入京」。從他和王玄策關係上，可考證其年代。王玄策第一次使印在貞觀十七年至十九年(六四三——六四五); 第二次在貞觀二十二年(六四八),並與上述時期合不上。只有第三次出使在顯慶四年至龍朔元年(六五九——六六一)纔相合。我們假定他遇見玄策在顯慶五年(六六〇),推前十四年計算,則文成公主幫助他「往北天」,當在貞觀二十年(六四六)。王玄策此後未聞使印,所謂「重詣西天追玄照入京」者,乃另有其人。玄照回國,經泥婆羅到吐蕃,重見文成公主,乃龍朔元年(六六一)之後的事。玄照在麟德(六六四——六六五)中復奉敕往印度,在那爛陀寺與義净相遇。義净自南海附波斯舶往西天竺求經律在咸亨二年(六七一)[三七],遇見玄照當距此時不久。這時玄照正望歸東夏,「但以泥婆羅道吐蕃擁塞不通; 迦畢試途經多氏(原注: 言多氏者,即大食也),捉而難度。」這段話很重要。「泥婆羅道吐蕃擁塞不通」,乃指吐蕃通道的關閉。説這話的時間在咸亨二年(六七一)和義净相遇之後,亦正距大非川戰役不久,吐蕃道已經不通了。他又想從北道迦畢試回國,正值回教大食國崛起,也不能通過。「捉而難度」的捉字意思是有兵守捉[三八]。關於大食國崛起之事,《新唐書·西域傳》波斯國下云: 「伊嗣俟不君,爲大酋所逐,奔吐火羅,半道,大食擊殺之。」《册府元龜》九九五云: 「永徽五年(六五四)大食引兵擊波斯及米國,皆破之。波斯王伊嗣俟爲大食兵所殺。」稽其時間皆在七世紀中後期,中亞地區不靖,道路難行,足證《求法高僧傳》記載的正確。由此可以斷定吐蕃道的關閉在咸亨元年(六七〇)大非川戰役之時或其明後年,這是出於政治變化之故。

此後這條通道是否重開過? 據我所知,儘管唐蕃兩族曾重新婚好與盟會過,然而形勢改變,未見原來通道恢復痕跡。只有開元初年善無畏到長安是「路出吐蕃」,但他不一定從泥婆羅通過,而且他是印度僧（吐蕃道南道關閉主要對漢人，對印度與尼泊爾人並不如此，有西藏史記載可證），不在禁止之限。其原因大約由於吐蕃勢强，覬覦唐富，決定向東方發展政策。《吐蕃傳》稱「並西洱河諸蠻，盡臣羊同、党項諸羌。其地東與松（今四川松潘）、茂（今四川茂汶）、嶲（今四川西昌）接，南極婆羅門（印度的別稱），西取四鎮，北抵突厥，幅員逾萬里，漢、魏諸戎所無也。」擴張主義抬頭，自然與唐爲敵。採取和戰多變策略，以求達到其目的。所以不容許唐人自由出入其腹地，更無庸説從其南邊通入印度次大陸了〔三九〕。貞元時（七八五——八〇四）宰相賈耽著書記入四夷之路，史稱其「考方域道里之數最詳，從邊州入四夷通譯於鴻臚者，莫不畢紀」〔四〇〕。今按所列七道中有安西入西域道，其時安西四鎮早入吐蕃之手，此道不通，猶入記載，可見搜材之廣不限於一時，然而未載鄯城入吐蕃一道。爲何如此？大約由於此道使用時期短促，那時已有「文獻不足」之感，連賈耽如此博洽的人也不清楚了，也足證此道後來從未開放。

（三）唐蕃的關係　考唐朝和吐蕃發生關係首尾二百餘年，綜此二百餘年的經歷，時和時戰，「或弛或張」〔四一〕，變化多端，約可分爲兩個時期。前一時期自貞觀八年（六三四）至天寶十四載（七五五），後一期自至德元年（七五六）至大中三年（八四九）。後一時期乃唐朝遭安史之亂，吐蕃乘機奪取河、隴及安西、北庭都護等地，至吐蕃内部分裂，河、湟復歸唐朝止，與本題不相涉，今勿論。這裏要談的是前一時期唐蕃的關係。這一時期又可劃分兩個階段，試分別論之。第一階段自貞觀八年至總章二年（六三四——六六九），此時吐蕃初强，實力尚未充足，經濟、文化遠遠落後於唐。當時領袖棄宗弄贊具有遠見，決定向先進民族學習經驗。他先遣使向唐求婚，又「遣諸豪子弟入國學習《詩》《書》，又請儒者典書疏」，不怕沾染「華風」；「又請蠶種、酒人與磑碾等諸工」〔四二〕，採取引進外來文化的措施。吐蕃通道即在此時開闢，它更促進了政治、經濟、文化的聯繫，境靖民安，雙方都獲得利益。唐蕃相安近三十年，達到兩族親善的最高峰階段。咸亨元年（六七〇）轉入第二階段，發生變化。其時吐蕃的繼承領導者力謀向外擴張，先遣兵擊破唐朝的與國吐谷渾，繼又殘破羈縻十八州，引起大非川戰役，吐蕃道從此不通。唐蕃兩族關係惡化，這是一大轉捩點。大非川戰，吐蕃雖幸勝一時，唐朝不久取得報復。其後兵連禍結數十年，互有勝負，雙方損失都很重。中間雖有和親及會盟，實際大家都不信任。關於吐蕃戰禍，杜甫名篇《兵車行》有云：「君不見青海頭，古來白骨無人收。新鬼煩冤舊鬼哭，天陰雨濕聲啾啾！」「青海頭」是唐蕃雙方多次苦戰之地，大非川亦在其附近。白骨、新鬼、舊鬼是指雙方戰死的兵士。這幾句詩是爲唐蕃雙方的「國殤」唱出悼歌。借此我們不妨作爲親善政策和擴張政策二者得失的判斷。

吐蕃長時期爲唐大患（尤其在安史亂後），國勢受其削弱，但他本身亦因擴張過大，無力控制，終於分裂衰微，變成兩傷。回顧貞觀和親之時，當不勝今昔感慨！吐蕃通道的啓閉正表識着這兩個時期的不同。歷史的教訓使我們更加珍視漢、藏兩族的兄弟團結。

注釋

〔一〕據《漢書·西域傳》、《後漢書·西域傳》。

〔二〕吐蕃，讀作吐波，有禿發（Thuk-puw'ad）、土伯特（Tüpüt 或Tibet）等異譯。中國古音輕唇音多讀作重唇音，兼之譯音無定字，故此產生不同異文。又西藏土語稱Bod，疑即「吐蕃」的「蕃」音。餘可參考法國伯希和《漢譯吐蕃名稱》(見《西域南海史地考證譯叢續編》)。又有稱作唐古忒或唐古特者，疑亦聲之轉。

〔三〕棄宗弄贊，爲藏語Khri-sron-brcan之譯音(據王忠《吐蕃傳箋證》)，《通典》一九〇作棄蘇弄農贊，《蒙古源流》二作持勒德蘇隆贊。西藏佛教史稱爲松贊干布，松贊即宗弄贊之異譯；干布，藏語Sgam-po，「深沈」之義，爲棄宗弄贊之稱號(亦據王忠説)。

〔四〕《新唐書·吐蕃傳》。

〔五〕《新唐書·西域傳》吐谷渾下。

〔六〕《隋書·吐谷渾傳》。

〔七〕見《西域南海史地考證譯叢·蘇毗》。

〔八〕關於Gandak河上游地點的推定，足立氏主要依據印度政府一九〇七年出版的S. G. Burrard, H. H. Haydan兩氏的*A sketch of the geography & geology of the Himalaya montains & Tibet* 第三卷一四一——一四八頁，詳可參閱原文。

〔九〕《釋迦方誌》下跋文云：「永徽元年(六五〇)歲維庚戌，終南太一山豐德寺沙門吴興釋道宣往參譯經，旁觀別傳，文廣難尋，故略舉其要。」「譯經」謂玄奘譯場，「別傳」謂《大唐西域記》。

〔一〇〕《新唐書·西域傳》吐谷渾下載李道宗語。

〔一一〕《嘉慶一統志》五四六星宿海條下云：「《通鑑》『貞觀九年(六三五)討吐谷渾，侯君集等進逾星宿川至柏海。』胡三省注：『按《十三道圖》星宿海、柏海並在大非川西。』唐時柏海近河源，而星宿川尚在其東。……其柏海似即今之查靈、鄂靈澤耳。」同書查靈與鄂靈海條下云：「二澤即《元史》所謂匯二巨澤，名鄂楞諾爾也。」鄂楞諾爾即鄂陵湖之異譯。

〔一二〕《新唐書·藝文志》雜傳記類有《西蕃會盟記》三卷，不著撰人名氏，疑或出於此書。

〔一三〕黄盛璋《關於古代中國與尼泊爾的文化交流》，載《歷史研究》一九六二年第一期。

〔一四〕《西藏王統記》王沂暖譯本頁三六。

〔一五〕《吐蕃傳》劉元鼎使蕃所記。

〔一六〕《新唐書·西域傳》泥婆羅國下略同。

〔一七〕《法苑珠林》九三一引《西國志》云：「唐國使人王玄策已三度至彼（修羅窟）。」又六九《破邪篇》云：「即如唐太宗文皇帝及今皇帝命朝散大夫衛尉寺丞上護軍李義表、副使前融州黄水縣令王玄策等二十二人使至西域，先後三度。」按李義表出使第一次，王玄策前後三次，此從第一次出使連言及之，未晰。

〔一八〕《册府元龜》九七〇外臣部載貞觀十五年「天竺國王尸羅逸多遣使朝貢，帝復遣李義報使。」此條所記多誤。誤梁懷璥爲李義，一，誤李義表爲李義，二，又誤李義表出使爲貞觀十五年，三，不可信。

〔一九〕《舊唐書·西域傳》、《通典·邊防》、《唐會要》一〇〇所記略同。

〔二〇〕附帶講明一下，道宣《集古今佛道論衡》三有太宗詔令奘法師翻《老子》爲梵文云：「貞觀二十一年（六四七）西域使李義表還奏稱」云云，此即指貞觀十七年出使至十九年歸國之李義表，「二十一年」乃謂其表奏翻《老子》爲梵文之時，非李義表别有一次使印事。又陳翰笙《古代中國與尼泊爾的文化交流》説：「第一個到達（加德滿都）谷地的是李義表，隨後有王玄策。」（《歷史研究》一九六一年第二期)誤將二人到期分爲先後,出於疏忽。其所説王玄策三次出使時期也有誤,此略。

〔二一〕《諸經要集》一引同。

〔二二〕張彦遠《歷代名畫記》載王玄策《中天竺圖》,又有《行記》十卷、《圖》三卷。

〔二三〕《法苑珠林》三八泥婆羅國下同。

〔二四〕義浄《南海寄歸内法傳》二謂吐蕃「原無佛法」。

〔二五〕參考《蒙古源流》二。

〔二六〕據王忠《箋證》頁一三轉引。

〔二七〕法尊《西藏前弘期佛教》,載《中國佛教》第一輯一三五頁。又《蒙古源流》二亦載棄宗弄贊令「巴勒巴國(即泥婆羅國)之錫拉滿祖師、鄂斯達師,及唐朝僧瑪哈德斡等翻經呪等卷帙」。

〔二八〕法尊《西藏前弘期佛教》云:「西藏民間原已盛行苯教(即鉢教),松贊干布(即棄宗弄贊)雖曾制定法令,教人民敬信三寶,學習佛經……但臣下和民間,仍有信仰苯教反對佛教的。」《中國佛教》第一輯一三七頁。

〔二九〕足立喜六《唐代的吐蕃道》謂「有原因不明的稱作La-dug的風土病,在這裏(吐蕃道)死的很多。義浄説『泥婆羅既有毒藥,所以到彼多亡』。近世旅行家也把這原因歸之於毒草、礦石、低氣壓等。我想這是在極峻的高原上長途旅行而伴隨着的一種風土病吧。」此假定似與末底僧訶、玄會之死因不合,緣二人皆從印度至泥婆羅,非經過西藏高原地而來的。

〔三〇〕《資治通鑑》二一三。

〔三一〕據王忠《箋證》三四頁轉引。

〔三二〕白居易《琵琶行》句。

〔三三〕〔三四〕《吐蕃傳》。

〔三五〕《資治通鑑》二〇〇。

〔三六〕《吐蕃傳》。

〔三七〕《宋高僧傳・義净傳》。

〔三八〕《新唐書・兵志》云：「兵之戍邊者，大曰軍，小曰守捉。」

〔三九〕題開元十五年（七二七）的慧超《往五天竺傳》殘卷載其歸途經迦濕彌羅國（即《新唐書・西域傳》之箇失蜜，今克什彌爾）云：「隔山十五日程，即是大勃律國、楊同（即羊同）國、娑播慈國，此三國並吐蕃所管。」説明吐蕃當時在其西北界的勢力擴張。而慧超返國乃經新疆天山南路，亦傍證吐蕃道的不能通行。

〔四〇〕《新唐書・地理志》。

〔四一〕《舊唐書・吐蕃傳贊》。

〔四二〕並見《吐蕃傳》。

（原刊《中華文史論叢》一九八二年第四期，上海古籍出版社出版）

《大唐西域記》闕文考辨

一、問題的提出

玄奘的《大唐西域記》是一部研究古代中印關係、中亞和南亞次大陸諸國歷史情況不可缺少的要籍。它記載當時諸國的風土、民俗、文化、宗教比較翔實，具有很高的史料價值，不但爲我國文化遺産中的瓌寶，也受到世界學者的重視，有多種譯本和注釋〔一〕。

這書於唐太宗貞觀二十年（六四六）七月十三日撰成進呈〔二〕，共十二卷〔三〕，流傳至今一千三百多年，不知經過多少鈔刊。我們目前所知見的古本有：敦煌唐寫本（S. 2659、958、P. 3814 三殘卷）、日本石山寺藏古寫本、醍醐三寶院藏古寫二殘卷、日本大治元年（一一二六）古寫本（以上三種見日本京都帝國大學本《考異》引）、日本中尊寺金銀泥經寫本（見《大正新修藏經》五十一所附《校記》引）、北宋崇寧二年（一一〇三）福州等覺禪院刊殘本〔四〕、日本東寺觀智院藏北宋刊本（見京都帝大本《考異》引）、南宋刊《思溪藏》本、《磧砂藏》本、金刊《趙城藏》本、元刊《普寧藏》本、《高麗舊藏》殘本、《高麗新藏》本等，明洪武刊《南藏》以下從略，已有十餘種。取今通行本和各本勘校，文字間有異同，但出入不大。其中只有明永樂刊《北藏》本卷十一「僧伽羅國」下附記永樂年間鄭和奉使往錫蘭島事五百十六字一大段，此後《徑山藏》本以下多從之，顯而易見屬於後增。還有，有的本子光是原文〔五〕，有的本子每卷尾附音釋〔六〕，音釋又有繁簡二種〔七〕。所有這些都和原書無關。因之，可以説《大唐西域記》這部書基本上是完整無缺的。

對於《西域記》闕文的提出約在本世紀二十年代，始見於馮承鈞譯的《史地叢考》中法國人烈維《王玄策奉使西域記》所附一條案語，今引列如下：

烈維原文：《法苑珠林》卷三十八引玄奘《西域傳》述迦畢試國：「古王寺有佛頂骨一片……唐龍朔元年（六六一）春初，使人王玄策從西國將來，今現宫内供養。」

馮氏案語：《西域記》卷一云「東南有一伽藍，亦曰舊王，有如來頂骨一片」云云，下無王玄策將歸之事。《法苑珠林》所引《西域傳》與今本《西域記》不同，具見今本《西域記》非原本，曾經後人所删改也〔八〕。

馮氏以《法苑珠林》所引「王玄策將歸」語爲今本《西域記》所不載，對此發生懷疑，當是認爲《珠林》所引乃《西域記》的闕文。他忽略了王玄策將歸佛頂骨的年代——龍朔元年，懷疑錯了。

其後岑仲勉撰《西域記》一文（載《聖心》第一期，一九三二）對此有辯，照録如下：

按《大唐西域記》成於貞觀二十年（六四六），見慧立《三藏法師傳》。……其時下距高宗龍朔元年（六六一），計差十六年，從何及王玄策將歸之事？即許後人再增訂，然不能據此爲今本《西域記》非原本之證也。同書（按謂烈維原文）又載《法苑珠林》卷三十八頁十九引玄奘《西域傳》「大唐顯慶中」云云。同卷頁二十一引《王玄策西域傳》「二十三年」云云，按此兩年皆在《西域記》

成書之後。求諸古今書説，奘師固别無《西域傳》之著，而纂集《法苑珠林》之道世實與奘師同時，乃引至再至三，頗難索解。考《新唐書・藝文志》著録《西域圖志》六十卷，高宗「詔史官譔次，許敬宗領之。顯慶三年上。」又《法苑珠林》著録《西域圖志》六十卷，高宗「麟德三年奉敕令百官撰」。兩志卷數恰同，當是一種。意者奘師曾預其役，故道世取冠題稱耶？〔九〕

岑氏糾正了馮説，但對於《珠林》所引《西域傳》文的解釋也弄錯了，今爲一一辨正之。首先，《西域傳》和《西域圖志》（或稱「西國志」）是二種截然不同的書名，不能混淆。《珠林》三十八所引之《西域傳》實爲玄奘《西域記》，此可復按原書而知。爲什麼稱《西域記》作《西域傳》？道世稱引《西域記》有多名（詳後），並不嚴格，出於當時的習慣，不足爲異。其次，《西域圖志》成書時期有誤。《法苑珠林》九云「從麟德三年起首至乾封元年（六六六）夏末方訖」；同書一百十九云「麟德三年」；又三十八云「至今龍朔三年（六六三）……敕令文學士等總集詳撰勒成六十卷，號爲《西國志》，圖畫四十卷，合成一百卷」。同一部書，三種説法各異，究竟誰對？麟德止二年，三年當爲乾封元年（六六六），「三」字當誤。如説三乃二之誤，與「至乾封元年夏末方訖」似不矛盾，然而一百卷之《西國圖志》恐非一年時間能完成得了，况且和「龍朔三年」之説怎能圓通呢？我意此書始於龍朔三年（六六三），成於乾封元年（六六六），庶幾近之。「麟德」並爲「龍朔」之誤。《新唐書・藝文志》作「顯慶三年（六五八）」，亦非。《法苑珠林》五十二引《西域志》云：「王玄策至大唐顯慶五年（六六〇）九月二十七日，菩提寺主名戒龍爲漢使王玄策等設大會。」書内記到顯慶五年之事，怎會在二年之前已經撰上呢？故「顯慶」同樣是「龍朔」之誤。其三，岑氏推想玄奘參預《西域圖志》編寫工作，毫無根據。玄奘西行求法，歸來盡瘁於翻譯，除奉太宗敕撰《西域記》外，從未參加其他撰述，此可稽諸《慈恩寺三藏法師傳》及《續高僧傳》者。若岑氏據「麟德三年」立説，則更不合理。玄奘殁於麟德元年（六六四）〔一〇〕，怎能顧問身後之事？故岑文還是多誤。

既然《法苑珠林》三十八所引《西域傳》爲玄奘《西域記》，則「龍朔元年使人王玄策」之語怎樣解釋？要答覆這個問題，先得瞭解道世引書的體例。古人引文疏闊，時有增損附益。統觀《法苑珠林》三十八《感通篇·聖跡部》之文，大抵以《西域記》爲本，稱《西域行傳》，或《西域傳》，或《奘師傳》，實爲一書。其間往往附益王玄策所記事，標明引書的則云「依《王玄策行傳》」，或「依《王玄策傳》」。不標明引書的則如「使人王玄策從西國將來」，「大唐顯慶年中敕使衛長史王玄策因向印度，過浄名宅，以笏量基」，「貞觀二十三年有使圖寫跡來」。這些雖未道出所據，但記明時期在貞觀二十年之後和人名，當出於王玄策《中天竺行紀》，有別於《西域傳》等。弄清楚這點，馮、岑二氏所引可疑之文數條非但不屬於《西域記》，且與玄奘無涉，乃是道世援《王玄策行傳》以附益於所引《西域傳》之下耳，岑氏之辨徒滋疑惑。《法苑珠林》三十八所引這些不見於《西域記》的異文既出於他書附益，則根本談不上什麼闕文問題，一場風波，歸於消逝。

二、闕文的探索

果真没有闕文問題存在麽？又並不盡然。馮、岑二氏把《法苑珠林》幾條引文弄錯了，但《珠林》

確有引《西域記》文而不見於今傳本的，我們要分別開來，究其實在，並加以擴充。經過搜集和探索，比勘原書，同樣情況也有發見於他書。把這些資料輯集一起加以整理，對於《大唐西域記》的研究不無有助。

我們所依據的材料來源出於唐宋舊籍（主要是唐人著作），惟古人引書不及後代嚴格，常約舉其文，增損辭句，甚至有誤引及杜撰，真僞雜糅。苟不類別條析，予以甄擇，反使黑白混亂。今略將處理辦法規定如下：

一、凡各書所引《西域記》文不見於今本者咸列入之，大別爲三類：（一）闕文，比較可信據的屬之；（二）存疑，有懷疑而不能決定的屬之；（三）訂訛，顯見謬誤者屬之。

二、闕文類各條間有考證。存疑、訂訛二類各條之下均附説明，辨析疑誤。

三、援引的群書中有幾種書須先加以釋明：

（一）唐道宣的《釋迦方誌》。這書書内不明引《西域記》，但《序》云：「傍出《西記》，具如別詳，但以紙墨易繁，閱鏡難尋。……故撮綱猷，略爲二卷。」「西記」即謂《西域記》。其書中最長的一篇《遺跡篇》差不多全據《西域記》，好像是玄奘書的節本，只有少數的附益語，如「童子王刹帝利姓，語使人李義表」云云，「近使者王玄策以笏量之，止有一丈」等乃附益語要加沙汰，餘多可採，且比較重要。

（二）道宣的另一著作《續高僧傳》内有《奘法師傳》，性質與前書不同，乃是傳記撰述，故當別論。但其所記游歷西域及五天竺諸國事必依據《西域記》，雖多改寫，也有參考價值。

（三）唐道世的《法苑珠林》多明引《西域記》文，但名稱常異，有《奘法師西國傳》、《奘法師傳》、

《西域傳》、《奘法師西國記》、《西域行傳》、《奘師傳》、《大唐西域傳》等，其實一也。其三十八《聖跡部》及三十九《聖跡部之餘》和《釋迦方誌・遺跡篇》相近，惟具出《西域傳》、《奘師傳》等書名，更爲明白。其中雜厠《王玄策行傳》文，或明引，或暗引，上文已談過，不難區别。這也是部較爲重要的參考書。

（四）五代義楚的《釋氏六帖》徵引《西域記》文有多條，皆具出書名。可惜此書體例不嚴，改動原文過多，還有誤入他書之病。對於誤引條目，我們在訂訛類中分别指出其誤，以免引入歧途。對於那些實見原書而妄加改動的，概從省略，不再辨白。

四、凡字句小異，或文異而意義相類的，概不採入。

五、各書同引一文，有詳略差異，難辨其孰爲接近原文，則並列録入。其文字大同小異者，也分條並列，或用括弧注其異文於下。

六、所引闕文中有和今《西域記》相同的字句，因其前後文理相貫連，不可割裂，也用括弧以表示之。

略例既定，以下就排次材料並附考辨。

三、闕文輯辨

（一）闕文

一、俗大信佛，王城民宅多樹像塔，不可勝記。（《釋迦方誌》上屈支國下）

按今《西域記》一屈支國「尚拘漸教，食雜三净」下無此文。

二、已前諸邑並名胡國，至此方合中間道也。（《釋迦方誌》上迦畢試國下）

已前並是胡國，制服威儀，不參大夏，名爲邊國蔑烈車（原注： 此云垢濁種也），至此方合中。（《法苑珠林》三十八引《西域傳》）

按今《西域記》一迦畢試國下無此文。

三、同（《法苑珠林》作依）一王命。（《釋迦方誌》上、《法苑珠林》三十八引《西域傳》並在記述印度「七十餘國」句下）。

按今《西域記》二總述印度「七十餘國」句下無此文。

四、古云摩偷羅。（《釋迦方誌》上在「秣菟羅國中印度也」句下，作小注）

舊名摩偷（原書偷作倫，顯是形近而誤，今正）羅國。（《法苑珠林》三十八引《西域傳》「秣菟羅國屬中印度」句下，作小注）

摩度羅者，亦同摩偷羅，此云孔雀，亦云密蓋。（《華嚴經疏鈔》五十八引）

按今《西域記》四波理夜呾羅國「至秣菟羅國」小注「中印度境」下無此文。《華嚴經疏鈔》所引疑有增益，因其所記爲一事，類附於此。

五、尋斯諸塔，不必遺身，但立像設供，用呈心造。如羅怙、文殊，未取滅度，則可知矣。（《釋迦方誌》上秣菟羅國下）

尋此諸塔，未必遺身，但應立像設供呈心。如羅怙羅、文殊室利等，依經未滅度，唯可知也。（《法苑珠林》三十八引《西域傳》）

按今《西域記》秣菟羅國「其學大乘者供養諸菩薩」句下無此文。

六、(大自在天)皆作天像，其狀人根形甚長偉，俗人不以爲惡，謂諸衆生從天根生也。(《釋迦方誌》上劫比他國下及《法苑珠林》三十八引《西域傳》)

俗事大自在天，其精舍者高百餘尺，中有天根，形極偉大，謂諸有趣由之而生。王民同敬，不爲鄙耻。諸國天祠，率置此形。(《續高僧傳》四《奘法師傳》)

按今《西域記》四劫比他國「同共遵事大自在天」句下無此文，《續僧傳》亦載此事，顯見《西域記》原來有此文，其後大概嫌涉於穢褻而删之也。

七、王乃共童子王平殄外道月王徒衆。又約嚴令：有啖肉者當截舌，殺生者(《釋迦方誌》無者字，此從《法苑珠林》)當斬手。乃與寡妹共知國事。(《釋迦方誌》上羯若鞠闍國下及《法苑珠林》三十八引《西域傳》記戒日王事)

按今《西域記》五羯若鞠闍國記戒日王禁國人啖肉殺生，與此略同，餘文並無。考童子王即迦摩縷波國之拘摩羅王，偕玄奘赴曲女城法會者。外道月王即金耳國設賞迦(唐言月)王，誘殺戒日王兄王增王者。戒日繼兄即位，嘗立誓要報兄仇，而今本《西域記》中未終言之，結果不明，啓人疑竇。又戒日王有妹「聰慧利根」，見於《慈恩寺三藏法師傳》，而今本《西域記》中不載其人，亦難索解。讀此，則知《奘記》原來固未嘗遺也。

八、其五印度尼寺稀少，縱有尼者，與僧同門，食亦同處，無虧戒約。(《釋迦方誌》上羯若鞠闍國下)

按今《西域記》五羯若鞠闍國下無此文。

九、城西南閻牟河曲二三千里，東北流合間，有瞻博迦華林中。（《釋迦方誌》上鉢羅伽耶國下）

按今《西域記》五鉢羅耶伽國下作「大城西南瞻博迦花林中」，簡略較多。

一〇、當戒日王行施之時，有二獮猴，雌爲狗殺，雄者負尸擲此河中；其《法苑珠林》無其字）又自餓累日而死。（《釋迦方誌》上鉢羅伽耶國下及《法苑珠林》三十八引《西域傳》）

按今《西域記》五鉢羅耶伽國下有：「當戒日王之大施也，有一獮猴居河之濱，獨在樹下屏跡絶食。經數日後，自餓而死。」事文廣略有出入。

十一、（近西岸娑羅林）兩林間相去數十步，中有四樹特高。（《釋迦方誌》上在拘尸那揭羅國下）

按今《西域記》六拘尸那揭羅國「西岸不遠至娑羅林」下無此文。

十二、（外道萬餘人）多事大自在天根也。（大城中天祠二十所）天根高百餘尺。（《釋迦方誌》上婆羅痆斯國下）

按今《西域記》七婆羅痆斯國「外道萬餘人，多事大自在天」，天下無「根也」二字；「大城中天祠二十所」，所下無「天根高百餘尺」句。此可與上第六條相參證。

十三、城内有閣高二百餘尺。周八十步，上容萬人，面别三疊，疊别七層。徘徊四廈，刻以奇異，珍寶飾之。（《釋迦方誌》上在尼波羅國下）

按今《西域記》七尼波羅國下無此文。

十四、城東南不遠，有水火村。東一里許有阿耆波汵水，周二十步，旱澇湛然不流，常沸。家火投之，遍池火起，烟焰數尺。以水灑火，火更增熾。碎土以投，亦即然盡，無問投者，並成灰燼。架釜水上，煮食立熟。云此水先有金櫃，有國王將人取之。櫃已出泥，人象挽之不動。夜神告曰：「此是慈氏佛冠，下生擬着，不可得也，火龍所護。」城南十餘里，孤山特秀，寺居重疊，狀若雲霞。松竹魚龍，隨人馴附，就人取食，犯者滅門。（《釋迦方誌》上尼波羅國下）都城東南不遠，有水火村。東一里許有阿耆波瀰水，周二十步，旱澇湛然不流，常沸。家火投之，遍池火起，烟焰數尺。以水灑之，更增熾。碎土以投，亦即燃盡，無問投者，並成灰燼。架釜水上，煮食立熟。賢德傳云：「此中先有金匱，前有國王將人取之。匱已出泥，人象挽之不動。夜神告曰：『此是慈氏佛冠在中，後彌勒下生擬著，不可得也，火龍所護。』」城南十餘里，孤山特秀，寺居重疊，狀若雲霞。松竹魚龍，隨人馴附，就人取食，犯者滅門。（《法苑珠林》三十八引《西域傳》）

城東有池，中有天金（按天金二字不通，疑有誤脱）光浮水上。古老傳云：「彌勒下生用爲首飾。或有利其寶者，夜往盜之，但見火聚騰焰，都不可近。」今則流深，叵窮其底。水又極熱，難得措足。唐國使者試火投之，焰便涌起。因用煮米，便得成飯。（《續高僧傳》四《奘法師傳》）

按今《西域記》七尼波羅國作「都城東南有小水池，以人火投之，水即焰起；更投他物，亦變爲火」。校之上引三書所言（《釋迦方誌》、《法苑珠林》二書僅字句微異，《續僧傳》體例不同，但所述大致接近），詳略懸殊，當由於原本有異（説詳後）。

又按《新唐書・西域傳》尼波羅國云：「貞觀中遣使者李義表到天竺，道其國。提婆大喜，延使者同觀阿耆婆瀰池，廣數十丈，水常溢沸，共傳旱潦未始耗益。或抵以物則生烟。釜其上，少選可熟。」王玄策《西國行傳》云：「唐顯慶二年（六五七）敕使王玄策等往西國，送佛袈裟於泥婆羅國，西南至頗羅度來村，東坎下有一水火池。若將家火照之，其水上即有火焰於水中出。欲滅以水沃之，其焰轉熾。漢使等曾於中架一釜，煮飯得熟。使問彼國王，國王答使人云：『曾經以杖刺著一金匱，令人挽出，一挽一深。相傳云此是彌勒佛當來成道天冠，金火龍防守之。此池火乃是火龍火也。』」（《法苑珠林》二十四引）其言與上引書相近，是否道宣、道世據李義表或王玄策所述而附益之，不屬玄奘《記》文？我以爲不然。理由如次：（一）《西域記》有記尼波羅國火池事，惟文簡略耳，此乃由於道宣、道世據本不同（説詳於下節文中）。（二）道宣、道世之書慣例，如據他人的傳述，皆明言之。例如《釋迦方誌》於羯若鞠闍國下記「童子王與使人李義表」云云（此例不少，不廣舉）。今無此表示，可見出於《西域記》。（三）《續高僧傳》專記玄奘經歷印度諸國事，若是他人記述，與玄奘無涉，爲甚麽要載入其傳呢？（四）「城南十餘里孤山特秀」一段和《西域記》語氣及文例均相類，不像是他書所記。綜此四點，斷其出於《西域記》無疑。唯《續高僧傳》「唐國使者」下數語似出於附益耳。

此文之下，《釋迦方誌》有「比者國命並從此國而往還矣。今屬吐蕃」。《法苑珠林》有「比者國命並從此國而往還矣，即東女國與吐蕃接界。唐梵相去可一萬餘里」。《續高僧傳》有「比來國命率由此地。約指爲語，唐梵相去一萬餘里，自古回邅，致途遠阻」。亦爲今《西域記》所無，但審其語氣，似與《記》文不侔，疑出附益，今不取。

十五、今惟净人守護，其數極多，彌密其穴，不可輒見。又結法藏後一切諸經，並此山中，不許持出。近有引醫方者入中療病，後蒙面而出，故罕有達者。（《釋迦方誌》下在憍薩羅國下）今净人固守，罕有登者。龕中石像，形極偉大。……又有經藏甲傳（按《續高僧傳》傳作傅，非）無數，古老相傳，盡初結集並現存在。雖外佛法屢遭誅殄，而此一山住持無改。近有僧來於彼夏坐，便得讀誦，不許持出，俱陳此事。但路幽阻，難可尋問。（《法苑珠林》三十九引《奘師傳》及《續高僧傳》四）

按今《西域記》十憍薩羅國記龍猛爲引正王建伽藍下有：「於是重關反拒，以擯僧徒。自爾已來，無復僧衆。遠矚山嶺，莫知門徑，時引善醫方者入中療病，蒙面入出，不識其路。」無藏經幽閟不准持出事，疑闕。餘文亦異。

十六、地鹹果少。（《釋迦方誌》下在鄔闍衍那國下）

按今《西域記》十一鄔闍衍那國下無此文。

十七、（西北接拂懍國）出伯（按《法苑珠林》伯作白）狗子，本赤頭鴨，生於穴中。（《釋迦方誌》下在波剌斯國下及《法苑珠林》三十九引《奘師傳》）

按今《西域記》十一波剌斯國「西北接拂懍國」下無此文。上述二書所引文下尚有「案《梁職貢圖》云：去波斯北一萬里西南海島，有西女國，非印度攝。拂懍（《法苑珠林》作拂壈）年別送男女配焉。」今《西域記》有此文，但無「案梁職貢圖」五字。又伯（或白）狗子不見於兩《唐書·西域傳》及《隋書·西域傳》（此書記録波斯國物産較詳）。

十八、（末利）此譯云奈因，因奈而得報也。（慧琳《一切經音義》十七引）

按今《西域記》無此文。此條乃玄應《勝鬘經音義》，慧琳書轉録。

十九、（達櫬）正言達櫬拏，或云馱器尼。以用右手受他所施爲其生福，故從之立名也。（慧琳《一切經音義》二十引，又七十三引同，惟名作身。）

達櫬拿者右也，或言馱器尼，以用右手受人所施爲其生福，故從之立名也。（慧琳《一切經音義》五十九引）

按今《西域記》無此文，上慧琳書二十及七十三所引亦是轉録《玄應音義》。

二〇、印度多有甄叔迦樹，其花赤色，形如人手。（慧琳《一切經音義》十一、十二引； 二十八引形下有大字，手下有「此寶色，彼花因以爲名」。）

按今《西域記》無此文。

二一、（多羅）樹形如棕櫚，高六七十尺，果熟則赤，似此國石留異。 東印度多有，國人收取食之。（慧琳《一切經音義》二十五引）

按今《西域記》十一恭建那補羅國下有「多羅樹林，周三十餘里，其葉長廣，其色光潤，諸國書寫莫不採用」，與此文大異，疑是别出。

二二、（鷲）色蒼黄目赤也。（希麟《續一切經音義》二十七引）

按今《西域記》不見，疑爲卷九摩揭陁國下鷲峰之注文。

二三、（旃荼羅）其人若行則摇鈴自標，或拄破頭之竹。 若不然，王即與其罪也。（玄應《一切經音義》三引，希麟《續一切經音義》一引同）

（旃荼羅）屠膾之殺，守獄之人也。 彼國常法，制勒此類： 行則於路左，執指破竹，或復摇鈴打擊爲聲，標顯自身，恐誤觸净行之人。 若不如此，國有嚴刑，王則治罰此人，彰净穢有異。（慧琳《一切經音義》一引）

按今《西域記》不載。「旃荼羅」見於卷三呾叉始羅國南山窣堵波下，此疑或是彼注文。《法顯傳》云：「旃荼羅名爲惡人，與人别居。若入城市，則擊木以自異，人則識而遜之，不相湯突。」大意相同。

（二）存疑

一、奘師發跡長安，既漸至高昌，得獲厚禮。從高昌給乘傳送至瞿薩旦那國。（《法苑珠林》三十八引《西域傳》開首）

按《西域記》一《序論》之後接入便云：「出高昌故地，自近者始，曰阿耆尼國。」不記高昌之事。且玄奘西行，取道於當時入印度的北道〔一一〕，即從瓜州至高昌，再西至阿耆尼國。瞿薩旦那（于闐）國爲入印度的中道，乃玄奘歸國所取之徑。此文所記顯誤，不合《奘記》路程。疑道世約述其事，失於檢考而誤。又高昌王麴文泰優禮之事，詳於《慈恩寺三藏法師傳》中，《西域記》中不及之。稽《記》成之日，其國早爲太宗所滅，改稱西州，列入唐朝版圖。《記》雖追述舊事，不便再列國名，故云「出高昌故地」。按理不應别有所記。

二、（東女國）又即名大羊同國。（《釋迦方誌》上）

按今《西域記》四婆羅吸摩羅國下有東女國，但無此文。《通典》一百九十記大羊同國，其國接近東女國，但非女王，明爲二國。《册府元龜》九五八以大羊同、小羊同及東女别爲三國。新舊兩《唐書·西域傳》記東女國亦與大羊同有别。東女與大羊同皆爲羌族，地近吐蕃，傳聞或誤。其文疑出道宣附益。

三、（舍衛）具足應云室羅伐城（按城字疑衍）悉底國，此云豐德。一解脱德，理本無異；二名稱德，世出世間名稱遠故；三財寶德，世法二財皆具足故；四曰色塵德，物景豐滿故。（《釋氏六帖》二十一引）

（室羅伐悉底舊訛云舍衛）此云聞物，寶物多出此城。亦翻豐德，一具財寶，二妙五欲，三饒多聞，四豐解脱。（《翻譯名義集·諸國篇》引）

按今《西域記》鞞索迦國尾「至室羅伐悉底國」，注云「舊曰舍衛國，訛也」，下無餘文，或注有闕佚。但上引二條歧異頗多。《翻譯名義集》引文較爲謹嚴，《釋氏六帖》則常改動原文，亦不敢妄斷，並録存疑。

四、斯亦隨終一變，不可約之，如雪山北有國坐春坐秋者。意以一年之内多濕熱處，制三月住。就中前後一月，延促不定。若據修道，何時不安？故三時游行，通制有罪。必有緣務，亦開兼濟，不執也。（《釋迦方誌》下摩揭陁國下）

斯亦隨方用曆不同，不可一定，如雪山北有國坐春坐秋者。意以一年之内多温濕處，制三月住。就中前後一月，延促不定。若據修道，何時不安？故律制三時游行，通結有罪。必有善緣，亦開兼濟。（《法苑珠林》三十九引《奘師傳》）

按今《西域記》八摩揭陁國上尾「解雨安居」下作：「印度月名依星而建，古今不易，諸部無差。良以方言未融，傳譯有謬，分時計月，致斯乖異。故以四月十六日入安居，七月十五日解安居也。」與上文相校，差異較巨，或由於文經修改，不敢斷其爲闕佚。

五、富一億財一洛叉，便耳著珠墜，人知富也。或云：耳有珠環價值一億。（《翻譯名義集·總

諸聲聞篇》引）

按今《西域記》十伊爛拏鉢伐多國下記「室縷多頻設底拘胝苾芻」，注云：「唐言聞二百億，舊譯曰億耳，謬也。」無上引文，録之存疑。

六、靜夜望彼佛牙精舍，數百尺表上鉢曇摩羅伽寶（原注：寶大如升，即琥珀也），珠光挺照，懸燭此城。（《釋迦方誌》下烏茶國下）

每夜南望，見彼國中佛牙塔上寶珠光明，騰焰輝赫。（《法苑珠林》三十九引《奘師傳》）

按今《西域記》十烏茶國「南去僧伽羅國二萬餘里」下作「靜夜遥望，見彼國佛牙窣堵波上寶珠光明，離離然如明炬之懸燭也」。對照上文，疑有增飾，不屬闕文。

七、末田乞地即阿羅漢名，昔云末田乞地，新云末田底迦。（《華嚴經疏鈔》五十八引）

按今《西域記》不載，疑爲卷三烏仗那國達麗羅川下「末田底迦」之注文。

八、（吠舍厘國）即毗耶離，梵音楚夏云。（《華嚴經疏鈔》五十八引）

按今《西域記》不載，疑是卷七吠舍厘國之注。

九、象上使者，上四人，下八人。馬一人，下二人。車一人，上下逐車四人。（《釋氏六帖》十五引在「皆世習矣」句下）

按今《西域記》二述印度兵制「皆世習矣」句下無此文。法國巴黎國民圖書館藏P. 3814 號敦煌唐寫本此卷及慧琳《一切經音義》二十六引亦無之，疑出增益。

一〇、（禮儀十種）十、接足贊咏。（《釋氏六帖》六引）

按此條原書標目「禮儀十種」。今《西域記》二記印度致敬之式，「其儀九等」，P. 3814 號敦煌唐寫本及《翻譯名義集・衆善行法篇》引並同。所舉九等，大體相同，皆無此第十「接足贊詠」，亦未見於他書，疑有誤。

十一、（那爛陀）歷代帝王共建，合爲一寺，東闢其門，常供千僧。自興建以來，未有一人犯間疑者。故五印度境舍施無厭，因以爲名也。（希麟《續一切經音義》三引）

按《西域記》九記那爛陀伽藍云：「於是周垣峻峙，同爲一門。既歷代君王繼世興建，窮諸剞劂，誠壯觀也。」又云：「從其實義，是如來在昔修菩薩行，爲大國王，建都此地，悲愍衆生，好樂周給，時美其德，號施無厭。由是伽藍因以爲稱。」二書對照，差距不少，或是希麟約取原文改動之。

（三）訂訛

一、世親菩薩是無著之昆弟也，性與聰敏，良緣未具，遂以小乘爲業。三端妙聳，峻若霜峰；四辨横分，利如星劍。無著知小乘教接引下機。慰疲俗而置化城，誘窮子而持糞器。遂設方便，托病在床，令喚世親，示將去世。世親聞已，不日至焉。無著見之，廣説病源，因開大教云：「及我未死之間，讀我所習經典。」世親即讀《華嚴》，乃見毗盧法界，普賢行海，如日光而總照，若帝綱之相含。因生信悟，嘆曰：「可取利劍，斷吾舌根！」用明己贊小乘之失。兄止之曰：「如人因地而倒，亦因地而起。昔日以舌毁於大乘，今可將舌以贊大乘。」遂入山披覽大乘，造《十地論》。論成之日，大地遍震，光明洞然。國王自謁曰：「得阿羅漢等果耶？」答曰：「未得。」「既未得聖果，何以地動？」答曰：

「貧道小年不信大乘，今者良爲大乘論而得地動。」（《華嚴經疏鈔》七引在《疏》「論成西域，則地震光流」句下）

按《西域記》五阿逾陁國下云：「無著菩薩，健馱邏國人也。……其弟世親菩薩於説一切有部出家受業，博聞强識，達學研機。」「世親菩薩自北印度至於此也，時無著菩薩命其門人，令往迎候，至此伽藍，遇而會見。無著弟子止户牖下，夜分之後，誦《十地經》。世親聞已，感悟追悔……即執銛刀，將自斷舌。乃見無著住立告曰：『……諸佛聖教，斷舌非悔。昔以舌毁大乘，今以舌贊大乘，補過自新，猶爲善矣。』世親承命，遂不斷舌。……於是研精覃思，製大乘論幾百餘部，遂盛宣行。」不但字句多異，事實亦大有出入。最乖違者，玄奘學尚唯識宗，不聞及《華嚴》，無著世親，爲唯識宗的大師，最所崇拜，這於玄奘譯著中可見之，《西域記》中怎會記世親入山披覽《華嚴》之事呢？澄觀書引《西域記》多條，比較嚴格，獨此條語多杜造，不解其故。或過於要尊崇所宗，附會《十地經論》〔一二〕，遂不覺其言之陷於誣歟？

二、至執師子國，有玉佛高二丈，七寶莊嚴，手執摩尼寶珠，日夜守衛殿宇，靈應可知。（《釋氏六帖》一引）

按《西域記》十一僧伽羅國下無此文，此蓋據《法顯傳》而誤淆之，辭句稍異。

三、烏長國王釋迦種，安民以理，民愛如親。候五更，先禮三寶，香花供養。日出升殿，方覽萬機。次到辰時，香水浴像。日飯百僧，王及夫人手自益食。食後習武。日昳寫經十行，與德行僧論法。後與臣下論治國事。三十餘年不廢如此。有五百子，學藝俱無倫比。（《釋氏六帖》一引）

按《西域記》三烏仗那國下無此文，此誤引《續高僧傳》二《那連提黎耶舍傳》文而淆之。

四、離高昌路次也，昔商侶至此熱渴，有僧同行，求曰：「我等熱渴欲死。」僧曰：「我當爲汝等置水。」即上山崖，令諸商主「高聲唱言，呼我名字」。僧上，衆呼，其泉石中涌出，僧不復見，遂名阿父師泉。（《釋氏六帖》二十三引）

按《西域記》無此文，此誤據《慈恩寺三藏法師傳》而淆之。

五、此國（高昌）重財輕義少禮，女尊男卑，吉素皂凶，剺面截耳，斷髮裂衣，殺生祭祀。于闐、日（疑當作月）氏、土蕃風俗不同。（《釋氏六帖》二十一引）

按《西域記》不記高昌之事，説詳「存疑」一條，卷十二瞿薩旦那（于闐）國亦無其文，必誤。

六、僧衆所居厨，須畫黑天神像供養，以此神與僧爲施主荷護，充饒飲食。（《釋氏六帖》二十一引）

七、昔瓶沙王無人處禮羅漢沙彌曰：「勿與人説。」王意慚禮小兒，恐人傳被，諸王所笑，張我薄德。沙彌時對王脱衣，入瓶中浴，謂王曰：「勿告人。」王慚知聖也。（《釋氏六帖》二十二引）

八、彼有幻術，結巾爲兔，以帶爲蛇云。（《釋氏六帖》二十二引）

按上刊三條俱不見於今《西域記》，辭氣亦不類，當是出於誤引。

四、闕文探源（二種本子的判解）

綜合上輯資料觀之，存疑及訂訛二類不論，其第一類不見於今《西域記》者多條，無疑是闕文。然則今本確有闕佚了。但追尋來源，細加分析，又不能如此説。我認爲這些闕文有二種不同情況，一種是普通的，古書傳本有缺佚，一種是特殊的，當時流傳有二本發生歧異。《西域記》的闕文屬於前一種情況很少，容易懂，無須解釋；主要的屬於後一種特殊情況，須得説明原由，加以闡述。今試作推論如下。

《大唐西域記》先後應有二種本子：其一是太宗貞觀二十年（六四六）進呈本，可名最初本；其一是高宗初年的修訂本，也可名定本，相隔僅十年左右。雖然文獻不明載修訂之説，這個假定可以從各方面推證之，以下説明我們的論據。

（一）今傳《西域記》各本中有兩個顯著的不同標識，即書首的序文。一種本子是「秘書省著作郎敬播」作的序，日本石山寺所藏古寫本、高麗刊《新藏》本、日本富岡謙藏氏所藏舊校本引的異本及古本、慧琳《一切經音義》和可洪《隨函録》所據本皆是。一種本子是「尚書左僕射燕國公」或題「尚書左僕射燕國公張説」作的序，題「張説」是錯誤的，誤始於明《徑山藏》本，應該從日本中尊寺金銀寫經本作「于志寧」（下文都改稱于序，不再稱張序），日本東寺觀智院所藏北宋本、元《普寧藏》本、明洪武《南藏》本、永樂《北藏》本、萬曆《徑山藏》本皆是〔一三〕。這些本子又表示了一個特徵，即有敬播序的，不載于志寧序；有于志寧序的不載敬播序，涇渭劃然分清。唯一的例外，那是日本松本初子氏所藏中尊寺金銀寫經本二序兼收（後來日本《大正藏》本、金陵刻經處本等亦皆二序兼收，年代更晚），不詳其書寫年代，估計不會很早。此乃出於書寫者據他本補鈔一序進去的，猶如《四部叢刊》景印日本舊鈔本卷一有于序，再從《日本訪書志》中補鈔敬序一樣。從上述現象觀來，此書傳本好像有兩個系統；一爲敬序本，一爲于序本。

再從二序的内容來探討。玄奘進呈此書據《奏表》在貞觀二十年（六四六）七月十三日〔一四〕，敬播撰序當在其時，故序云：「名爲《大唐西域記》，一帙十二卷。竊惟書事記言，固已詳緝於微婉；瑣詞小道，冀有補於遺闕。」于志寧序不記年月，按序云：「今上昔在春闈，撰《述聖記》。」「今上」指高宗李治，「春闈」即東宮，謂高宗爲太子之時。其作《述聖記》在貞觀二十二年（六四八）六月〔一五〕。此記與太宗的《聖教序》由褚遂良一手書寫鐫碑，在高宗永徽四年（六五三），現藏於陝西西安市大雁塔石龕内。説明于序撰於高宗之時。究屬何年呢？依序文所題官銜「尚書左僕射燕國公」考之，于志寧封燕國公在永徽元年（六五〇），拜尚書左僕射在永徽二年（六五一）八月，致仕在顯慶四年（六五九）〔一六〕。排比年月與經歷，于序不出於永徽二年（六五一）至顯慶四年（六五九）九年之中。又按顯慶元年（六五六）玄奘爲翻譯經事，表請朝廷派遣大臣贊助，以弘揚佛教。高宗令太子太傅尚書左僕射燕國公于志寧等「時爲看閲，有不穩便處，即隨事潤色」〔一七〕。于志寧奉敕參預譯經工作，和玄奘關係更較密切，我們可以把時間再縮短些，假定《西域記序》作於顯慶初年（六五六——六五八），距敬播作序大約十年左右，不會差多。爲甚麽十年之後，要重新請人作序呢？如果不是本書有所修訂，理由講不圓通的。敬播序云：「名爲《大唐西域記》，一帙十二卷。」于志寧序云：「著《大唐西域》，勒成一十二卷……立言不朽，其在兹焉。」二者對比，語氣有輕重之別。「勒，刻也」〔一八〕，勒成有刊定的意思，「立言不朽」，更可作爲定本的表示。我認爲顯慶元年詔書「有不穩便處，即隨事潤色」，這不僅對譯經而言，《西域記》亦在「潤色」之列的（在上面所輯闕文中可反映出來）。

（二）再從《西域記》最初本成書的時間來推論。玄奘於貞觀十九年（六四五）二月初次朝見太宗於洛陽，太宗對他説：「佛國遐遠，靈跡法教，前史不能委詳，師既親睹，宜修一傳，以示未聞。」〔一九〕這是受命撰《西域記》之始。他於是年三月回到長安，即進行籌備譯經工作，征召許多著名僧侶爲助手，會昌寺的辯機遂在其列。六月中開始譯經，至貞觀二十年（六四六）七月表進《西域記》之時，首尾不過一年一個月。這段時間内，他完成了翻譯《大菩薩藏經》二十卷、《佛地經》一卷、《六門陀羅尼經》一卷、《顯揚聖教論》二十卷、《大乘阿毗達磨雜集論》十六卷，五部共五十八卷，外加《西域記》十二卷，同時對法相宗的巨著《瑜伽師地論》也動手翻譯了。計算《西域記》的成書當在貞觀二十年七月之前，一年之中只占用一部分時間。他撰《西域記》於譯經之餘，據説：「微有餘隙，又出《西域記》十二卷，沙門辯機親受時事，連比前後。」〔二〇〕雖然玄奘精力過人，還有許多得力助手，畢竟時間短促，不能無影響。何况他專志於翻經弘法，《西域記》由於奉詔所撰，視爲附帶性工作，花不到一年譯餘時間來完成，難免有缺陷和「不穩便處」，須加修訂和「潤色」，至高宗朝作一次修訂，那是極爲可能的。既經修訂，時代又變遷，要另作新序，高宗尊禮玄奘，過於太宗，故令官爵崇高的于志寧執筆以寵榮之。揆情度理，並無不合，説明于序爲修訂本的表識。

（三）有一個疑問要提出來討論。既是敬序和于序代表先後二種本子，爲何今見二本審其内容皆相同呢？我的解釋，貞觀表進本（即敬序本）是進呈御覽的，未經允准，不會向外傳播，只有少數人能看到傳鈔的副本。修訂本是經官方勒定的，當然允許傳鈔。修訂本勒定於先，于志寧作序於後，在于序未成之前，外邊競欲讀此書，就暫用敬播原序充數，傳鈔開來，風行四方。這種本子雖有敬序而實是修訂本。迨正式官定本行世，用于序更换了敬序，這是我們常見的「燕國公」序本。實在講來，今天我們所見，無論是敬序本或于序本，皆爲顯慶修訂本，早没有貞觀進呈本了。敬序不過留下一點貞觀本的痕跡罷了。

（四）上面假定貞觀本和修訂本相距只十年左右，貞觀本未公開傳播，只有極少數人看到，所以唐人所引據和傳鈔的大都是修訂本。但是貞觀本還可以踪尋出來。在闕文類二十三條中，分析一下，出於道宣書的十七條（《續僧傳》所引三條與《方志》重複者不計在内），占二十三分之十七；道世書的十條，占二十三分之十；玄應書的三條，占二十三分之三，並其重複者，共二十條，占總數百分之八十七弱。他們三人和玄奘並時，共參與譯經之事，由於工作條件方便，有機會看到《西域記》最初本，所著書引之，毫不足怪。今審稽三人著述，以明究竟。

道宣的《釋迦方誌》多採用《西域記》，見於《自序》中，説詳前文。同書卷下跋尾云：「大唐永徽元年（六五〇），歲維庚戌，終南太一山豐德寺沙門吴興釋道宣往參譯經，旁觀别傳，文廣難尋。故略舉其要，並潤其色，同成其類。」「别傳」亦謂《西域記》（猶或稱《西域傳》，或稱《大唐西域傳》），永徽元年是高宗即帝位的第一年。一序一跋，説明了《釋迦方誌》和《西域記》的關係，他是參考《西域記》來寫的。跋題於永徽元年，此時所見的當是貞觀進呈本無疑。再察看書的内容，《遺跡篇》皆採自《奘記》，只有羯若鞠闍國下「童子王刹帝利姓，語使人李義表」云云，吠舍厘國下「近使者王玄策以笏量之」云云，摩揭陀國下「使人王玄策曾以沐首」云云，乃别有所據，以作補充，所謂「並潤其色，同成其類」者。然均記明原委，易於區别，顯出體例的謹嚴。除此之外，其有不見於今《西域記》者，應爲貞觀本的異文了。值得注意的，其中有一條。《方志》在拘尸那揭羅國下論佛涅槃的日子，大同於《西域記》，云：「諸部異議，至今貞觀二十年，則經一千二百一十二年矣。」「貞觀二十年」乃道宣添益之文，由這句話正可作爲斷定其所據是貞觀進呈本的鐵證。至於《續僧傳》因體例不同，採録《西域記》不多，但也可窺見所據本有異。

道世的《法苑珠林》成書較晚，在高宗總章元年（六六八），其時《西域記》修訂本已流傳。但《法苑珠林》是部卷帙浩繁的書〔二一〕，不是短短幾年能完成，故他所據的《西域記》仍是貞觀本，這從《感應篇・聖跡部》所述，雖題明《西域傳》或《奘師傳》，大都同於《釋迦方誌》而益信。又《法苑珠林》所引《西域記》多別稱，名不統一，亦反映時代較早，此書尚未有定名。

玄應稱爲「字學大德」〔二二〕，《大唐内典録》五著録《衆經音義》云〔二三〕：「未及覆疏，遂從物故。」《内典録》撰於麟德元年（六六四），他卒於此前，確切年代無從知道。道宣的序云〔二四〕：「法師以貞觀末歷，敕召參傳。」《衆經音義》成書距離時間不會太遠，故其所引《西域記》也當是貞觀本。

從這三人所著書的時期和他們的地位、條件而言，可以推定採用的是貞觀本《西域記》不成問題，這正足説明三人著作所引獨多異文的原因。

基於上述論據，互相推證，可以得出結論：《大唐西域記》有貞觀進呈本和顯慶修訂本二種，貞觀本由敬播作序，顯慶本由「燕國公」于志寧作序。道宣、道世、玄應等所引不見於今本的闕文乃是貞觀本的異文。自顯慶本行而貞觀本遂廢，敬播序雖存而本書也改，今所見各種本子皆爲顯慶修訂本，大體無異，基本上是完整的（少數的文字脱訛不算）。

從搜索闕文，發見此書有二本歧異的特殊情況，加以輯集。這些闕文，雖是片鱗半爪，却藉此覘見了貞觀舊本的一斑，對於《西域記》的研究，未始無益。如有疏失之處，熱望讀者指正。

注釋

〔一〕法譯本有Julien, S.: Mémoires sur les Contréis Occidentales 二卷，一八五七——一八五八，巴黎。英譯本有一、Beal, S.: Si-yu-ki, Buddhists Records of the western world 二卷，一八八四，倫敦。二、Watters, Th.: On Yuan Chwang Travels in India 二卷，一九〇四——一九〇五，倫敦。日譯本有一、小野玄妙：《大唐西域記》，一九三六年，大東出版社。二、崛謙德：《解説大唐西域記》，一九一二年，東京前川文榮閣。三、足立喜六：《大唐西域記の研究》，二册，一九四二——一九四三，法藏館。四、水谷真誠：《大唐西域記》，一九七一，平凡社。其他有關論文從略。

〔二〕見《玄奘法師表啓》。

〔三〕各書著録皆如此，獨《法苑珠林》一百十九作「十三卷」，但同書三十八作「十二卷」，顯見三乃二之訛。

〔四〕今藏北京大學圖書館。又日本有古活字本，大約在慶長、元和間（一五九六——一六二八）刊行，據牌記出於崇寧二年本，又有寬永二十年（一六四三）刊本，乃據古活字本重刊，詳見水谷真誠《大唐西域記》所附解説。

〔五〕如敦煌唐寫本、日本所藏古寫本、北宋崇寧刊、金刊《趙城藏》本、高麗刊新舊《藏》本等（近代印本皆如此）。

〔六〕不屬於上列的舊本都附有音釋。

〔七〕宋《思溪藏》本、《磧砂藏》本、元《普寧藏》本、明《南藏》本所附音釋是繁本，自明《北藏》本以下附的是簡本。

〔八〕此文亦見《西域南海史地考證譯叢七編》。

〔九〕此文又見《史地考證》頁二九七。

〔一〇〕見陳垣《釋氏疑年録》。

〔一一〕唐初使者往印度有三道，詳見《釋迦方誌·遺跡篇》。

〔一二〕世親所著《十地經論》，北魏菩提留支有譯本。此論解釋《華嚴經》的《十地品》。

〔一三〕敦煌唐寫本、北宋崇寧本、南宋《思溪藏》本、《磧砂藏》本皆缺首卷，無從知其爲敬《序》或于《序》。惟高麗《新藏》本，原本字避宋諱，知其從宋本出，以此推之，宋本有載敬《序》的。

〔一四〕見《玄奘法師表啓》。

〔一五〕見《慈恩寺三藏法師傳》七。

〔一六〕見《舊唐書·于志寧傳》及《于志寧碑》（《金石萃編》五十六）。

〔一七〕《慈恩寺三藏法師傳》八。

〔一八〕《禮記·月令》鄭玄注。

〔一九〕《慈恩寺三藏法師傳》六。

〔二〇〕《開元釋教録》八。

〔二一〕《法苑珠林》原本一百卷，宋、元、明藏本並如此，《徑山藏》本改編爲一百二十卷。本文所用是《四部叢刊》本，乃景印《徑山藏》本，故卷數與他本有參差。

〔一二二〕《慈恩寺三藏法師傳》六。
〔一二三〕《開元釋教録》八改名爲《一切經音義》，後皆衍此稱。
〔一二四〕原序署名「終南太一山釋氏」，據陳垣《中國佛教史籍概論》考定。

（原刊《文史》第十三輯，中華書局一九八二年出版）

章草述略

一、溯源

章草爲草書的一體。我國草書經過數變，源遠流長。東漢許慎説："漢興有草書。"〔一〕北魏江式承襲其説，接着道："莫知其誰始。其形書雖無厥誼，亦一時之變通也。"〔二〕認爲它的書體結構是適應一時的變通。東漢趙壹説："當秦之末，官書煩冗，戰攻並作，軍書交馳，羽檄紛飛，故隸書（此隸書不指書體，乃謂官隸作書）趨急速耳，示簡易之旨。"〔三〕又蔡邕説："昔秦之時，諸侯争長，羽檄相傳，望烽走驛，以篆隸難（難，謂書體繁複），不能救急，遂作赴急之書，今之草書也。"〔四〕"救急"、"趨急速"即"一時之變通"，説明了草書産生的原因。至於時間上，一説"漢興"、一説"秦末"或"秦時"，時代相接，基本上可以相通的。這種初期草書結體究竟如何？我們可從西漢墓出土的早年簡牘書尋到跡象，大抵是草率的隸書，今天稱之爲"草隸"。這是草書最初階段的字跡。

繼草隸而起的爲章草。西晉陽泉《草書賦》説："惟六書之爲體，美草法之最奇。杜（操）垂名於古昔，皇（象）著法乎今兹。字要眇而有好，勢奇綺而分馳。解隸體之細微，散委曲而得宜。"〔五〕這裏特别贊美杜操、皇象的書法，二人爲章草書大家，故知此賦爲章草作。從賦所描述來觀，其時章草藝術已發展到了相當高度。《魏書》卷二十四《崔玄伯傳》云：「(盧)諶法鍾繇，(崔)悦法衛瓘，而俱習索靖三草，皆盡其妙。」

對於章草體的溯源和考名，歷代有多種説法，大約如下：

(一) 史游作説　劉宋王愔《文字志》説：「漢元帝時史游作《急就章》，解散隸體粗書之。漢俗簡惰，漸以行之。」[六] 張懷瓘也説：「史游制草，始務《急就》。」(《書斷》)此説流傳普遍，具有權威性。考究根源，存在很多疑問。《漢書・藝文志》有《急就》一篇(《隋書・經籍志》作《急就章》)，説：「元帝時黄門令史游作《急就篇》，皆《倉頡》中正字也。」這爲王愔説所本。但《漢書》只説作《急就篇》，没有説作章草。《急就篇》列於小學類，和《倉頡》、《凡將》等在一起，性質相同。這些書在漢代作爲教學童識字課本，與書體無關係。可疑者一。今天所見敦煌、居延出土的漢簡中有若干簡寫的是《急就篇》，用隸書寫(文雖不全)，近人鄒安藏有漢磚刻《急就章》篇首二十五字，作草隸書，與章草也異(拓本見《草隸存》卷四，原石後在日本)。只有法國馬伯樂發表的敦煌殘紙書中有一紙隸書、章草合寫的《急就篇》九行(圖一)，和後代所書的真草《千字文》相似。如果《急就篇》原來用章草體寫，爲什麽我們見到的漢人書跡隸書居多呢？可疑者二。史游，唐以前論書諸作，都未道其能書。張懷瓘也説：「雖史游始草，書傳未記其能，又絶其跡。」(《書斷》)對此有懷疑。一個不是能書的人而能創造一種書體，這合於邏輯麽？可疑者

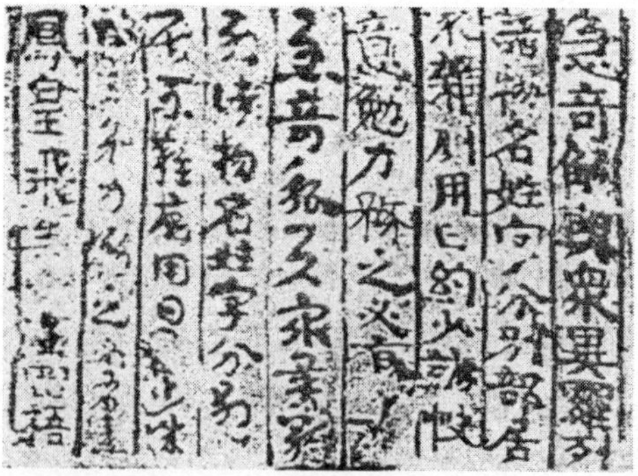

圖一

三。從以上各點分析，此説不可信。《急就篇》又名《急就章》，或從篇稱，或從章稱〔七〕，名稱稍異，其實則一，不能稱以「章」，誤爲與章草之名有關。有人或提出歷代有不少著名書家用章草書《急就篇》，證明《急就》是章草之祖。這一説也難以成立，很多著名書家如智永、孫過庭、趙子昂等喜用真草合寫《千字文》，我們絶不會説周興嗣（《千字文》作者）創造草書。不過，《急就篇》和章草書有一定的關係，容另撰文討論，這裏從略。

（二）漢章帝説　出於唐徐浩《古跡記》〔八〕，前人已辨其非，無須重復。最好笑的，烜赫後世的《淳化秘閣法帖》開卷第一帖即是漢章帝章草書八行，寫梁周興嗣的《千文》句，造成宋版《康熙字典》類似的荒謬。御府編纂名帖如此疏忽，令人短氣。唯由此可推想當時漢章帝造章草之説流行，故有人作此贋物以充數。

（三）杜操作説　晉衛恒《四體書勢》説：「章帝時齊相杜度（即杜操）號善作篇，後有崔瑗、崔寔皆稱工。」〔九〕「篇」指的是章草。南齊蕭子良説：「章草者，漢齊相杜操始變藁法。」〔一〇〕説明章草由藁法變來，故又名「藁草」。唐竇臮《述書賦》説：「草分章體，肇始伯度。時君重而立名，自我行而作故。」竇蒙注：「杜操字伯度，京兆人，終後漢齊相。章帝貴其跡，詔上章表，故號章草。」此又解釋書上章表，故名「章草」。這種説法比較詳備，當有所據，然而我們證以載有年代的章草書漢簡東漢光武帝《建武十一年（三五）簡》，明帝《永平十一年（六八）簡》〔一一〕，均在章帝（七六——八八）之前，推翻了前説。

（四）漢魏間章表所用説　北宋黄伯思説：「見漢魏間人章表也多用章草書，今猶有存者，如司馬乎、孫皓表奏,世或傳之。疑所謂章草上章用之,不因漢章帝好之,因謂之章草也。蓋此雖草書,而有波磔,若正書之有分隸,既不顛放,易曉,又可赴急,宜漢人以此作檄書也。」〔一二〕此實在從第三種説法而修改之。他不主張章帝時説,雖則他只看到了當時陝西出土的漢安帝永初二年(一〇八)時代較晚的《伏羌符》〔一三〕摹本或石本,能作出如此判斷,顯示出他的卓識。我們知道文字是表達意念的符號,接觸頻繁,一種書體的形成要經過長時間在群衆中試用和改進,才能爲大家所接受,絶不是憑一二人的智慧能創造出來的。所以説「漢魏間所用」雖覺籠統,倒比説某人所作近於實況。我意「漢魏間」若改作「兩漢魏晉間」更較切合。

上述四説,以第四説爲較長,析論如前。可是章草的命名起於章表之説,我猶懷疑。我以爲在草隸和章草並用時代稱作草書或隸書不標異名。章草之稱起於後來,以别於其他一種草書(可能爲連綿書的今草),而此名不像因章表而命之。何以知之?首先,章表是臣下奏君上的公文,比較嚴肅,字要寫得端正,照例應該用當時的真書(隸體或分體)寫,怎能用草書繕寫上行文(這在舊時公牘程式也不允許的)?縱使漢章帝愛好杜操的草書,開一特例,但不會準許其他臣下都如此,這是不近情理的。元盛熙明《法書考》採用杜操章表一説,接着却説:「唯君長告令臣下則可。」這句話和上文「章奏」有點牛頭不對馬嘴,大概他也疑惑不定。其次,我們今天所見到的出土章草書漢簡和殘紙,大部分屬於文書、簿録、信札和醫方之類,多數乃軍營中所用,符合於草書救急趨速的性質,很少見到章奏(有些轉録文書,性質不同),所以此説難於證實。黄伯思見到的司馬乎、孫皓表奏,疑是藁草。如是正式的公牘,早經歸入檔庫,很難遺留到後代。

我認爲「章」有明義（此義廣知，不煩引證），又有法式義（《國語·周語》：「將以講事成章。」韋昭注：「章，程也。」《廣雅·釋器》：「章，程也。」程即法式。現代漢語中還有「章程」一詞）。南齊王僧虔《論書》謂鍾繇書有三體，其第二書曰「章程書，傳秘書教小學者也」〔一四〕。章程書疑即章草之别稱。「章草」指的是這種草書合乎法式，明白易識，以别於其時流行的連綿書今草。觀《急就篇》中的章草書多數字和楷書相差微細，偏旁之字，如「金」作「[illegible]」，「木」作「[illegible]」，「竹」作「[illegible]」，「馬」作「[illegible]」，各字按照規則變化，秩然不紊。這種草書簡化合於法式，便捷易曉，故稱作章草或章程書。這個新解，出於推理，不敢自是，提出來向讀者請益。

二、體　勢

章草界於隸草之間，有其特殊結體。陽泉《賦》所説「解隸體之細微，散委曲而得宜」。上句指隸，下句謂草，以書跡驗之，狀寫恰當。一般説來，它的特點：（一）最明顯的是末筆常用波磔（點捺爲多），近於八分書的波法。這種波磔確能增强姿態的美觀，後代書家往往在寫今草中也偶夾用之，可見受人喜愛。（二）章草字字區别，字内常有連筆（隸書差不多筆筆斷），但上下字之間不相連帶，和今草書數字連綿一筆書迥異。（三）一篇之中字與字間，大小比較均匀。這些都可以觀今所見墨跡、石刻證之。

關於章草的書法體勢，我們還要參考一下古代著名書家評論，作爲借鏡。章草名家東漢稱杜、崔，杜操的書，衛恒評他「殺字甚安，而書體微瘦」〔一五〕。上句「殺字」當是指字的收尾筆穩重（章草特點表現在收筆處，波磔常在末筆），特加贊賞，而不滿於其「微瘦」。漢簡中有些章草書顯得瘦勁（圖二），大概屬於杜操一派作品。崔瑗、崔寔父

圖二

子的書法，衛恒評說：「甚得筆勢，而字小疏。」〔一六〕評價稍亞於杜操。唐竇臮《述書賦》描述杜操的書法說：「擊波循利，創質蓄怒。」上句說其波磔駿發，下句稱其含蓄少露。西晉索靖章草，「甚矜其書，名其字勢曰銀鈎蠆尾」〔一七〕。自我作評，值得注意。這四字用形象化比喻法，依我所理解，「銀鈎」比字畫之遒勁，後人常夸筆力之勁者曰「鐵畫銀鈎」，同義。「蠆尾」何義？蠆是蝎子，蝎子尾特大翹然。《詩經・小雅・都人士》：「彼君子女，卷髮如蠆。」鄭玄箋：「（蠆）尾末揵然似婦人髮末曲上卷然。」本來比擬婦人頭髮之上卷，此則借以喻章草波磔之揵然。暗示他的字勢剛柔兼足。唐孫過庭《書譜》有一句話，「章欲檢而便」。怎樣解呢？「檢」有約束的意思。《倉頡篇輯本》：「檢，法度也。」《文選・演連珠》五臣注：「檢，定檢，不瀾漫也。」都有約束之意。說明章草不能像今草那樣放縱自如，要有約束，合乎法則。又檢亦可訓作斂，《尚書・伊訓》孔疏：「（檢）謂自攝斂也。」章草下筆内斂，與約束之意也相通。「便」謂便利，容易懂。這五個字語短意長，對於章草書的要點已講明，不煩

多辭了。還有元盛熙明《法書考》說：「章草草具隸字，八分謹嚴如真，用其一趯二波也。」時代雖後些，其言亦可供參考。

三、簡　史

章草書的創始和命名含義，上文已討論過。關於它的發展史，雖然我們所見真跡實物資料勝過前人千萬倍，但大多數無年代可考，這裏只能談個粗略的輪廓。約分爲三個時期：創始期、繁盛期、衰落期，按次述之。

創始期　大約在西漢初期已與草隸相並行，有些字跡很難區別。例如《流沙墜簡》中有《神爵四年（公元前五八年）簡》（圖三），羅振玉說：「爲今楷之濫觴。」鄒安則以爲是草隸，收入《草隸考》中。從簡文字體來看，「爵」、「隧」、「長」等字已具章草形，列之章書也未嘗不可。《急就篇》不是章草書，但並不排斥那時有章書。具有明白年代的《始建國二年（一〇）簡》（圖四）是新莽時期章草真跡。而出土東漢光武帝時期的章草簡爲數就多了，無需列舉。由此可以推測，西漢後期章草已經普遍流行，這是發展的第一階段。

繁盛期　東漢至西晉是章草的興盛時代，無論從文獻記載還是出土實物都可得到證明，此不細談。這時期著名書家輩出，如杜操、崔瑗、崔寔、張芝、羅暉、趙襲、衛覬、皇象、索靖等皆以擅長章草聞名。這些杰出的書家提高了章體的藝術地位，並發展到頂峰。然而盛極必衰，物之規律，就在這極盛時期伏下

圖三

圖四（摹本）

了轉折的根苗。特別要提到的是張芝，這位號稱「草聖」的大書家，王羲之極推崇他的草書精熟，說：張芝「臨池學書，池水盡黑」〔一八〕。張懷瓘《書斷》說：「伯英（張芝之字）章草，學崔、杜之法，因而變之，以成今草，轉精其妙，一筆而成。偶有不連，而血脉不斷。及其連者，氣候通其隔行。」他先從章草中打下了深厚的基礎，吸收前人之長，再推陳出新，創今草一體，傳至現代不衰。這種一筆而成的今草，既美觀，又便捷，受到大衆歡迎和仿書，章草逐漸被取而代之。促成章草衰落的另一因素是行書的興起。我們從出土的西晉殘紙書信札中，看到不少行草書帶有章書筆意，正可説明其時書體的嬗變。

衰落期　到了東晉，二王父子以超逸之才，集衆妙之英，尤其是草書，筆法變化，内含外拓，窮態極妍。雖然右軍於章草有極深功夫，但作品以今草爲多，書苑受其影響，罕能越出範圍。唐代書法特别興盛，但未聞章草書名帖，只有今傳皇象書《急就篇》、《出師頌》、《月儀帖》等，大約出於唐人好古者所摹。唐人書《十二月相問書》略有章筆，已無古意。還有李懷琳僞作的《嵇康絶交書》〔一九〕，稍存痕跡。總之，從二王至唐代除梁蕭子雲一二人外，未聞有著名章草書人〔二〇〕。北宋只有個黃伯思注意及此，他曾研究過當時出土的章草書《伏羌符》，臨摹過《急就篇》、《出師頌》、《月儀帖》等，自書《彌陀經》、《仙真詩》，並見於其所著《東觀餘論》。他很自負地説：「（章草）至唐絶罕爲之，近世遂窈然無聞。蓋去古既遠，妙怡弗傳，幾至泯絶矣！然世豈無兹人，顧俗未之識耳。」末二句隱示自己。又跋自書《章草仙真詩》説：「予師友鍾（繇）、索（靖）、王（羲之）、蕭（子雲），或冀仿佛。」可惜他的書跡未見流傳。狂瀾既倒，豈孤掌能挽？至元趙子昂、明宋克雖並以章草名，大抵從《急就》、《出師》諸翻刻中尋究，不睹漢魏墨跡，雖使轉縱横，終覺古意邈然，不足論矣。

四、品跡

章草書衰落已久，古跡流傳稀少，只有寥寥可數的幾種輾轉翻刻的墨本。自本世紀初以來，各地考古發掘到大批的竹木簡牘和紙帛書，其中不乏章草作品，充實了古書法寶庫，也填補了過去的缺陷。大部分出土資料尚未整理好，公開發表的只一部分，但比起前人所見不啻天壤之别，真是後來居上。現在就我所知道的幾種章草書跡影印本和墨拓本列目於下，擇要略加論述。挂一漏萬，限於固陋，望博雅者補充。目分爲摹刻和墨跡二類，墨跡之下又分爲簡牘和紙素二小類。

甲　摹刻

（一）吴皇象書《急就篇》，亦稱《松江本急就篇》。

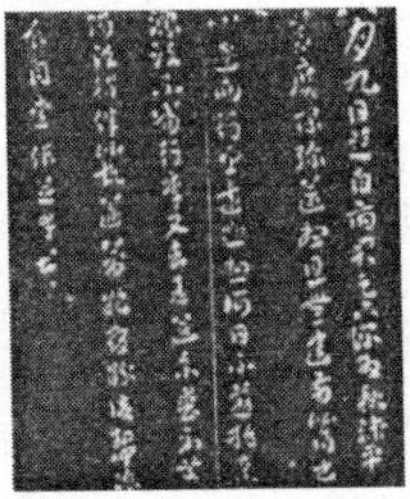
(傳)漢　張芝《秋涼帖》

(傳)晉　王羲之《豹奴帖》(部分)

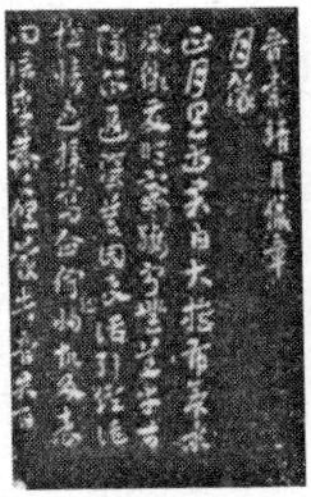
(傳)晉　索靖《月儀帖》(部分)

《章草訣歌》(部分)

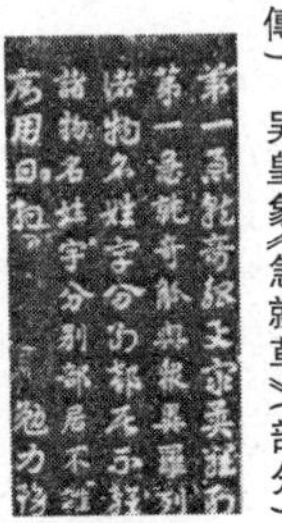
(傳)吳皇象《急就草》(部分)

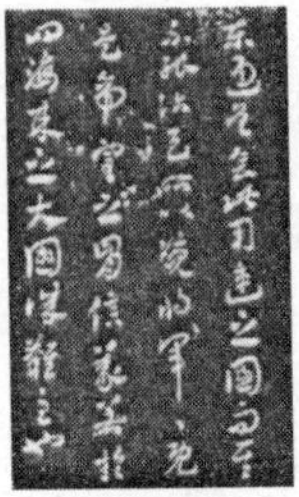
(傳)晉　王獻之書(部分)

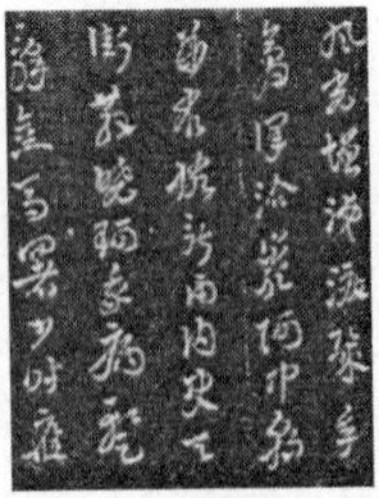
明　邢侗書(部分)

清　惲南田臨《索靖月儀帖》(部分)

此爲明正統四年(一四三九)楊政據宋葉夢得刻殘本重刻於松江，並摹宋克所書補其缺文。相傳這是三國時皇象寫本，未可信。有翻刻本。

(二)西晉索靖書《急就篇》，見於葉奕苞《金石録補》，未見墨本。葉夢得曾棗木摹刻索靖章草《急就篇》，傳是唐人臨本(見《東觀餘論附録》)，不知即此本否？

(三)索靖書《出師頌》，此帖最有名，各叢帖中多翻刻之。

(四)索靖《月儀帖》，叢帖中有之，疑出於唐摹。

(五)《淳化秘閣法帖》中章草書帖(僞漢章帝帖除外)卷二張芝書有章草一帖，王澍說：「差近古，疑亦先賢摹放。」〔二一〕張芝書，衛恒時已嘆「寸紙不見遺」〔二二〕。況至北宋乎？摹本無疑。皇象書《文武帖》，黄伯思考證爲寫高彪之文，不避晉諱，較史文所載爲

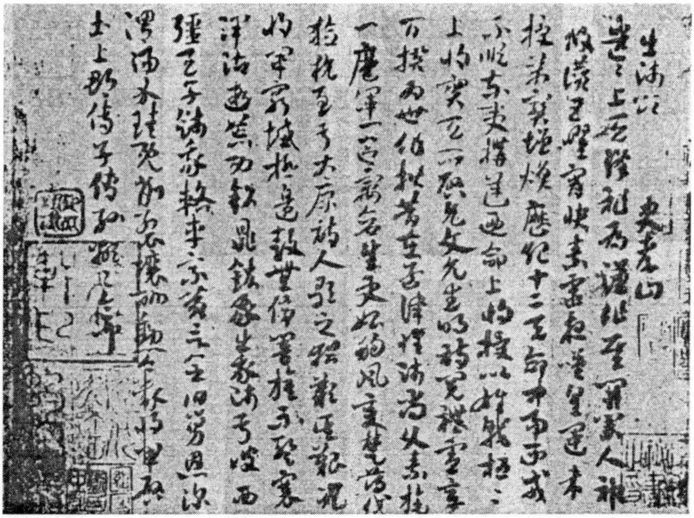

隋人書　出師頌

古〔二三〕。索靖章草二帖，王澍辨爲僞〔二四〕。卷五古法帖中有章草寫諸葛亮《隆中對》二帖，卷十王獻之帖中有《自孫權》一帖，也《隆中對》語，黄伯思說：「筆勢若一，是全寫《亮傳》……當是逸少書。」又說：「與逸少《豹奴帖》筆法同。」〔二五〕王澍謂是魏晉名手所書〔二六〕。

（六）元趙子昂書《章草急就篇》，《三希堂法帖》摹刻。

乙　墨跡

子　簡牘書

（一）《流沙墜簡》圖録、《漢晉西陲木簡匯編》和法國馬伯樂Les Documents Chinois 中章草簡書。

（二）《居延漢簡甲編》《乙編》中章草簡書。

（三）《武威漢代醫簡》，此書全爲章草書跡。

（四）日本二玄社影印《木簡殘紙集》第二册中章草書。

丑　紙素

（一）上列子（一）内各書的紙素部分和瑞典斯文赫定在古樓蘭遺址所獲殘紙行草書（Chineschen

Handschriften-und Kleinfunde Sven Hedins in hou-lan)。

（二）《木簡殘紙集》第三册中章草部分。

以上所介紹的關於出土的簡牘和紙素集中，材料豐富，美不勝收，可供書法專業工作者和愛好者長期鑽研。

（三）陸機《平復帖》，此真跡著録於《宣和書譜》，現藏北京故宫博物院。陸機是文學家，書名不著。《宣和書譜》説：「機能章草，以才長見掩耳。」陳繹曾《翰林要訣》評此帖「章草奇古」。近人啓功先生説：「《平復帖》字作章草，點畫奇古，校以西陲所出漢晉簡牘，若合符契。可證其非六朝以後人所能爲。」〔二七〕此話殆是，雖不能必爲機作，可決其是唐以前人無疑。今有影印本。

（四）《索靖書出師頌真跡》，後有明文彭十五跋，影印本。王世貞謂「自幼安（索靖之字）臨出」〔二八〕。

（五）《隋賢書出師頌》，或疑爲蕭子雲。有影印本。

（六）《李懷琳書絶交書》，有石印本。劉鶚跋謂是油素鈎填。

（七）元趙子昂書《六體千文》中一體，影印本。

（八）明宋克書《急就篇》，影印本。

五、餘　論

在結束本文之時，再談一點個人感想。

我國書法藝術至晉唐而臻於絢爛，尤其真書、草書，今天還在繼續發展之中。章草是一種古老書體，久已寂寞，爲何還要加以重視？我認爲，藝術發展承先啓後，繼長增高，不能割斷歷史。爲了創造新的更好成績，先須接受前人的寶貴遺産。何况章草是今草的源泉，飲水不能忘源。前人未曾重視，由於客觀條件限制，看不到真跡，無從吸取養料。北宋米芾是位大書家和鑒賞家，説過「余白首閱書，無魏遺跡」〔二九〕。章草名跡正在漢晉之間，無怪後世冷落。現在情况改變，地下真跡不斷出現，影印本廣泛流傳，這不僅使我們開闊了眼界，而且對提高書法藝術將起重大推動作用。因此，提出重視章草，並不是好古，是爲了促進未來的發展。

《晉書・王羲之傳》載有故事一則，録下：

羲之書初不勝庾翼、郗愔，及其暮年方妙。嘗以章草答庾亮（庾翼之兄）而翼深嘆伏，因與羲之書云：「吾昔有伯英章草十紙，過江顛狽（此謂東晉南渡之時），遂乃亡失。常嘆神跡永絶，忽見足下答家兄書，焕若神明，頓還舊觀。」（《南齊書》卷三十三《王僧虔傳》載僧虔論書云：「郗愔章草亞於右軍，郗嘉賓草亞於二王。」《真誥》卷十九論許謐書法云：「長史章草乃能，而正書古拙。」）

張芝（相傳爲今草的創始人）、王羲之都是今草的大書家，被尊稱爲「草聖」和「書聖」，而使庾翼推崇贊美之至的是他們的章草書。由此可以推知二人章草功夫的深厚，這和他們在今草書創新的成功上有密切關係。我們細看右軍著名遺跡《十七帖》内各帖，有不少含帶章草筆意和痕跡，可證此言之不虚。先輩的事例，正可作爲我們吸收經驗的榜樣。

注釋

〔一〕《説文解字序》。

〔二〕《北史·江式傳》載《上書表》，也見《魏書·江式傳》。

〔三〕《法書要録》載《非草書》。

〔四〕《書斷》引梁武帝《草書狀》述蔡邕語。

〔五〕《藝文類聚》七十四。

〔六〕〔一〇〕《書斷》引。

〔七〕如《漢書·藝文志》著録《急就》一篇，《急就》本書凡三十二章（從顔師古定本）。《魏書》卷三十五《崔浩傳》云：「浩既工書，人多託寫《急救章》。」

〔八〕見《法書要録》。

〔九〕《晉書·衛恒傳》。

〔一一〕見《流沙墜簡》圖録卷二。

〔一二〕〔一三〕《東觀餘論》上《記與劉無言論書》。又《漢簡辨》。

〔一四〕《太平御覽》七四八引。

〔一五〕〔一六〕〔二二〕《四體書勢》。

〔一七〕《法書要録》載王僧虔語。

〔一八〕《晉書·王羲之傳》。

〔一九〕《述書賦》：「爰有懷琳，厥跡疏壯，假他人之姓氏，作自己之形狀。」元湯垕説：「懷琳仿晉嵇康《絶交書》，筋肉豐壯，位置高古。」（轉引《書林藻鑒》）按：李懷琳摹書《絶交書》有石印本流傳。

〔二〇〕敦煌莫高窟所出唐人寫經卷中有章草書，我曾從故友蘇繼廎先生處見過一卷，字類《月儀帖》。

〔二一〕〔二四〕〔二六〕《淳化秘閣法帖考正》。

〔二三〕〔二五〕《法帖刊誤》。

〔二七〕《雍睦堂法書》。

〔二八〕《弇州山人續稿》。

〔二九〕米芾《書史》。

（原刊《書法》一九八二年第一期，上海書畫出版社一九八二年出版）

附記：本文據先父旁批手跡略有訂補。但有些文稿僅鈔録需增補的資料，而未具體標明補於文内何處，只能以文意大概斷之。又手書字跡帶草，雖儘量查核原書，然辨識仍或有差誤，望讀者鑒之。　范邦瑾記

淺談董其昌的書學

書家神品董華亭，楮墨空玄透性靈。除却平原俱避席，同時何必說張邢。

——王文治《論書絶句》

中國書法，晉唐以後，行楷大盛，名家輩出，如百花競艷。其間有幾位開派立宗，對後代起較大的影響，明朝董其昌便是一人。

董其昌不獨以書法擅名，且工繪畫，精於鑒賞。此三者關係密切，歷代書家中兼能者不少。然能融會三長，俱達高水平，卓然成家者，則不多見。求之古人，只不過宋代米芾、元代趙孟頫和明代董其昌三家而已。對於董的藝術成就，窮本尋源，首要在於他深諳書法，繼而帶動了其他。因之，研究他的書學，對繼承和發展文化遺産未始無益。筆者不量力，試作一粗淺探討，向專家們請教。

董其昌論書

董其昌（一五五五——一六三六）字玄宰，號思白，又號香光居士，松江華亭（今上海市松江縣）

人。萬曆十六年進士。歷官至南京禮部尚書，卒謚文敏，《明史·文苑傳》有傳。《松江志》稱他「少好書畫，臨摹真跡，至忘寢食。中年悟入微際，遂自名家。行楷之妙，勝絶一代」。本傳稱他「其始以米芾爲宗，後自成一家，名聞外國」。又説：「同時以善書名，臨邑邢侗，順天米萬鍾，晉江張瑞圖，時人謂邢、張、米、董……然三人者不逮其昌遠甚。」這些評語代表當時的看法。

董氏論書之作，主要見於所著《容臺集》和《畫禪室隨筆》。下文引語俱出於二書，不再一一標明。若有别出，則注明來源。

其昌自述其學書云：「吾學書在十七歲時，初學顔魯公《多寶塔》，又改學虞永興，以爲唐書不如晉、魏，遂仿《黄庭經》、鍾元常《宣示表》、《力命表》、《還示帖》、《丙舍帖》，凡三年。自謂逼古，不復以文征仲、祝希哲置之眼角。書家之神理，實未有入處，徒格轍耳。比游嘉興，得盡觀項子京家藏真跡，又見右軍《官奴帖》於金陵，方知從前妄自標評……自此漸有得，今將二十七年，猶作隨波逐浪。書家翰墨小道，其難如是，況學道乎！」

又云：「余十七歲時學書，初學顔魯公《多寶塔》，稍去而之鍾、王，得其皮耳。更二十年學宋人，乃得其解處。」

以上二則話，前一則大概是在他五十歲左右寫的，後一則時間稍早一些，内容大體無異。借此可知他初學書是從唐碑入手，繼學鍾、王楷帖。後來在當時大收藏家項元汴家見到名家真跡，方獲領悟，經過二十餘年，乃得古人解處。説明學書之不易。這裏告訴我們，他的書法經過三變，即由石本、棗本墨拓（唐碑、晉帖）轉入真跡臨摹。他咀嚼英華，得心應手，終於創爲「董體」。他所謂「晉、唐、宋」

之别，究含何義？用他自己所言「晉人書取韻，唐人書取法，宋人書取意」來解釋，似比較貼切。又右軍《官奴帖》，董氏有題此帖跋云：「己卯（一五七九）予試留都（即金陵，今江蘇南京）見真跡，蓋唐泠金箋摹者。此帖後歸婁江王元美。予於己丑（一五八九）詢之王澹生，則已贈新都許少保矣。」據此，此帖實爲唐摹，不是原跡。古人重視摹本比之真跡，故云然（世稱「唐摹晉帖，下真跡一等」也含此意）。董氏見此帖時，年方二十三，從此轉入魏晉之室，爲一大轉變。他又有一段話論晉唐人書云：「晉、宋人書，但以風流勝，不爲無法，而妙處在無法。至唐人始專以法爲蹊徑，而盡態極妍矣。」這些話可見他的書旨。何三畏跋董其昌書有云：「以有意成風，以無意取態，天真爛漫，而結構森然。往往有書不盡筆、筆不盡意者。」（《漱六齋集》）也可相參。

今選録董氏論書要言，從各個方面標目條系，並附綴管窺。

（甲）用筆

作書須提得筆起，自爲起，自爲結，不可信筆。後代人作書，皆信筆耳。信筆二字，最當玩味。吾所云須懸腕，須正鋒者，皆爲破信筆之病也。

作書須提得筆起，不可信筆。蓋信筆則其波畫皆無力。提得筆起，則一轉一束處皆有主宰。轉、束二字，書家妙訣也。

發筆處便要提得筆起，不使其自偃，乃是千古不傳語。蓋用筆之難，難在遒勁。而遒勁非是怒筆木强之謂，乃大力人通身是力，倒輒能起。

古人論書，言筆法者甚多。董氏僅言「提得筆起」，而戒人「不可信筆」，很爲簡單。細味其語，執筆用筆之法已包含無遺，不煩詳論。提得筆起則鋒自正，轉束處便出力，字自然遒勁。他對蘇軾書每謂其用偃筆，不能提筆爲病，但《跋東坡書赤壁賦後》云：「此《赤壁賦》庶幾所得欲透紙背者，乃全用正鋒，是坡公之《蘭亭》也。」這説明東坡並非不能提筆，惟偃筆書多。信筆是筆法所忌，究指些什麽？也以他自己所言作解釋。他云：「今人作書，亦信筆爲波畫耳。結構縱有古法，未嘗真用筆也。善用筆者清勁，不善用筆者穠濁。不獨連篇各體有分别，一字中亦有此兩種，不可不知也。」此中還包含墨法道理。

（乙）用墨

字之巧處在用筆，尤在用墨。然非多見古人真跡，不足與語此竅也。用墨須使有潤，不可使其枯燥，尤忌穠肥。肥則大惡道矣。每波畫盡處，隱隱有聚墨痕如黍米珠，恨非石刻所能傳耳。嗟乎，世人且不知有筆法，況墨法乎！（《跋東坡書〈赤壁賦〉真跡後》）

墨法一道，古人所罕言。董書清潤遒麗，最得墨法。這是他多見古人真跡，加以臨摹，體驗領會出來的。畫家重視墨法，因墨分五彩，自有代替色彩的濃淡層次效果。董其昌是一位書家，亦是一位大畫家，深悟其妙，更能表現入神。然墨色的濃淡成趣，在於用筆的控制得宜，筆墨配合，不能偏有重輕。

（丙）章法

古人論書，以章法爲一大事，所謂行間茂密是也。余見米芾小楷《西園雅集圖記》是紈扇，其直如弦。非有他道，乃平日留意章法耳。右軍《蘭亭序》章法爲古今第一，其字皆映帶而生，或小或大，隨手所如，皆入法則，所以爲神品也。

作書所最忌者，位置等匀。且如一字中須有收有放，有精神相挽處。王大令之書，從無左右並頭者。右軍如鳳翥鸞翔，似奇反正。米元章謂大年《千文》，觀其有偏側之勢，出二王外。此皆言布置不當平匀，當長短錯綜、疏密相間也。

古人神氣淋漓翰墨間，妙氣在隨意所如，自成體勢，故爲作者。字如算子，便不如書，爲説定法也。

董書疏密錯落，隨筆生勢，氣度閑雅，有得於章法之美。惟其評米芾小楷「其直如弦」爲「留意章法」之驗，語稍含糊。包世臣《藝舟雙楫》改「其直如弦」爲「端若引繩」，恐是憑記憶改字，大意一樣的。他云：「分行布白，非停匀之説也。若以端若引繩爲深於章法，此則史匠之能事耳。」按董氏反對停匀，反對字如算子，故決非此意。包氏似有誤解。小楷能其直如弦，功夫也不易，乃屬於章法之一端。不能概其全，董氏偶舉以示例耳。此推想是否正確，請邃於書道者指教。

（丁）結體

書家之結字，畫家之皴法，一了百了，一差百差。

米海嶽書無垂不縮，無往不收，此八字真言無等等咒也。然須結字得勢。海嶽自謂「集古字」，蓋於結字最留意，比其晚年，始自出新意耳。

字須奇宕瀟灑，時出新致。以奇爲正，不主故常。此趙吴興所未夢見者，惟米癡能會其趣耳。古人作書，必不作正局，蓋以奇爲正。

轉左側右，乃右軍字勢，所謂跡似奇而反正者，世人不能解也。

這是對奇正之間的辯證分析。奇非狂怪，正非拘泥。

（戊）臨摹

書家未有學古而不變者也。

學書不從古入，便墮惡道。

臨帖如驟遇異人，不必相其耳目手足頭面，而當觀其舉止笑語精神流露處，莊子所謂「目擊而道存」者也。

吾書無不仿臨。

余於虞、褚、顔、歐，皆曾仿佛十一。

《蘭亭序》最重行間章法，余臨書乃與原本有異，知爲聚訟家所呵。

余書《蘭亭》，皆以意背臨，未嘗對古刻，一似撫無弦琴者。

古人作書，必不作正局，蓋以奇爲正，此趙吴興所以不入晉唐門室也。《蘭亭》非不正，其縱宕用筆處，無跡可尋。若形模相似，轉去轉遠。

柳誠懸書《蘭亭》，不落右軍《蘭亭序》筆墨蹊徑。古人有此眼目，故能名家。余以意仿楊少師書山陽此論，雖不盡似，略得其破方爲圓、削繁就簡之意。

臨顔太師《明遠帖》五百本後，方有少分相應。米元章、趙子昂止撮其勝會，遂在門外。

臨摹是書法家的基本功，董氏對此特别重視。上引各則可略見其要。一、臨古不專主一家；二、要求嚴格，「臨《明遠帖》五百本後，方有少分相應」；三、遺貌取神，以意背臨，「若形模相似，轉去轉遠」，這些話可爲度後學的金針。

他臨古帖、舊拓墨本之外，又多見真跡，手摹神領，得其妙旨，故鑒賞特精。鑒賞提高了書學，書學促進了鑒賞，二者相輔相成。

在此還要提一下董氏鑒刻的名帖《戲鴻堂法帖》。董書刻帖有十餘種，不列舉，其中以《戲鴻堂法帖》爲最著。此帖集晉唐至元朝諸名家真跡，皆出自當時名收藏家或他本人的秘篋，董氏親自雙鈎摹刻。雙鈎本爲臨摹之一法，非用心至細、用神至凝、深通書道者不能傳真。董擅此藝，此帖差不多集董臨古之大成。他的門人周之士云：「董爲余恩師，余不敢阿。若所好，即其拓有《戲鴻堂帖》，拓成而中原爭相傳寫。」（《游鶴堂墨藪》）語意對董書還有保留意見，對此帖則頌揚備至。董刻帖爲了留存名跡影子，所以鑒定與鈎摹都極爲精審。可惜《戲鴻堂法帖》刻成不久，爲火所毁。其後翻本上石，全失原神。王澍《古今法帖考》譏爲「第一惡札」，殆指此類翻本而言。明拓原刻本流傳甚稀，偶然遇見，多非全帙，愛董書者宜注意之。

董氏自評書

每個人對於自己作品的優缺點，認識應該最爲詳細，評論只要不存心自欺欺人，應該比較適當。今就其對自己書法的評語以觀如何？

余學書三十年，不敢謂入古三昧，而書法余亦復一變。世有明眼人，必能知其解者。

吾書與趙文敏較，各有短長。行間疏密，千字一同，吾不如趙。若臨仿歷代，趙得十一，吾得其十七。趙書圓熟得俗態，吾書因生得秀色。趙書無弗作意，吾書往往適意。當吾作意，趙書似輸一籌，第作意者少耳。

三十年前參米書，在無一實筆，自謂得訣，不能常習。今猶故吾，可愧！米云以勢爲主，余病其欠淡。淡乃天骨帶來，非學可及。

吾於書似可直接趙文敏，第少生耳。而子昂之熟，又不如吾有秀潤之氣，惟不能多書，以此讓吴興一籌。

觀於這些評語，隱然自負欲凌駕米趙。米字欠淡，趙書熟俗，作意差少，千字一同，皆爲疵病，正反映董書之長處。然持論亦有分寸，中其肯要，非輕詆前賢，妄肆雌黄者可比。「淡」的含意爲何？他有云：「余不好書名，故書中稍有淡意。」此語似有些做作，未免欺人。書名傳國外，書跡遍海內，豈淡泊名利者所能致？

他指出自己之病云：「余性好書而懶，矜莊鮮寫至成篇者。雖無日不執筆，皆縱横斷續，無倫次語耳」。又云：「吾書最得意在小楷書，而懶於拈筆，但以行草應世，亦都非作意書，第率爾應酬耳。若使當其合處，便不能追晉宋，斷不在唐人后垂也」。又《臨〈十七帖〉》書後云：「余自是時寫此帖，以懶故，不能多也。」他一再强調自己性懶率爾應對，這當出於晚年體衰，疲於應酬之言，乃是托辭。果真他從來懶慵，書法怎能成家？墨迹流傳何至如是之廣？我們對於這些話要有分析。

董書的影響及其評價

董書在其生前已風靡一時，仿習者衆，作僞者亦不少。《畫禪室隨筆》有一則云：「有客謂余曰：『公贋書滿海内，世無照魔鏡，誰爲公辯黎邱？』余曰：『宋時李營邱畫絶少真跡，人欲作無李論。米元章見僞者三百本、真者兩本。安見三百本能掩兩本哉？』」仿造名家作品，歷代都有。亦反映利之所在，人争趨之。至清朝康熙帝玄燁偏愛董書，風行草偃，影響擴大。士子執管，莫不習董。豪貴巨富，競購其跡，作僞者益見充斥。楊賓在康熙時曾云：「時下極重董文敏公書，究竟購入内府者，皆閶門專諸巷陳純仲書，非文敏也。曾見閩中督撫門報大書，假寫董字。陳某進見，不覺爲之噴飯。」（《大瓢偶筆》）此可爲那些官僚無知盲從者寫照，而董書的地位顯赫，亦可見一斑。不論董書如何，清朝初期著名書家，如沈荃、查昇、張照、劉墉、王文治等無不受其影響，各自成家，不能漠視。清中葉以後，風氣轉變，帖學漸衰，北碑代興，這且不談了。

明清以來，對董書評價，褒貶不一。明人謝肇淛云：「其合作之筆，往往前無古人。」（《五雜組》）陳繼儒云：「思翁書法，吾朝米襄陽也。」（《陳眉公集》）此出於朋友之口，未免過譽。清包世臣謂其「行筆不免空怯，出筆時形偏竭」。（《藝舟雙楫》）康有爲謂其「神氣寒儉」，「局束如轅下駒，蹇怯如三日新婦」。（《廣藝舟雙楫》）此則出於習北碑者之口，宗尚不同，未免失之於苛。平心而論，董書久享盛名，卓然一家，風流餘韻，至今猶爲人稱道，其必有洽於人心者。他的書法美妙，前面已多所論列，兹引玄燁《跋董其昌墨跡後》以殿。他云：「華亭董其昌書法，天姿迥異。其高秀圓潤之致，流行於楮墨間，非諸家所能及也。每於若不經意處，豐神獨絶，如微雲卷舒，清風飄拂，尤得天然之趣。嘗觀其結構字體，皆源於晉人。蓋其生平多臨《閣帖》，於《蘭亭》、《聖教》，能得其運腕之法，而轉筆處古勁藏鋒，似拙實巧。書家所謂古釵脚，殆謂是歟？顔真卿、蘇軾、米芾以雄奇峭拔擅能，而根底則皆出於晉人。趙孟頫尤規模二王。其昌淵源合一，故摹諸子輒得其意，而秀潤之氣，獨時見本色。草書亦縱横排宕有致，朕甚心賞。其用墨之妙，濃淡相間，更爲敻絶。臨摹最多，每謂天資功力俱優，良不易也。」（《佩文齋書畫譜》卷六十七）玄燁是一位清朝著名的皇帝，對文學藝術均有修養，他愛董書成癖，故知之也深。所言比較全面，能抉其特點。雖未免溢美，基本上還中肯要。我們不要以爲非書家語而輕之。

餘論

還有幾句話要説一説：

其一，關於董書的欣賞，除影印及墨拓本外，最好能多觀真跡。董書特注意於墨韻濃淡變化，秀逸清潤，非照相或石刻能傳神。好在董跡流傳較多，博物館時有展出，不難遇見。

其二，董的題畫之作可稱絶詣，無論行楷草書，或大或小，疏密長短，行款自然，與畫面構爲一體，充分表現文人畫的妙境，表現中國畫的特色。其辭句也清雋不俗，饒晉人趣。

其三，董書多贋品，又多應酬率意之作，要静心細察，始能辨别。董氏《容臺集》二云：「吴子贋筆，借余姓名，行於四方。余所至，士大夫輒以所收視余，余心知其僞而不辯。」楊賓《大瓢偶筆》有一則云：「董宗伯書，生平不甚喜。數年前見陳乾齋宫詹邸舍懸金箋草書一幅，縱横飛動，嘆以爲不可及。丁亥（康熙四十六年）春，在福州又見李文侯都統進内府行押一條幅，輕圓温潤，而氣足神充。生平所見，無出其右。因思前輩享重名者必有長處，未見其全，不得遽爾訾議。」此話不獨對董書而然，對其他名家書也何嘗不如此呢？

（原刊《書法》一九八四年第四期，上海書畫出版社出版）

附記： 本文據先父旁批手跡略有訂補。　范邦瑾記

略論康有爲的《廣藝舟雙楫》

康有爲是晚清時期的維新人物，「戊戌政變」的黨魁，著述多種，影響較大。他的政治思想和活動得失，自有史家去論定。這裏所要討論的乃是他的論書名著《廣藝舟雙楫》，以下分章談之。

一、《廣藝舟雙楫》的寫作起因

《廣藝舟雙楫》寫成於清光緒十五年己丑（一八八九），有爲時年三十二歲。他在上一年戊子歲入京應順天鄉試，不第。感於外國殖民主義侵略（中法戰争才結束），清政腐敗，他上書請變法。以一個毫無官銜的小小生員竟敢向皇帝上書，真是膽大妄爲之至，遭到朝廷保守派大臣壓制，奏摺不能上達。他們還散佈謡言，圖加陷害。朋友們知情，勸告他「勿談國事」以避禍。這是促成他寫《廣藝舟雙楫》的起因。《南海先生詩集·汗漫舫詩集》中有一首詩記其事，詩首小序題道：

上書不達，謡讒高張，沈乙盦、黄仲弢皆勸勿談國事。乃却掃汗漫舫，以金石碑版自娱，著《廣藝舟雙楫》成，浩然有歸志。

詩道：

上書鷟闕下，閉户隱城南。洗石爲僮課，攤碑與客譚。著書銷日月，憂國自江潭。日步回廊曲，應從面壁參。

《廣藝舟雙楫》自序亦有話可相印證：

康子戊（子）己（丑）之際旅京師，淵淵然憂，悁悁然思，俛攬萬極，塞鈍勿施，格絀於時，握髮慹然，似人而非。

以上表示其處境的惡劣。接下借友人之言，道「蘇援一技而入微者，無所往而不進於道也」。近於莊周思想，寓道於技，終及著書。借題發揮，無限感喟，流露窮愁著書之情。

所以，本書之作有其特殊的政治背境，雖然它是部專談書法藝術的著作。

二、《廣藝舟雙楫》的特點

《廣藝舟雙楫》，顧名思義，便知繼包世臣《藝舟雙楫》而作的論書著述。作者自序亦揭櫫明白道：

「國朝多言金石，寡論書者，惟涇縣包氏鈲之揚之，今則孳之衍之。」承認他是孳衍包書。包書主旨在尊碑貶帖，尊碑特尊北魏（包括北朝的齊、周）的碑，康氏遵之，推波揚瀾，過於包氏，所謂「孳之衍之」，這是本書顯著的特點。關於此事，我們要略溯其源。

尊奉北碑大約可從乾隆晚期説起。其時士人厭倦八股，講求古學，考據風盛。他們喜搜訪金石，佐證經史。金石出土日多（大部份在北方），摹拓之本廣傳，專門著作漸繁，書風因之丕變。阮元著

《南北書派論》，包世臣撰《藝舟雙楫》，四方翕然，更奠定了尊北碑之基。著名書家如何紹基、吴讓之、趙之謙等，莫不取則北碑。這股風氣冲擊了館閣體帖學的大防，自道光後直至近代不絶。康氏生際其會，辨清趨向。他道：「人未有不爲風氣所限者，制度、文事、學術皆有時焉，以爲之大界。美惡工拙，衹可於本界較之。」（《體變篇》）又道：「道光之後，碑學中興，蓋時勢推遷，不能自已也。」（《尊碑篇》）講明「大界」即是「碑學」。

安吴、南海同尊北碑，這個主要特點二人是一致的。然析論其書，則互有出入，南海别具特點。（一）歷來論書的，莫不崇奉二王，包氏亦不例外（包疏證《十七帖》甚詳）。康氏則略不多談，僅於《購碑篇》中列大令《保母志》及右軍《孝女曹娥碑》二種。《保母》原石久佚，流傳墨本翻刻。《曹娥》乃明人謬傳羲跡，居然入選，不過備列碑目而已。二王書跡，宋帖多有妙品，康氏視若罔覩，寧可選此下駟，這是他嚴守碑帖分界之特點。（二）包氏尊北碑，但不薄唐人。康氏大不然，尋瘢索瑕，指摘備至。他道：「後世論碑之盛者莫若有唐，名家傑出，諸體並立。然自我觀之，未若魏世也。」（《備魏篇》）這猶是比較之詞。又道：「（唐人）自賢於宋元，然以古爲師，以魏晉繩之，則卑薄已甚。若從唐人入手，則終身淺薄。」（《卑唐篇》）又道：「學者若欲學書，亦請嚴劃界限，無從唐人入也。」（同上）所言欠平，或有「矯枉必過正」之意。這是他在碑學中卑視唐碑之特點。（三）包氏論書包賅諸體。康氏雖有論列，述焉不詳。行草繁用，不過一篇，平淡無奇。側重真楷（或稱今隸），尤崇魏碑，廿七篇中佔比過半。他道：「北碑書魏世，隸楷錯變，無體不有。綜其大致，體茂密而宕以逸氣，力沈着而出以澀筆，要以茂密爲宗……當爲今隸之極盛矣。」（《體變篇》）特著《備魏篇》以暢其論。這是他獨崇魏楷一系之特點。（四）包氏評定自唐迄明書家有門户者二十人（見《藝舟雙楫・歷下筆談》），上限斷於唐。康氏定《十家》、《十六宗》，下限止於隋。蓋一據書法，一據北碑，故自不同。這是他限以北碑品定書人之特點。

綜上四點觀之，包、康二人持論有緩急廣窄之別，儘管他們同尊碑學。大同小異，亦學術分歧自然的趨勢。

還有一特點，與包氏無關，要補充談談。上章我們曾談及康氏著此書的政治原因，見於他的詩文中。「著書銷日月，憂國自江潭」，自比於遭讒被放「游於江潭」（《楚辭・漁父》）的屈原，顯見他還是不忘「國事」。這種心情，在本書裏借題發揮，隱寓其意者，屢見不鮮。他道：

> 如今論治然，有守舊、開化二黨。然時尚開新，其黨繁盛，守舊黨率爲所滅。蓋天下世變既成，人心趨變，以變爲主，則變者必勝，不變者必敗，而書亦其一端。（《卑唐篇》）

借政治與書法作比喻，寓意灼然。此下又舉歷代書法興衰來作證道：

> 有宋之世，蘇米大變唐風，專主意態，此開新黨也。端明篤守唐法，此守舊黨也。而蘇米盛而蔡亡，此亦開新勝守舊之證也。近世鄧石如、包慎伯、趙撝叔變六朝體，亦開新黨也，阮文達決其必盛，有見夫！（同上）

這裏要注意「變六朝體」的「變」字，反映他不是墨守北碑成規的。惜乎他後來忙於政治活動，書學方面没有進一步發揮。他又分書法爲古今二派，道：

> 書有古學今學。古學者，晉帖唐碑也，所得以帖爲多。……今學者，北碑漢篆也，所得以碑

爲主。(《體變篇》)

他所謂「古學」指帖學,守舊派;「今學」指北碑,開新派。明言書學,暗寓派争,對頑固保守派的反擊,潛伏下後來公車上書、戊戌變法的引火綫。這在論書之外,有助於研究康有爲思想的另一特點。

三、本書的偏失

康氏持論,雖有獨到之見,常失之於過激。貶帖卑唐太甚,且疏於考證,不能令人滿意,今特就管窺所及,提出幾點來談。

(一)對「貶帖卑唐」,他解釋道:

晉人之書流傳曰帖,其真跡至明猶有存者。……紙壽不過千年……今日所傳諸帖,無論何家,無論何帖,大抵宋明人重鈎屢翻之本,名雖羲獻,面目全非。(《尊碑篇》)

這是對帖而言。又道:

論書不取唐碑,非獨以其淺薄也。……良以世所盛行歐虞顏柳諸家碑,磨翻已壞。名雖尊唐,實則尊翻變之棗木耳。(《卑唐篇》)

這是對唐碑而言。由此説來,他鄙薄的不是晉帖唐碑,而是磨翻重刻之本。然而屢翻重刻之本,形神全失,怎能代表晉唐書法?本書中輕詆諸帖唐碑,不知他據的是翻刻重鈎之本,還是原石舊拓本?如果原石舊拓本,那末上面的解釋就是多餘了。若是翻刻本,則是翻本之失,於書家無關。子孫之不肖，豈可歸罪於父祖？因此反感其所論未免前後失據。

（二）碑帖不是墨跡，碑由書人直接書丹上石（後來有由墨跡鈎摹上石的），帖則由後人據墨跡鈎摹入石或鐫板（亦有摹古帖重刻的）。無論碑或帖，除鈎摹有參差外，都要經過鐫刻及墨拓二道工序而後流傳人手。碑帖與原跡的傳神和刻工、拓匠的技巧有密切關係。從原石（或木板）拓本言之，碑帖初無異致。在古代，碑刻用途廣，保存時間長，但書者不必盡爲名家。帖乃後出，偏重書法藝術，在傳真印刷術發明之前，許多名跡賴以存影。由於帖的體積小，移置方便，摹刻墨拓比碑容易精工，此是客觀條件所限。要判別法帖的優劣，最好拿墨跡來對比。就以清代安歧刻的《孫過庭書譜序》和《三希堂法帖》刻的蘇米諸帖作例，至今原跡具在，以影印本兩相對照，筆畫傳神，可算惟妙惟肖了。何況好多名帖，如宋代《淳化閣帖》、《大觀帖》，明代《停雲館帖》、《真賞齋帖》，清代《快雪堂帖》、《秋碧堂帖》等，保存下不少已經絶傳的名跡。故單純從書法藝術而言，古代名帖這份文化遺産是不容忽視的，價值或高於古碑。當然碑書中的奇姿古法，非法帖所能包括，二者應相輔而成。康氏秕穅帖學，亦失於深思。

（三）康氏卑唐，其所據石本可疑，前文已談過。今姑捨此不論，觀其所言。他道：

歐、虞、褚、薛，筆法雖未盡亡，然澆淳散樸，古意已漓。而顔、柳迭奏，澌滅盡矣。（《卑唐篇》）

這六位書家可算是唐碑的代表人物，全部加以否定，則李唐一代簡直無一書家了。可怪的，康氏對小唐碑中若干不著名墓誌，倍加讚美，許爲「皆工絶，不失六朝矩矱」。表彰無名英雄，「發潛德之幽光」，固然是盛德之事。但輕薄享盛名的書家，好像他們欺世盜名千餘年，至康氏始揭破之，亦未免缺德。此無非好奇樹異之過。我認爲文化藝術的盛衰，跟政治、經濟的穩定有連帶關係。唐太宗統一區宇，政治開明，民生安定，「貞觀之治」，傳爲美談。他又重視文治，導啓文學藝術趨向高度發展。有唐一代，書家輩出，百川分流，在中國書法史上是個全盛期。我們承認北魏碑中有傑出之作，然從數量與書人而言，不能與唐比擬。故「卑唐」之論，不過爲北碑張目，殊失公允。

（四）再説「尊碑」，康氏解釋他尊南北朝碑的理由道：

> 筆畫完好，精神流露，易於臨摹。（《尊碑篇》）

又道：

> 六朝拓本皆完好無恙，出土日新，略如初拓。從此入手，便與歐、虞争道。豈與終身寄唐人籬下，局促無所成哉。（《卑唐篇》）

這對新出土的誌石等拓本言之，有部分道理。同樣出土新誌亦有唐跡，字劃完好，何不列入？當是囿於「卑唐」之見。再檢康氏介紹各種北碑選目，好些並不易得，略舉一二例説，《崔敬邕墓誌》、《張黑女墓誌》原石久佚，拓本流傳僅數紙，藏家珍秘，那時能見到的只有翻刻重摹之本。《弔比干文》，宋時已經翻刻。隋《董美人墓誌》，咸豐時已毁佚，流傳多是翻本。甚至光緒初年出土的《鞠彦雲墓誌》，未幾即有翻本，原拓難覓。又有好些原石，歸入私家，墨拓流傳圈子很窄，得之亦不易。其實在近代印刷術未流行之時，不論唐碑或北碑，舊傳世或新出土，除少數愛好者有力致原拓本外，一般學者只能從翻本中略窺形跡而已。康氏標舉雖高，奈不切實際。

總之，康氏文章恣肆，議論博辨，但思慮欠密，主觀較深，其失在偏。

四、結　論

康氏此書在帖學式微、北碑興起之時寫成，與包氏之書桴鼓相應，扶北抑南，更有過之。究竟南北高下如何？我想用當時人的評論作參考，比較客觀。

南北朝時，人們對書法本無地區優劣之見。北齊顔之推曾歷仕南、北二朝，他道：「北朝喪亂之餘，書跡鄙陋，加以專輒造字，猥拙甚於江南。」（《顔氏家訓·雜藝篇》）北周趙文淵（《北史》淵作深，乃唐人避諱改字，今正，以下同）書法著名於時，今傳世有隸書《華嶽頌》。梁朝的王褒（師事蕭子雲，二王派的一系傳授）被俘入關，「貴游翕然並學褒書，文淵之書遂被遐棄。文淵慙恨，形於言色。後知時尚難及，亦改習褒書」。（《北史儒林列傳·趙文淵傳》）可見北朝人固未嘗自以書法駕南人上。惟南朝禁立碑，傳世多書札而已。唐太宗生長北方，耳目濡染當爲北化，然而他論書，篤喜右軍。因知藝術本無畛域，愛美有其共同點，公論不可以偏廢。南北競秀，何必强爲軒輊？

再者，論書優劣，貴據真跡品評。真跡不能永存，不能廣傳，在古代，碑帖摹刻是唯一的續命湯了。摹刻縱有妙手，難免距離，何況更經墨拓，差距益增。後世執墨本以尚論古賢，無怪意見紛歧。今天印刷術發達，名跡古刻，攝影傳真，毫釐莫爽，化身千萬，人人可得。複製品更加精美，不特字跡畢肖，連紙、素、墨色、裝池亦仿製之，宛然與原物無異。如此更何須爭論碑帖長短、翻刻鈎摹之優劣？進而言之，今日考古發達，出土日富，諸如甲骨、金文、匋文、楚繒、秦漢簡牘、帛、紙書，以及敦煌莫高窟發見的六朝、唐人寫經寫書等，皆影印成書，普遍流傳，書法史上異彩紛呈，眼界開擴，可勿再拘論於南帖北碑了。

話又得説回來，《廣藝舟雙楫》反映了那個時代的風尚，碑帖之爭，有助於書法史研究。康氏對於魏碑的品評，有其精闢之見，值得參考。這部書在論書著述中自有其價值。

（原刊《書譜》第十卷第二期，香港書譜出版社一九八四年出版）

跋徐乃昌過録段玉裁王念孫校玄應《一切經音義》

右書為徐積餘過録段若膺、王懷祖二先生所校玄應《經音義》。按《藝風堂藏書記》有此書跋云：「乾隆丙午（五十一年，一七八六）武進莊氏刻本。金壇段若膺先生以宋本校訂，用朱筆；兼有墨筆，則高郵王懷祖先生校注也。」（此跋亦見本書卷一首葉，而下連過録年月，並鈐隨盦小印，易滋淆誤，故具言之。）則原書為藝風堂舊藏，此本即從之出。考繆氏跋語，稽之本書，殊為不然。卷首標列宋本行式，即用墨筆，可見宋本用朱筆之説非。其不可信者一。卷一第五葉眉批云：「凡係段氏校改者△圈以別之。」顯示校録乃出一手，而非段氏手校。繆氏以爲段、王合校，其不可信者二。段校各條，今以前三卷内所録，歸納為三類，列之於後：

甲、用宋本校而標明段校與之同者

一、原文：説文侮傷也　　校語：傷（傷誤）段校同（一卷五葉）

二、原文：帳謂張帛障旁也（障下補之字）　　校語：障下落之字段校同（三卷六葉）

三、原文：白虎通曰虞樂（樂下補也字）　　校語：樂下增也字段校同（同上）

四、原文：莊子所謂（謂下補野馬也三字）　　校語：段校同（三卷十葉）

五、原文：又作臚　　校語：髗（臚誤）段校同（三卷十二葉）

以上皆用朱筆眉校

乙、標明段氏校者

一、原文：甲冑者三也　　校語：盾（者誤）段校（一卷十葉）

二、原文：依字非□也（字下朱筆補林字旁加墨△）　　校語：段校字林（二卷十二葉）

三、原文：任皆反　　校語：段改任作仕（三卷三葉）

四、原文：廣雅貲也　　校語：段校貲貨也（三卷十四葉）

五、原文：三忻字（朱筆改作欣旁加墨△）　　校語：段校忻改欣（三卷十五葉）

丙、未標明段校而用△符號者

一、原文：詩云傳曰資財也　　云下補喪亂蔑資四字旁加墨△（三卷十六葉）

由前例觀之，段校并不依據宋本。顧澗薲跋此書臧在東校本云：「始段君懋堂模寫嘉興府梵本二部。」又跋順治刻本云：「經韻樓校皆從鈕匪石轉録，暇日仍當向若膺先生借底本覆勘之。」（皆見《思適齋集外書跋》）亦未言及段氏曾據宋本校也。書内朱筆校語，除標明及有△符號者外，亦非段校。繆氏乃謂以宋本校訂用朱筆，殊誤，其不可信者三。細覈全書推校之，苟逐録照式無訛，此本當是王懷祖先生據宋本、影宋抄本及浙本（疑即嘉興藏本），又過録段氏校語（間有盧抱經、何夢華及陳仲魚校語）於莊氏刊本，參合校成者。朱墨二筆乃前後時間之不同耳，實皆出於一手，非二人也。惜藝風堂原書不知歸何處，不能一驗手跡之如何。

此校本無跋無題記年月。考書内引用《廣雅》各條，大都均有記號在旁。意者當在嘉慶元年（一七九六)《廣雅疏證》成書之前; 而過録段校,則在乾隆五十四年(一七八九)段、王二先生初晤(據閔爾昌《王石臞先生年譜》)之後。二者相距不過六年,校本歲月,必當其間。

繼庼先生惠借此書,依式迻録一部,因題數語於後質正,並以誌謝。時一九五五年四月十八日,范祥雍謹識。(鈐「范祥雍」白文方印)

附記: 本文據蘇繼庼先生惠借先父唐釋玄應《一切經音義》清乾隆五十一年武進莊炘刻本卷前手書題跋整理,標題為整理者所擬。該書六册,白紙,半葉十二行二十四字,小字雙行,字數同。四周單邊,上下黑口,黑雙魚尾。版框高一九五毫米,寬一五〇毫米。卷内有「繼庼」朱文方印。繼庼先生與先父交往深厚,本書所收《養勇齋詩鈔》中有多首題詠。　范邦瑾記

東坡志林廣證

東坡志林廣證

例言

一、東坡志林傳世有三種不同的本子：（一）百川學海一卷本，亦見於東坡七集後集内；（二）明趙開美刊五卷本，張氏學津討原刊本和涵芬樓校印宋人小説本並出於此；（三）明商濬刊稗海的十二卷本。四庫著録爲五卷，按其内容，即稗海本（據涵芬樓本夏敬觀跋）。這三種本子卷帙篇次都不相同，後人議論紛紜，是甲非乙，詳辨於卷前考證裏。從内容來説，百川本已列入在趙刊本第五卷，所以實際上只有趙本和商本之别。趙本和商本來源不一，異同很多，不能擅作取捨。現兼用二本，汰除重複，各爲卷次，以存原來面目。

二、蘇軾的另一種雜文集仇池筆記是和志林同一類型，没有什麽區别（説亦詳於考證），其中有許多篇章彼此互見，所以去其重複，亦編列於後。現傳的仇池筆記爲明趙開美刊本，乃是從南宋曾慥編的類説裏取出來的，而將「其與志林並見者得三十六則，去其文而存其題」（趙開美序），並非原書。

三、因此，本書共分爲三個部分：（一）趙刊志林五卷本；（二）商刊志林十二卷本；（三）趙刊仇池筆記。其採用底本和校勘方法略述如下：

（一）趙刊志林五卷

涵芬樓宋人小説本是依據趙刊原本再用百川本、商本、學津討原本和東坡全集等校印的，比較起來可算善本，因取作底本。原校文多數保留，用夏校云云（此書爲夏敬觀先生所校）以示不敢掠美。

（二）商刊志林十二卷

用商刊稗海初印本作底本。其中和趙本重出之條，一概删去，但於各該條下注明趙本卷次，以便查考。

（三）趙刊仇池筆記二卷

宋人小説本亦是依據趙刊原本並用四庫本、徐氏傳是樓鈔本和舊鈔類説校印的，即據作底本。原校文仿趙本志林之例。又據文學古籍刊行社景印的天啓本和宋刊類説（宋刊本類説殘本是虞山瞿氏舊藏，原書未見過，依照景印本的字式看來，好像是元刊）參校。

志林和仇池筆記現所見的舊本不過如此，没有其他更早的本子可據（百川學海有宋刊本，但此書只一卷）。本書的校字主要取資於蘇軾本人的東坡集（涵芬樓校印本曾採用一二，脱略頗多）和宋元人書所引證的材料。這不僅可以校正很多訛字脱文，還可考見本書流傳的原委，以明辨真僞。

四、趙本志林是分類編次的，各篇並有題目。商本則不分類，各篇又無題目。仇池筆記從類説取出，原來有題目。推究本書内容，這些小品雜文，當時信手寫來，不會先有什麽題目，就是有亦屬於偶然的，商本似保存原始編纂的形式。雖然有些文章見於東坡集、經進東坡先生文集事略和宋人選的總集裏，往往亦有題目，這怕是出於後人取便查閲而補擬的。志林十三篇（即趙本第五卷），百川本、説郛本和東坡後集都没有題目，而東坡續集和經進東坡先生文集事略則有之，題目又互有出入，其原因即在此。至於分類編次，更屬後起，懷疑還是出於湯雲孫或趙開美之手。儘管如此，不論趙本存有若何缺點，分類編次和各篇有題目，對讀者來説，還是一種比較進步的方法，值得取鏡。因之，本書除保存各本的原有形式外，更綜合全書篇目，補缺訂訛，按其性質，重新分類編次成一總目，注明卷頁，以便查考。新編總目的體例，別見於該目題下。

五、仇池筆記有很多篇章和志林相同，趙本已去其重複，商本還存留不少。今本筆記非原書，取校志林，文字頗有删節。如果字句比校，則過嫌破碎；棄去則又覺太輕率。今將重複各文，包括趙本已删去之篇（復從類説裏録出）在内，低一格附録在志林同篇的後面，作爲參考。這樣有數便：（一）可以各存本來面目；（二）可以助校文字的異同；（三）可以保留筆記全書（筆記所汰去之文，在附録文裏都能找到，所以隨時可恢復原書）。

還有一些出入較大的異文，不便於本文校語中説明者，亦依此例附録在本文之後。

六、本書廣證部分，作爲對蘇軾的文學藝術研究或愛好者提供較詳細的資料而言，特注重於下列各點：

（一）關於蘇軾的生平事迹。

（二）關於蘇軾對政治、學術、文藝等的思想和議論。

（三）關於蘇軾的家屬及交遊和其相涉的事迹。

（四）關於當時之史實。

(五) 關於當時之朝章典制和社會情況。

(六) 關於當時或後代人的議論和本書有相涉或發明者。

其他隸事用典,除和本文有關涉須詳引者外,僅略注出處而已。

還有人物介紹,當時名人,如王安石、歐陽修、韓琦、富弼等,除和本文有相涉之事外,只舉其名謚籍貫大略,注明史傳卷第。不大爲人熟悉的人物,則記載較詳,尤詳於和蘇軾的關係。

七、考證蘇軾的言行事迹,自以其本人著作爲主要參考資料。蘇軾著作集中在他的集子裏,書傳和易傳則是單刻别行,比較不大重要。

東坡集自宋以來刊本很多,現在相傳以明成化刊七集本爲善,端方即據此覆刊,著易堂石印本、四部備要本、國學基本叢書本又據端刊重印,流行最爲普遍。七集本號稱佳本,但缺佚文章頗多(余嘉錫先生四庫提要辨證裏已經談及),反不如明刊全集和大全集之足。今以明陳明卿刊全集本爲據,兼注七集本和經進東坡文集事略卷數,以便讀者覆查。題跋部分又兼用汲古閣刊津逮秘書本作參考。

陳明卿刊全集七十五卷本不載詩,七集本有詩,但篇章多缺,編年無次。詩集原有注本單行,流傳的有宋代舊題王十朋的集注本、施元之注本(清康熙間宋犖刊)、清代查慎行補注本、翁方綱補注本、馮應榴合注本、王文誥編注集成本。王十朋注本所見宋刊是分類編次的,内多謬誤(邵長蘅、查慎行等並有辨訂),施元之注本則經過邵長蘅等竄增,二書雖是舊注,不算善本。其他各注本則互有瑕瑜,馮注本後出,搜集較備,編次較善,流傳亦較普遍,故取以爲據。

詞集刊在全集最後二卷（七集本不載）。其他刊本有元延祐刊本（古典文學出版社景印）、汲古閣刊宋六十名家詞本和四印齋重刊元延祐本。這些本子的編次都是以調爲主。朱祖謀刊在彊邨叢書裏的東坡樂府三卷本，乃是依照編年重新分卷，並參酌諸本校訂（兼採傅幹殘注本），實勝過舊本。因其編次和詩集一致，就取以爲據。

八、援據各書有的因文章過長，不能全録，在不失原意的原則下，節略引用（不用節略符號），但決無增添。有時顧到語意明白，須要添字，則加括弧以示區别。

九、書内本文和廣證引書遇紀元年數，概用括弧附注公元年份於其下。

一〇、商本志林按條編次，查考頗不方便。今在各條之首，分卷編號，例如：［一·一］表示一卷十一則；［二·一一］表示二卷十一則。至於各條的内容大意，可以從新編分類總目的擬題裏查知。

趙本志林和仇池筆記各篇的題首亦加以編號，取便於新編分類總目的檢查。

一一、清代尤侗的讀東坡志林一卷，刊於西堂全集和昭代叢書裏。此書語多空泛，無關考證。

一二、佚文和歷代有關於本書的著録及題識等，輯録爲附編，列於書後，以備參考。

一三、别編東坡年表列於後，取知人論世之意。體例詳見本文。

一四、本書所述方面較廣，自知限於學識，錯誤和遺漏之處必多，熱望讀者賜以批評並指正。今僅選録其較有意義者數則附載於各篇之後。

東坡志林廣證卷一

記遊

一、記過合浦　全集卷七十一、東坡題跋（以下省稱題跋）卷六題作「書合浦舟行」。

余自海康〔一〕適合浦〔二〕，連日大雨，橋梁大全集、題跋及傅藻紀年録引並作盡。壞，水無津涯。自興廉村紀年録無村字。净行院〔三〕下乘小舟至官寨，聞自此全集、題跋此下有以字，紀年録有而字。西皆漲水，無復橋船。或勸乘蜑舟〔四〕原本脱舟字，從全集、題跋及紀年録補。並海即白石〔五〕。是日紀年録作年，疑非。六月晦，無月，碇宿大海中。天水相接，星河全集、題跋作踈星。滿天，起坐四顧，太息：「吾何數乘此險也！已紀年録作既。濟徐聞〔六〕，復厄於此乎〔七〕！」稚子過〔八〕全集、題跋作過子二字。在旁鼾睡，呼不應。所撰書，易、全集、題跋書易二字互倒。論語〔九〕，皆以自隨，而全集、題跋無而字。世未有別全集、題跋無別字。本。紀年録作書。撫紀年録作拊，同。之而嘆曰：「天未欲喪原本喪字作使從二字，據全集、題跋、紀年録改。全集、題跋無欲字。是也，全集、題跋是也作斯文。吾輩必濟〔一〇〕！」已而果然。

七月四日合浦記，時元符三年（一一〇〇）也〔一一〕。全集、題跋無此十三字。

〔廣證〕

〔一〕海康，今廣東海康縣。歐陽忞輿地廣記卷三十七雷州云：「海康縣本漢徐聞縣地，屬合浦郡。梁立南合州，隋爲合州，置海康縣。唐復爲南合州，改曰雷州。故徐聞縣本隋康，正（貞）觀二年（六二八）更名，皇朝開寶四年（九七一）省入。」

〔二〕合浦，元豐九域志卷九云：「廉州合浦郡，治合浦縣。」按東坡被命移廉州，故云「適合浦」。

〔三〕興廉村净行院，東坡有自雷適廉宿於興廉村净行院詩（詩集卷四十三），即作於自儋州奉命移廉州時也。詩云：「荒凉海南北，佛舍如雞棲。忽行榕林中，跨空飛栱枅。當門洌碧井，洗我兩足泥。高堂磨新甎，洞户分角圭。倒牀便甘寢，鼻息如虹霓。童僮不肯去，我爲半日稽。晨登一葉舟，醉兀十里溪。醒來知何處？歸路老更迷。」王文誥總案云：「興廉村在雷州城西四十五里，净行寺猶在。自村至廉皆陸，不聞其地有河出海口也。由此推之，公乃退回覓路。」按王象之輿地紀勝卷一百十八雷州云：「净行院，在敬德門外西湖之西北隅，舊號西山寺。有人竊興廉村净行院東坡先生所書院碑來，遂以爲額。」據此則南宋時净行院已爲西山寺之改名，其净行院舊址當不復可考，故象之未言。文誥所云之净行寺，是否即西山寺，尚須别考，但其非原來之净行院，可以斷言，則其地之距海遠近，自無須嘵舌。王氏偶失檢查，附辯於此。

〔四〕蜑，南方少數民族之一種。周去非嶺外代答卷三云：「以舟爲室，視水如陸，浮生江海者，蜑也。欽之蜑有三：一爲魚蜑，善舉網垂綸；二爲蠔蜑，善没海取蠔；三爲木蜑，善伐山取材。廣州有蜑一種，名曰盧停，善水戰。」宋圖經云：「蜑户以船爲生，居無室廬，專以捕魚自贍。」（輿地紀勝卷一百二十四引）

〔五〕白石，嘉慶重修一統志卷四百五十廉州府云：「白石山，在合浦縣東北六十里，山石皆白。 按九域志石康縣有白石鎮，應在山下。」 按宋時廉州合浦縣白石有鹽場，見宋會要輯稿第一百三十二冊，則其地瀕海可知。

〔六〕徐聞，即海康。 輿地紀勝卷一百十八云：「徐聞縣，元和志又云：其縣與南崖州澄邁縣對岸，相去約一百里。」 按徐聞縣宋初省入海康，至南宋乾道六年（一一七〇）復置，此文蓋用其舊稱。 東坡有六月二十日夜渡海詩云：「參横斗轉欲三更，苦雨終風也解晴。 雲散月明誰點綴，天容海色本澄清。 空餘魯叟乘桴意，粗識軒轅奏樂聲。 九死南荒吾不恨，兹游奇絶冠平生。」（詩集卷四十三）即自澄邁渡海至海康時作也。

〔七〕按嶺外代答卷一云：「聞之舶商曰： 自廣州而東，其海易行； 自廣州而西，其海難行； 自欽、廉而西，則尤爲難行。 蓋福建兩浙濱海多港，忽遇惡風，則急投近港。 若廣西海岸皆砂土，無多港澳，暴風卒起，無所逃匿。」廉州在廣州之西，當時渡海多險，故所言云然。

〔八〕過，東坡幼子，字叔黨。 東坡謫知英州，貶惠州，遷儋州，移廉州，過獨侍從。 宋史卷三百三十八有傳。 蘇轍子瞻和陶淵明詩集引云：「東坡先生謫居儋耳，寘家羅浮之下，獨與幼子過負擔渡海，葺茅竹而居之。」（欒城後集卷二十一） 按過是時年二十九歲，稱稚子者，猶言幼子也。

〔九〕宋史卷二百二藝文志有蘇軾易傳九卷，蘇軾書傳十三卷，蘇軾論語解四卷。 今易傳、書傳皆存，惟論語解未見。 蘇轍亡兄子瞻端明墓誌銘（以後省稱墓誌銘）云：「先君作易傳未完，疾革，命公述其志。 公泣受命，卒以成書，然後千載之微言焕然可知也。 復作論語説，時發孔氏之秘。 最後居海南，作書傳，推明上古之絶學，多先儒所未達。 既成三書，撫之歎曰：『今世要未能信，後有君子，當知我矣！』」（欒城後集卷二十二）餘參見商本志林卷一第二十一則廣證。

〔一〇〕車若水脚氣集云：本朝過嶺諸賢，雖不怨尤，亦不快活。東坡七千里渡海，有是快活。海濤洶洶，則曰：「天之未喪斯文也，吾儕必濟。」又曰：「平生萬事足，所欠惟一死。」

〔一一〕按宋哲宗（趙煦）元符三年（一一〇〇）正月己卯，帝卒。遺詔立弟端王爲帝，是爲徽宗（趙佶）。登位大赦，百官進秩一等。時東坡年六十五，自責授瓊州別駕昌化軍安置，居儋耳已三年，此時被命移廉州安置。宋史卷十九徽宗本紀云：「元符三年二月己亥，始聽政。四月丁巳，詔范純仁等復官宮觀，蘇軾等徙内郡居住。」王宗稷蘇文忠公年譜（以後省稱年譜）云：「元符三年庚辰，先生在儋州。五月，大赦，量移廉州安置。」紀年録云：「五月，被命移廉州安置。六月十七日過瓊州。二十日渡海作詩。二十五日，與秦少游相别於海康。七月四日記渡合浦。」此文即記自海康赴廉州途中事。全集卷二十四、經進東坡文集事略（以下省稱經進事略）卷二十六有移廉州謝上表，附録於後。

量移廉州表

使命遠臨，初聞喪膽；詔辭温厚，亟返驚魂；拜望闕庭，喜溢顔面。否極泰至，雖物理之常然；昔棄今收，豈罪餘之敢望。伏膺知幸，揮涕無從！中謝伏念臣頃以狂愚，再罹譴責，荷先帝之厚德，寬蕭律之重誅，投畀遐荒，幸逃鼎鑊。風波萬里，歎衰病以何堪；煙瘴五年，賴喘息之猶在。憐之者謂之已甚，嫉之者恨其太輕。考圖經止繫海隅，問風土疑非人世。食有併日，衣無禦冬。淒凉百端，顛躓萬狀。恍若醉夢，已無意於生還；豈謂優容，許承恩而近徙！雖云僥倖，實有夤緣。此蓋伏遇皇帝陛下，道本生知，性由天縱。舊勞于外，爰知小人之依；堪家多艱，監于先帝之德。奉聖母之慈訓，擇正人而與居。凡有嘉謀，出於睿斷。憫臣以孤忠援寡，察臣以衆忌獲愆，許以更新，庶使改過。雖天地有造化之大，不能使人之再生；雖父母有鞠養之恩，不能全身於必死。報期碎首，言豈渝心。濯去淤泥，已有遭逢之便；擴開雲日，復觀於變之時。此生豈敢求榮？處世但知緘默。

二、逸人遊浙東〔一〕

此文見商本卷十二第十三則。全集卷七十一、題跋卷六題作「書贈劉浙僧」。

到杭州商本、全集無州字。一遊龍井〔二〕，謁辯才〔三〕遺像。仍持密雲團〔四〕爲獻龍井。孤山〔五〕下有石室，室商本無下室字。前有六一泉〔六〕，白而甘，當往一酌。湖上壽星院〔七〕，原本無星字，據商本、全集及題跋補。竹極偉。其傍智果院〔八〕有參寥泉及新泉〔九〕，皆甘冷異常，當特原本作時，據全集、題跋改。往一酌，仍尋參寥子妙總師之遺迹〔一〇〕。見潁沙彌〔一一〕亦當致意。靈隱寺〔一二〕後高峯塔〔一三〕一上五里，上有僧不下三十餘年矣〔一四〕，不知今在否。亦可一往。元符二年（一〇九九）五月十六日東坡居士書〔一五〕。原本無此十四字，全集及題跋有，今據補。

〔廣證〕

〔一〕按宋時兩浙路，神宗熙寧七年（一〇七四）分爲兩路，尋合爲一。九年（一〇七六）復分，十年（一〇七七）復合。南渡後，復分臨安、平江、鎮江、嘉興四府，安吉、常、嚴三州，江陰一軍爲西路；紹興、慶元、瑞安三府，婺、台、衢、處四州爲東路，見宋史卷八十八地理志。此文所叙皆在杭州，屬兩浙西路，與題不合。疑劉僧或去浙東，路經杭州，東坡囑其訪問舊迹，故云然。但題終嫌不切，不如全集及題跋作「書贈劉浙僧」較善。劉僧無考。

〔二〕咸淳臨安志卷三十七云：「龍井，本名龍泓，吴赤烏中（二三八—二五〇），葛洪鍊丹於此。道西湖南山，登風篁嶺，澗泉泱泱，與幽花野草延緣山磴。更上嶺背，巖壑林樾皆老蒼，而西湖已蔽掩不可見。氣象愈清古，巖骨稜瘦，泉流渟涵，一泓清澈，即之凄然，相傳有龍在焉。觸石爲雲，禱者輒應，因建龍祠，曰惠濟廟。」

〔三〕辯才，俗姓徐，名元凈，字無象，杭之於潛人。生十年而出家，年二十五恩賜紫衣及「辯才」號。沈遘治杭，請住持上天竺。後退老於龍井。元祐六年（一〇九一）滅度，年八十一歲。具見蘇轍龍井辯才法師塔碑（欒城後集卷二十四）。咸淳臨安志卷八十七云：「辯才塔在龍井。塔前有海棠二株，乃師手植。蘇潁濱爲撰碑。」

東坡有贈上天竺辯才師詩云：「南北一山門，上下兩天竺；中有老法師，瘦長如鸛鵠。不知修何行？碧眼照山谷。見之自清涼，洗盡煩惱毒。坐合一都會，男女禮白足。我有長頭兒，角頰如犀玉，四歲不知行，抱負煩背腹。師來爲摩頂，起走趁奔鹿（此指東坡中子迨，生四年不能行，請辯才爲落髮摩頂祝之，不數日能行走如常兒事，見塔碑）。乃知戒律中，妙用謝羈束。何必言法華，佯狂啖魚肉。」（詩集卷七）此爲熙寧（一〇六八—一〇七七）中通判杭州時所作，時辯才尚住上天竺。又有二老亭詩，詩題云：「辯才老師退居龍井，不復出入。余往見之，嘗出至風篁嶺。左右驚曰：『遠公復過虎溪矣！』辯才笑曰：『杜子美不云乎，與子成二老，來往亦風流。』因作亭嶺上，名曰過溪，亦曰二老。謹次辯才韻。」詩云：「日月轉雙轂，古今同一邱。惟此鶴骨老，凜然不知秋。去住兩無碍，人天争挽留。去如龍出山，雷雨卷潭湫。來如珠還浦，魚鼈争駢頭。此生暫寄寓，常恐名實浮。我比陶令愧，師爲遠公優。送我還過溪，溪水當逆流。聊使此山人，承記『二老』游。大千在掌握，寧有離別憂？」（詩集卷三十二）此爲元祐中以龍圖閣學士知杭州時（一〇八九—一〇九一）作，時辯才已退居龍井，（按秦觀淮海集卷三十八龍井記云：「元豐二年辯才法師元静自天竺謝講事，退休於此山之壽聖院，院去龍井一里。」）不久滅度。又龍井有東坡題名，一云：「元祐庚午（一〇九〇）辯才老師年始八十，道俗相慶。施千袈裟，飯千僧，七日而罷。眉山蘇軾子瞻、洛陽王瑜中玉、安陸張璹金翁、九江周燾次元來餽薌茗。二月晦日書。」二云：「蘇軾、錢勰、江公著、柳雍，同謁龍井辯才。元祐六年（一〇九一）正月七日。」（咸淳臨安志卷七十八）全集卷六十三、後集卷十六有祭龍井辯才文。又跋舊與辯才書云：「軾平生與辯才道眼相照之外，緣契冥符者多矣。」（全集卷六十九，題跋卷四）可見二人交誼之厚。咸淳臨安志卷七十八云：「龍井延恩衍慶院，在風篁嶺。乾祐二年（九四九）居民凌霄募緣建造。舊額報國看經院，熙寧（一〇六八—一〇七七）改壽聖院。淳祐六年（一二四六）改今額。元豐二年（一〇七九）辯才大師元净自天竺退休兹山，始鼎新棟宇及游覽之所。有過溪亭、德威亭、歸隱橋、方圓菴、寂室、照閣、趙清獻公閒堂、訥齋、潮音堂、滌心沼、獅子峯、薌埵石，山川勝槩，一時顯露。而二蘇（軾、轍）、趙（抃）、秦（觀）諸賢皆與辯才爲方外交，名章大篇，照映泉石。龍井古荒刹由是振顯，豈非以其人乎？」

〔四〕密雲團，密雲龍團茶，貢茶之佳者。熊蕃宣和北苑貢茶録云：「太平興國（九七六—九八三）初特置龍鳳模，遣使臣即北苑造團茶，以別庶飲，龍鳳茶蓋始于此。慶曆（一〇四一—一〇四八）中，蔡君謨將漕，創造小龍團以進。自小團出而龍鳳遂爲次矣。元豐（一〇七八—一〇八五）間有旨造密雲龍，其品又加于小團之上。紹聖（一〇九四—一〇九七）間改爲瑞雲翔龍。」按東都事略卷一百十六廖正一傳云：「元祐中，蘇軾在翰苑。軾門人黃、秦、張、晁，世謂之四學士，每過軾，軾必取密雲龍瀹以飲之。正一詣謝，軾亦取密雲龍以待正一。由是正一之名亞于四人者。」又樂府卷三行香子茶詞云：「綺席纔終，歡意猶濃。酒闌時，高興無窮。共誇君賜，初拆臣封。看分香餅，黃金縷，密雲龍。」是密雲龍茶爲東坡所喜嗜，且嘗以餉嘉客者。

〔五〕孤山，咸淳臨安志卷二十三云：「在西湖中稍西，一嶼聳立，旁無聯附，爲湖山勝絕處。舊有智果觀音院、瑪瑙寶勝院、報恩院、廣化寺，中興詔它徙。」東坡臘日遊孤山訪惠勤惠思二僧詩云：「天欲雪，雲滿湖，樓臺明滅山有無。水清出石魚可數，林深無人鳥相呼。」又云：「孤山孤絕誰肯廬？道人有道山不孤。」（詩集卷七）

〔六〕東坡六一泉銘叙云：「歐陽文忠公將老，自謂六一居士。予昔通守錢塘，見公於汝陰而南。公曰：『西湖僧惠勤甚文而長於詩，吾昔爲山中樂三章以贈之。子閒於民事，求人於湖山間而不可得，則往從勤乎？』予到官三日，訪勤於孤山之下，抵掌而論人物，曰：『公，天人也。人見其暫寓人間，而不知其乘雲馭風歷五嶽而跨滄海也。此邦之人，以公不一來爲恨。公麾斥八極，何所不至？雖江山之勝，莫適爲主，而奇麗秀絶之氣，常爲能文者用。故吾以謂西湖蓋公几案間一物耳。』勤語雖幻怪，而理有實然者。明年公薨，予哭於勤舍。又十八年，予爲錢塘守，則勤亦化去久矣。訪其舊居，則弟子二仲在焉，畫公與勤之像，事之如生。舍下舊無泉，予未至數月，泉出講堂之後，孤山之趾。汪然溢流，甚白而甘。即其地鑿巖架石爲室。二仲謂予：『師聞公來，出泉以相勞苦，公可無言乎？』乃取勤舊語，推本其意，名之曰『六一泉』。」（全集卷十九、前集卷二十）咸淳臨安志卷二十三云：「六一泉，舊在報恩院。」

〔七〕咸淳臨安志卷七十九云：「壽星院在葛嶺，天福八年（九四三）建。有寒碧軒、此君軒、觀臺、盃泉，東坡皆有詩。按坡公答陳師仲書云：『在杭州，嘗游壽星院。入門便悟曾到，能言其院後堂殿山石處。』故詩中嘗有『前生已到』之語。諸詩皆有石刻。寺有坡公祠。」東坡壽星院寒碧軒詩云：「清風肅肅搖窗扉，窗前修竹一尺圍。紛紛蒼雪落夏簟，冉冉綠霧沾人衣。日高山蟬抱葉響，人靜翠羽穿林飛。道人絶粒對寒碧，爲問鶴骨何緣肥？」又西湖壽星院此君軒云：「卧聽謖謖碎龍鱗，俯看蒼蒼立玉身。一舸鴟夷江海去，尚餘君子六千人。」（並見詩集卷三十二）二詩正詠壽星院之竹偉而盛。

〔八〕咸淳臨安志卷七十九云：「上智果院，開運元年（九四四）錢氏建。元祐中，守蘇文忠公重建法堂，有題梁。有參寥泉，僧道潛號參寥子，初住智果。」

〔九〕咸淳臨安志卷三十八云：「參寥泉，元祐四年（一〇八九）參寥子住上智果寺，寺有泉，東坡因以『參寥』名之。」東坡參寥泉銘敍云：「予謫居黄，參寥子不遠數千里，從予於東城，留期年。嘗與同游武昌之西山，夢相與賦詩，有『寒食清明，石泉槐火』之句，語甚美，而不知其所謂。其後七年，予出守錢塘，參寥子在焉。明年，卜智果精舍居之。又明年，新居成，而予以寒食去郡，實來告行。舍下舊有泉，出石間。是月又鑿石得泉，加冽。參寥子擷新茶，鑽火煮泉而瀹之，笑曰：『是見於夢九年，衛公之爲靈也久矣！』坐人皆悵然太息，有知命無求之意。乃名之參寥泉。」（全集卷十九、續集卷十）又參寥上人初得智果院分韻得心字詩有云：「雲崖有淺井，玉醴常半尋。遂名參寥泉，可濯幽人襟。」（詩集卷三十一）

〔一〇〕東坡次韻僧潛見贈詩（詩集卷十六），施元之注云：「僧道潛，字參寥，於潛人。能文章，尤喜爲詩。嘗有句云：『風蒲獵獵弄輕柔，欲立蜻蜓不自由。五月臨平山下路，藕花無數滿汀洲。』過東坡於彭城，甚愛之。以書告文與可，謂其詩句清絶，與林逋上下。而通了道義，見之令人蕭然。坡守吳興，會於松江。坡既謫居，不遠二千里，相從於齊安，留期年。遇移汝海，同游廬山，有次韻留别詩。坡守錢塘，卜智果精舍居之，入院分韻賦詩，又作參寥泉銘。坡南遷，遂欲轉海訪之，以書力戒勿萌此意。自揣餘生必須相見。當路亦捃其詩語，謂有刺譏，得罪，反初服。建中靖國初（一一〇一），曾子開在翰苑，言其非罪，詔復薙髮。」東坡與參寥子書九云：「呂丞相爲公奏得妙總師號。」（全集卷六十一）此書作於帥定州日。呂丞相謂呂大防。則參寥賜號妙總師在元祐八年（一〇九三）。

道潛歸俗編管事，詳於張邦基墨莊漫録卷一，云：「呂温卿爲浙漕，既起錢濟明獄，又覆廖明略事（按錢名世雄，廖名正一，皆東坡之客），二人皆廢斥。復欲網羅參寥，未有以中之。會有僧與參寥有隙，言參寥度牒買名。蓋參寥本名曇潛，因子瞻改曰道潛。温卿索牒驗之，信然，竟坐刑之。歸俗，編管兖州。」與施注所言不同。（風月堂詩話謂參寥返服由湖上絶句詩起，則略同施注。）此時東坡已知參寥編管，故文内囑劉僧致問於潁沙彌。遺迹謂道潛在智果院修法之迹，因其歸俗不返，故云遺迹。又按道潛與東坡、秦觀往來最密，屢見於二家詩文。故陳師道送參寥序云：「妙總師參寥，大覺老之法嗣，眉山公之客，而少游氏之友也。」（後山集卷十一）東坡集中時見稱許。但葉夢得頗譏議之。石林避暑録話卷四云：「道潛初無能，但從文士往來，竊其緒餘，並緣以見當世名士，遂以口舌論説時事，譏評人物，因見推許。」恐非篤論。

〔一一〕法潁沙彌乃道潛之法孫，見本書卷二付僧惠誠游吳中代書廣證。東坡與參寥子書十六云：「潁沙彌書迹巉聳，可畏。他日真妙總門下龍象也，老夫不復止以詩句字畫期之矣。」（全集卷六十一、續集卷七）此書作於儋州。

〔一二〕咸淳臨安志卷八十云：「景德靈隱寺在武林山，東晉咸和元年（三二六）梵僧慧理建。舊名『靈隱』，景德四年（一〇〇七）改『景德靈隱禪寺』。靈隱、天竺兩山由一門而入，陸羽記云：『南天竺，北靈隱。』有百尺彌勒閣、蓮峯堂、白雲菴、千佛殿、巢雲亭、延賓水閣、望海閣。」

〔一三〕咸淳臨安志卷八十二云：「北高峯塔，天寶中（七四二—七五六）邑人建。高七層，屢壞屢修。中藏古佛舍利。元豐間，長老圓明大師重建。」

〔一四〕東坡遊靈隱高峯塔詩云：「言遊高峯塔，蓐食治野裝。火雲秋未衰，及此初旦涼。霧霏巖谷暗，日出草木香。嘉我同來人，久便雲水鄉。相勸小舉足，前路高且長。古松攀龍蛇，怪石坐牛羊。漸聞鐘磬音，飛鳥皆下翔。入門空有無，雲海浩茫茫。惟見聾道人，老病時絶糧。問年笑不答，但指穴藜牀。心知不復來，欲歸更傍徨。贈别留匹布，今歲天早霜。」（詩集卷十二）此詩作於通判杭州時，詩中之「聾道人」即文内所言之「僧」。

〔一五〕元符二年（一〇九九）己卯，東坡年六十四，時在儋州。王文誥總案云：「劉僧還浙西，時參寥已還俗，編管兖州。公使之通問潁沙彌，書一帖贈行。」

三、記承天夜游

元豐六年十月十二日年譜引無日字。夜，解衣欲睡，月色入户，欣然起行。念無與全集卷七十七、題跋卷六與下有爲字。樂者，遂至承天寺〔一〕尋張懷民〔二〕。懷民亦未寢，卧游録作寐。相與步於中庭。庭下年譜、卧游録作中。如積水空明，水中藻荇交横，蓋竹柏影也。

何夜無月？何處無竹柏？但少閑人如吾兩人全集、題跋人下有者字。耳〔三〕。

〔廣證〕

〔一〕嘉慶一統志卷三百四十一黃州府云：「承天寺，在黃岡縣南。宋蘇軾有夜遊記。」即指此文。

〔二〕張懷民，又見於商本卷九第三則（張懷民與張昌言圍棋賭僕書字一紙）、全集卷七十、題跋卷五書懷民所遺墨及樂府卷二南歌子（黃州臘八日飲懷民小閣）。王文誥總案云：「懷民即清河張夢得，謫居於黃，故云『兩閑人』也。」按張夢得，即蘇轍黃州快哉亭記所云「清河張君夢得謫居齊安，即其廬之西南爲亭」者。東坡與滕達道書云：「張夢得嘗見之，佳士佳士！」（全集卷五十一）又據南歌子詞云：「衛霍元勳後，韋平外族賢」，則當爲功勳貴戚之後人。

〔三〕按元豐六年（一〇八三），東坡年四十八，在黃州團練副使任，敕本州安置，不得簽書公事，故云「閑人」。

四、遊沙湖 商本卷九第十一則。全集卷六十八、題跋卷三題作「書清泉寺詞」。

黃州〔一〕東南三十里爲沙湖〔二〕，亦曰螺師店，詩話總龜卷四十六引百斛明珠師作螄。予全集、題跋予下有將字，苕溪漁隱叢話卷三十八同。買田其間，因往相田〔三〕得疾，聞麻橋〔四〕人龐安常〔五〕全集、題跋常作時，下同。善醫而聾，遂往求療〔六〕。全集、題跋無「遂往求療」四字。安常雖聾而穎悟絕全集、題跋作過。人，以指原本誤作紙，據商本、全集及題跋改。畫字，書不商本作不書，殆誤。全集、題跋作不盡，總龜、叢話並同。數字，輒深了總龜作會。人意。全集、題跋深了人意作「了人深意」。余戲之曰：「余以手爲口，君以眼爲耳，皆一時異人也。」

疾愈，與之同遊清泉寺〔七〕。寺在蘄水郭門外二里許，有王逸少洗筆泉〔八〕。水極甘，下臨蘭溪〔九〕，溪水西流。余作歌〔一〇〕云：「山下蘭芽總龜作牙。短浸溪，松間沙路净無總龜作如。泥。蕭蕭暮雨子規啼。誰道人生無全集、題跋作難。再少，君看東坡樂府卷二君看作門前。流水商本作水流。尚能西。休將白髮唱黃雞〔一一〕。」是日劇全集、題跋、總龜、叢話並作極。飲而歸〔一二〕。

〔廣證〕

〔一〕元豐九域志卷五淮南西路「黃州，齊安郡，治黃岡縣。」張耒明道雜志云：「黃州蓋楚東北之鄙，與蘄、鄂、江、沔、光、壽一大藪澤也。其地多陂澤丘阜而無高山，江流其中，故其民有魚稻之利；而深山溪澗往往可灌溉，故農惰而田事不修。其商賈之所聚，而田稍平坦，輒爲叢落。數州皆大聚落也，而黃之陋特甚。名爲州而無城郭，西以江爲固，其三隅略有垣壁，間爲藩籬，因堆阜攬草蔓而已。城中居民纔十二三，餘皆積水荒田，民耕漁其中。方盛夏時，草蔓蒙密，綿亘衢路。其俗褊迫儉陋而機巧。語音輕清類荊楚，而重濁類江左。雖瀕江，而大風雨、大寒暑，輒無魚。」張耒謫官黃州距離東坡居黃時不遠，所言風土民俗大致相同，録之以見當時齊安情況。又陸游入蜀記云：「至黃州。州最僻陋少事，杜牧之所謂『平生睡足處，雲夢澤南州』。然自牧之、王元之出守，又東坡先生、張文潛謫居，遂爲名邦。」（渭南文集卷四十六）

〔二〕沙湖，黄岡縣七鎮之一，見元豐九域志卷五。（湖北通志卷十云：「沙湖在（黄岡）縣東南三十里，東坡嘗買田於此。一名螺螄店。」即據此文。）

〔三〕東坡樂府卷二定風波題云：「三月七日，沙湖道中遇雨。雨具先去，同行皆狼狽，余獨不覺。已而遂晴。」（王文誥總案云：「公以相田，至沙湖道中遇雨作。」）又商本志林卷六第六則云：「吾昔求地蘄水，田在山谷間。」

〔四〕湖北通志卷三十七云：「麻橋在（蘄水縣）城東南十五里，湯民碧建，宋龐安常居此。」

〔五〕龐安常又見於本書卷一龐安常耳聵及卷三參寥求醫、單驤孫兆，可參。張耒龐安常墓誌云：「君諱安時，字安常，蘄州蘄水人。其父諱之慶，君問醫于父。已而病聾，乃益讀靈樞、太素、甲乙諸秘書，凡經傳百家之涉其道者，靡不貫通，時時爲人治病，有奇功，率十愈八九。而君好施而廉，于是有輿疾自千里踵門求治者，君爲闢第舍居之，親視饘粥藥物，既愈而後遣之。如是常數十百人不絶也。其不可爲者，必實告之，亦不復爲治。戊寅之春，余見君于蘄水山中，告余曰：『察脉之要，莫急于人迎寸口。是二脉陰陽相應如兩引繩，陰陽均則繩之大小等。凡平人之脉，人迎大于春夏，寸口大于秋冬。何謂人迎？喉旁取之，内經所謂別于陽者也。越人不盡取諸穴之脉，但取手太陰之行度，魚際後一寸九分，以配陰陽之數，而得關格之脉。然不先求喉手引繩之義，則脉尺寸陰陽關格之所起，寸四倍于尺，則上魚際而爲溢。故言溢者寸倍尺極矣。溢之脉一名外關，一名内格，一名陰乘之脉。曰外關者，自關以上，外脉也；陰拒陽而出，故曰外格。陰生于寸，動于尺，今自關以上溢于魚際，而關以後伏行，是爲陰壯乘陽而陽竭。陽竭則死，脉有是者死矣。此所謂寸四倍于人迎，爲關陰之脉者也。關以後脉當取一寸而沈，過者謂尺中倍于寸口；至三倍，則八寸而爲覆。故言覆者尺倍寸極矣。覆之脉，一名曰内關，一名曰外格，一名曰陽乘之脉。曰内關者，自關以下内脉也。外格者，陽拒陰而内入也。陽生于尺，動于寸，今自關以下覆入赤澤，而關以前脉伏行，則爲陽亢乘陰而陰竭。陰竭亦死，脉有是者死矣。此所謂人迎四倍于寸口，爲格陽之脉也。經曰：人迎與寸口皆盛，過四倍則爲關格。關格之脉羸不能極天地之精氣而死。所謂關格者，覆溢是也。雖然，獨覆獨溢，則補瀉以生之。尺部一盛，瀉足少陽，補足厥陰；二盛，瀉足太陰，補足少陰；三盛，瀉足陽明，補足太陰；皆一瀉而一補之。四盛則三陽極，導之以針，當盡取少陽、太陰、陽明之穴。脉静者取三陽于足，脉數者取于手。瀉陽二當補于陰一，至寸而反之。脉有九候者，寓浮中沈于寸關尺也。且越人不取十二經諸穴，直以二經配合于手。太陰行度自尺至寸，一寸九分之位復分三部，部中有浮中沈以配天地人也。』又曰：『中風木，傷寒金，濕水熱火，温病起于濕，濕則土病，土病而諸臟受害，其本生于金木水火四臟之變也。陽浮陰濡爲風温；陽數陰實爲温毒；陽濡陰急爲濕温；陰陽俱盛爲温瘧。其治之也，風温取足，厥陰木，手少陰火；温毒專取少陽火，傷寒取手□陰金，手少陰火；温濕取足，少陰水。鄉人皆謂我能與傷寒語，我察傷寒與四温之變，辨其疑似而不可亂也，故定陰陽于喉手，配覆溢于尺寸，寓九候于浮沈，分四温于傷寒，此皆扁鵲略開其端，而余參以内經諸書，考究而得其説。審而用之，順而治之，病不得逃焉。』君爲予言者尚多，獨著其大者。又曰：『予欲以其術告後世，故著難經解數萬言。觀草木之性，與五臟之宜，秩其職位，官其寒熱，班其奇偶，以療百疾，著至對集一卷。古今異宜，方術脱遺，備傷寒之變，補仲景傷寒論。藥有後出，古所未知，今不能辨，嘗試有功，不可遺也。作本草補遺一卷。卒年五十有八。」（張右史文集卷五十八）按龐安時爲當時民間之高醫，著述甚富，惜今存者僅傷寒總病一書。此誌記其論脈論醫頗詳，或與中醫文獻有關，故備載之，餘從略。宋史卷四百六十二方技傳有傳。

東坡與安時友善，文中屢及之。聖散子方序云：「蘄水人龐君安時以善醫聞於世，又善著書。」

〔六〕東坡與陳季常書三云：「近因往螺師店看田。既至境上，潘尉與龐醫來相會。因視臂腫，云：『非風氣，乃藥食毒也。非鍼去之，恐作瘡乃已。』遂相率往麻橋龐家，住數日，鍼療尋如其言，得愈矣。」又云：「所看田，乃不甚佳，且罷之。蘄水溪山乃爾秀邃耶？龐醫熟接之，乃奇士。」（全集卷五十三、續集卷五）從此書可知買田未成，本書別文甫子辯亦云：「欲買田而老焉，然竟不遂。」而謂龐醫「奇士」與下文「一時異人」可互證。

〔七〕湖北通志卷十六云：「清泉寺在（蘄水）縣治東北二里，唐貞元中建。鑿井得泉，清冽，故名。劉禹錫、蘇軾、魏了翁皆游此，所詠詩尚存。」

〔八〕同書云：「洗筆池在縣東二里清泉寺，世傳王羲之洗筆於此。今池畔小竹，猶漬墨痕。」余章三泉記云：「鳳山之陰，蘭溪之陽，有泉出石罅，爲蘭溪。其在寺庭之除，爲陸羽烹茶之泉。其在鳳山之陰，爲逸少澤筆之井。」（輿地紀勝卷四十七引）

〔九〕輿地紀勝卷四十七云：「蘭溪水在蘄水縣，源出苦竹山，其側多蘭，唐以此名縣。」又引余章三泉紀云：「蘭溪於茶經之品第三，藏諸水底，出則隨溪流無停積，故常新潔不陳敗，甘美而善泛，清徹而不亂也。茶之所最宜。」

〔一〇〕此詞又見於樂府卷二浣溪沙，題云：「游蘄水清泉寺，寺臨蘭溪，溪水西流。」

〔一一〕白居易醉歌詩云：「誰道使君不解歌？聽唱黃雞與白日。黃雞催曉丑時鳴，白日催年酉前没。」（白氏長慶集卷十二）

〔一二〕王文誥總案係此文於元豐五年（一〇八二）壬戌，時年四十七歲，在黄州。年譜云：「是年三月，先生以事至蘄水。又有春夜行蘄水，過酒家飲酒，乘月至一橋上，曲肱少休，作西江月詞。又游蘄水清泉寺，作浣溪沙詞。」（譜據悼徐德占詩叙以定繫年，王案據譜。）按樂府卷二西江月叙云：「頃在黄州，春夜行蘄水中，過酒家，飲酒醉。乘月至一溪橋上，解鞍，曲肱醉卧，少休。及覺已曉，亂山攢擁，流水鏘然，疑非塵世也。書此語橋柱上。」詞云：「照野瀰瀰淺浪，横空隱隱層霄。障泥未解玉驄驕，我欲醉眠芳草。可惜一溪風月，莫教踏碎瓊瑶。解鞍攲枕緑楊橋，杜宇一聲春曉。」與此文略可見當時東坡在蘄水之情懷。

五、記遊松江 全集卷七十一、題跋卷六作「書遊垂虹亭」。

吾昔自杭移高密〔一〕，與楊元素〔二〕同舟，而陳令舉〔三〕、張子野〔四〕皆從余全集、題跋作吾。過李公擇〔五〕於湖〔六〕，遂與劉孝叔〔七〕俱至松江〔八〕。夜半月出，置酒垂虹亭〔九〕上。子野年八十五〔一〇〕，以歌詞聞於天下，作定風波令。其略云：「見説賢人聚吴分，試問，也應傍有老人星〔一一〕。」坐客懽甚，有醉倒者，此樂未嘗忘也〔一二〕。

今七年耳〔一三〕，子野、孝叔、令舉皆爲異物，而松江橋亭，今歲七月九日，海風駕原本作架，據全集、題跋、苕溪漁隱叢話後集卷三十九改。潮，平地丈餘，蕩盡無復孑遺矣！追思曩時，真一夢耳！全集、題跋作也。元豐四年十月二十日原本作「十二月十二日」，全集及題跋作「十月二十日」。按年譜未載明月日，但云：「記遊松江説、聞捷詩。」按聞捷詩在十月二十二日，此文在前，故據題跋月日改。黄州臨臯亭〔一四〕夜坐書〔一五〕。

全集、題跋無「亭夜坐」三字。

〔廣證〕

〔一〕年譜熙寧七年（一〇七四）甲寅云：「先生年三十九，在杭州通判任。先生以子由在濟南，求爲東州守。」案蘇轍超然臺賦叙云：「子瞻通守餘杭，三年不得代，以轍之在濟南也，求爲東州守，既得請高密。五月，乃有移知密州之命。」亦引此文。紀年録云：「九月，移知密州，十月赴密州，十一月三日到任。」高密即密州，宋時屬京東東路。元豐九域志卷一云：「密州，高密郡，安化軍節度，治諸城縣。」

〔二〕楊繪，字元素，漢州綿竹人。舉進士。神宗時官翰林學士，出知杭州，官至天章閣待制。東都事略卷九十二、宋史卷三百二十二並有傳。按楊繪知杭州二次，一在神宗朝熙寧時，一在哲宗朝元祐時，此謂第一次。乾道臨安志卷三牧守云：「熙寧七年（一〇七四）六月己巳，以知應天府翰林侍讀學士尚書禮部侍郎楊繪知杭州。」注云：「與陳襄兩易其任。」又案志云：「熙寧七年九月丙申，徙知潭州尚書刑部郎中天章閣待制沈起知杭州。」是繪知杭州僅三月。

〔三〕宋史卷三百三十一本傳（附張問傳）云：「（陳）舜俞，字令舉，湖州烏程人。博學强記，舉進士又舉制科第一。熙寧三年（一〇七〇）以屯田員外郎知山陰縣。青苗法行，舜俞不奉令，上疏自劾。奏上，責監南康軍鹽酒税。五年而卒。蘇軾爲文哭之。」東坡與周開祖書一云：「自杭至吴興見公擇，而元素、子野、孝叔、令舉皆在湖，燕集甚盛。」又云：「令舉特來錢塘相別，遂見送至湖。」（全集卷五十六、續集卷五）即謂此遊。（瀛奎律髓卷四十二有陳令舉和開祖丹陽別子瞻後寄詩。）

令舉死後，東坡與周開祖書二云：「令舉逝去，令人不復有意於兹世！細思此公所以不壽者而不可得，不免爲之出涕。」（全集卷五十六）又與周開祖書四云：「到郡（湖州）不見令舉，此恨何極！嘗奠其殯，不覺一慟！」（全集卷五十六）又祭陳令舉文云：「天之生令舉，初善有意厚其學術而多其才能，蓋已兼百人之器。既發之以科舉，又輔之以全名，使取重於天下者若將畀之以位。而令舉亦能因天之所予而日新之，慨然將以身任天下之事。夫豈獨其自任，將世之士大夫識與不識莫不望其如是。是何一奮而不顧以至於斥？一斥而不復以至於死？嗚呼哀哉！」（全集卷六十三、前集卷三十五）語極沉痛真摯。故陸游跋云：「東坡前後集祭文凡四十首，惟祭賢良陳公辭旨最哀，讀之使人感歎流涕。」（渭南文集卷二十八）東坡之愛重令舉於此可見。

〔四〕厲鶚宋詩紀事卷十二張先小傳云：「張先字子野，烏程人。天聖八年（一○三○）進士，嘗知吴江縣，仕至都官郎中。有安陸集。」陳正敏遯齋閑覽云：「郎中張子野以樂章擅名。宋子京往見之，先令人戲曰：『尚書欲見雲破月來花弄影郎中。』子野屏後呼曰：『得非紅杏枝頭春意鬧尚書耶？』」（曾慥類説卷四十七引）古今詩話云：「有客謂張子野曰：『人皆謂公爲張三中，即心中事、眼中淚、意中人也。』公曰：『何不目我爲張三影，雲破月來花弄影；嬌柔懶起，簾櫳壓花影；柳徑無人，墜風絮無影；此予平生得意也。』」（同上卷五十六引）周密齊東野語卷十五云：「本朝有兩張先，皆字子野。其一博州人，天聖三年（一○二五）進士，歐陽公爲作墓誌。其一天聖八年（一○三○）進士，則吾州人也。二人名姓字偶皆同，而又適同時，不可不知也。」

東坡祭張子野文云：「惟予子野，歸及强鋭。優游故鄉，若復一世。遇人坦率，真古愷悌。厖然老成，又敏且藝。清詩絶俗，甚典而麗。搜研物情，刮發幽翳，微詞宛轉，蓋詩之裔。坐此而窮，鹽米不繼。歡歌自得，有酒輒詣。我官于杭，始獲擁篲。歡欣忘年，脱略苛細。送我北歸，屈指默計。死生一訣，流涕挽袂。我來故國，實五周歲。不我少須，一病遽蜕！」（全集卷六十三、前集卷三十五）文内「送我北歸」下四句，即叙此會。按張先以詞著名，然東坡頗賞其詩，參見仇池筆記卷下張子野詩條。

〔五〕李常字公擇，南康軍建昌人。舉進士，哲宗時，官至吏部侍郎。東都事略卷九十二、宋史卷三百四十四並有傳。常爲黄庭堅之母舅，與東坡極友善。少時力學，讀書于廬山僧舍，蓄書萬卷，留置遺後學，東坡爲撰李氏山房藏書記。

東坡與李公擇書三云：「孝叔丈向有徑山之約，今已不遂。無緣一别，且乞致意。陳令舉有書來云相次去奉謁，相聚必歎。東萊所乏，茶與柑橙，而君地生焉，可各致少許爲贐。若要瓜虀，到任後當寄獻。」（全集卷五十一）此書作於離杭赴高密任時，在此遊之前後。

〔六〕湖，湖州，宋屬兩浙路。元豐九域志卷五云：「湖州，吴興郡，昭慶軍節度，治烏程、歸安二縣。」時李常爲湖州太守。

〔七〕劉述字孝叔，吴興人。舉進士，官至侍御史。東都事略卷七十八、宋史卷三百二十一並有傳。東坡寄劉孝叔詩云：「君王有意誅驕虜，椎破銅山鑄銅虎。聯翩三十七將軍，走馬西來各開府。南山伐木作車軸，東海取鼉漫戰鼓。汗流奔走誰敢後，恐乏軍興汙資斧。保甲連村團未遍，方田訟牒紛如雨。爾來手實降新書，抉剔根株窮脈縷。詔書惻怛信深厚，更能淺薄空勞苦。平生學問只流俗，衆裏笙竽誰比數？忽令獨奏鳳將雛，倉卒欲奏那得譜？況復連年苦饑饉，剥囓草木啖泥土。今年雨雪頗應時，又報蝗蟲生翅股。憂來洗盞欲强醉，寂寞虚齋卧空甀。公厨十日不生煙，更望紅裙踏筵舞。故人屢寄山中信，只有當歸别無語。方將雀鼠偷太倉，未肯衣冠掛神武。吳興丈人真得道，平生立朝非小補。自從四方冠蓋鬧，歸作二浙湖山主。高蹤已自雜漁釣，大隱何曾棄簪組。去年相從殊未足，問道已許談其粗。逝將棄官往卒業，俗緣未盡那得睹！公家只在霅溪上，上有白雲如白羽。應憐進退苦皇皇，更把安心教初祖。」（詩集卷十三）按事略本傳云：「王安石始參知政事，述數上論。既而與同時御史劉錡、錢顗極論安石，貶知江州。」詩多咏其事。

〔八〕松江，太湖之支流，即吳淞江，亦名松陵江，古稱笠澤。太平寰宇記卷九十一蘇州吳縣下云：「松江，郡國志云：禹貢三江：吳郡南松江、錢塘江、浦陽江是也。按江有自太湖出湖海，屈曲七百里，出鱸魚。」錢大昕十駕齋養新録卷二十云：「唐人詩文稱松江者，即今吳江縣地，非今松江府也。松江首受太湖，經吳江、崑山、嘉定、青浦至上海縣合黃浦入海，亦名吳松江。唐時未有吳江縣，則松江上流爲吳縣南境。士大夫游宦，自蘇至湖、杭二州，皆取道焉。元升華亭縣爲松江府，自是松江之名移於華亭。」按此文所記正自杭湖二州取道游松江。

〔九〕輿地紀勝卷五云：「垂虹亭在吳縣。利往橋東西千餘尺，用木萬計。前臨具區，橫絶松陵，湖光海氣，蕩漾一色，乃三吳之絶景。橋有亭曰垂虹。」按龔明之中吳紀聞卷一云：「張子野宰吳江日，嘗賦詩云：『春後銀魚霜下鱸，游人曾到合思吳。欲圖江色不上筆，静覓鳥聲深在蘆。落日未昏聞市散，青天都静見山孤。橋南水漲虹垂影，清夜澄光合太湖。』爲當時之絶唱。」所詠當時當地景物，可以略推。

〔一〇〕東坡又有張子野年八十五尚聞買妾詩（詩集卷十一）。葉夢得石林詩話卷下云：「張先郎中，字子野，能爲詩及樂府，至老不衰。居錢塘，蘇子瞻作倅，時先生年已八十餘。」

〔一一〕張子野詞補遺有此詞全文。題云：「霅溪席上，同會者六人：楊元素侍讀、劉孝叔吏部、子瞻、公擇二學士、陳令舉賢良。」詞云：「西閣名臣奉詔行，南牀吏部錦衣榮。中有瀛仙賓與主，相遇，平津選首更神清。　溪上玉樓同宴喜，歡醉，對堤杯葉惜秋英。盡道賢人聚吳分，試問，也應旁有老人星。」

〔一二〕按東坡樂府卷一有移守密州時與楊元素唱和詞數首，今録一首於後。

浣溪沙　自杭移密守，席上别楊元素，時重陽前一日。

縹緲危樓紫翠間，良辰樂事古難全。感時懷舊獨凄然！　璧月瓊枝空夜夜，菊花人貌自年年。不知來歲與誰看！

〔一三〕自熙寧七年（一〇七四）至元豐四年（一〇八一），凡七年。

〔一四〕臨皋亭，東坡在黄州時嘗寓，詳見本書卷四臨皋閑題。

〔一五〕按是年東坡年四十六，在黄州團練副使任。此文係感舊懷友而作。東坡有次韻答元素詩，叙云：「余舊有贈元素詞云：『天涯同是傷流落。』元素以爲今日之先兆，且悲當時六客之存亡。六客蓋張子野、劉孝叔、陳令舉、李公擇及元素與余也。」詩云：「不愁春盡絮隨風，但喜丹砂入頰紅。流落天涯先有識，摩挲金狄會當同。蘧蘧未必都非夢，了了方知不落空。莫把存亡悲六客，已將地獄等天宮。」（詩集卷二十一）（按吳聿觀林詩話云：「東坡在湖州，甲寅年與楊元素、張子野、陳令舉由苕霅泛舟至吳興。東坡家尚出琵琶，并沈仲宅犀玉，共三面胡琴。又州妓一姓周，一姓邵，呼爲二南。子野賦六客辭。後子野、令舉、孝叔化去，唯東坡與元素、公擇在爾。元素因作詩寄坡云：『仙舟游漾霅溪風，三奏琵琶一艦紅。門望喜傳新政異，夢魂猶憶舊懽同。二南籍裏知誰在？六客堂中已半空！細問人間爲宰相，争如願住水晶宫。』」即謂此事。）時楊繪貶荆南節度副使，與東坡重見於黄州。又有定風波詞，叙云：「余昔與張子野、劉孝叔、李公擇、陳令舉、楊元素會於吴興。時子野作六客詞，其卒章云：『見説賢人聚吴分，試問，也應旁有老人星。』凡十五年，再過吴興，而五人者皆已亡矣！時張仲謀與曹子方、劉景文、蘇伯固、張秉道爲坐客。仲謀請作後六客詞云。」詞云：「月滿苕溪照夜堂，五星一老鬬光芒。十五年間真夢裏，何事？長庚配月獨凄凉。緑髮蒼顔同一醉，還是，六人吟笑水雲鄉。賓主談鋒誰得似，看取，曹劉今對兩蘇張。」（樂府卷二）此在元祐四年（一〇八九）己巳，距熙寧七年（一〇七四）甲寅凡十五年。時東坡年五十四，除龍圖閣學士出知杭州，過吴興而作。（見年譜。）吴興郡圃有六客堂，（苕溪漁隱叢話後集卷三十九作「六客亭」。）輿地紀勝卷四云：「知州事李常作六客詞。元祐中，知州事張詢復立六客之集，作六客詩序曰：『昔李公擇爲此郡，張子野、劉孝叔在焉，而楊元素、蘇子瞻、陳令舉過之，會于碧瀾堂。子野作六客詩傳於四方。今僕守是邦，子瞻與曹子方、劉景文、蘇伯固、張秉道來過，與僕爲六，而向之六客，獨子瞻在。復繼前作，子野爲前六客詩，子瞻爲後六客詩。』」張詢即仲謀，時爲湖州守。此六客詞之概略，附載以見始末。

六、遊白水書付過　商本卷十第三十五則。全集卷七十一、題跋卷六作「記游白水嵓」。

紹聖元年（一〇九四）十月十二日，全集、題跋十月十二日作十二月。按紀年録作十二月十二日，並與年譜異。與幼子過〔一〕遊白水，題跋水下有山字。佛迹院〔二〕。浴於湯池〔三〕，熱甚，其源殆可熟物。循山而東，少北有懸水百仞。山八九折，折處輒爲潭，深者縋原本作磓，商本同。案磓義不合，今從全集、題跋改。

石五丈，不得其所止。雪濺雷怒，可喜可畏〔四〕。水厓商本、全集、題跋及佛蹟巖詩注引志林並作涯，同。有巨人迹商本作蹟，同。數十，所謂佛迹也〔五〕。

暮歸倒行，觀山燒〔六〕，火全集、題跋作壯。甚。俛仰度數谷，至江。山月出，擊汰全集、題跋作檝，非。擊汰見楚辭涉江。中流，掬弄珠璧。到家二鼓。全集、題跋鼓下有矣字。復與過飲酒，食餘甘〔七〕煮菜。顧影頹全集、題跋作頽。然，不復能原本作甚，據全集、題跋改。寐。書以付過，東坡翁〔八〕。全集、題跋無末三字。

【廣證】

〔一〕過，蘇過，見前記過合浦。

〔二〕輿地紀勝卷九十九惠州下云：「白水山去郡三十餘里，有瀑布泉百二十丈。下有湯泉、石壇佛跡甚異。」

〔三〕東坡有詠湯泉，自注云：「在白水山。」即記此遊，附録於後。

詠湯泉

積水焚大槐，蓄油災武庫；驚然丞相井，疑浣將軍布。自憐耳目隘，未測陰陽故。鬱攸火山烈，觱沸湯泉注。豈惟渴獸駭，坐使癡兒怖。安能長魚鼈？僅可燖狐兔。山中惟木客，户外時芒屨。雖無傾城浴，幸免亡國污。（詩集卷三十八）

蘇過斜川集卷二有白水巖湯泉詩，當是同時所作，從略。唐庚遊湯泉記云：「過水北十餘里，得白水山。山行一里所，得佛跡院。院中湧二泉：其東所謂湯泉，其西雪如也。二泉相去步武間，

而東泉熱甚，殆不可觸指。以西泉解之，然後調適可浴。意山之出二泉，專爲浴者計哉？」（眉山唐先生集卷八）

〔四〕東坡與陳季常書十六云：「獨與幼子過及老雲并二老婢共吾過嶺。到惠將半年，風土食物不惡，吏民相待甚厚。今日游白水佛跡山。山上布水三十仞，雷輥電散，未易名狀，大略如項羽破章邯時也。」（全集卷五十三、續集卷十一）

〔五〕唐庚佛迹記云：「巨人迹若干，長三肘，量闊稱之，在湯泉之東，瀑布之西，散印于岩石之上，深者二寸許。前此未有稱者，近時山中寔始見之。自是稍傳于人，而或者以爲佛迹。」（眉山唐先生集卷八）輿地紀勝卷九十九云：「佛迹巖，羅浮之東麓也，在惠州東北二十里。佛迹院有懸水百仞，崖有巨人跡數十，所謂『佛迹』也。」

〔六〕張淏雲谷雜記卷四云：「沅湘間多山，農家惟植粟，且多在岡阜。每欲布種時，則伐其林木，縱火焚之。俟其成灰，即布種于其間，如是則所收必倍。蓋史所謂刀耕火種也。」按此事山區常見之。東坡有雲龍山觀燒詩（詩集卷十七），在徐州時所作，詞甚偉麗，可參。

〔七〕周去非嶺外代答卷八云：「南方餘甘子，風味過於橄欖，多販入北州，方實時，零落藉地，如槐子榆莢。土人乾以合湯，意味極佳。」華南植物研究所編廣州植物誌（二六五頁）云：「餘甘子（Phyllanthus emblica Linn）別名菴摩勒，油甘子。本種爲一野生植物，我國南部極常見，廣州附近亦產之。果實供生食或漬製。其味初食酸澀，良久乃甘，故有餘甘之名。廣州及海南一帶則通稱爲油甘子，市上間有出售。」

〔八〕此爲東坡初到惠州時所作，時年五十九。年譜云：「以十月三日到惠州，寓居嘉祐寺。當月十二日與幼子過同遊白水佛迹，浴於湯池，有古詩。」按詩集卷三十八載此詩，今録於後。

白水山佛迹巖

何人守蓬萊，夜半失左股？浮山若鵬蹲，忽展垂天羽。根株互連絡，崖嶠争吞吐。神工自爐鞲，融液相綴補。至今餘隙罅，流出千斛乳。方其欲合時，天匠麾月斧。帝觴分餘瀝，山骨醉后土。峯巒尚開闔，澗谷猶呼舞。海風吹未凝，古佛來布武。當時汪罔氏，投足不蓋拇。青蓮雖不見，千古落花雨。雙溪匯九折，萬馬騰一鼓。奔雷濺玉雪，潭洞開水府。潛鱗有飢蛟，掉尾取渴虎。我來方醉後，濯足聊戲侮。回風卷飛雹，掠面過强弩。山靈莫恶劇，微命安足賭？此山吾欲老，慎勿厭求取。谿流變春酒，與我相賓主。當連青竹竿，下灌黄精圃。

又詠湯泉詩，已見前。至明年三月，重游白水，有題記，附載於後。

題白水山

紹聖二年三月四日，詹使君邀予遊白水山佛迹寺。浴于湯泉，風于懸瀑之下。登中嶺，望瀑所從出。出山，肩輿節行，觀山且與客語。晚休于荔浦之下。時荔子纍纍如芡實矣。父老指以告予曰：「是可食。公能攜酒復來？」意欣然，許之。同遊者：柯常、林抃、王原、賴仙芝。詹使君範，予蓋蘇軾也。（全集卷七十一、題跋卷六）

七、記游廬山

全集卷六十八、題跋卷三題作「自記廬山詩」。年譜引此文作「記遊廬山説」。

僕初入廬山〔一〕，山谷奇秀，平生初入廬山詩王注引先生詩話生作日。所未年譜作欲。見，殆應接不暇，遂發意不欲詩話總龜卷十八引百斛明珠無欲字。作詩。已而見山中僧俗皆云：苕溪漁隱叢話卷三十九作言。「蘇子瞻來矣。」不覺作一絶云：「芒鞵全集、題跋、叢話並作鞋，同。青竹杖，自挂百錢游。可怪深山裹，人人識故侯。」既而自哂總龜作悔。前言之謬，又全集、題跋、叢話無又字。復總龜無復字。作兩絶全集、題跋、王注絶下有句字。云：「青山若無素，偃蹇不相親。要識廬山面，他年是故人。」又云：「自昔憶全集、題跋、總龜、叢話並作懷，詩集同。清賞，神原本作初，從詩集、全集、題跋、總龜、叢話改。遊杳靄間。如今不是夢，真箇在原本作是，從全集、題跋、叢話改。廬山〔二〕。」

是日，有以陳令舉〔三〕廬山記〔四〕見寄者，且行且讀。見其中云「徐凝、李白之詩」〔五〕，不覺失笑。旋入全集、題跋無旋入二字。開先寺〔六〕，原本先作元，各本皆訛，今據豫章文集改正。主總龜無主字。僧全集、題跋無僧字。求詩，因全集、題跋作爲。作一絶云：「帝遣銀河一派垂，古來惟有謫仙辭〔七〕。飛流濺沫知多少，不與總龜作爲。徐凝洗惡詩〔八〕。」

往來山南北夏敬觀云：「原本作地，從張本改。」總龜山南北作南北山。十餘日，以爲勝絶不可勝談。擇其尤者，莫如漱玉亭〔九〕、三峽橋〔一〇〕，故作此全集、題跋、叢話并無此字。二詩〔一一〕。最後與總老〔一二〕同總龜無同字。遊西林〔一三〕，又總龜無又字。作一絶云：「橫看成嶺側成峯，到處看山了不同。不識廬山真面目，只緣身在此山中〔一四〕。」

僕總龜作余廬山全集、題跋、叢話山下有之字。詩盡於此矣〔一五〕。總龜無矣字。

〔廣證〕

〔一〕陳舜俞廬山記（以下省稱廬山記）卷一云：「釋慧遠廬山略記：『山在江州尋陽，南濱宮亭，北對九江。九江之南江爲小江。山去小江三十餘里，左挾彭蠡，右傍通川，引三江之流而據其會。』山海經云：『廬山出三天子都，一曰天子障。』故舊以所濱爲彭蠡。有匡俗先生者出自殷周之際，遯世隱時，潛居其上。或云：『俗受道仙人，共游此山，遂託空巖，即巖成館。故時人謂其所止，爲神仙之廬，因以名山焉。』其山大嶺，凡有七重，圓基周迴，垂五百里。衆嶺中第三嶺極高峻，人跡之所罕經也。其嶺下半里許，有重巘，上有懸崖，傍有石室，即古仙之所居也。其北嶺西崖，常有懸流淫霪，激勢相趣，百餘仞中，雲氣映天，望之若山在霄霧焉。其南嶺臨宮亭湖。七嶺同會于東北，共成峯崿，奇巖窮絶，莫有昇之者。」（輿地紀勝卷三十江州下云：「廬山在德化縣，高三千餘丈，周迴二百餘里。其山九疊，川亦九派。叠嶂九層，崇巖萬仞。周武王時，匡俗兄弟七人皆有道術，結廬於此，仙去，空廬尚存。故曰廬山。」

〔二〕此三詩，詩集卷二十三題作「初入廬山」，惟第一首次作第三首，稍異。

〔三〕陳令舉即陳舜俞，見前記遊松江。

〔四〕廬山記，陳振孫直齋書録解題卷八云：「五卷。屯田員外郎嘉禾陳舜俞令舉撰，劉涣凝之、李常公擇皆爲之序。令舉熙寧中謫居所作。」按此書清朝四庫全書著録僅存三卷（佚去二卷，其篇次與分卷亦非原本之舊），守山閣叢書刊本同。日本新修大藏經據古寫本與宋槧本校印五卷足本，始見全書。此後廬山志副刊又有合校本印行。

〔五〕廬山記卷二叙山南篇云：「山南山北瀑布無慮十餘處，惟（招隱橋西）此水著於前世。唐徐凝詩云：『今古常如白練飛，一條界破青山色。』李白詩云：『飛流直下三千尺，疑是銀河落半天。』即此水也。」

〔六〕前書同篇云：「由古靈（菴）至開先禪院十里，舊傳梁昭明太子之居樓也。又築招隱室於此。南唐元宗居藩邸時爲書堂，即位後，保大年間，始爲伽藍，號開先，馮延巳記碣見存。」按馮碑已佚，文尚載於明桑喬廬山記事中，碑署年月，陳記卷五作「保大十二年（九五四）歲次甲寅正月」，桑記作「保大十一年（九五三）正月」，未署干支紀年，疑桑記傳鈔之誤。又黄庭堅豫章文集卷十八南康軍開先禪院修造記云：「廬山開先華藏禪院，江南李氏中主所作也。初，中主年少好文，無經世之意，問舍於五老峯下。有野夫獻地焉，山之勝絶處也。萬金買之，以爲書堂，時方多故未暇。其後中主嗣國，數年，乃即書堂爲僧舍。蓋方其富盛時，傾國賦爲之，亦推野夫獻地爲己有國之祥，故名曰開先。太平興國二年（九七七），又賜名開先華藏。於是開先始爲禪林矣。」（詩集開先漱玉亭詩，王本亦譌作開元，且謬傳唐玄宗開元之説，邵長蘅已辨正之。）

〔七〕李白望廬山瀑布水詩云：「日照香爐生紫烟，遥看瀑布挂長川。飛流直下三千尺，疑是銀河落九天。」（李太白集卷二十一）

〔八〕詩集卷二十三此詩題云：「世傳徐凝瀑布詩云『一條界破青山色』，至爲塵陋，又僞作樂天詩，稱羨此句，有賽不得之語。樂天雖涉淺易，然豈至是哉？乃戲作一絶。」按計有功唐詩紀事卷四十一云：「范攄言：（白）樂天爲杭州刺史，令訪牡丹。獨開元寺僧惠澄近於京師得之，植於庭。時春方深，惠澄設油幕覆其上。會（徐）凝自富春來，未識白，先題詩。白尋到寺看花，乃命徐同醉，而時張祜傍舟而至，二生各希首薦。白曰：二君論文，若廉白之鬭鼠穴，勝負在於一戰也。遂試長劍倚天外賦、餘露散成綺詩，試訖解送，凝爲元，祐次耳。祐曰：祐詩有『地勢遥尊岳，河流側讓關』。又題金山寺詩曰：『樹影中流見，鐘聲兩岸聞。』雖綦毋潛云『塔影挂青漢，鐘聲和白雲』，此句未爲佳也。凝曰：美則美矣，争如老夫『今古長如白練飛，一條界破青山色』。凝遂擅場。」東坡説謂此。凝詠廬山瀑布詩全文云：「虚空落泉千仞直，雷奔入江不暫息。今古長如白練飛，一條界破青山色。」（同文書局石印本全唐詩三函二册）但東坡此論，宋人亦有異見。洪邁容齋隨筆卷十云：「徐凝以瀑布『界破青山』之句，東坡指爲惡詩，故不爲詩人所稱説。予家有凝集，觀其餘篇，亦自有佳處，宜其見知於微之、樂天也。但俗子妄作樂天詩，謬爲賞激，以起東坡之誚耳。」葛立方韻語陽秋卷十三則謂：「銀河一派，猶涉比類，未若白前篇云：『海風吹不斷，江月照還空。』鑿空道出，爲可喜也。」

〔九〕廬山記卷二云：「瀑布在其（招隱橋）西。香爐峯與雙劍峯相連屬，在瀑水之旁。遷鶯谷在其東北。水源在山頂，人未有窮之者。或曰：西入康王谷爲水簾，東爲開先之瀑布。院東大悲亭及諸堂榭，往往隱几見之。澗中之石，或含雲母，可坐可卧，可漱可濯。澗上有石橋，橋上有漱玉亭。此山南之絶致也。」周必大廬山録云：「至開先寺，長老不在。同西堂、元湛上漱玉亭。開先舊屋，惟有此亭。其上即石橋，又其上瀑布落焉。瀦爲龍潭，旱歲祈禱，頗應。」

〔一〇〕廬山記卷二又云：「三峽澗出（棲賢）寺，其源甚遠。澗中有龍湫三四，莫知其極。方暑雨之洊至也，山之衆壑同下，轟若雷霆。澗石大小無慮萬計，悉填湫中，今古不見小塞，疑下通於海矣。其旁建龍祠，歲旱則禱焉。祥符中，閩僧文秀造石梁其上，其袤六十尺，最爲山中之雄觀。」又蘇轍廬山棲賢寺新修僧堂記云：「入棲賢谷，谷中多大石，岌嶪相倚。水行石間，其如雷霆，如千乘車，行者震掉，不能自持。雖三峽之險，不是過也，故橋曰三峽。」（欒城集卷二十三）

〔一一〕詩集卷二十三載此二詩，録於後。

廬山二勝 并叙

余游廬山，南北得十五六，奇勝殆不可勝紀，而懶不作詩。獨擇其尤者，作二首。

開先漱玉亭

高巖下赤日，深谷來悲風。擘開青玉峽，飛出兩白龍。亂沫散霜雪，古潭摇清空。餘流滑無聲，快瀉雙石硔。我來不忍去，月出飛橋東。蕩蕩白銀闕，沈沈水精宮。願隨琴高生，脚踏赤鯶公。手持白芙蕖，跳下清泠中。

棲賢三峽橋

吾聞太山石，積日穿綫溜；况此百雷霆，萬世與石鬭。深行九地底，險出三峽右。長輪不盡溪，欲滿無底竇。跳波翻潛魚，震響落飛狖。清寒入山骨，草木盡堅瘦；空濛烟靄間，澒洞金石奏。彎彎飛橋出，瀲瀲半月彀。玉淵神龍近，雨雹亂晴晝。垂缾得清甘，可嚥不可漱。

〔一二〕釋惠洪禪林僧寶傳卷二十四東林照覺總禪師傳云：「禪師名常總，生劍州尤溪施氏。年十一，依寶雲寺文兆法師出家。又八年，落髮。元豐三年（一〇八〇），詔革江州東林律居爲禪席。觀文殿學士王公韶出守南昌，欲延寶覺禪師心公，寶覺舉總自代。」贊引東坡語曰：「堂堂總公，僧中之龍。呼吸爲雲，噫欠爲風。其事且止，聊觀其一戲，盖將談笑不起于座，而化廬山之下爲梵輝龍天之宮。」東坡有贈東林總長老詩云：「溪聲便是廣長舌，山色豈非清净身。夜來八萬四千偈，他日如何舉似人？」（詩集卷二十三）

〔一三〕廬山記卷一云：「乾明寺在凝寂塔之西百餘步，舊名西林，興國中（九七六—九八三）賜今額。晉惠永禪師之道場也。西林道場碑，隋太常博士渤海歐陽詢撰，大業十二（六一六）歲在丁丑十月戊寅朔十五日壬辰立。昔永公在西林別立茅室於嶺上，每欲禪思，即往居焉，室中嘗有芬馥之氣，因名香谷。後人作亭其上，號香谷亭。其下有水閣院，興國中，錫名隆教，唐齊朗法師之道場也。是寺也，水石之美，亦東林之亞也。」

〔一四〕詩集卷二十三此詩題作「題西林壁」。惠洪冷齋夜話卷七載此詩，引（黄）魯直云：「此老人于般若横説竪説，了無剩語，非其筆端能吐此不傳之妙哉？」姚寬西溪叢話卷下云：「南山宣律師感通録云：『廬山七嶺共會於東，合而成峯。』因知東坡『横看成嶺側成峯』之句，有自來矣。」

〔一五〕此文年譜及紀年録皆繫于元豐七年（一〇八四）甲子，坡年四十九。年譜云：「在黄州。四月，乃有量移汝州之命。自黄移汝，到江州，因遊廬山，有記遊廬山説云云。」（紀年録云：「正月二十五日，特授汝州團練副使，本州安置。四月一日，將自黄移汝。六日作黄州安國寺記，又作別黄、初入廬山。二十四日，宿廬山，作廬山二勝。」）

八、記遊松風亭

余嘗寓居惠州〔一〕嘉祐寺〔二〕，縱步松風亭〔三〕下，足力疲乏，欲就林全集卷七十一、題跋卷六作床。止息。望亭宇尚在木末，意謂「是全集、題跋無是字。如何得到？」全集、題跋作是。良久，忽曰：「此間有甚麽歇不得處？」由是如全集、題跋「如」作「心若」二字。挂鈎之魚，忽得解脱。

若人悟此，雖兵全集、題跋作兩。陣相接，鼓聲如雷霆，進則死敵，退則死法，當恁原本作甚，今從全集、題跋改。麽時也不妨熟歇〔四〕。

〔廣證〕

〔一〕惠州，宋時屬廣南東路。元豐九域志卷九云：「治歸善縣。僞漢州名同仁宗廟諱（禎），天禧五年（一〇二一）改惠州。」

〔二〕嘉祐寺，東坡初至惠州時所寓處，本書同卷別王子直篇云：「紹聖元年十月三日始至惠州，寓於嘉祐寺松風亭，杖履所及，雞犬相識。」輿地紀勝卷九十九云：「嘉祐院在通潮門之側，東坡嘗居焉，有松風亭記。」即謂此文。王文誥總案云：「合江樓在惠州府爲水西；嘉祐寺在歸善縣城内爲水東。城沿江，一面跨山爲之。據公記松風亭云：『仰望亭宇，尚在木末，足力疲乏。』是亭在山上也。又題嘉祐寺云：『始寓嘉祐寺松風亭，杖屨所及，鷄犬皆相識。』是寺與亭相及，亦傍山也。故又有『明年還於合江而失幽深窈窕』之語。誥嘗屢至其地，訪求亭寺遺跡，窈無耑緒。」

〔三〕東坡有十一月二十六日松風亭下梅花盛開詩云：「春風嶺上淮南村，昔年梅花曾斷魂。（自注：「予昔赴黄州，春風嶺上見梅花，有兩絶句。明年正月，往岐亭道上，賦詩云：『去年今日關山路，細雨梅花正斷魂。』」）豈知流落復相見，蠻風蜑雨愁黄昏。長條半落荔支浦，卧樹獨秀桄榔園。豈惟幽光留夜色，直恐冷艷排冬温。松風亭下荆棘裏，兩株玉蕊明朝暾。海南仙雲嬌墮砌，月下縞衣來扣門。酒醒夢覺起繞樹，妙意有在終無言。先生獨飲勿歎息，幸有落月窺清尊。」（詩集卷三十八）蘇過亦有松風亭詞云：「亂一水兮清泠，絶塵市兮郊坰。鬱松風之參差，忽飛構兮危亭。悲風來兮號滄溟，寒月出兮欵户庭。聽萬籟兮發無形，感群歲兮物雕零！簾舒卷兮度飛螢，白露下兮靄疎星。二江東來兮勢建瓴，千山右繞兮環翠屏。彼柴門兮晝常扃，屏外物兮返視聽。嗟世故之迫隘兮，夫何異於囹圄！幸此身之日遠兮，□可逃於天刑。望神仙其咫尺兮，想羽人於杳冥。或命駕以遨遊兮，兹弭節而少停。友群仙兮役萬靈，驂鸞鶴兮駕鳳軿。願執鞭兮展軨，愧凡骨兮羶腥。余師首陽之清德兮，超千古而猶馨。偉三閭之諒直兮，高衆人而獨醒。慕子房之明哲兮，學辟穀以引齡。嗚呼！雖九原之可作兮，庶斯人以發硎！」（斜川集卷二）

〔四〕此紹聖元年（一〇九四）甲戌，東坡年五十九，初到惠州時所作。紀年録云：「十月二日，到惠州，寓合江樓。十八日，遷于嘉祐寺松風亭，作詩。」（案今集無此詩，疑詩字或記字之誤。王文誥總案繫此記於是年末，不載月日。

九、儋耳夜書

商本卷八第二十七則，全集卷七十一、題跋卷六題作「書上元夜遊」。年譜作「己卯夜書」。

己卯上元，余在儋耳〔一〕。全集、題跋作州。有老書生數人〔二〕來年譜引作相。過，曰：「良月佳全集、題跋作嘉。夜，先生能一出乎？」予欣然從之。步城西，全集、題跋作西城。入僧舍，歷小巷，民夷雜揉〔三〕，屠酤全集、題跋、年譜作沽，同。紛然。歸舍，已三鼓矣。舍中掩關熟寢，已再鼾矣。放杖而笑，孰爲得失？過原本無過字，據全集、題跋補。問：「先生何笑？」蓋自笑也。然亦笑韓退之釣魚無得〔四〕，更欲遠去，不知走海原走海二字作釣，夏校云：「原本作誨，張本同，從商本改。」按全集、題跋作走海二字。趙本誨字當是海字之形訛，復脱去走字，「走海」與下「大魚」相應，今從正。者未必得大魚也〔五〕。

〔廣證〕

〔一〕儋耳，本漢儋耳郡，後併入珠崖郡。唐置儋州。宋時改名昌化軍，屬廣南西路，見輿地紀勝卷一百二十五。嶺外代答卷十云：「儋耳，今昌化軍也。自昔爲其人耳長至肩，故有此號，今昌化曷嘗有大耳見哉？蓋南蕃及黎人人慕佛，相好故作大環以墜其耳，俾下垂至肩，實無益於耳之長，其竅乃大寸許。」東坡於紹聖四年（一〇九七）丁丑，責授瓊州別駕，昌化軍安置，至此時已二年。東坡儋耳山詩云：「突兀隘空虛，他山總不如。君看道旁石，盡是補天餘。」（詩集卷四十一）

〔二〕王文誥總案云：「老書生乃老符秀才、吳氏之老。黎子明年高，見公記事，則子雲當亦老者，要不出此數人也。」按詩集卷四十二有海南人不作寒食而以上巳上冢予攜一瓢酒尋諸生皆出矣獨老符秀才在因與飲至醉詩，老符名林。又有用過韻冬至與諸生飲酒詩，自注：「符、吳皆坐客。」詩有云：「愁顔解符老，壽年鬬吳翁。」全集卷七十二有記黎子明父子。蓋此數人皆東坡居儋時常往來之客。蘇過云：「僕侍親海南，實編於民。所與遊者，田父野老閭閻之民耳。」（斜川集卷五論海南黎事書）

〔三〕儋耳有土著民族黎民。宋會要第一百九十八册云：「五嶺之南，人親夷獠，朱崖環海。俗呼山嶺爲黎。居其間者，號曰『黎人』，弓刀未嘗離手，弓以竹爲絃。今儋崖、萬安皆與黎爲境。其服屬州縣者爲熟黎，其居山峒無徵徭者爲生黎，亦時出與郡人互市焉。」此句之「夷」當指黎民而言。

〔四〕韓愈贈侯喜詩云：「吾黨侯生字叔記，呼我持竿釣溫水。平明鞭馬出都門，盡日行行荆棘裏。溫水微茫絕又流，深如車轍闊容輈。蝦蟇跳過雀兒浴，此縱有魚何足求？我爲侯生不能已，盤針擘粒投泥滓。晡時堅坐到黃昏，手倦目勞方一起。暫動還休未可期，蝦行蛭渡似皆疑。舉竿引線忽有得，一寸纔分鱗與鬐。是日侯生與韓子，良久歎息相看悲。我今行事盡如此，此事正好爲吾規。半世遑遑就舉選，一名始得紅顔衰。人間事勢豈不見，徒自辛苦終何爲？便當提携妻與子，南入箕潁無還時。叔已君今氣方鋭，我言至切君勿嗤。君欲釣魚須遠去，大魚豈肯居沮洳。」（昌黎先生集卷三）

〔五〕此元符二年（一〇九九）己卯，坡年六十四，在儋耳所作。年譜據此文編在正月上元（十五日）。按東坡居儋三年，三度上元，其戊寅歲，有上元夜過赴儋守召獨坐有感詩。（詩云：「使君置酒莫相違，守舍何妨獨掩扉。静看月窗盤蜥蜴，卧聞風幔落伊威。燈花落盡吾猶夢，香篆銷時汝欲歸。搔首凄凉十年事，傳柑歸遺滿朝衣。」）己卯歲撰此記。庚辰歲有追和戊寅歲上元詩。（詩云：「賓鴻社燕巧相違，白鶴峯頭白板扉。石建方欣洗牏厠，姜麗不解嘆蠨蛸。一龕京口嗟春夢，萬炬錢塘憶夜歸。合浦賣珠無復有，當年笑我泣牛衣。」跋云：「戊寅上元，在儋耳。過子夜出，余獨守舍，作違字韻詩。今庚辰上元，已再期矣。家在惠州白鶴峯下，過子不眷婦子，從余來此。其婦亦篤孝。悵然感之，故和前篇，有『石建』『姜麗』之句。又復悼同安君，末章故復有『牛衣』之句，悲君亡而喜予存也。書以示過，看余面忽復感懷。」）

十、憶王子立　商本卷九第十六則。全集卷六十八、題跋卷三題作「記黄州對月詩」。

僕在徐州〔一〕，全集、題跋徐訛作黄。王子立、子敏〔二〕皆館於官舍，而蜀人張師厚〔三〕來過。二王方年少，吹洞簫，飲酒杏花下〔四〕。

明年，余謫黄州〔五〕，對月獨飲，嘗有詩云：「去年花落在徐州，對月酣歌美清夜。今日詩集、全集、題跋並作年。詩話總龜卷二十四引百斛明珠作夜。黄州見花發，小院閉門風露下〔六〕。」蓋憶與二王飲時也。

張師厚久已死，今年子立復爲古人，哀哉〔七〕！

〔廣證〕

〔一〕徐州，宋時屬京東西路。元豐九域志卷一云：「徐州彭城郡，武寧軍節度，治彭城縣。」東坡於熙寧十年（一〇七七）丁巳二月徙知徐州軍州事，四月到任，至元豐二年（一〇七九）己未三月自徐州徙知湖州。

〔二〕王子立名適，爲蘇轍之女婿，與弟適皆從東坡遊。東坡王子立墓誌銘云：「子立諱適，趙郡臨城人也。始予爲徐州，子立爲州學生，知其賢而有文，喜怒不見，得喪若一。曰：『是有類子由者。』故以其子妻之。與其弟遹子敏皆從予於吴興，學道日進，東南之士稱之。予得罪於吴興，親戚故人皆驚散，獨兩王子不去，送予出郊。返取余家，致之南都。而子立又從子由謫於高安績溪，同其有無。賦詩弦歌，講道著書於席門茅屋之下者五年。余與子由有六男子，從子立遊學，文有師法，人人自重，子立實使然。元祐四年（一〇八九）冬，自京師將適濟南，未至，卒於奉高之傳舍，享年三十五。」（全集卷十五、後集卷十八）詩集卷三十一有哭王子立次兒子迨韻詩三首。欒城後集有王子立秀才文集引。

〔三〕東坡送蜀人張師厚赴殿試詩二首云：「忘歸不覺鬢毛斑，好事鄉人尚往還。斷嶺不遮西望眼，送君直過楚王山。」「雲龍山下試春衣，放鶴亭前送落暉。一色杏花三十里，新郎君去馬如飛。」（詩集卷十八）師厚生平事蹟無考。師厚兄師道與東坡同登嘉祐二年（一〇五七）進士第。

〔四〕此事年譜繫於元豐二年（一〇七九），引此記作玉局文，時東坡年四十四。詩集卷十八有月夜與客飲杏花下詩云：「杏花飛簾散餘春，明月入戶尋幽人。褰衣步月踏夜影，炯如流水涵青蘋。花間置酒清香發，爭挽長條落香雪。山城酒薄不堪飲，勸君且吸杯中月。洞簫聲斷月明中，惟憂月落酒杯空。明朝捲地春風惡，但見落葉棲殘紅。」即詠其事。王注引此記作先生詩話。又遊桓山詩云：「暮回百步洪，散坐洪上石。愧我非王襄，子淵肯見客。臨流吹洞簫，水月照連璧。」自注：「謂王氏兄弟。」（詩集卷十八）蓋亦謂子立兄弟吹洞簫。

〔五〕元豐二年八月，坡以詩案繫御史臺獄，至十二月杪釋出，責授黃州團練副使本州安置。以明年二月一日到任，並見年譜及紀年録。詩案事詳烏臺詩案。

〔六〕詩集卷二十載此詩，附録於後。

次韻前篇　按前篇謂定惠院寓居月夜偶出詩。

去年花落在徐州，對月酣歌美清夜。（自注云：「去年徐州花下對月，與張師厚、王子立兄弟飲酒作蘋字韻詩。」）今年黃州見花發，小院閉門風露下。萬事如花不可期，餘年似酒那禁瀉。憶昔扁舟泝巴峽，落帆樊口高桅亞。長江袞袞空自流，白髮紛紛寧少借？竟無五畝繼沮溺，空有千篇凌鮑謝。至今歸計負雲山，未免孤衾眠客舍。少年辛苦真食蓼，老境安閒如啖蔗。飢寒未至且安居，憂患已空猶夢怕。穿花踏月飲村酒，免使醉歸官長罵。

〔七〕按王子立墓誌銘謂子立卒於元祐四年（一〇八九）冬，此記亦作於是年，時東坡在知杭州任。

十一、黎穰子　全集卷七十二題同，穰作檬。商本卷六第十則。

吾故人黎錞字希聲〔一〕，治春秋〔二〕，有家法，歐陽文忠公喜之〔三〕。然爲人質木遲緩，劉貢父〔四〕戲之爲「黎穰子」〔五〕。全集穰作檬，寄黎眉州詩施注引志林同。以施注以上有黎字。謂施注作爲。指其德，不知果木中真有是也。一日聯騎出，聞市人有唱是果鬻之者，大笑，幾落馬。

今吾謫海南，所居有此，全集、施注此下有木字。霜實纍纍。然二君皆入全集入作「已爲」二字，商本作「已登」二字。鬼録！坐念故友之風味，豈復可見！全集此句作「豈可復見」，施注作「豈可復得」。劉固不泯於世者，黎亦能文守道不苟隨者也〔六〕。

〔附録〕類説本仇池筆記卷上　宋本無此條。

吾故人黎錞字希聲，治春秋，歐公喜之。爲人質木遲緩，劉貢父戲爲「黎穰按原本譌作稼，今改正。子」。黎以謂指其德，不知果木實有是也。一日聯騎出，聞中有喝按疑當是唱誤。是果鬻者，大笑幾落馬。

〔廣證〕

〔一〕東坡寄黎眉州詩云：「膠西高處望西川，應在孤雲落照邊。瓦屋寒帶春後雪，峨眉翠掃兩餘天。治經方笑春秋學，好士今無六一賢。（自注：「君以春秋受知歐陽文忠公，公自號六一居士。」）且待淵明賦歸去，共將詩酒趁流年。」王注引堯卿曰：「名錞，字希聲，慶曆六年賈黯牓及第。熙寧八年，以尚書屯田郎中知眉州。」（詩集卷十四）又眉山遠景樓記云：「太守黎侯希聲，軾先君子之友人也，簡而文，剛而仁，明而不苛，衆以爲易。事既滿，將代，不忍其去，相率而留之。」（全集卷十一、前集卷三十二）蘇轍欒城集卷七次韻子瞻寄眉守黎希聲云：「眼看狂瀾倒百川，孤根漂蕩水無邊。思家松菊荒三徑，回首謳歌沸二天。簿領沈迷催我老，春秋廢格累公賢。隣居屈指今誰在？一念傷心十五年！」自注云：「轍昔侍先人於京師，與希聲隣居太學前，是時公之亡兄與二亡姝皆在。今十五年，而在者唯公與僕二人，言之流涕。」是黎錞與蘇氏父子並有交誼。

〔二〕郡齋讀書志卷三：「黎氏春秋經解十二卷，皇朝黎錞希聲撰。錞，蜀人，歐陽公之客。名其書爲經解者，言以經解經也。其後又爲統論附焉。」（按東坡寄詩及歐陽修送詩皆稱其耑治春秋。）

〔三〕歐陽修，卒謚文忠公，見本卷記六一語篇。居士集卷一送黎生下第還蜀詩云：「黍離不復雅，孔子修春秋。扶王貶吳楚，大法加諸侯。妄儒泥於魯，甚者云黜周。大旨既已矣，安能討源流？遂令學者迷，異説相交鉤。黎生西南秀，挾策來東遊。有司不見採，春霜滑歸輈。自云喜三傳，力欲探微幽。凡學患不强，苟至將焉廋？聖言簡且直，愼勿迂其求！經通道自明，下筆如戈矛。一敗不足衂，後功掩前羞。」

〔四〕東都事略卷七十六本傳云：「劉攽字贛（按通作貢）父。少疎俊，與兄敞同學，博讀群書。偕中進士。元豐初，出爲京東轉運使，坐不按斥部吏，罷知兖州，徙亳州。（又）知襄州。元祐初，召爲秘書少監。除直龍圖閣，知蔡州。召拜中書舍人，卒年六十七。攽爲人博學守道，以故流離困躓。然不修威儀，喜諧謔，雜以嘲誚。每自比劉向也。」宋史卷三百十九亦有傳。

〔五〕嶺外代答卷八云：「黎朦子如大梅，復似小橘，味極酸。或云：『自南蕃來。』番禺人多不用醯，專以此物調羹，其酸可知。又以蜜煎鹽漬，暴乾收食之。」廣州植物誌（四三〇頁）云：「黎檬（Citsus Limonia Osleck）别名檸檬（俗稱），宜母子。禿净灌木，具硬刺。葉小，矩圓形至橢圓狀矩圓形，先端短尖或鈍，邊緣有鈍鋸齒；葉柄短，有狹邊，頂端有節。花單生或簇生於葉腋内，外面淡紫色，内面白色；雄蕊二〇枚以上；子房上部漸狹。果近圓形，先端有不發育的乳頭狀突起，長約四・五厘米，寬約五厘米，黄色至朱紅色，皮薄易剥，且有黏土味。肉瓤八—一〇瓣，味極酸。花期：春季。」「本植物的果味極酸，不堪生食，可榨取其汁和以砂糖，爲解渴之上品，但廣州附近和梅縣一帶則常把它浸漬於鹽水裏面，爲烹調上的配料，廣州名叫鹹檸檬，梅縣名叫鹹橘。」

〔六〕此東坡在儋州時（一〇九七—一一〇〇）所作。王文誥總案繫於紹聖四年（一〇九七），云：「八月，庭前黎檬子熟，記黎希聲事。」（未言明所據，年譜及紀年録並不載，當是假定繫年耳。）

十二、記劉原父語　全集卷六十八、題跋卷三題作「書黄州詩記劉原父語」。

昔和王鞏詩施注引東坡詩話昔下有吾字。苕溪漁隱叢話卷三十八昔上有余字。爲鳳翔幕〔一〕，全集、題跋幕下有官字。過長安，見劉原父〔二〕。留吾劇飲數日。酒酣，謂吾曰：「昔陳季弼告陳元龍曰：『聞遠近之論，謂明府驕而自矜。』元龍曰：『夫閨門雍穆，有德有行，吾敬陳元方兄弟。淵清玉潔，有禮有法，吾敬華子魚。清修疾惡，有識有義，吾敬趙元達。博聞强記，奇逸卓犖，吾敬孔文舉。雄姿傑出，有王霸之略，吾敬劉玄德。所敬如此，何驕之有？餘子瑣瑣，亦叢話無亦字。安足録哉〔三〕！』」因仰天太息。此亦原父之雅趣也。

吾後在黄州作詩云：「平生我亦輕餘子，晚歲人誰原本作誰人，據全集、題跋、詩集改。念此翁〔四〕！」蓋記原父語也。原父既没久矣〔五〕，尚有貢父在，每與語，强人意。原本無强人意三字，據全集及題跋補。今復死矣〔六〕！何時復見此俊傑人乎？悲夫〔七〕！

【廣證】

〔一〕東坡於仁宗嘉祐六年（一〇七〇）中制科，（年二十六。）以將仕郎大理寺評事簽書鳳翔府節度判官廳公事。王文誥總案以長安與劉原父相遇，繫於是年十二月赴鳳翔途中，引此文。

〔二〕東都事略卷七十六本傳云：「劉敞字邍（同原字。）父，袁州臨江人也，舉進士甲科。（嘉祐中）除翰林侍讀學士，知承興軍。治平中，出知汝州，改集賢院學士，判西京留司御史臺。卒年五十。敞爲人明白俊偉，博學自信。自六經諸子百氏下至傳記小説，無所不通。爲文敏捷。在長安，得先秦古器數十，愛其款識文字奇古，因以考知三代制度與先儒所説不同者。」宋史卷三百十九亦有傳。此記所述在劉敞出知承興軍時，（歐陽修集古録跋尾卷一古敦銘云：「嘉祐中，原父以翰林侍讀學士出爲永興路安撫使，其治在長安。」）東坡有次韻劉京兆石林亭之作詩、和劉長安題薛周逸老亭詩（詩集卷三），皆此時所作。

〔三〕按此段文見三國志魏書卷二十二陳矯傳。季弼，陳矯字，元龍，陳登字。

〔四〕此二句見東坡次韻和王鞏六首之第五首，全詩云：「平生我亦輕餘子，晚歲人誰念此翁？巧語屢曾遭薏苡，廋詞聊復託芎藭。子還可責同元亮，妻却差賢勝敬通。若問我貧天所賦，不因遷謫始囊空。」（詩集卷二十一）

〔五〕據宋史卷三百十九劉敞傳，敞卒於熙寧元年（一〇六八）戊申。

〔六〕貢父，劉攽，敞之弟，見前。李燾續資治通鑑長編卷四百二十三元祐四年（一〇八九）三月乙亥「中大夫中書舍人劉攽卒。」

〔七〕此文蓋悼念貢父，追懷原父而作。（東坡與劉攽交誼頗摯。）以劉攽卒年考之，當作於元祐四年，時坡年五十四。（長編是年三月，攽卒。時東坡尚在翰林學士任。）

懷古

十三、廣武嘆

商本卷四第九則。全集卷六十七、題跋卷二題作「書太白廣武戰場詩」。仇池筆記卷下存此題作「時無英雄豎子成名」。

昔苕溪漁隱叢話卷二十四無昔字。先友史經臣彥輔〔一〕謂余：「阮籍登廣武而嘆曰：『時無英雄，使豎子成名〔二〕！』豈謂沛公豎子乎？」余曰：「非也。傷時無劉項也。豎子全集、題跋子下有者字。指魏晉間人耳。」

其後余遊原本作聞，從商本、全集、題跋、叢話改。潤州全集、題跋、叢話潤州作京口。甘露寺〔三〕有孔明、孫權、梁武、李德裕之遺跡〔四〕。余感之，賦題跋賦作因題二字。詩〔五〕，其略曰：「四雄皆龍虎，遺跡儼全集、題跋作了。未刓。方其盛壯時，爭奪肯少安？廢興屬造化，商本、全集、題跋、叢話並作物。遷逝誰控摶？況彼妄庸子，而欲事所難。聊興廣武嘆，不得全集、題跋、叢話並作待。雍門彈。」則猶此意也。

今日讀李太白登全集、題跋無登字。商本、題跋、叢話下有廣武二字。古戰場詩〔六〕云：「沈湎夏校云：「原本誤作緬，從商本、張本改。」按全集、題跋、叢話亦作湎。呼豎子，狂言非至公。」迺商本、全集、題跋、叢話並作乃。同。知太白亦誤認嗣宗語〔七〕，甘露寺詩王注引先生詩話語下有矣字。與先友之意無異也。嗣宗雖放蕩，本有意商本、叢話並作志。於世，以魏晉間多故，故全集、題跋、叢話無下故字。一放於酒〔八〕，全集、題跋酒下有耳字。何至以沛公爲豎子乎？

〔附録〕類説本仇池筆記卷下 宋本無此條。

先友史經臣曰：「阮籍登廣武而嘆曰：『時無英雄，豎子成其名！』蓋謂沛公豎子乎？」曰：「非也，傷時無劉項。豎子指魏晉間人耳。」

李太白廣陵武按當作廣武戰場。詩曰：「沈湎按原本譌作酒，今改正，説見志林校語。呼豎子，狂言非至公。」乃知太白亦誤認嗣宗語，與先友無異。嗣宗雖放蕩，本有志於世者，晉魏間多故，一放於酒耳。何至以沛公爲豎子乎？

〔廣證〕

〔一〕史經臣，參見商本志林卷四第四則。蘇洵嘉祐集卷十四祭史彦輔文云：「輟哭長思，念初結交，康定寶元。子以氣豪，縱横放肆，隼擊鵬騫。奇文怪論，卓者無敵，悚怛旁觀。憶子大醉，中夜過我，狂歌叫讙。予不喜酒，正襟危坐，終夕無言。他人竊驚，宜若不合，胡爲甚懽。嗟人何知！吾與彦輔，契心忘顔。飛騰雲霄，無有遠邇，我後子先。擠排澗谷，無有險易，我溺子援。破窻孤燈，冷灰凍席，與子無眠。旅遊王城，飲食寤寐，相恃以安。」又云：「我還自東，二子喪母，歸懷辛酸。子病告革，奔走往問，醫云已難。問以後事，口不能語，悲來塞咽。遺文墜藁，爲子收拾，以葺以編。我知不朽，千載之後，子名長存。」

〔二〕事見晉書卷四十九阮籍傳。

〔三〕輿地紀勝卷七鎮江府下云：「甘露寺在北固山，唐李德裕建。時甘露降此山，因名。又寰宇記云：在城東角土山上，下臨大江。晴明，軒檻上見揚州歷歷。詩人多留題。中興以來，郡守陳天麟作多景樓於其上。」

〔四〕東坡甘露寺詩自注云：「欲遊甘露寺，有二客相過，遂與偕行。寺有石如羊，相傳謂之狠石，云諸葛亮孔明坐其上與孫仲謀論曹公也。大鐵鑊二，案銘，梁武帝所鑄。畫師子一，菩薩二，陸探微筆。衛公所留祠堂在寺，手植柏合抱矣。近寺僧發古殿基，得舍利七粒并石記，乃衛公爲穆宗皇帝追福所葬也。」

〔五〕詩載詩集卷七，附録於後。

甘露寺

江山豈不好，獨遊情易闌。但有相攜人，何必素所歡？吾欲訪甘露，當途無閑官。二子舊不識，欣然肯聯鞍。古郡山爲城，層梯轉朱欄。樓臺斷崖上，地窄天水寬。一覽吞數州，山長江漫漫。却望大明寺，惟見煙中竿。狠石卧庭下，穹窿如伏羱。緬懷卧龍公，挾策事琱鑽。一談收猘子，再説走老瞞。名高有餘想，事往無留觀。蕭公古鐵鑊，相對空團團。陂陁受百斛，積雨生微瀾。泗水逸周鼎，渭城辭漢盤；山川失故態，怪此獨能完。僧繇六化人，霓衣掛冰紈。隱見十二疊，觀者疑夸謾。破板陸生畫，青猊戲盤跚。上有二天人，揮手如翔鸞。筆墨雖欲盡，典刑垂不刊。赫赫贊皇公，英姿凜以寒。古柏手親種，挺然誰敢干？枝撐雲峰裂，根入石窟蟠。薙草得斷碑，斬崖出金棺。瘞藏豈不牢？見伏理可歎！四雄皆龍虎，遺迹儼未刓。方其盛壯時，爭奪肯少安？廢興屬造物，遷逝誰控摶？況彼妄庸子，而欲事所難。古今同一軌，後世徒辛酸。聊興廣武歎，不待雍門彈。（按此詩作於熙寧四年（一〇七一）辛亥，東坡除杭州通判過揚州時，時年三十六。）

〔六〕太白集卷二十一此詩題作登廣武古戰場懷古。全詩云：「秦鹿奔野草，逐之若飛蓬。項王氣蓋世，紫電明雙瞳。呼吸八千人，橫行起江東。赤精斬白蛇，叱咤入關中。兩龍不並躍，五緯與天同。楚滅無英圖，漢興有成功。按劍清八極，歸酣歌大風。伊昔臨廣武，連兵決雌雄。『分我一杯羹』，太皇乃汝翁。』戰爭有古跡，壁壘頹層穹。猛虎吟洞壑，飢鷹鳴秋空。翔雲列曉陣，殺氣赫長虹。撥亂屬豪聖，俗儒安可通？沈湎呼『豎子』，狂言非至公。撫掌黃河曲，嗤嗤阮嗣宗。」

〔七〕容齋三筆卷四云：「趙爲秦所圍，使平原君求救於楚，楚王未肯定從。毛遂曰：『白起，小豎子耳。興師以與楚戰，舉鄢郢，燒夷陵，辱王之先人。此百世之怨也。』是時起已數立大功，且勝於長平矣。人告韓信反，漢祖以問諸將，皆曰：『亟發兵，坑豎子耳。』帝默然。唯陳平以爲兵不如楚精，請將用兵不能及信。英布反書聞，上召諸將問計，又曰：『發兵擊之，阬豎子耳。』夫白起、信、布之爲人，材能不可揜，以此三人爲豎子，是天下無復有壯士也。毛遂之言，祇欲激怒楚王，使之知合從之利害，故不得不以起爲懦夫。至如高帝諸將，不過周勃、樊噲之儔。韓信因執而歸，棲棲然處長安，爲列卿，蓋一疋夫也，而噲喜其過己，趨拜送迎，言稱臣。況於據有全楚萬乘之地，事力强弱，安可同日而語？英布固嘗言：『諸將獨畏淮陰、彭越，今皆已死，餘不足畏。』則豎子之對，可謂勇而無謀，殆與張儀詆蘇秦爲反覆之人相似。高帝默然，固深知其非也。至於陳平則不然矣。若乃韓信謂魏將柏直爲豎子，則誠然。柏直庸庸，無所知名，漢王亦稱其口尚乳臭，真一豎子也。阮籍登廣武，歎曰：『時無英雄，使豎子成名！』蓋歎是時無英雄如昔人者。俗士不達，以爲籍譏高祖，雖李太白亦有是言，失之矣。」亦本東坡之説而廣之。

〔八〕文選卷二十三阮籍詠懷詩李善注云：「籍於魏末晉文之代，常慮禍患及己，故有此詩。多刺時人無故舊之情，逐勢利而已。觀其體趣，實謂幽深，非夫作者，不能探測之。」蕭士贇云：「予嘗讀阮籍傳，未嘗不羨其能以佯狂任達，全身遠害于晉魏之交，非見遠識微，孰能與於此？品量人物之際，豈不識漢高之爲人，至發廣武之歎？因味其言，至於時之一字，而知籍之所謂時無英雄者，非指漢高也，蓋謂所遭之時。」（李太白集補注）亦發明東坡之意。東坡之論阮籍，參見商本志林卷八第九則。

十四、塗巷小兒聽説三國語 商本卷六第十七則。全集卷六十六、題跋卷一題作「王彭論曹劉之澤」。

王彭嘗云：「塗巷中題跋無中字。小兒薄劣，全集、題跋此下有爲字。其家所厭苦，輒與錢令聚坐全集、題跋無坐字。聽説古話〔一〕。至説三國事〔二〕，聞劉玄德敗，全集、題跋無劉字。顰商本顰作頻眉二字。全集、題跋作則嚬二字。蹙，有出全集、題跋無出字。涕者。聞曹操敗，即全集、題跋作則。喜唱快。以是知君子小人之澤，百世不斬。」

彭，凱〔三〕原本作愷，據哀辭及本傳改。之子，爲武吏，夏校云：「原本作辜式，商本作辜二吏，均不得解。茅刻東坡全集作爲武吏，從改。」按題跋亦作爲武吏。頗知文章，余嘗爲作哀辭〔四〕，字大年。

【廣證】

〔一〕吴自牧夢粱録卷二十小説講經史云：「説話者謂之舌辯，雖有四家數，各有門庭。且小説名銀字兒，如烟粉、靈怪、傳奇、公案、朴刀、桿棒、發發、踪參之事，有譚淡子、翁三郎、雍燕、王保義、陳良甫、陳郎婦棗兒、余二郎等，談論古今，如水之流。談經者，謂演説佛書。説參請者，謂賓主參禪悟道等事。有寶庵、管庵、喜然和尚等。又有説諢經者戴忻庵。講史書者，謂講説通鑑漢唐歷代書史文傳興廢争戰之事，有戴書生、周進士、張小娘子、宋小娘子、邱機山、徐教宣。又有王六大夫，原係御前供話，爲幕士請給，講諸史俱通。於咸淳年間，敷演復華篇及中興名將傳，聽者紛紛，蓋講得字真不俗，記問淵源甚廣耳。」宋代話本流行，講話人亦衆，其源出於唐代僧徒之俗講。（參向達所著唐代俗講考〈唐代長安與西域文明〉。）此文所記之説古話，即吴自牧所稱之講史書者。此派其後發展不但講古話，兼及近代史書，如王六大夫之講復華篇及中興名將傳。

〔二〕孟元老東京夢華録卷五云：「霍四究説三分，尹常賣五代史。」羅燁醉翁談録甲集卷一舌耕叙引云：「史書講晉宋齊梁，三國志諸葛亮雄材。」説三分即謂説三國志。此並宋時民間流傳説三國故事之證。魯迅先生中國小説史略云：「李商隱驕兒詩亦云：『或謔張飛胡，或笑鄧艾吃。』似當時已有説三國故事者。」則上溯至於唐時。

〔三〕東都事略卷二十本傳（附於王全斌傳）云：「（王）凱字勝之。審鈞（王凱之父）既死王事，遂徙居京兆。寇準見而奇之，言於朝，以全斌平蜀之功，而審鈞復死於忠義，當録其後。遂除凱三班奉職。累擢閤門祇候、鎮、定、邢、趙都巡檢使。趙元昊反，徙監麟州兵。以功遷至武勝軍留後馬軍副指揮使。卒年六十六，贈彰武軍節度使，謚曰壯恪。子緘。」（宋史卷二百五十五亦有傳。）按傳凱子失載彭名，此可以補史闕。

〔四〕此文載全集卷六十三、後集卷八，附録於後。

王大年哀辭

嘉祐（一〇五六——一〇六三）末，予從事岐下，而太原王君諱彭，字大年，監府諸軍。居相隣，日相從也。時太守陳公弼馭下嚴甚，威震旁郡，僚吏不敢仰視。君獨偘偘自若，未嘗降色詞，公弼亦敬焉。予始異之，問於知君者，皆曰：「此故武寧軍節度使諱全彬之曾孫，而武勝軍節度觀察留後諱凱之子也。少時從父討賊甘陵，搏戰城下，所部斬七十餘級，手射殺二人，而奏功不賞。或勸君自言，君笑曰：吾爲君父戰，豈爲賞哉？」予聞而賢之，始與論交。君博學精練，書無所不通。尤喜予文。每爲出一篇，輒拊掌，歡然終日。予始未知佛法，君爲言大略，皆推見至隱以自證耳，使人不疑。予之喜佛書，蓋自君發之。其後君爲將日有聞，乞自試於邊，而韓魏公、文潞公皆以爲可用。先帝方欲盡其才，而君以病卒。其子讜以文學議論有聞於世，亦從予游。予既悲君之不遇，而喜其有子，於其葬也，作相挽之詩以餞之。其詞曰：君之爲將，允武且仁。甚似其父，而輔以文。君之爲士，涵詠書詩。議論慨然，其子似之。奔走四方，豪傑是友。没而無聞，朋友之咎。驥墮地走，虎生而斑。視其父子，以考我言。

修養

十五、養生説

已飢方食，未飽先止，散步逍遥，務令腹空。當蘇沈良方卷六作每。腹空時，即便入室。良方作定。不拘晝夜，坐卧自便，惟在攝身，使如木偶。常自念言：「今我此身，若少動摇，如毛髮許，便墮地獄。」如商君法，如孫武令，事在必行，有犯良方作死。無恕。良方作犯。又用佛語〔一〕及老君原本作聃，從良方改。按記鄭君老佛語亦作老君。語〔二〕。視鼻端白，數出入息，綿綿若存，用之不勤。原本作勤，從良方改。數至數百，此心寂然，此身兀然，與虚空等，不煩禁制，自然不動。數至數千，或不能數。則有一法，其名曰「隨」，與息俱出，復與俱入。隨之不已，一息自住，不出不入。原本無隨之以下十二字，從良方補。或覺此息從毛竅中，八萬四千〔三〕，雲蒸霧散。無始以來，諸病自除，諸障漸良方作自。滅，自然明悟〔四〕。譬如盲人忽然開眼，此時何用求人指路？是故老人言盡於此〔五〕。

〔廣證〕

〔一〕佛語，蓋謂佛書中之數息觀（五停心觀之一種），梵名「阿那波那」（Anápána）（阿那謂入息，波那謂出息）。俱舍論卷二十二云：「言息念者，即契經中所説阿那阿波那念。言阿那者，謂持息入，是引外風令入身義。阿波那者，謂持息出，是引内風令出身義。慧由念力，觀此爲境，故名阿那阿波那念。」或譯作安那般那，簡稱安般。

〔二〕雲笈七籤卷十七有太上老君内觀經云：「老君曰：『内觀之道，静神定心。亂想不起，邪妄不侵。周身及物，閉目思尋。表裏虛寂，神道微深。外觀萬境，内察一心。了然明静，静亂俱息。念念相係，深根寧極。湛然常住，窈冥難測。憂患永消，是非莫識。』」（道書中講養氣攝生之類極多，常稱引老君或老子，不廣舉。）

〔三〕佛書表示物數云多者，常舉八萬四千以言，如八萬四千病，八萬四千歲，八萬四千塵勞。此謂八萬四千毛孔。

〔四〕按此講服氣養生之術，雜用釋道二氏説。兹略舉其説於後以證。俱舍論卷二十二云：「（阿那阿波那念）此相圓滿，由具六因：一數，二隨，三止，四觀，五轉，六净。數，謂繫心緣入出息，不作加行，放捨身心。唯念憶持入出息數，從一至十，不減不增。恣心於境，極聚散故。隨，謂繫心緣入出息，不作加行，隨息而行；念息入出時，各遠至何所。爲行徧身？爲行一分？隨彼息入，行至喉心臍髖髀脛，乃至足指，念恒隨逐。若念息出離身，爲至一磔一尋，隨所止方，念恒隨逐。止，謂繫念唯在鼻端，或在眉間，乃至足指，隨所樂處，安止其心。觀息住身，如珠中縷，爲冷爲暖，爲損爲益。觀，謂觀察此息風已；更觀息俱大種造色，及依色住心及心所。具觀五蘊，以爲境界。轉，謂移轉緣息風覺，安置後後勝善根中，乃至世間第一法位。净，謂昇進，入見道等。」此爲釋書之説。

孫思邈攝養枕中方云：「凡行氣之道，其法當在密室閉户，安牀暖席。枕高二寸半，正身偃卧，瞑目閉氣，自止於胸膈。以鴻毛著鼻上，毛不動。經三百息，耳無所聞，目無所見，心無所思，當以漸除之耳。初起三息五息七息九息而一舒氣。更噏之，能十二息氣，是小通也。百二十息不舒氣，是大通也。此治身之大要也。常以夜半之後生氣時閉氣，以心中數，數令耳不聞。恐有誤亂，以手下籌。能至於千，即去仙不遠矣。」（雲笈七籤卷三十三）此道書之説。東坡寄子由三法胎息法云：「看孫真人養生門中第五篇，反覆尋究，其略曰：『和神養氣之道，當得密室閉户（按文見上引，此略）』云云。此一段要訣，弟且静心細意，字字研究看。既云閉氣於胸鬲中，令鼻端鴻毛不動，安能持三百息之久哉？恐是元不閉鼻氣。只以意堅守此氣於胸鬲中，令出入息似動不動，絪緼缈缈，如香爐蓋上煙，自在出入，無呼吸之者，則鴻毛可以不動。若心不起念，雖過三百息可也。」（全集卷七十三）與此文可以互證。

〔五〕紀年録紹聖二年（一〇九五）乙亥云：「八月二十七日，書養生説。」即此文。是時東坡年六十，在惠州。全集卷七十三有記鄭君老佛語，云：「數隨定，觀還止，此道以老君、佛語兼修之。當念此身如槁木，堅定不動。若復動摇一毫髮許，即墮大地獄。如孫武令，商君法，有死無犯。鄭君所得，輒與老夫不謀而同。乃知前生俱是一會中人也。」（亦見商本志林卷十一第十六則。）與此文前段相類，當亦南謫時所作。鄭君即鄭靖老。詩集卷三十九有「十一月九日夜，夢與人論神仙道術，因作一詩八句；既覺，頗記其語，録呈子由弟，後四句不甚明了，今足成之耳。」詩云：「析塵妙質本來空，更積微陽一線功。照夜孤燈長耿耿，閉門千息自濛濛。養成丹竈無烟火，點盡人間有暈銅。寄語山神停伎倆，不聞不見我何窮？」與此文同年作。全集卷五十六與王敏仲書五云：「近頗覺養生事絶不用求新奇，惟老生常談便是妙訣；咽津納息，真是丹頭。仍須用尋常所聞，般運泝流，令積久透徹乃效也。」亦居惠時作。黄庭堅題東坡書道術後云：「東坡平生好道術，聞輒行之，但不能久，又棄去。談道之篇，傳世欲數百千字，皆能書其人所欲言。文章皆雄奇卓越，非人間語。嘗有海上道人評東坡，真蓬萊、瀛洲、方丈謫仙人也。流俗方以造次顛沛秋毫得失，欲軒輊困頓之，亦踈矣哉！」（豫章

文集卷二十五）

十六、論雨井水 商本卷十第二十五則。全集卷七十三題作「井華水」。仇池筆記存此題作「服井花水」。

時雨降，多置器廣庭中，所得甘滑，不可名。以潑茶煮藥，皆美而有益〔一〕。正爾食之不輟，可以長生。其次井泉甘冷者，皆良藥也〔二〕。乾以九二化離，原本無離字，從商本補。説見廣證。坤以原本作之，從商本改。六二爲商本作化。坎〔三〕，故天一爲水。

吾聞之道士，人能服井花全集作華。水〔四〕，商本水下有者字。其熱全集作効。與石硫黃〔五〕、鍾乳〔六〕等。非其人而服之，全集無而服之三字。亦能發背腦爲疽。蓋嘗觀之。説郛本筆記無此四字。又分至日，取井説郛本筆記無井字。水〔七〕儲之有方，後七日，輒生物，如雲母狀。商本作故。道士謂水中金，可養鍊爲丹。此固常商本、全集並作嘗，通。見之者。此至淺近，世全集無世字。獨不能爲，況所謂玄者乎〔八〕？

〔附録〕類説本仇池筆記卷上

時雨降，多置器廣庭中，所得甘滑不可名。潑説郛本作瀹。茶煮藥，皆美而有益。其次井泉甘冷者。乾以九二化坎，宋本、説郛本無坎字。坤以六二爲坎，宋本此下有取字。天一爲水。人能服井花水，甘熱與石硫原本作流，從宋本、説郛本改。黃鍾乳等。非其人服之，亦能發背腦爲疽。又分至日，取水儲之。後七日輒生物如雲母狀。

〔廣證〕

〔一〕按雨水可作煎藥洗瘡之用。本草綱目卷五有立春雨水、梅雨水、液雨水等。

〔二〕政和證類本草卷五云：「好井水及土石間新出泉水，味甘平無毒，主霍亂、煩悶、嘔吐。」本草綱目卷五井泉水引汪穎云：「凡井水有遠從地脉來者爲上。有從近處江湖滲來者次之。其城市近溝渠污水雜入者成鹼，澄乃用之，否則氣味俱惡，不堪入藥食茶酒也。雨後水渾，須擂入桃杏仁澄之。」

〔三〕按離象火，坎象水。東坡龍虎鉛汞説云：「人之所以生死，未有不自坎離者，坎離交則生，分則死，必然之道也。離爲心，坎爲腎。心之所然，未有不正。腎强而溢，則有欲念。由此觀之，心之性法而正，腎之性淫而邪，水火之德固如是也。」（全集卷七十三、續集卷八）此方士鍊丹之説，常以坎離並舉。下文「天一爲水」承上文「坎」而言，以解釋雨井水。

〔四〕政和證類本草卷五云：「井華水味甘平，無毒。主人九竅大驚出血，以水噀面。亦主口臭，正朝含之，吐棄厠下，數度即差。又令好顏色，和朱砂服之。又堪鍊諸藥石，投酒醋令不腐，洗目膚瞖及酒後熱痢。與諸水有異，其功極廣。此水井中平旦第一汲者。」所述功用頗多。東坡與章子平書十四云：「白术一味，細擣爲末。其細末曝日中，時以井花水灑潤之。謹視其和合，即入木臼，杵數千下，便丸如梧桐子大，不入一物。日以井花水嚥百丸，漸加之三百丸，益多尤佳。此非有仙骨者不傳。」（全集卷五十五）此又以井花水和白术丸服之，用法雖殊，其意則一。

〔五〕圖經本草云：「石硫黄生東海牧羊山谷中及太山河西山，礬石液也。今惟出南海諸蕃，嶺外州郡或有而不甚佳。以色如鵝子初出殼者爲真，謂之『崑崙黄』。其赤色者名『石亭脂』，青色者名『冬結石』，半白半黑名『神驚石』，並不堪入藥。謹案古方書未有服餌硫黄者。本經所説功用，止於治瘡蝕及積聚冷氣脚弱等，而近世遂火鍊治爲常服丸散。覩其製鍊服食之法，殊無本源，非若乳石之有論議節度。故服之，其效雖緊，而其患更速，可不戒之！」（政和證類本草卷四引）服餌石硫黄之敝，是蘇頌已論之。

〔六〕政和證類本草卷三云：「石鍾乳，味甘温，無毒，主欬逆上氣，明目益精，安五臟，通百節，利九竅，下乳汁。益氣補虚損，療脚弱疼冷下焦傷竭，强陰。久服延年益壽，好顔色不老，令人有子。不鍊服之，令人淋。」又引圖經本草云：「石鍾乳，生少室山谷及泰山。今道州江華縣及連、英、韶、階、陝州山中皆有之。生嵓穴陰處，溜山液而成，空中相通，長者六七寸，如鵝翎管狀。碎之，如爪甲中無鴈齒。光明者善，色白微紅，採無時。」

〔七〕本草綱目卷五云：「節氣水：立春、清明二節貯水，謂之神水。宜浸造諸風脾胃虚損諸丹丸散及藥酒，久留不壞。寒露、冬至、小寒、大寒四節及臘日水，宜浸造滋補五臟及痰火積聚蟲毒諸丹丸，并煮釀藥酒，與雪水同功。」

〔八〕王文誥總案據周必大題蘇季真家所藏東坡墨蹟語，（跋云：「陸宣公爲忠州别駕，避謗不著書。又以地多瘴厲，鈔集驗方五十卷，寓愛人利物之心。文忠蘇公手書藥法，亦在瓊州别駕時，其用意一也。」）繫蓺草録以下書藥法七篇於元符二年（一〇九九）五月後，此篇亦在其内。

十七、論修養帖寄子由 全集卷六十尺牘作「與子由弟」。蘇沈良方卷六題同，惟無帖字。

任性逍遥，隨緣放曠。但盡凡心，别無全集作無别勝解。以我觀之，凡心盡處，勝解卓然。但此勝解，不屬有無，不通言語。故祖師教人，到此便住〔一〕。如眼翳盡，眼自有明〔二〕，醫師只有除翳，藥何曾有求明？藥全集作方。明若可求，即還是翳，固不可於良方無於字。翳中求明，即不可言翳外無明。而世之昧者，便將頽然，無知認作佛地。若如此是佛，猫兒狗兒全集作子。得飽熟睡，腹摇鼻息，與土木同。當恁麽時，可謂無一毫思念。豈謂全集謂上有可字。猫兒狗兒原本作猫狗二字，從良方改。全集作猫兒狗子。已入佛地？故凡學者全集者下有但當二字，良方有當字。觀妄除愛，自麤及細，念念不忘，會作一日全集作自。得無所住。全集、良方並作除。弟所全集作以。教我者是如此否？因見二偈警策孔君〔三〕，不覺聳全集作悚。然，更以問原本作聞，從全集、良方改。之。

書至此，牆外有悍婦與夫相毆全集作歐。詈良方作駡。聲飛灰火，如猪嘶狗嘷。因念他一點圓明，正在猪嘶狗嘷裏面。譬如良方作若。江河鑒物之性，長在飛砂全集作沙。走石之中。尋常静中推求，常患不見，今日鬧裏忽捉得些子。全集作了。如何？原本無此二字，從良方補。全集有如何如何四字。元豐六年三月二十五日〔四〕。良方無三月下六字。全集此下復有「夜已封書訖復以此寄子由」十一字。

〔廣證〕

〔一〕金剛般若波羅蜜經云：「諸菩薩摩訶薩，應無所住而生其心。」

〔二〕此段以眼明作喻，可參看卷二讀壇經篇。

〔三〕蘇轍答孔平仲二偈云：「熟睡將經作枕頭，君家事業太悠悠。要須睡着元非睡，未可昏昏便爾休。」（欒城集卷十二）

「龜毛兔角號空虛，既被無收豈是無。自有真無遍諸有，燈光何礙也嫌渠。」

〔四〕元豐六年（一〇八三）癸亥，東坡年四十八，在黄州。是時蘇轍在筠州，（因東坡詩獄所連謫監筠州鹽酒税。）蘇轍潁濱遺老傳云：「昔予年四十有二，始居高安，（按高安爲筠州治縣。）有一二衲僧遊。聽其言，知萬法皆空，惟有此心，不生不滅。」（欒城後集卷十三）是其時正講論佛法及修道之術。（蘇轍在筠州五年。）東坡此文因讀二偈而作。蘇氏兄弟皆喜雜佛道言談養生，屢見於詩文中。蘇轍服茯苓賦叙云：「余少而多病，夏則脾不勝食，秋則肺不勝寒。治肺則病脾，治脾則病肺，平居服藥，殆不復能愈。年三十有二，官於宛丘，或憐而受之以道士服氣法，二疾良愈。蓋自易始有意養生之説。」（欒城集卷十七）則其留心養生術實由於氣功療法之效。東坡在黄州，亦耽修道。答秦太虚書四云：「吾儕漸衰，不可復作少年調度。當速用道書方士之言，厚自養鍊。謫居無事，頗窺其一二。借得本州天慶觀道堂三間，冬至後當入此室，四十九日乃出。自非廢放，安得就此？」（全集卷五十二、前集卷三十）其後南遷惠、儋，益肆心此事，讀本書修養各篇可見。（葛立方韻語陽秋云：「蘇子由病酒，肺疾發，東坡告之以脩養之道。後至海上，有道人傳以神守氣之訣云：『但向起時作，還從作處收。』故天慶觀乳泉賦及養生論、龍虎鉛汞論皆析理入微，則知東坡于養生之道深矣。」）

十八、導引語

商本卷十第四則。全集卷六十六、題跋卷一題作「記導引語」。按仇池筆記卷下題作「真人之心」，文較此略。

導引家云：「心不離田，手不離宅。」此語極有理。全集、題跋無此五字。又云：「真人之心，如珠在淵。衆人之心，如泡全集、題跋作瓢。困學紀聞卷二十引道家語作若瓢。在水〔一〕。」此善譬全集、題跋無譬字。喻者。

〔廣證〕

〔一〕王應麟困學紀聞卷二十云：「道家云：『真人之心，若珠在淵。衆人之心，若瓢在水。』真文忠（講筵卷子）云：『此心當如明鏡止水，不可如槁木死灰。』」與此引語同。

十九、録趙貧子語 商本卷十二第二十二則。全集卷七十三題作「記趙貧子語」。

趙貧子謂人曰：「子神不全。」其人不服，曰：「吾僚友萬乘，螻蟻三軍，糠粃富貴，而晝夜死生。何謂神不全乎？」貧子笑曰：「是血氣所扶，名義所激，非神之功也。」明日，問其人曰：「子父母在乎？」曰：「亡久矣。」「嘗全集作常。夢見乎？」曰：「多矣。」「夢中知其亡乎？抑以爲存也？」曰：「皆有之。」貧子全集子下有笑字。曰：「父母之存亡，不待計議而知者也。晝日問子，則不思而對。夜夢見之，則以亡爲存。死生之於夢覺，有間矣。物之眩子而難知者，甚於父母之存亡。子自以全集以下有爲字。神全而不學，可憂也哉〔一〕！」

予嘗與夏校云：「張本有聞字。」全集作預，下有聞字。其語，故録之〔二〕。

〔廣證〕

〔一〕蘇轍丐者趙生傳云：「高安丐者趙生，弊衣蓬髮，未嘗沐洗。好飲酒，醉輒毆詈。其市人雖有好事，時召與語，生亦慢罵，斥其過惡。故高安之人皆謂之狂人，不敢近也。然其與人遇，雖未嘗識，皆能道其宿疾與其平生善惡。以此，或曰：『此非有道者耶？』元豐三年（一〇八〇），予謫居高安，時見之於途，亦畏其狂，不敢問。是歲歲莫，生來見予。予詰之曰：『生未嘗求人，今謁我，何也？』生曰：『吾意欲見君耳。』既而曰：『吾知君好道而不得要。陽不降，陰不升，故肉多而浮，面赤而瘡。吾將教君挽水以溉百骸。經旬，諸疾可去。經歲不怠，雖度世可也。』予用其説，信然。惟怠不能久，故不能究其妙。生嘗告予：『吾將與君夜宿于此。』予許之，既而不至。問其故，曰：『吾將與君遊於它所，度君不能無驚，驚或傷神，故不敢。』予曰：『生遊何至？』曰：『吾常至太山下，所見與世説地獄同。君若見此歸，當不願仕矣。』予曰：『何故？』生曰：『彼多僧與官吏，僧適分，吏暴物故耳。』予曰：『生能至彼，彼人亦知相敬耶？』生曰：『不然，吾則見彼，彼不吾見也。』因歎曰：『此亦邪術，非正道也！君能自養，使氣與性俱全，則出入之際，將不學而能，然後爲正也。』予曰：『養氣請從生説爲之。至於養性，奈何？』生不答。一日，遽問曰：『君亦嘗夢乎？』予曰：『然。』『亦嘗夢先公乎？』予曰：『然。』『方其夢也，亦有存亡憂樂之知乎？』予曰：『是不可常也。』生笑曰：『嘗問我養性，今有夢覺之異，則性不全矣。』予矍然異其言。自此知生非特挾術，亦知道者也。生兩目皆翳，視物不明，然時能脱翳，見瞳子碧色。自臍以上，骨如龜殼；自心以下，骨如鏵刃。兩骨相值，其間不合如指。嘗自言生於甲寅，今一百二十七年矣。家本代州。名吉，事五臺僧，不能終，棄之，遊四方。少年無行，所爲多不法。與揚州蔣君俱學，蔣惡之，以藥毒其目，遂翳。然生亦非蔣不循理，槁死無能爲也。是時予兄子瞻謫居黄州，求書而往一見。喜子瞻之樂易，留半歲不去。及子瞻北歸，從之興國，知軍楊繪見而留之。生喜禽鳥六畜，常以一物自隨，寢食與之同。居興國，畜駿騾，爲騾所傷而死。繪具棺葬之。元祐元年（一〇八六），予與子瞻皆召還京師。蜀僧有法震者來見曰：『震泝江將謁公黄州，至雲安逆旅，見一丐者曰：吾姓趙。頃於黄州識蘇公，爲我謝之。』予驚問其狀，良是。時知興國軍朱彦博之子在坐。歸告其父，發其葬，空無所有，惟一杖及兩脛在。予聞有道者，惡人知之，多以惡言穢行自晦。然亦不能盡揜，故德順時見於外。今余觀趙生，鄙拙忿隘非專自晦者也，而其言時有合於道。蓋於道無見，則術不能神。術雖已至，而道未全盡，雖能久生變化，亦未可以語古之真人也。道書屍假之下者，留脚一骨，生豈假者耶？」（欒城集卷二十五，亦見蘇轍龍川略志卷二）趙貧子即趙丐。此文所言之其人則謂蘇轍。

〔二〕王文誥總案編此文於元豐六年（一〇八三）十月。按趙丐傳言「喜子瞻之樂易，留半歲不去。及子瞻北歸，從之興國。」考東坡於元豐七年（一〇八四）三月奉命徙任汝州團練副使，四月離黄州，倒算之，則趙丐見東坡約在六年十月，撰文應於近時，王案殆是。

高文虎蓼花洲閒談引滄溪野録云：「蘇子瞻泛愛天下士，無賢不肖，歡如也。嘗言『自上可以陪玉皇大帝，下可以陪卑田院乞兒。』子由晦默，少許可，嘗戒子瞻擇交。子瞻曰：『吾眼前見天下無一箇不好人。』此乃一病。」

二〇、養生難在去慾

商本卷一第五則。全集卷七十三題作「記張公規論去欲」。説郛卷二十九東坡手澤題作「絶慾爲難」。

昨日，全集無此二字。太守楊君采〔一〕全集作素。群書類編故事卷七引志林楊作陽。通判張公規東坡手澤公作君。苕溪漁隱叢話卷四十一及類編故事同。邀余出全集無出字。遊安國寺〔二〕。坐中論調商本作風。東坡手澤、類編故事作服。氣養生之事，余云：全集作曰。「皆不足道，難在去慾。」全集作欲。張云：「蘇子卿齧雪啖叢話作啗，同。類編故事作咽。氈，蹈商本、東坡手澤、叢話、類編故事作縮。背東坡手澤作齒，訛。出血，無一語少屈，可謂了生死商本、全集、叢話、類編故事並作死生。之際矣。然不免為東坡手澤及癸辛雜識前集作與。胡婦生子〔三〕。窮居全集作死。海上東坡手澤及雜識此句作窮海之上。且爾，原本無此二字，各本同，據類編故事補，文義始足。而況洞房綺疏商本作縠。之下乎？乃知此事不雜識作未。易消除。」衆客皆大笑。

余愛其語有理，故為商本無為字。記全集作録之〔四〕。

〔廣證〕

〔一〕全集本作「楊君素」，案東坡有答楊君素書三首，二首在杭州通判時作，一首在登州還朝時作。從書中詞語觀之，楊為蜀之耆老，於東坡為前輩，（第一書云：「吾丈優遊自得，心恬體舒，必享龜鶴之壽。」第二書云：「奉别二十年，思仰日深。書問不繼，每以為愧。」第三書云：「某去鄉二十一年，里中尊宿零落殆盡。惟公龜鶴不老，松柏益茂，此大慶也。」〈全集卷五十六〉據第三書之言，似君素久居鄉里，未嘗還宦。）其是否曾宦於黄，不可考知。東坡居黄州，太守為徐大受。大受於元豐六年（一〇八三）四月去任，王文誥總案遥據此文以為楊君素繼任，未辨「君素」「君采」之異。考張舜民畫墁集郴行録云：「次黄州，見州大夫楊寀、通判承議孟震、團練副使蘇軾，會于子瞻所居。晚食於雪堂。子瞻坐詩獄謫此已數年。」（湖北通志卷一百十一職官表宋代有楊采，當是一人。寀、采乃傳寫之異，二字原可通用。）時地並合，則此太守為楊寀，君采殆是其字。作「君素」者非。楊寀事蹟不詳。

〔二〕東坡黃州安國寺記略云：「城南精舍曰安國寺，有茂林脩竹，陂池亭榭。旦往而暮還者，五年於此矣。寺僧曰繼連，爲僧首。寺立於僞唐保大二年（九四四），始名護國。嘉祐八年（一〇六三）賜今名。堂宇齋閣連，皆易新之。嚴麗深穩，悅可人意，至者忘歸。」（全集卷十二、前集卷三十三）又安國寺尋春詩云：「卧聞百舌呼春風，起尋花柳村村同。城南古寺修竹合，小房曲檻敧深紅。看花歎老憶年少，對酒思家愁老翁。病眼不羞雲母亂，鬢絲强理茶烟中。遥知二月王城外，玉仙洪福花如海。薄羅匀霧蓋新粧，快馬争風鳴雜佩。玉川先生真可憐，一生耽酒終無錢。病過春風九十日，獨抱添丁看花發。」（詩集卷二十）陸游入蜀記云：「（黃州）城五里至安國寺，亦蘇公所嘗寓。兵火之餘，無復遺迹。惟遠寺茂林啼鳥，似猶有當時氣象也。」（渭南文集卷四十六）湖北通志卷十六云：「安國寺，在（黃州）城東南二里。唐顯慶二年建（與記文異），宋蘇軾有記。明洪武初及萬曆時再新之。清順治、乾隆間重建。咸豐三年，燬於火。光緒間募建。」

〔三〕漢書卷五十四蘇武傳云：「單于使衛律召武受辭，武謂（勝）惠等屈節辱命，雖生何面目以歸漢，引佩刀自刺。衛律驚，自抱持武馳召醫，鑿地爲坎，置煴火，覆武其上，蹈其背以出血。武氣絶，半日復息。」「迺幽武置大窖中，絶不飲食。天雨雪，武卧齧雪與旃毛並咽之，數日不死，匈奴以爲神。乃徙武北海上無人處使牧羝。」又云：「武因平恩侯自白：『前發匈奴時，胡婦適産一子通國，有聲問來，願因使者致金帛贖之！』上許焉。」

〔四〕王文誥總案云：「此記乃元豐六年（一〇八三）所作，載此（繫於是年十一月間）備考。」蓋據徐大受罷任時期編次之。周密癸辛雜識前集云：「孟子曰：『養心莫善於寡欲。』老子曰：『不見可欲，使心不亂。』聖賢拳拳，然以欲爲害道，可不慎乎？劉元城南遷日，嘗求教於涑水翁曰：『聞南地多瘴，設有疾以貽親憂，奈何？』翁以絶欲少疾之語告之。元城時盛年，乃毅然持戒惟謹。趙清獻、張乖崖至撫劍自誓，甚至以父母影像設之帳中者。蓋其初未始不出於勉强，久乃相忘於自然。甚矣欲之難遣也如此。坡翁云：『服氣養生，難在去欲』云云。香山翁佛地位人，晚年病風放妓，賦不能忘情吟。王處仲兇悖小人，知體敝於色，乃能一旦感悟，開閤放妓。蓋天下事勇决爲之，乃可進道。」丁晏頤志齋文集卷四有蘇武娶胡婦生子論，即辨此事，其言近迂，今不録。

二一、陽丹訣 全集卷七十三題作「陽丹陰煉」。

冬至後齋居，常吸鼻液漱鍊令甘，乃嚥下丹田〔一〕。以三十瓷器皆有蓋，溺其中已〔二〕，隨手蓋之，書識其上，自一至三十。置浄室，選謹朴蘇沈良方卷六作樸，同。者守全集、良方作掌。之。滿三十日開視，其上當結細砂，如浮蟻狀，或黄或赤。密絹帕濾取新汲水浄淘澄無度，良方作數。以穢氣盡爲度。浄瓷瓶合貯之。夏至後全集脱去絹帕以下二十七字。取細研棗肉，全集肉下有爲字。丸如梧全集無梧字。桐子大，空心，酒吞下，不限丸數。全集無丸字。三五日後全集作内服全集，良方作取。盡。夏至後仍依前法采取，良方作採之。卻候冬至後服。良方作取。此名陽丹陰煉，須清浄全集清浄二字作盡字。絶欲。良方作慾。若不絶慾，全集無慾字。其良方作真。全集無其字。砂不結。

〔廣證〕

〔一〕東坡養生訣云：「每夜以子後披衣起，面東或南盤足，叩齒三十六通，握固閉息。内觀五藏，次想心爲炎火，光明洞徹，下丹田中。待腹滿氣極，即徐出氣。候出入息勻調，即以舌接脣齒內外漱煉津液（自注：若有鼻涕，亦須漱煉，不嫌其鹹。煉良久自然甘美，此是真氣，不可棄之），未得嚥下。復前法閉息內觀，納心丹田，調息漱津，皆依前法。如此者三，津液滿口，即低頭嚥下，以氣送丹田。」（全集卷七十三）

〔二〕政和證類本草卷十五云：「人溺，療寒熱、頭痛、溫氣，童男者尤良。」注引陳藏器本草云：「溺寒，主明目，益聲，潤肌膚，利大腸，推陳致新。去欬嗽、肺瘻、鬼氣痓病。」

二二、陰丹訣 全集卷七十三題作「陰丹陽煉」。

取全集無取字。首生男子之乳〔一〕，父母皆無疾恙者，並養其子，善飲食之。日取其乳一升，全集升下有許字。少只半升已全集作以。來亦全集無亦字。可。以硃全集、蘇沈良方卷六作朱，下同。砂銀〔二〕作鼎〔三〕。如無硃砂銀，山澤銀〔四〕亦得。慢火熬煉，不住手攪，良方攪下有合字。如淡金色。可丸即丸，如良方如下有梧字。桐子大，空心，酒吞下，亦不限丸數。此名陰丹陽煉。

世人亦知服秋石〔五〕，然皆非清淨所結。又此陽物也，須全集作又。復經火。經火之餘，皆其糟粕，與燒鹽無異也。世人亦知服乳。乳，陰物，不經火煉，則冷滑而漏精氣也。此陽丹陰煉、陰丹陽煉，蓋道士靈智妙用，沈機捷法，非其人不可輕泄，慎之慎之！全集、良方並無下慎之二字。

〔廣證〕

〔一〕政和證類本草卷十五云：「人乳汁，主補五藏，令人肥白悅澤。」注引日華子云：「人乳冷，益氣，治瘦悴，悦皮膚，潤毛髮。點眼止淚，並療赤目，使之明潤也。」雲笈七籤卷七十一有造玉泉眼藥方云：「取水精二兩，末之。乳半合和瓷瓶中盛之，密固濟勿洩氣，埋地下百日，出之。置一竈孔燻之，一日開之。取鉛錫成鍊者二斤鎔之。以此藥丸如梧桐子大，投中攪之，爲真白矣。若眼不見物及赤，但不損睛，取一丸如黍米大，點目皆尤良。」

〔二〕本草綱目卷八云：「硃砂銀，此乃方士用諸藥合硃砂鍊製而成者。鶴頂新書云：『丹砂受青陽之氣，始生鈔石。二百年成丹砂而青女孕，三百年而成鉛。又二百年而成銀。又二百年復得太和之氣，化而爲金。』又曰：『金公以丹砂爲子，是陰中之陽。陽死陰凝，乃成至寶。』」政和證類本草卷四云：「硃砂銀，冷無毒，畏石亭脂、磁石鐵。延年益色，鎮心安神止驚悸，闢邪。治中惡蠱毒心熱煎煩憂忘虛劣，忌一切血。」

〔三〕大還丹秘契圖云：「世人所修，多用黃金白銀銅鐵鉛錫之類爲鼎。」（雲笈七籤卷七十二）

〔四〕山澤銀乃生銀之一種，寶藏論云：「夫銀有一十七件：真水銀、白錫銀、曾青銀、土碌銀、丹陽銀、生鐵銀、生銅銀、硫黃銀、砒霜銀、雄黃銀、雌黃銀、鍮石銀。惟有至樂銀、山澤銀、草砂銀、母砂銀、黑鉛銀五件是真外，餘則假銀。」（政和證類本草卷四）

〔五〕秋石，方士煉成之藥名。丹論訣旨心照云：「金碧經云：『鍊銀於鉛，神物自生。灰池炎鑠，鉛沈銀浮，潔白見寶，可造黃金牙。又隱言名黃輕。』又曰：『黃牙又名秋石，西方之位，石是兊長之名，其性陰，陰中陽也，是長生之至藥。牙是萬物之初也，故號牙。緣因白被火，變色黃，故名黃牙。淮南王號秋石，王陽得之名黃牙。』」（雲笈七籤卷七十二）

二二三、樂天燒丹

商本卷十二第八則。全集卷七十三題作「事不能兩立」。

樂天曲洧舊聞卷五作「白樂天」。作廬山草堂〔一〕，蓋亦燒丹〔二〕也。曲洧舊聞此下有丹字。欲成而爐鼎敗。來全集、曲洧舊聞作明。日忠州刺史舊聞無刺史二字。除書到〔三〕。乃知世間、舊聞脱世間二字。出世間事不兩立也〔四〕。

僕有此志久矣，而終無成者〔五〕，舊聞無者字。亦以世間事未敗故也。今日真敗矣。書曰：「民之所欲，天必從之〔六〕。」信而有徵〔七〕。全集此下有「紹聖元年十月二十二日」十字。舊聞有「君單爲我誌之」六字。

〔附録〕類説本仇池筆記卷下

樂天作廬山草堂，燒丹欲成而爐鼎敗。明日，忠州刺史除書至。宋本作到。乃知世間出世間明本無出世間三字，從宋本補。事不兩立也。宋本無也字。

〔廣證〕

〔一〕白居易廬山草堂記云：「匡廬奇秀甲天下山。山北峯曰香爐峯，北寺曰遺愛寺，介峯寺間，其境勝絶，又甲廬山。元和十一年（八一六）秋，太原人白樂天見而愛之，若遠行客故鄉，戀戀不能去。因面峯腋寺，作爲草堂。明年春，草堂成，三間兩柱，二室四牖，廣袤豐殺，一稱心力。」（白氏長慶集卷二十六）又與微之書云：「僕去年秋始遊廬山，到東西二林間香爐峯下，見雲水泉石，勝絶第一，愛不能捨。因置草堂，前有喬松十數株，修竹千餘竿。青蘿爲牆，援白石爲橋，道流水周於舍下。飛泉落於簷間，紅榴白蓮羅生池砌。大抵若是，不能殫記。每一獨往，動彌旬日，平生所好者，盡在其中。不唯忘歸，可以終老。」（同書卷二十八）

〔二〕姚寬西溪叢話卷下云：「白樂天自詠詩云：『硃砂賤如土，不解燒爲丹。玄鬢化爲雪，不解休爲官。』又不二門詩云：『亦曾燒大藥，消息乖火候。至今殘丹砂，燒乾不成就。』潯陽晚歲寄元八郎中庾三十二員外詩云：『商水年將暮，燒金道未成。丹砂不肯死，白髮自須生。』對酒云：『謾把參同契，難燒伏火砂。有時成白首，無處問黄芽。』赴忠州至江陵舟中示舍弟云：『幼學將何用？丹砂竟不成。』酬元郎中書懷云：『終身擬作卧雲伴，逐月須收燒藥錢。』與故刑部李侍郎早結道友以藥術爲事詩云：『金丹同學都無益，水竹鄰居竟不成。』贈江州李使君云：『迹爲燒丹隱，家緣嗜酒貧。』題别遺愛草堂云：『曾在廬峯下，書堂對藥臺。』竹樓宿詩云：『小書樓下千竿竹，深火爐前一盞燈。此處與誰相伴宿？燒丹道士坐禪僧。』後集第五十一卷同微之贈别郭虚丹鍊師五十韻，叙丹事甚詳，有云：『簡寂館鍾後，紫霄峯曉時。心塵未净潔，火候遂參差。萬壽覬刀圭，千功失毫釐。先生彈指起，姹女隨煙飛。始知緣會間，陰隙不可移。藥竈今夕罷，詔書明日追。』對酒云：『丹砂見火去無迹，白髮泥人來未休。』贈杜録事云：『河車九轉宜精鍊，火候三年在好看。』酬夢得云：『丹砂鍊作三銖土，玄髮看成一把絲。』又燒藥不成命酒獨酌云：『白髮逢秋至，丹砂見火空。不能留姹女，争免作衰翁？』是樂天久留意金丹，爲之而不成也。又有感事詩云：『服氣崔成侍，燒丹鄭舍人。』又云：『唯知戀杯酒，不解煉金銀。無憂亦無喜，六十六年春。』又作醉吟先生傳云：『設不幸吾好藥，治衣削食，鍊鉛燒汞，至于所成，有所誤，奈之何？今吾幸不好彼。』又答客詩云：『海山亦是吾歸處，歸即應歸兜率天。』則是晚年藥術竟無所得，乃歸依內典耳。」按白居易在江州常與方士往還，如李鍊師、蕭鍊師之流，而其平生喜此事，姚氏言之甚詳。東坡之説，當有所據。廬山志卷十二引樵人直説云：「白樂天燒丹於廬山草堂，作飛雲履。元綾爲質，四面以素絹作雲朵，染以四選香，振履則如烟霧。樂天著示山中道友曰：吾足下生雲，計不久上升朱府矣。」則此説自有流傳。

〔三〕白居易自江州司馬授忠州刺史詩云：「炎瘴抛身遠，泥塗索脚難。網初鱗撥刺，籠久翅摧殘。雷電頒時令，陽和變歲寒。遺簪承舊念，剖竹授新官。鄉覺前程近，心隨外事寬。生還應有分，西笑問長安。」（白氏長慶集卷十七）

〔四〕白居易别草堂三絶句云：「正聽山鳥向陽眠，黄紙除書落枕前。爲感君恩須暫起，爐峯不擬住多年。」「久眠褐被爲居士，忽掛緋袍作使君。身出草堂心不出，廬山未要作移文。」「三間茅屋向山開，一帶山泉遶舍迴。山色泉聲莫惆悵，三年官滿却歸來。」（白氏長慶集卷十七）按居易以元和十三年（八一八）冬，自江州司馬授忠州刺史。汪立名云：「東坡志林：樂天作廬山草堂云云。此説要有所考。然觀其題草堂云：紙閣蘆簾著孟光。又云：兼將壽夭任乾坤。則坡公之語，亦未必盡然也。」（白香山詩集卷七香爐峯下新置草堂詩尾按語。）按汪説亦未深考，説見上。

〔五〕東坡寄吴德仁兼簡陳季常詩云：「東坡先生無一錢，十年家火燒凡鉛。黄金可成河可塞，只有霜鬢無由玄。」（詩集卷二十五）

〔六〕見僞古文尚書泰誓上篇。

〔七〕據全集本「紹聖元年（一〇九四）十月二十二日」，是時東坡初謫居惠州，（貶寧遠軍副使，惠州安置。）故云：「今日真敗矣。」朱弁曲洧舊聞卷五云：「東坡因與方士論内外丹，仍有所得。喜而曰：『白樂天作廬山草堂云云。』」（文見校記，此從略。）俞琰席上腐談卷下云：「東坡詩云：『暮年眼力嗟猶在，多病顛毛切未華。故作明牕書小字，更開幽室養丹砂。』黄魯直注云：『按先生與王定國書云：近有惠丹砂少許，光彩甚奇，固不敢服。然其教以養火，觀其變化，聊以悦神度日。』又詩云：『曹南劉夫子，名與子政齊。家有鴻寶書，不鑄金褭蹄。促席問道安，遂蒙分刀圭。不忍獨不死，尺書肯見稊。』趙次翁注云：『劉夫子豈劉宜翁乎？先生在惠州，有書與宜翁云：或有外丹已成，可助黎棗者，望不惜分惠。』其書具在毘陵後集，趙堯卿注云：『劉安世待制，字器之，曹南人，得養生煉丹術，公嘗師之。』」東坡耽好燒丹，可以互證。

二四、贈張鶚　全集卷六十六，題跋卷一題作「書四適贈張鶚」。

張君持此紙求僕書，且欲發藥，全集、題跋藥下有「不知藥」三字。君當以何品？我聞戰國中有一方〔一〕，吾全集、題跋吾下有嘗字。服之有錦繡萬花谷卷二十四引此文作甚。效，全集、題跋作効。故以奉傳。其藥四味而已：一曰「無事按齊策作罪。本書卷四顔斶巧於安貧篇亦作無罪以當貴。此事字當作罪。以當貴」；二曰「早寢以當富」；三曰「安步以當車」；四曰「晚食以當肉」。夫已飢而食，蔬食有過於八珍。而既飽之後，雖芻豢滿前，惟恐其不持去也。若此可謂善處窮者矣。然而於道則未也。安步自佚，晚食爲美。安以當車與肉爲哉？車與肉猶存於胸中，是以有此言也〔二〕。

〔廣證〕

〔一〕戰國策齊策四云："宣王曰：『願請受爲弟子。且顔先生與寡人游，食必太牢，出必乘車，妻子衣服麗都。』顔斶辭去曰：『夫玉生於山，製則破焉；非弗寶貴矣，然夫璞不完。士生乎鄙野，推選則禄焉；非不得尊遂也，然而形神不全。斶願得歸，晚食以當肉，安步以當車，無罪以當貴，清静貞正以自虞。（虞同娱。）」語本於此，但前後次序有不同，又易「清静貞正以自虞」作「早寢以當富」。

〔二〕本書卷四顔斶巧於安貧篇亦云："「戰國之士未有如魯連、顔斶之賢者也，然而未聞道也。晚食以當肉，安步以當車，是猶有意於肉於車也。晚食自美，安步自適。取其美與適足矣，何以當肉與車爲哉？雖然，斶可謂巧於居貧者也。未飢而食，雖八珍猶草木也。使草木如八珍，惟晚食爲然。斶固巧矣。」又答畢仲舉書一云："「偶讀戰國策，見處士顔斶之語，晚食以當肉，欣然而笑。若斶者可謂巧於居貧者也。菜羹菽黍，差飢而食，其味與八珍等。而既飽之餘，芻豢滿前，惟恐其不持去也。美惡在我，何與於物！」（全集卷五十六、前集卷三十）可與此文互證。答畢書在黄州時作，二文疑與同時。

二五、記三養 全集卷七十三題作「節飲食説」。

東坡居士自今日以侯鯖録卷四、寶真齋法書贊卷二十六、張安國書東坡三養帖作已，通。往，早晚飲食，原本無此四字，據全集、侯鯖録補。法書贊有飲食二字。不過一爵一肉。有尊客，盛饌則三之，可損不可增。有召我者，預以此先全集、侯鯖録、法書贊並作告。之。主人不從而過是者，全集無者字，作吾及是三字。乃止。一曰「安分以養福」；二曰「寬胃以養氣」；三曰「省費以養財」〔一〕。

元符三年（一一〇〇）八月〔二〕。全集作「元豐六年八月二十七日書」。法書贊作「元符三年正月七日」。説詳廣證。

〔廣證〕

〔一〕葉夢得石林避暑録話卷二云：「子瞻在黄州，與鄰里往還。子瞻既絶俸，而往還者亦多貧。復殺而爲三。自言有三養，曰安分以養福，寬胃以養氣，省費以養財。」

〔二〕趙令時侯鯖録卷四云：「東坡在黄州嘗書云：『東坡居士自今日以往云云（文見校記，此從略）。』」據此，與全集作「元豐六年（一〇八三）八月二十七日」（是時東坡在黄州團練副使任。）者相合，當是。但趙本及張安國書並作「元符三年」，月日又有不同。元符三年（一一〇〇），東坡時在儋州，核與趙、葉二書言不符。蓋東坡作此文在黄州，即全集本所署之年月。其後不一書，故同是「元符三年」，又有「正月」「八月」之别。文尾年月，乃署書寫之歲時，與作文之年固無涉也，不必致疑。東坡與王定國書云：「稟食雖不繼，痛自節儉。每日限用百五十。自月朔日取錢四千五百足，繫作三十塊，掛屋梁上。平明以畫杈子挑取一塊，即藏去杈子。以大竹筒别貯用不盡者。可謂至儉。然猶每日一肉，蓋此間物賤故也。」（全集卷五十二，又同卷與秦太虚書所言略同。）亦作於黄州，可與此互證。

二六、謝魯元翰寄暝肚餅〔一〕全集卷五十七尺牘作「與孔元翰書」，孔字謁，説見廣證。

公昔遺余以暝全集作暖，下同。肚餅，其直萬錢。我今報公亦以暝肚餅，其直不可言。暝乃暖之或作。

中空而無眼，故不漏；上直而無耳，故不懸；以活潑潑爲内，非湯非水；以赤歷歷爲外，非銅非鉛；以念念不忘爲項，不解不縛；以了了常知爲腹，不方不圓。到希領取！如不肯承當，欲以寄還。

〔廣證〕

〔一〕東坡送魯元翰少卿知衛州詩云：「冗士無處著，寄身范公園。桃李忽成陰，薺麥秀已繁。閉門春晝承，惟有黄蜂喧。誰人肯携酒，共醉榆柳村？髯卿獨何者，一月三到門？我不往拜之，髯來意彌敦。堂堂元老後，亹亹仁人言。憶在錢塘歲，情好均弟昆。時於冰雪中，笑語作春温。欲飲徑相覓，夜開叢竹軒。搜尋到篋笥，鮓醢無復存。每愧烟火中，玉腕親炮燔。別來今幾何，相對如夢魂。告我『當北渡』，新詩侑清尊。坡陁太行麓，洶湧黄河翻。仕宦非不遇，王畿西北垣。斯民如魚耳，見網則驚奔。皎皎千丈清，不如尺水渾。刑政雖首務，念當養其源。一聞襦袴音，盗賊安足論？」（詩集卷十五）施注云：「東坡自密移守河中，至京師，改徐州。時有旨不許入國門，寓城外范蜀公園。故首句云云。魯元翰，名有開，乃肅簡公（魯宗道）之侄。自知南康代還，王介甫問：『江南如何？』元翰對：『新法當爲異日患。』介甫怒，僅得倅杭。東坡亦爲杭倅，與魯同官，魯先代去，有壽星寺餞魯少卿詩，即元翰也。」有開事蹟見東都事略卷一百十二循吏傳、宋史卷四百二十六循吏列傳。東坡又有寄怪石石斛與魯元翰詩云：「山骨裁方斛，江珍拾淺灘。清池上几案，碎月落杯盤。老去懷三友，平生困一簞。堅姿聊自儆，秀色亦堪餐。好去髯卿舍，凴將道眼看。東坡最後供，霜雪照人寒。」（詩集卷二十五）二人之風義情懷，可與此文參照。

全集載與孔元翰書二通，第二書即此篇。其第一書云：「寵惠谷簾一器、龍團二枚，仍以新詩爲貺。嘆詠不已，次韻奉謝。」後附詩一首，從略。此詩亦見於詩集卷十，題作「元翰少卿寵惠谷簾水一器龍團二枚，仍以新詩爲貺，歎詠不已，次韻奉和」，與書語略同。其後又有壽星院餞魯少卿詩，與施注語合。是當魯元翰無疑，孔字顯譌。

二七、辟穀説

年譜題同。全集卷七十三題作「學龜息法」。蘇沈良方卷六題作「書辟穀説」。

洛下有洞穴，深不可測。有人墮其中，不能出，飢甚。見龜蛇無數，每旦，輒引首東望，吸初日光嚥之。其人亦隨其良方無其字。所向效之不已，遂不復飢，身輕力强。後卒還家，不食，不知其所終。此晉武帝時事〔一〕。

辟穀之法以全集以字作類皆二字。百數，此爲上妙法。止於此，能服良方作復。全集作復服二字。玉泉〔二〕，使鉛汞〔三〕具體，去僊不遠矣。此法甚易知易行，然原本無然字，據全集補。天下莫良方莫下有不字。能知，知者莫能行。何則？虚一而静者，世無有也。元符二年（一〇九九），儋耳米貴〔四〕，吾方有絶糧之憂。欲與過子共行此法，故書以授之。四月十九日記〔五〕。

〔廣證〕

〔一〕此事不詳所出，待考。案抱朴子卷三對俗篇云：「故太丘長潁川陳仲弓篤論士也，撰異聞記云：『其郡人張廣定者遭亂常避地。有一女，年四歲，不能步涉，又不可擔負。計棄之固當餓死，不欲令其骸骨之露。村口有古大塚，上顛先有穿穴，乃以器盛縋之，下此女於塚中。以數月許乾飯及水漿與之，而捨去。候世平定，其間三年，廣定乃得還鄉里。欲收塚中所棄女骨，更殯埋之。廣定往視，女故坐塚中。見其父母，猶識之，甚喜。父母猶初恐其鬼也。入就之，乃知其不死。問之：從何得食？女言：糧初盡時，甚飢，見塚角有一物伸頸吞氣。試効之，轉不復飢。日月爲之，以至於今。父母去時所留衣被，自在塚中。不行往來，衣服不敗，故不寒凍。廣定乃索女所言物，乃是一大龜耳。女出食穀，初小腹痛，嘔逆，久許乃習。』」時地不合，事迹相類，録以參照。

〔二〕政和證類本草卷五云：「玉井水，味甘平無毒，久服神仙。令人體潤，毛髮不白。出諸有玉處，山谷水泉皆有。猶潤於草木，何況於人乎？異類云：『崑崙山有一石柱，柱上露盤，盤上有玉水溜下土，人得一合服之，與天地同年。』又太華山有玉水，人得服之，長生。」

〔三〕鉛汞，指錬丹。方士錬丹必置鉛、汞（水銀）於鼎，再配合藥物。張玄德丹論訣旨心照明辨章云：「夫鉛汞，大丹之根，五行之根，八石之主。金性冷，居其陽，（坎中一陽。）汞即生於朱中是也。石性熱，居其陰，（離中二陰。）鉛中金，真鉛也。故曰：陰陽相合，所以陽即是君，陰即是臣。石浮金沈，義之明矣。君臣相得，浮沈得度，藥物和合，即神仙之要妙也。」（雲笈七籤卷六十六）

〔四〕東坡和陶勸農詩叙云：「海南多荒田，俗以貿香爲業，所産秔稌不足於食，乃以藷芋雜米作粥糜以取飽。」（詩集卷四十一）當時儋地偏僻，田蕪不墾，故米穀價貴，東坡有絶糧之憂。

〔五〕元符二年（一〇九九）己卯，東坡在儋耳，時年六十四。

二八、記服絹　全集卷七十三題作「服絹法」。

醫官全集作博。張君〔一〕傳服絹方〔二〕，真神仙上藥也。然絹全集無絹字。本以禦寒，今乃以充服食，至寒時當蓋稻草全集作子。席耳。世言著衣喫飯，全集作飰，下同。今迺全集作乃，同。喫衣著飯耶〔三〕？

〔廣證〕

〔一〕按東坡與潘彥明書云：「張醫博計安勝。」（全集卷五十三）疑即此人。若然，則此文是在黄州所作。

〔二〕本草綱目卷三十八云：「絹，黄絲絹煮汁服，止消渴、産婦脬損，洗痘瘡潰爛。燒灰止血、痢下血、吐血、血崩。」按東坡所言之服絹方，功效與本草綱目所記主治不同，參看下條。

〔三〕全集卷七十三有着飯喫衣一篇，正謂此事，録後對照。

着飯喫衣

無糊絹以桑灰水煮爛，更以清水煮脱灰氣，細研如粉，酒煮麵糊，丸如桐子大，空心酒下三五十丸，治風壯元。此所謂着飯喫衣者也。或問飰非可著，衣非可喫。答云：「所以着飰，不過爲窮；所以喫衣，不過爲風。正與孫子荆枕流漱石作對。」或人未喻。曰：「夜寒藁薦，豈非著飰也耶？」

二九、記養黃中 年譜題作「養黃中說」。紀年録題同。

元符三年，歲次全集卷七十三無次字。庚辰，正月朔戊辰，紀年録此句作「朔日戊辰」四字。是日辰時，則丙辰也。三辰一戊，四土會焉，而加丙與庚，丙土母而庚其子也。土之富未有過於斯時者。紀年録無者字。吾當以斯時紀年録無此五字。肇養黃中之氣〔一〕。紀年録作法。過子原本作此，從全集本改。又欲以此原本無此字，從全集補。時取薤薑蜜作粥以啖〔二〕。吾終日默坐以守黃中。非謫居海紀年録作嶺。外，安得此慶耶？東坡居士紀〔三〕。全集無末句五字。

〔廣證〕

〔一〕古代道家講服氣法，常以月日干支方位配合五行五氣。雲笈七籤卷六十一有服五方靈氣法云：「以立春日雞鳴時，面月建寅。方平旦坐調氣瞑目，叩齒三十六通。叩齒欲深而微緩，漱咽津液，瞀目左右各三，握固臨目，都忘萬慮，放乎太空，無起無絶。良久覺身中通暖，當摇動支體，任吐濁氣。即又調息，當抱守氣海，朝太淵北極丹田真宮，稍用力深滿。其太淵則覺百關氣歸朝其内也。如此數過，復冥心太空。若東方洞然，無有隔礙，徐鼻引氣，使極存見五藏。覺東方青帝真氣從肝中周廻，内外一體，念身中三萬六千神與青帝真氣合。又調息咽液，良久起立，再拜，事竟。如此日日勿闕，至驚蟄面卯也。盡卯節至清明日面辰，存黃氣，從脾中周廻，内外洞徹也。至立夏日面巳，存赤氣，從心中周廻内外也。芒種日面午也。小暑面未，存黃氣，從脾中周廻内外也。至立秋日面申，存白氣，從肺中出，周廻内外也。至白露面酉。至寒露面戌，存黄氣，從脾中出，周廻内外也。至立冬日面亥，存黑氣，從腎中出，周廻内外也。至大雪面子。至小寒日面丑，存黄氣，從脾中出，周廻内外也。此一周年五氣備全矣。」此文配合雖有出入，用意則近，可以參考。土於五色屬黄，五方屬中央，五臟屬脾，故云養黄中之氣。（黄中一詞，出于周易坤卦文言「君子黄中通理」，但含義不同，乃是借用。）東坡與孫運勾書云：「脾能母養餘藏，故養生家謂之黄婆。司馬子微著天隱子，獨教人存黄氣入泥丸，能致長生。倉公言安穀過期，不安穀不及期。以此知脾胃寧固，百疾不生。」（全集卷五十八）黄中即謂黄婆。王文誥總案云：「是月戊寅，寅中有戊，丙戊生寅而納戊，合三辰爲四土，而中氣備矣。」

〔二〕詩集卷四十一有詩題作「過子忽出新意，以山芋作玉糝羹，色香味皆奇絶，天上酥酡則不可知，人間決無此味也。」詩云：「香似龍涎仍醲白，味如牛乳更全清。莫將南海金虀膾，輕比東坡玉糝羹。」與此可互證。

〔三〕元符三年（一一〇〇），東坡寓儋已三年。此篇與前文辟穀説參看，足見蘇氏父子謫居儋州時生活艱困，而其講論養生修鍊之術亦自有其客觀原因。

疾病

三〇、子瞻患赤眼　全集卷七十三題作「口目相語」。

余全集作「子瞻」二字。下同。患赤目，或言：「不可食膾。」余欲聽之。而口不可，曰：「我與子爲口，彼與子爲眼。彼何厚？我何薄？以彼患而廢我食，不可。」子瞻不能決。口謂眼曰：「他日我瘖，原本作痁，注云：「一作瘖」。案痁字，説文云：「久病也。」玉篇云：「小兒口瘖也。」皆不如瘖字義長。今從一作改。全集亦作瘖。汝視物，吾不禁也〔一〕。」此下原本有管仲有言云云六十字，全集别爲一篇。細繹文意，與此篇不相關涉，當是後人誤併。今從全集析爲二篇，仍附從於此文之後，不再類屬。梁廷柟東坡事類卷九引志林此則亦止於此。

〔廣證〕

〔一〕東坡答范蜀公書二云：「某凡百粗遣。春夏間多瘡患及赤目，杜門謝客，而傳者遂云物故，以爲左右憂。」（全集卷五十、續集卷五）又與錢穆父書八云：「春夏多苦瘡癤赤目，因此杜門省事。而傳者遂云病，甚者至云已死，實無甚恙。今已頗健，然猶謝客，恐傳者復云云，以爲公憂。故詳之。」（全集卷五十一）又與蔡景繁書二云：「某臨病半年，終未清快，近復以風毒攻右目，幾至失明。信是罪重責輕，召災未已。杜門僧齋，百想灰滅，登覽遊從之適，一切罷矣。」（全集卷五十五、續集卷五）又有與徐得之病眼帖云：「軾春時病眼，不能開眉。」（式古堂書畫彙考書考卷十）四書並作於謫黄州時。此篇言患赤目，當亦同時所作。石林避暑録話卷二云：「子瞻在黄州，病赤眼，踰月不出。或疑有他疾，過客遂傳以爲死矣。有語范景仁于許昌者，景仁絶不置疑，即舉袂大慟。召子弟具金帛遣人賙其家。子弟言：『此傳聞未審，當先書以問其安否，得實，弔恤之，未晚。』乃走僕以往，子瞻發書大笑。故後量移汝州謝表有云：『疾病連年，人皆相傳爲已死。』」此篇雖是遊戲文章，玩其辭意，似有感於因口語得謗而不能戒，對詩案之獄猶自儆惕。陳善捫蝨新話卷六云：「（東坡）嘗自言：

『性不慎語言，與人無親疎，輒輸寫肝膽。有所不盡，如茹物不下，必吐盡而已。而世或記疏以爲怨咎。』此語蓋實録也。」

三一、畏威如疾　原本此篇連上。今從全集分開，並據補題，説見上。

管仲有言：「畏威如疾，民之上也。從懷如流，民之下也〔一〕。」又曰：「燕安酖毒，不可懷也〔二〕。」禮曰：「君子莊敬日强，夏校云：「原本脱强字。從商本、張本補。」案全集亦有强字。安肆日偷〔三〕。」此語乃當書諸紳。故余以畏威如疾爲私記云。全集無云字。

〔廣證〕

〔一〕語見國語晉語四齊姜引管敬仲語。

〔二〕語見春秋左氏傳閔公元年，燕作宴，同。杜預注云：「以宴安比之酖毒。」

〔三〕語見禮記表記。鄭玄注云：「肆猶放恣也。偷，苟且也。」

三二、治眼齒　商本卷九第三十六則。全集卷七十三題作「目忌點濯説」。仇池筆記卷上存此題作「治齒治目」。蘇沈内翰良方卷七題同。

歲商本、全集、良方並作前。日與歐陽叔弼〔一〕、晁無咎〔二〕、張文潛〔三〕同在戒壇。余病目昏，數商本作將。以熱水洗之。

文潛曰：「目忌點洗。良方洗下有「齒便漱濯」四字。全集洗作濯。亦有「齒便漱濯」四字，惟因剜板，倒置在「目有病」下。目有病當存之，齒有病當勞之，不可同也。原注：「又記魯直語云：眼惡剔濯，齒便漱潔。」夏校云：「以上十四字夾注，商本脱，張本刊作大字。」案商本脱眼惡剔抉下八字，非十四字。全集、良方並無此十四字。治目當如治民，治齒當如治軍。治民當如曹參之治齊〔四〕，治軍當如商鞅之治秦〔五〕。」頗有理，全集、良方頗上有此字。故追録之〔六〕。全集、良方追作「退而」二字。

〔附録〕類説本仇池筆記卷上

張文潛曰：「病説郛本譌作痛。目忌點洗。目有病當存之，齒有病當勞宋本作去。説郛本作抉。之。治目如治民，治齒如治軍。治民如曹參之治齊，治軍如商鞅之治秦。」

〔廣證〕

〔一〕歐陽叔弼爲歐陽修之子，入元祐黨籍。東都事略卷七十二本傳云：「（歐陽）棐字叔弼，以父修蔭，守秘書省正字。及長，舉進士。哲宗即位，爲著作郎。章惇入相，棐以秘閣校理知襄州，坐元祐黨，奪校理。元符三年（一一〇〇）還朝爲吏部郎中。以直秘閣知蔡州。罷居潁州，卒年六十七。」（宋史卷三百十九亦有傳。）畢仲游歐陽叔弼傳云：「（叔弼）爲人廣覽强記，博通經籍史氏諸子百家之言。文忠之文須人代者，多出叔弼甫之手。而東坡蘇子瞻在翰林，亦多以内表章屬叔弼甫代之，人莫能

辨。」（西臺集卷六）

〔二〕晁無咎爲蘇門四學士之一，入元祐黨籍。東都事略卷一百十六文藝傳云：「晁補之，字無咎。七歲能屬文。蘇軾通判杭州，延譽如不及。舉進士。通判揚州，召還爲著作佐郎。遷著作郎出知齊州。紹聖（一〇九四—一〇九七）初，責監蘄信二州酒税。復爲著作郎。遷吏部郎中，兼國史院編修官，出知河中府。最後知泗州。卒年五十八。」（宋史卷四百四十四亦有傳。）

〔三〕張文潛亦爲蘇門四學士之一，入元祐黨籍。前書同卷云：「張耒字文潛，楚州淮陰人也。幼穎異，能爲文，從蘇轍學。舉進士。蘇軾亦深知之，稱其文爲汪洋澹泊，有一倡三歎之聲云。召爲太學録。元祐初，爲正字，遷著作佐郎，改著作郎，兼史院檢討。擢起居舍人。知潤州。徙宣州，責監黄州酒税。移知兖州，召爲太常少卿。復知潁州，又徙汝州。復坐元祐黨落職，主管明道宫。初，耒在潁，聞蘇軾之訃，以師弟子禮舉喪。言者以爲言，遂貶房州别駕，黄州安置。卒年六十。」（宋史卷四百四十四亦有傳。）汪藻浮溪集卷十七柯山張文潛集書後云：「元祐中，兩蘇公以文倡天下，從之遊者，公與黄魯直、秦少游、晁無咎號『四學士』，而文潛年爲最少。」

〔四〕史記卷五十四曹相國世家云：「孝惠帝元年，除諸侯相國法。更以參爲齊丞相。參之相齊，齊七十城，天下初定，悼惠王富於春秋。參盡召長老諸生，問所以安集百姓，如齊故俗。諸儒以百數，言人人殊。參未知所定。聞膠西有蓋公，善黄老言，使人厚幣請之。既見蓋公，蓋公爲言治道，貴清静而民自定，推此類具言之。參於是避正堂，舍蓋公焉。其治要用黄老術。故相齊九年，齊國安集，大稱賢相。」

〔五〕史記卷六十八商君列傳云：「（孝公）以衛鞅爲左庶長，卒定變法之令。令民爲什伍，而相收司連坐；不告姦者腰斬；告姦者與斬敵首同賞；匿姦者與降敵同罰。民有一男以上不分異者，倍其賦。有軍功者各以率受上爵；爲私鬭者各以輕重被刑。大小僇力本業耕織，致粟帛多者復其身；事末利及怠而貧者，舉以爲收孥。宗室非有軍功，論不得爲屬籍。明尊卑爵秩等級，各以差次；名田宅臣妾衣服，以家次。有功者顯榮，無功者雖富無所芬華。行之十年，秦民大悦，道不拾遺，山無盜賊，家給人足。民勇於公戰，怯於私鬭，鄉邑大治。」

〔六〕李治敬齋古今黈卷八云：「東坡云：『治目如治民』云云。醫者韓義之曰：『坡此語强爲説耳，其實不然。治目治齒，自當有緩急時，不可必也。且治目者燒烙渫浸鉤割針鐮，無所不用。又其所用藥，如石膽、石中黄、雞子白、銅青、碙青、硼砂、白丁香之類，性俱有毒。豈盡如東坡所言乎？』予竊謂韓説雖有理，亦未敢以爲至論也。比見張鍊師幾道道及此，因舉其里中一農家叟，病目已不治。適有客來過，既去，遺一銀藥瓶子。開視，其藥滿中。或者試令病者點之，或以爲不知何藥不可點。或又謂：『叟病已不治，政治不效，何傷？』遂試以少許點之，痛不可忍。然一二三日後，目似見物。叟因更點少許，痛亦如前。又三五日，見物頗明。乃連點數日，其患良愈。他日，客還曰：『前别時遺一藥瓶子，曾收到否？』主人問是何藥，客云：『此射生藥箭所用，蓋取生烏頭汁雜毒物熬成者。他無所施，乞以見付。』予聞張言，始知韓子之言爲可信。」此論可以糾執一之弊。惟以張耒語爲東坡説，有誤。此篇疑元祐時（一〇八六—一〇九三）東坡在朝所作。

三三、龐安常耳聵 商本卷一第三十則。全集卷七十三題作「龐安常善醫」。

蘄州龐君全集無君字。安常，善醫而聵。與人語，須書始能曉。全集此句作「在紙始能答」。東坡笑曰：

「吾與君皆異人也。吾以手爲口，君以眼爲耳，非異人乎〔一〕？」全集乎作「而何」二字。夏校云：「此條見前遊沙湖内，重出。」又云：「案此條明刻全集本無。」按夏校所云明刻全集當是指成化刊七集本而言，若萬曆間刊本亦有此條。

〔廣證〕

〔一〕詳見前游沙湖篇。

夢寐

三四、記夢參寥茶詩 全集卷六十八、題跋卷三題作「記參寥詩」，仇池筆記存此題同。

昨夜夢參寥師〔一〕全集、題跋師下有手字。攜一茗溪漁隱叢話卷四十六、詩話總龜後集卷三十無一字。軸詩見過，覺而記其飲茶詩叢話無詩字。兩句云：「寒食清明都過了〔二〕，石泉槐火一時新〔三〕。」夢中問：「火固新矣，泉何故新？」答曰：題跋作云。「俗以清明淘井。」當續成全集、題跋成下有一字。詩以紀全集、題跋、叢話作記，同。其事〔四〕。

〔附録〕類説本仇池筆記卷下

夜夢參廖宋本作寥，同。攜一軸詩見過，覺而記其飲茶詩兩句云：「寒食清明都過了，石泉槐火一時新。」夢中問：「火固新矣，泉何故新？」答曰：「俗以清明淘井。」群書通要甲卷六引仇池筆記此文同。

〔廣證〕

〔一〕參寥子，見前逸人遊浙東篇。

〔二〕金盈之醉翁談録卷三云：「寒食節，冬至後一百五日即有疾風甚雨，謂之寒食。民間以一百四十（按十字疑衍）日始禁火，謂之大寒一月寒食者，今姑不講矣。今云斷火三日者，謂冬至後一百四日、一百五日、一百六日也。是節，合都士庶之家，多蓄食品，故京師諺語有『寒食十八頓』之説。又諺云：『饞婦思寒食。』又謂寒食爲一月節者。自一百四日，人家出修墓祭祀，如是經月不絶，故俗傳有一月節之語。」又云：「清明節在寒食前後，故節物樂事皆爲寒食所包。」孟元老東京夢華録卷七云：「尋常京師以冬至後一百五日爲大寒食。前一日謂之炊熟。用麵造棗餬飛燕，柳條穿之，插於門楣，謂之子推燕。子女及笄者，多以是日上頭。寒食第三節即清明日矣（鄧之誠校云：節日二字疑當互易）。」按宋人極重視寒食節，祠部休假，唯元日、寒食、冬至各七日，較餘假獨多（見麗元英文昌雜録卷一）。過節盛況，上書所述可以概見。

〔三〕槐火謂改火，見論語陽貨篇。但據馬融説「春取榆柳之火（中略），冬取槐檀之火」，疑槐火當作榆火。

〔四〕按東坡書參寥詩云：「僕在黄州，參寥自吴中來訪，館之東坡。一日夢見參寥所作詩，覺而記其兩句云：『寒食清明都過了，石泉槐火一時新。』後七年，僕出守錢塘，而參寥始卜居西湖智果院。院有泉，出山縫間，甘洽宜茶。寒食之明日，僕與客泛湖，自孤山來謁。參寥汲泉鑽火，烹黄蘗茶，忽悟所夢詩兆於七年之前。衆客皆驚歎，知傳記所載，非虚語也。元祐五年（一〇九〇）二月二十七日書。」(全集卷六十八、題跋卷三。詩話總龜卷三十三引東坡詩話同)又參寥泉銘叙(全集卷十九，續集卷十)略同，並謂此事，是本篇作於黄州。但銘叙作於元祐六年(一〇九一)去杭日，引參寥語作『是見於夢九年』，較書參寥詩相差一年，或記憶有出入，或字有誤。據書參寥詩逆算，當在元豐七年(一〇八四)；據參寥泉銘叙則在元豐六年(一〇八三)，王文誥總案繫此文於是年。東坡與參寥子書二云：「僕罪大責輕，謫居以來，杜門念咎而已。平生親識亦斷往還，理故宜爾。而釋老數公乃復千里致問，情義之厚，有加於平日，以此知道德高風果在世外也。」(全集卷六十一)此東坡初到黄時與參寥通問。不久，參寥從東坡於黄直至離任。

三五、記夢賦詩 夏校云：「張本脱詩字。」

軾詩話總龜卷三十三作余。初總龜、苕溪漁隱叢話卷四十一無初字。自蜀總龜蜀下有中字。應舉京師〔一〕，道過華清宫〔二〕，夢明皇令賦太真妃總龜無妃字。裙帶詞。覺而記之，今書贈柯山原本柯作何，今從總龜及叢話改。説見廣證。潘大臨汾老〔三〕云。

百疊漪漪水夏校云：「七集本續集作風。後一則亦作風。」按叢話亦作風。皺，六銖縰縰夏校云：「原本作縱，商本、張本同。七集本作縰縰，從改。」按總龜作縱縱，叢話作縰縰。雲輕。植夏校云：「七集本作獨。」立含風殿上，微聞環佩總龜、叢話作珮，同。摇聲〔四〕。

元豐五年(一〇八二)十月七日〔五〕。

〔廣證〕

〔一〕紀年録嘉祐元年（一〇五六）丙申云：「公自蜀舉進士入京。」時東坡年二十一。

〔二〕宋敏求長安志卷十五臨潼云：「温湯在縣南一百五十步，驪山之西北。（唐）貞觀十八年（六四四）詔左屯衛大將軍姜行本、將作少匠閻立德營建宫殿，御賜名温泉宫，太宗因幸，製碑。咸亨二年（六七一）名温泉宫。天寶六載（七四七）改爲華清宫。驪山上下益治湯井爲池，臺殿環列山谷。明皇歲幸焉。又築會昌城，即於湯所置百司及公卿邸第焉。禄山亂後，天子罕復遊幸。唐末遂皆圮廢。晉天福中（九三六—九四三），改爲靈泉觀，賜道士居之。」

〔三〕東坡驪山三絶句云：「功成惟欲善持盈，可歎前王恃太平！辛苦驪山山下土，阿房纔廢又華清。」「幾變雕牆幾變灰，舉烽指鹿事悠哉。上皇不念前車鑒，却怨驪山是禍胎。」「海中方士覓三山，萬古明知去不還。咫尺秦陵是商鑒，朝元何必苦躋攀？」（詩集卷三）乃官鳳翔時作，對唐明皇多諷辭。東坡詩第七首云：「潘子久不調，沽酒江南村。」（詩集卷二十一）王注引子仁曰：「潘子，蓋潘邠老云。」施注云：「潘名大臨，字邠老，滎陽人。」張耒潘大臨文集序云：「邠老，故閩人，後家黄州。崇寧中，予以罪謫黄州，與邠老爲鄰。邠老少學爲人，則已不能合其鄉人，衆不悦之。邠老獨與當世知名士游，往往屈輩行與之交。嘗舉于有司，與百千人偕進偕退，無知其才而力振于困者。後予蒙恩去黄，居于淮陰，聞邠老客死蘄春，予爲之太息出涕。」（張右史文集卷五十一）按張耒潘奉議（大臨之父）墓誌云：「潘氏在唐爲滎陽人。當僖宗時有名季荀者，仕爲太僕卿，官于福州，避亂因家焉。」（張右史集卷六十）故施注謂「滎陽人」。陳振孫直齋書録解題卷二十有「柯山集二卷，齊安潘大臨邠老撰」。輿地紀勝卷四十九黄州云：「柯山，在東坡高寒亭之東。」大臨居于柯山，故名其集爲柯山集，以此知原本作「何山」之譌。潘子真詩話云：「邠老寓居齊安，得句法於東坡。與洪駒父、徐師川洎予善。山谷嘗稱之曰：『天下異才也。』年未五十以没。」又劉克莊江西詩派小序云：「東坡、文潛先後謫黄州，皆與邠老游。其詩自云師老杜，然有空意，無實力。」此對邠老有不滿之辭。

〔四〕馮應榴注云：「百疊，江淹鏡論語：『石青紅兮百疊。』六銖，博異志：『六銖者，天人衣。』縰縰，宋玉高唐賦：『縰縰莘莘。』注：『衆多之貌。』」按百疊乃衣裙襞積之形狀，馮注引江文未當。又「植立」，春秋左傳定公十年：「皆至而立，如植。」杜預注云：「如立木不動。」又案植與特古音相近，又與獨通，故「植立」猶「特立」或「獨立」。朱彧萍洲可談卷一：「東坡自云：嘗夢至帝所，代侍女月娥仙爲作裙帶詩。其詞曰：百疊漪漪水皺，六銖纚纚雲輕。植立廣寒深殿，風來環佩微聲。」

〔五〕元豐五年（一〇八二）壬戌，東坡年四十六，在黄州團練副使任。

三六、記子由夢 全集卷六十八、題跋卷三題作「書子由夢中詩」。

元豐八年正月旦日，子由夢李士寧〔一〕，全集、題跋寧下有「相過」二字。草草爲具。夢中贈一絶句云：「先生惠然肯見客，旋買雞豚旋烹炙。人間飲酒未須嫌，歸去蓬萊欒城集作壺。卻無喫〔二〕。」明年閏詩話總龜卷三十三脱閏字。二月六日，爲予道之〔三〕。書以遺過子。全集、題跋過子作遲子，總龜作遲云。遲爲蘇轍之長子。按故宫博物院舊藏有此文真蹟，作過子（宋人法書第二册），與本書同。真蹟此下復有「坡翁」二字署名。

〔廣證〕

〔一〕司馬光涑水記聞卷十六云：「李士寧者，蓬州人。自言學多詭數，善爲巧發奇中。目不識書，而能口占作詩，頗有才思，而詞理迂誕，有類讖語。專以妖妄惑人。周遊四方及京師，公卿貴人多重之。人未嘗見其經營及有囊橐，而貲用常饒。猝有賓客，十數珍饌立具。皆以爲有歸錢術。王介甫尤信重之。熙寧（一〇六八—一〇七七）中，介甫爲相，館士寧于東府，且半歲。日與其子弟遊。及介甫將出金陵，乃歸蓬州。」魏泰東軒筆録卷五云：「李士寧者蜀人，得導氣養生之術，又能言人休咎。王荆公與之有舊，每延於東府，迹甚熟。呂惠卿參大政，會山東告李逢、劉育之變，事延宗室世居。劾者言士寧嘗預此謀，敕天下捕治。獄具，世居賜死，李逢、劉育磔於市，士寧決杖，流永州。連坐者甚衆。始興此獄，引士寧者意欲有所誣衊，會荆公再入秉政，謀遂不行。」王安石贈李士寧道人詩云：「季主逡巡居卜肆，彌明邂逅作詩翁。曾令宋賈歎車上，更使劉侯驚坐中。杳杳人傳多異事，冥冥誰識此高風？行歌過我非無謂，惟恨貧家酒盞空！」（王荆公詩注卷三十八）按李士寧以術遊公卿間，當時甚著名，流傳奇蹟異聞頗多。但劉攽中山詩話云：「蜀人李士寧好言鬼神詭異事，爲余言嘗泛海值風，廣利王使存問已。又嘗一夜有人傳相公命已，及往，燕設甚盛，飲食醉飽。既寤，乃在梁門外。疑所謂相公者二相神也。人皆言士寧能佗心通。士寧過余，余故默作念侮戲之。竟日，士寧不知，惡在其通也？士大夫多遺其金帛錢物，士寧以是財用常饒足。人又以爲有術，能歸錢，與李少君類矣。」則其誕妄可知。蘇轍此夢，在士寧流永州之後。

〔二〕此詩見蘇轍欒城集卷十三，題作「正旦夜夢李士寧過我，談説神怪，久之。草草爲具，仍以一小詩贈之。」

〔三〕時爲哲宗（趙煦）元祐元年（一〇八六），東坡自登州以禮部郎中召還，遷起居舍人，蘇轍自績溪縣以校書郎召，除右司諫，兄弟相會於汴京（開封）。

三七、記子由夢塔　全集卷六十尺牘作「與子由書」。

明日，兄之生日〔一〕。昨夜夢與弟同自眉入京，行利州峽〔二〕，路見二僧。其一僧鬚髪皆深青，與同行。問其「向去災福？」答云：「向去甚好，無災。」問其「京師所需要？」「好硃全集作朱。砂五六錢。」又手擎一小卵塔〔三〕，原本卵作卯，譌，從全集改正。下同。云：「中有舍利〔四〕。」兄接得卵塔，自開其中，舍利燦全集作粲。然如花。兄與弟請吞之，僧遂分爲三分。僧先吞，兄與弟繼吞之。各一兩，全集兩下有掬字。細大不等，皆明瑩而白，亦有飛迸空中者。僧言：「本欲起塔，卻喫了。」兄言：「吾等三人便是三所無縫塔〔五〕。」僧笑。遂覺。覺後胸中全集無「後胸中」三字。噎噎然微似含物。夢中甚明，故閑報爲笑耳〔六〕。全集無耳字。

【廣證】

〔一〕紀年録仁宗（趙禎）景祐三年（一〇三六）丙子「十二月十九日卯時，公生於眉山縣紗縠行私第。」

〔二〕元豐九域志卷八利州路云：「都督府利州，益川郡，寧武軍節度，治綿谷縣。」利州即今四川廣元縣。又按綿谷縣有明月峽，（太平寰宇記卷一百三十五利州綿谷縣下云：「三峽謂巫峽、巴峽、明月峽，唯明月峽在此郡界。」）利州峽或即指此。

〔三〕禪宗僧徒葬窆亡僧，削石作塔，團欒而無縫稜，無層級，呼爲無縫塔。以其形如鳥卵，亦名卵塔。

〔四〕舍利，梵名Śarira，佛身荼毘後結成之晶形物。玄應一切經音義卷六云：「舍利，正音設利羅，譯云身骨。舍利有全身者，有碎身者。」

〔五〕景德傳燈録卷五西京光宅寺慧忠國師傳云：「師以化緣將畢，涅槃時至，乃辭（唐）代宗。代宗曰：『師滅度後，弟子將何所記？』師曰：『告檀越，造取一所無縫塔。』曰：『就師請取塔樣。』師良久曰：『會麽？』曰：『不會。』師曰：『貧道去後，有侍者應真却知此事。』大曆十年（七七五）十二月九日，右脇長往，弟子奉靈儀於黨子谷建塔，勅謚大證禪師。代宗後詔應真入内，舉問前語。真良久曰：『聖上會麽？』曰：『不會。』真述偈曰：『湘之南，潭之北，中有黄金充一國。無影樹下合同船，瑠璃殿上無知識。』應真後住耽源山。」

〔六〕全集此書題下注云：「杭州。」其前四牘皆在黄州作，則此書作於元祐間知杭州時。

三八、夢中作祭春牛文 商本第五卷三十則。年譜引此題同。説郛卷二十九東坡手澤題作「祭春牛文」。

元豐六年十二東坡手澤作一，説郛卷二十一宋相國道雲莊四六餘話引東坡手澤同。月二十七日，天欲明，夢雲莊餘話脱夢字。數吏人持紙一幅，其上題云：「請祭春牛文。」予取筆疾書其上云：雲莊餘話無其上二字。「三陽既至，庶草將興。爰出土牛〔一〕，以戒農事。衣被丹青之好，本出泥塗〔二〕；成毁須臾之間，誰爲喜愠〔三〕？」吏微雲莊餘話無微字。笑曰：「此兩句復當有怒者。」旁雲莊餘話旁作傍有二字。一吏云：「不妨，雲莊餘話此下重不妨二字。此是喚醒他〔四〕。」商本誤作也。

〔附録〕書夢祭勾芒文 全集卷六十六、題跋卷一載此文，與前篇小異，因附録於後。

予在黄州，夢黑肥吏以一幅紙請祭春牛文。卻之不可，云：「欲得一佳文。」予笑而從之，云：「三陽既至，庶草將興。爰出土牛，以戒農事。衣被丹青之好，本出泥塗；成毀須臾之間，誰爲慍喜？」傍有一吏云：「此兩句，會有慍者。」其一曰：「不害。」久已忘之，參寥能具道，乃復録之。今歲立春便可用也。原本注云：「一閣本不害下有此是喚醒他五字。」

〔廣證〕

〔一〕禮記月令云：「季冬之月，出土牛，以送寒氣。」鄭玄注：「出猶作也。送猶畢也。」

〔二〕土牛經釋春牛顔色云：「常以歲干色爲頭，從甲乙丙丁戊己庚辛壬癸爲十干。甲乙木，其色青；丙丁火，其色赤； 戊己土，其色黄； 庚辛金，其色白； 壬癸水，其色黑。餘倣此。支爲身色，從子丑寅卯辰巳午未申酉戌亥爲十二支。寅卯木，其色青； 巳午火，其色赤； 申酉金，其色白； 亥子水，其色黑； 辰戌丑未土，其色黄。餘倣此。納音爲腹，從金木水火土爲納音。金白，木青，水黑，火赤，土黄，以此五色言之。立春日，干色爲角耳尾，支色爲脛腹，納音色爲蹄。假如甲子歲立春，甲爲干，其色青，用青爲牛頭。子爲支，其色黑，用黑爲身。納音金，其色白，白爲腹。丙寅日立春，丙爲干，其色赤，用赤爲角耳尾。寅爲支，其色青，爲脛腹。納音是火，赤色爲蹄。」（説郛卷十五）（王應麟困學紀聞卷二十云：「土牛之法，以歲之干色爲首，支色爲身，納音爲腹。以立春干日爲角耳尾，支色爲脛，納音色爲蹄。景祐元年以土牛經四篇頒示天下，丁度爲序。」）

〔三〕東坡有立春祭土牛祝文云：「三陽既應，庶草將興。爰出土牛，以戒農事。丹青設象，蓋惟風俗之常；耕穫待時，必有陰陽之助。仰維靈德，佑我穡人。尚饗。」（全集卷六十二、後集卷十六）與此文略同。

〔四〕東坡於元豐二年（一〇七九）嘗以文字遭謗，被劾爲「譏切時事」，逮捕下獄，幾致不測，即當時所謂「烏臺詩案」是也。此文蓋有所感，殆爲舒亶、李定等而發。

元豐六年（一〇八三）癸亥，東坡時謫居黄州。據書夢祭勾芒文之言，王文誥總案云：「此文乃補録於帥杭時者。」

三九、夢中論左傳 商本卷七第五則，全集卷六十六、題跋卷一題同。年譜引志林作「夢中論左傳説」。

元祐六年（一〇九一）十一月十九日五更，夢數人論左傳云：「祈招之詩〔一〕固善語，商本作諷。然未見所以感切穆王之心，已其車轍馬跡之意者。」有答者曰：「以民力從王事，當如飲酒，適於飢飽之度而已。若過於醉飽，則民不堪命，王不獲。原本作三不獲，文末夾注云：「三不獲疑作王不獲。」夏校云：「此夾注原本所有，商本、張本均直改爲王不獲。」按全集、題跋亦作王不獲，今據改正。没矣。」覺而念其言，似有理，故録之〔二〕。

〔廣證〕

〔一〕春秋左氏傳昭公十二年云：「（子革）對（楚靈王）曰：『昔（周）穆王欲肆其心，周行天下，將皆必有車轍馬跡焉。祭公謀父作祈招之詩，以止王心，王是以獲没於祗宮。其詩曰：祈招之愔愔，式昭德音。思我王度，式如玉，式如金。形民之力，而無醉飽之心。』」杜預注云：「祈父，周司馬，世掌甲兵之職。招，其名。」

〔一二〕是時東坡以龍圖閣學士知潁州軍州事。按烏臺詩案云：「元豐元年八月内，張方平令王鞏將書一封詩一卷來徐州，題封曰樂全堂禊詠。開看乃是方平舊詩一卷。軾作一詩題卷末。此詩云云。又云：『願公正王度，祈招繼愔愔。』據左傳楚靈王欲求九鼎於周，求地於諸侯，其臣右尹子革諫王言：『昔周穆王欲巡行天下，皆將有車轍馬跡。祭公謀父作祈招之詩以諫王。』其詩曰：『祈招之愔愔，式昭德音。思我王度，式如玉，式如金。形民之力，而無醉飽之心。』楚靈王不能用，以及於難。軾欲方平勿爲虚言之詩，當作詩諷諫朝政闕失，如祭公謀父作祈招之詩以正王也。」與本篇可參讀。

四〇、夢中作靴銘　商本卷七第三則。全集卷六十六、題跋卷一題作「書夢中靴銘」。

軾夏校云：「商本作某，下同。」案題跋、苕溪漁隱叢話卷四十一亦作軾。倅武林日〔一〕，夢神宗召入禁中，宮女圍侍。一紅衣女童捧紅靴一隻，命軾銘之。覺而全集、題跋而下有「忘之」二字。記其一聯云：「寒女之絲，銖積寸累；天步侯鯖録卷四作步武。所臨，詩話總龜卷三十四作及。雲蒸侯鯖録作生。雷全集、題跋及苕溪漁隱叢話卷四十一並作霧。起。」既畢進御，上極歎其敏。使宮女送出，睇眎題跋作視，同。裙帶間，有六言詩一首云：「百疊漪漪風全集、題跋、侯鯖録、冷齋夜話卷一並作水。按前記夢賦詩條也作水。皺，六銖縱縱夏校云：「原本作縱縱，今改正。」按全集、題跋、續集卷十裙靴銘、冷齋夜話、叢話並作縰縰。

侯鯖録作纚纚，同。雲輕。植全集、題跋作直。續集作獨。立含風廣殿，微聞環佩摇續集作來。聲〔二〕。」夏校云：「前則記爲夢明皇令賦太真妃裙帶，出石刻。此作夢見神宗宫女裙帶間有此詩，見七集本續集。」按説見廣證。

〔廣證〕

〔一〕王象之輿地紀勝卷二臨安府云：「武林山，漢、晉書皆言錢塘縣有武林山，在縣一十五里。（按縣下疑脱西字。）又名靈隱，又名靈苑，曰仙居。山有五峯：曰飛來，曰白猿，曰稽留，曰月桂，曰蓮華。又有武林泉。」此借指杭州。年譜熙寧四年（一〇七一）辛亥云：「先生年三十六，仕監官告院，兼判尚書祠部。王荆公欲變科舉，上疑焉，使兩制三館議之。先生獻三言，荆公之黨不悦。命攝開封府推官，有奏罷買燈疏。御史知雜事誣告先生過失，未嘗一言以自辨。乞外任避之，除通判杭州。」宋史卷一百六十六職官志云：「通判一人，以京朝官充。乾德（九六三—九六七）初，諸州始置通判，統治軍州之政事，得專達，與長吏均禮。大藩或置兩員，户少事簡有不置者。正刺史以上州知州，雖小處亦特置。」趙與時賓退録卷一云：「通判曰倅。禮有副車倅車，副貳之稱。」

〔二〕此詩注釋見前記夢賦詩廣證。

按此文與前則記夢明皇賦裙帶事相類，裙帶詩全同，然一則云「自蜀應舉京師」，一則云「倅武林日」。胡仔苕溪漁隱叢話已不能定其是非，乃並引東坡説，而云：「二説不同，故併録之。」裙靴銘序云：「予在黄州時，夢神考召入小殿賜宴，乃令作宫人裙銘，又令作御靴銘。」（全集卷十九、續集卷十）則與前二説又不同。趙令畤侯鯖録則云：「東坡少時，夢召入禁中。一宫人引行，見風吹裙帶，在笏上有詩云：『百疊漪漪水皺』云云。既至小殿，裕陵坐其上，脱絲鞵令坡銘之，坡即書云：『寒女之絲』云云。裕陵稱賞。」又未明言何時。綜上有四説不同，録以備考。又按此文首稱「軾倅武林日」，繼稱「夢神宗」云云，明是後來追録之語。

四一、記　夢

（一）原本無序號，今增，下同。此則商本卷七第四則。全集卷六十八、題跋卷三題作「記夢詩文」。予詩話總龜卷三十四引東坡詩話作僕。嘗夢客有總龜作有客。攜詩相總龜相作文見二字。過者，全集、題跋文首作「昨夜欲曉，夢客有攜詩文見過者」。覺而記其一詩云：「道惡賊其身，忠先愛厥親。誰知畏九折，亦自是忠臣〔一〕？」又原本作文，夏校云：「商本作又。」按題跋、總龜亦作又，義長，今從正。有數句若銘贊者云：「道之所以成，不總龜不下有以字。害其耕；德之所以全集、題跋以下有不字。修，不全集、題跋作以。總龜不下有以字。賊其牛〔二〕。」總龜牛作生。

〔廣證〕

〔一〕漢書卷七十六王尊傳云：「遷益州刺史。先是琅邪王陽爲益州刺史，行部至邛郲九折阪，歎曰：『奉先人遺體，奈何數乘此險？』後以病去。及尊爲刺史，至其阪，問吏曰：『此非王陽所畏道邪？』吏對曰：『是。』尊叱其馭曰：『驅之。』王陽爲孝子，王尊爲忠臣。」此詩後二句反用之，猶言忠臣出於孝子，與前二句相應。

〔二〕此以農事比喻道德之修養，故云「不害其耕」、「不賊其牛」。前二句以成、耕協韻，次二句以修、牛協韻，詩話總龜牛字作「生」，非。

（二）全集卷七十二題作「夢彌勒殿」。

僕在黄州，夢至西湖上〔一〕。夢中亦知其爲夢也。全集無夢中下八字。湖上有大殿三重，其東一殿，題其額云：「彌勒下生。」夢中云是僕昔年所書。衆僧往來行道，太半相識。辯才〔二〕、海月〔三〕皆在，相見驚異。全集作喜。僕散形策杖，謝諸人曰：「夢中來游，不及冠帶〔四〕。」既覺忘原本作亡，今從全集改。之。明日得芝上人〔五〕信，乃復理前夢，因書以寄之。

〔廣證〕

〔一〕東坡答陳師仲主簿書云：「軾於錢塘人有何恩意？而其人至今見念。軾亦一歲率常四五夢至西湖上，此殆世俗所謂前緣者。」（全集卷四十九）

〔二〕辯才見前逸人遊浙東篇。

〔三〕蘇轍天竺海月法師塔銘云：「餘杭天竺有二大士：一曰海月，一曰辯才。皆事明智韶法師，以講説作佛事而心悟最上乘，不爲講説所縛。熙寧中，予兄子瞻通守餘杭，從二公遊，敬之如師。支（當是及誤）海月之將寂也，使人邀子瞻入山，以事不時往。師遺言，須其至，乃闔棺。既寂四日而子瞻至，發棺視之，膚理如生，必（疑爲心）頂温然，驚歎出涕。」又云：「公名惠辯，字訥翁，姓富氏，秀之華亭人也。年十有九，受具足戒，從韶於天竺，受天台教，習西方觀。復事三衢浮石矩法師，皆盡其學。

韶之將老也，命公代之講者八年，學者宗之。及其老，遂領寺事。翰林沈文通治杭，以涖僧職，卒至都僧正。凡講授二十五年，往來千人，得法者甚衆。熙寧六年（一〇七三）十月有疾，十七日旦起盥濯，與衆别，焚香跏趺而逝，年六十，臘四十一。」（欒城後集卷二十四）參見本書卷三故南華長老重辨師逸事，僧志磐佛祖統紀卷四十五略同。東坡有弔天竺海月辯師云：「欲尋遺迹强沾裳，本自無生可得亡。今夜生公講堂月，滿庭依舊冷如霜。」「生死猶如臂屈伸，情鍾我輩一酸辛。樂天不是蓬萊客，憑仗西方作主人。」「欲訪浮雲紀滅因，無緣却見夢中身。安心好住王文度，此理何須更問人。」（詩集卷十）按東坡在黄，惠辯没已多年。

〔四〕東坡海月辯公真贊引云：「予在黄州，夢至西湖上，有大殿，榜曰『彌勒下生』。而故人辯才、海月之流，皆行道其間。」又贊云：「我夢西湖，天宫化城。見兩天竺，宛如平生。」（全集卷二十二、後集卷二十）亦言其事。

〔五〕芝上人即僧曇秀，參見後曇秀相别。東坡送芝上人遊廬山詩云：「二年閱三州，我老不自惜。團團如磨牛，步步踏陳迹。豈知世外人，長與魚鳥逸。老芝如雲月，炯炯時一出。比年三見之，常若有所適。逝將走廬阜，計闊道逾密。吾生如寄耳，出處誰能必。江南千萬峯，何處訪子室？」（詩集卷三十五）

（三）全集卷七十二題作「師續夢經」。

宣德郎廣陵郡王〔一〕院原本作完，今從全集改。大小學教授〔二〕眉山任伯雨德翁〔三〕原本作公，今從全集及本傳改。下同。喪其母吕夫人六全集作之。十四日，號踴全集作擗。稍間，欲從事於佛。或勸誦金光明經〔四〕，具言世所傳本多誤，惟咸平六年（一〇〇三）〔五〕刊行者最爲善本，又備載張居道再生事。德翁欲訪此本而不可得。方全集無方字。苫卧全集作寢。柩前，而外甥進士師續假寐於全集作其。側，忽驚覺曰：「吾夢至相國寺〔六〕東門，有鬻全集鬻下有糟字。薑者云：『有此經。』夢中問曰：『非咸平六年本乎？』曰：『然。』『有居道傳乎？』曰：『然。』全集無有居道下七字。此大全集作殆。非夢也。」德翁大驚，即使續以夢求之。而獲覩鬻全集鬻下有糟字。薑者之狀，則夢中所見也。

德翁舟行，扶柩歸葬於蜀。余全集作某。方貶嶺外，遇全集作偶。弔德翁楚泗間，乃爲之記〔七〕。全集之記作記之。又此下尚有「紹聖元年同郡蘇某記」九字。

〔廣證〕

〔一〕趙孝永，英宗（趙曙）第四子益王頵之子，封廣陵郡王，見宋史卷二百三十三宗室表及卷二百四十六宗室傳。

〔二〕宋史卷一百六十五職官志云：「至道元年（九九五）太宗將爲皇姪等置師傅，執政謂環衛之官，非親王比，當有降，乃以教授爲名。咸平（九九八—一〇〇三）初，遂命諸王府官分兼南北宅教授。南宮者，太祖、太宗諸王之子孫處之，所謂睦親宅也。崇寧五年（一一〇六）又改稱某王宮宗子博士，位國子博士之上。靖康之亂，宗學遂廢。紹興四年（一一三四）始復置諸王宮大小學教授二員。」

〔三〕東都事略卷一百本傳云：「任伯雨字德翁，眉州眉山人也。父孜字遵聖，以問學氣節雄鄉閭，名聲與蘇洵相上下。伯雨邃於經術，文力雄健。舉進士，除左正言。首上疏言章惇迷國罔上，章八上，惇貶雷州。又論蔡卞之惡有過於惇，卞亦尋竄。蔡京爲翰林學士承旨，交結內侍，伯雨極論其罪。尋出知虢州。崇寧（一一〇二—一一〇六）初，二蔡在東西府，以黨論編管通州，徙儋州；以星赦移道州；以八寶赦提點明道宫。卒年七十三。伯雨性剛鯁，爲諫官僅半載，所上一百八疏，皆係天下治體，號戇草云。」費袞梁谿漫志卷四云：「蜀人任孜字遵聖，以學問氣節雄鄉里。兄弟皆從老蘇游，東坡所謂『大任剛烈世無有，疾惡如風朱伯厚』者。其後在京師，有哭道聖詩云：『老任况豪俊，先子推輩行。』又云『平生惟一子，抱負珠在掌。見之齠齔中，已有食牛量。』其子後立朝，果着大節，即德翁也。東坡眼力高，觀人于齠齔間，已有如此，妙矣夫！」又陸游渭南文集卷二十九跋任德翁乘桴集云：「德翁感遇篇云：『言行身不用，無迺我所欲。長沙地卑濕，正可高閣足。』其議賈生，可謂善矣。所抱如此，排擯至死，天下之不幸也！」

〔四〕釋智旭閲藏知津卷六著録金光明經三種：一、金光明最勝王經十卷，唐大薦福寺沙門釋義净譯，此本最後出，流通亦廣；二、金光明經四卷，北凉中天竺沙門曇無讖譯；三、合部金光明經八卷，隋大興善寺沙門釋寶貴對志德等合入。

〔五〕咸平，宋真宗（趙恒）之年號。

〔六〕王瓘北道刊誤志開封縣云：「大相國寺，唐延和元年立今額。（原注：本北齊大建國寺，後廢。唐爲歙州司馬鄭審之宅，因疾施爲招提坊，復置寺。睿宗以舊封相王，改曰相國，事具汴州記。）至道（九九五—九九七）中增修，太宗御題額。正殿北資聖閣，其南仁濟、寶奎二殿。其西法華院，有佛牙碑，真宗、仁宗御製頌偈贊。東南隅普陽塔，塔傍羅漢院，有桂籍堂。」（續談助卷二）王栐燕翼詒謀録云：「東京相國寺，乃瓦市也。僧房散處，而中庭兩廡，可容萬人。凡商旅交易，皆萃其中。四方趨京師以貨物求售轉售他物者，必由于此。太宗皇帝至道二年，重建三門，爲樓其上，甚雄。宸墨親填書金字額曰：「大相國寺，五月壬寅賜之。」王得臣麈史卷下云：「都城相國寺最據衝會。每月朔望三八日即開，伎巧百工列肆罔有不集。四方珍異之物，悉萃其間，因號相國寺爲破贓所。」周密癸辛雜識別集卷上汴梁雜事云：「相國寺佛殿外有石刻東坡題名云：『蘇子瞻、子由、孫子發、秦少游同來觀晉卿墨竹，申先生亦來。元祐三年八月五日。老申一百一歲。』又片石刻坡翁草書哨遍。」

〔七〕東坡與任德翁書二云：「半月不面，思仰深劇。辱書，承孝履如宜。金陵雖久駐，奉伺不至，知亦滯留如此。某在慈湖峽阻風已累日。今日風亦不苦順，且寸進前去，恐亦未能遠也。不知德翁今晚能到此否？傾渴之至，謹遣人上問，不宣。」（全集卷五十七）王文誥總案紹聖元年（一〇九四）記其事云：「五月，過泗州，遇任伯雨於道中，附載以行。」「任伯雨述其都中師續夢經事，公爲記之。」「六月七日，泊舟金陵。」「至慈湖夾阻風，並有詩。待任伯雨不至。」案云：「公與程德孺書云：『任德翁同行月餘，其見老兄處，憂患次第可具問，更不詳書也。』此爲德翁同至金陵之確證。然此書作於惠州，而僅云同行月餘，是德翁不復再至矣。更以後之二十五日至姑熟約計之，乃公以閏四月發汝州，五月初下汴泗，與德翁相值。至六月二十五日而德翁已去，故云『同行月餘』也。公自閏四月十八日至陳留後，六月七日泊金陵，中間無月日明文可據。今以此書截限，扣去同行月餘，乃五月初間下汴泗之確證。」

（四）商本卷六第三則。全集卷六十八、題跋卷三題作「記夢中句」。

昨日夢有人告我云：「知原本作如，從商本、全集、題跋改。真饗佛壽，識妄喫天厨〔一〕。」予甚領其意。

或曰：「真即饗佛壽，不妄喫天厨。」予曰：「真即是佛，不妄即是天。何但饗商本作享。同。而喫之乎？」其人甚可予言。

〔廣證〕

〔一〕晉書卷十一天文志云：「東北維外六星，曰天厨，主盛饌。」此乃借用，猶言天禄。

四二、夢南軒 商本卷十第八則。全集卷七十一、題跋卷六題同。年譜作「夢南軒語」。

元祐八年（一〇九三）八月十一日將朝，尚早，商本作蚤，同。假寐。夢歸縠夏校云：「原本誤作轂，從商本改。案原本卷三先夫人（按原本脱人字，今補）不許發藏條亦作轂。」按全集、題跋亦誤作轂。據卷三先夫人不許發藏條與傅藻紀年録所記，縠上疑脱紗字。行宅〔一〕。遍歷蔬圃中，已而坐於南軒。見莊客數人題跋脱人字。方運土塞小池。土中得兩蘆菔根，客喜食之。予商本作手。取筆作一篇文，有數句云：「坐於南軒，對修竹數百，野鳥數千。」

既覺惘然，思之。夏校云：「二字商本作『懷思久之』四字。」南軒，先君名之曰來風者也〔二〕。

〔廣證〕

〔一〕紀年録云：「景祐三年（一〇三六）丙子，十二月十九日卯時，公生於眉山縣紗縠行私第。」又本書卷三先夫人不許發藏云：「昔吾先君夫人僦宅於眉之紗縠行。」蓋眉山舊宅。

〔二〕元祐八年（一〇九三），東坡年五十八，在汴京任端明殿學士兼翰林侍讀學士。是時新喪偶。（全集卷二十一、後集卷十九阿彌陀佛贊云：「蘇軾之妻王氏，名閏之，字季章，年四十六，元祐八年八月一日卒于京師。」）此篇殆有感於黄慶基、董敦逸輩之攻訐，（續資治通鑑長編是年三月「御史黄慶基言：洛黨稍衰，川黨復盛。御史董敦逸言：川人太盛，蘇軾、蘇轍違拒上命。」又五月辛卯「董敦逸、黄慶基皆罷，坐言蘇轍、蘇軾不當也。」全集卷三十六、奏議卷十三有辨黄慶基彈劾劄子，爲是年五月十九日所上。）欲思歸田求退歟？

四三、措大喫飯 商本卷十一第四則。全集卷七十三題作「二措大言志」。

有二措大〔一〕相與言志。一云：「我平生不足，惟飯與睡耳。他日得志，當飽喫商本作喫飽。飯，飯了便睡，睡了又喫飯。」全集無飯字。一云：「我則異於是，當喫了又喫，何暇復睡耶？」我來廬山〔二〕，聞馬夏校云：「原本誤作焉，從商本、張本改。」按全集亦作馬。道士〔三〕善睡，商本善作嗜。於睡中得妙。然吾觀之，全集然下有以字。終不如彼措大得喫飯三昧也。

〔廣證〕

〔一〕蘇鶚演義卷上云：「醋大者，一云鄭州東有醋溝，多士流所居，因謂之醋大。一云作此措字，言其舉措之疎，謂之措大。此二説恐未當。醋大者，或有擡肩拱臂攢眉蹙目以爲姿態，如人食酸醋之貌，故謂之醋大。大者，廣也，長也。篆文大字，象人之形。」

〔二〕按東坡過廬山，前後三次：一爲元豐七年（一〇八四）自黄州量移汝州道過（見前記遊廬山）；一爲紹聖元年（一〇九四）貶惠州經過；一爲建中靖國元年（一一〇一）自儋州北還。其貶惠州時僅路過山下，並未登臨。詩集卷三十八有過廬山下詩。故與胡道師書云：「再過廬阜，俯仰十有八年，陵谷草木，皆失故態。棲賢、開先之勝，殆亡其半。幻景虚妄，理固當爾。」（全集卷六十）蓋舉元豐與建中靖國二次而言也。此文未明言年月，據在惠州與陸子厚書（文見後引）觀之，當謂元豐七年四月遊廬山時也。

〔三〕東坡與陸子厚書云：「舊過廬山，見蜀道士馬希言似有所知，今爲何在？曾與之言否？」（全集卷六十）此書作於惠州。馬道士疑是馬希言。

四四、題李巖老　全集卷七十一、題跋卷六題作「書李嵓老碁」。

南岳李巖老〔一〕全集、題跋巖作嵓，詩話總龜卷七引百斛明珠作岩下，並同。好睡。衆人食飽全集、題跋作飽食。總龜飽作罷。下碁，巖老輒就枕。閲全集、題跋無閲字。數局，乃全集、題跋無乃字。一展轉云：原注云：「一本云字下曰我始一局。」按全集、題跋、總龜及苕溪漁隱叢話卷三十三云下並有「我始一局」四字。「君總龜作公。幾局矣？」

東坡曰：「巖老全集、題跋巖老上有李字。常用四脚碁盤，只著一色黑子。昔與邊韶敵手〔二〕，今被陳摶饒先〔三〕。著時自有輸贏，總龜作嬴。著了並無一物。歐公詩云：『夜涼吹笛千山月，路暗迷人百種花。碁罷不知人換世，酒闌無奈客思家〔四〕。』殆是類總龜作「類是」。全集、題跋類作謂。也。」

〔廣證〕

〔一〕東坡黃州李樵卧帳頌云：「問李巖老，何必居此？愛護鐵牛，障欄佛子。」（全集卷二十）（蘇轍欒城後集卷五代李樵卧帳頌敘云：「子瞻在黃日，以卧帳遺李樵，以頌問曰云云。樵不能答。紹聖二年九月，訪予高安，戲代答之。」頌云：「鐵牛正卧，佛子正渴。奪我與爾，是天人業；爲我害爾，是地獄業。安卧此間，我爾休歇。茲大寶帳，爲降魔設。」）又與巖老書云：「船中彎卧一日，便言悶殺，不知如何净瓶裏澡洗去？某在東坡，深欲一往，示疾未瘳，聊致一問而已。法魚一瓶，恐欲下飯。」（全集卷五十八）並作於黃州，此文當亦同時所作。巖老事蹟不詳，但其爲人於此數文中可以略見。宋史卷二百八藝文志有「李樵詩二卷」。

〔二〕後漢書卷一百十上文苑列傳邊韶傳云：「韶口辯，曾晝日假卧，弟子私嘲之曰：『邊孝先，腹便便。懶讀書，但欲眠。』韶潛聞之，應時對曰：『邊爲姓，孝爲字。腹便便，五經笥。但欲眠，思經事。寐與周公通夢，靜與孔子同意。師而可嘲，出何典記？』嘲者大慚。」

〔三〕東都事略卷一百十八隱逸傳云：「陳摶字圖南，亳州真源人也。少時常舉進士，不第，遂不樂仕。有大志，隱武當山。移居華山雲臺觀，又止少華石室。每寢處，多百餘日不起。」

〔四〕詩見歐陽修居士集卷十二，題作夢中作。

學問

四五、記六一語　全集卷六十六、題跋卷一題作「記歐陽公論文」。

頃歲孫莘老〔一〕識歐陽文忠公〔二〕，苕溪漁隱叢話卷二十九無歐陽二字。嘗乘間以文字問之，云：錦繡萬花谷卷二十引東坡雜記作曰。「無它術，唯勤修辭鑑衡卷二引三蘇文無勤字。讀書而修辭鑑衡無而字。多爲之，萬花谷作文。自工。世人萬花谷無人字。患作文字少，又嬾讀書，每一篇出，即求過人，如此，少萬花谷作鮮。有至者。疵病不必待人指擿，多作自能見之〔三〕。」此公以其嘗試者告人，故尤萬花谷作知。有味〔四〕。群書通要卷己一引此文亦作東坡雜記。

〔廣證〕

〔一〕東都事略卷九十二孫覺傳云：「字莘老，高郵人也。中進士第。（神宗時）青苗法行，覺論其非。黜知廣德軍。徙湖州，徙廬州，知蘇州，徙福州。（後）召爲太常少卿，易秘書少監。哲宗即位，兼侍講，遷右諫議大夫，又遷給事中，爲吏部侍郎，領右選。擢拜御史中丞，以疾請罷。除龍圖閣直學士，提舉醴泉觀。卒年六十三。」

〔二〕歐陽修字永叔，吉州廬陵人。晚號六一居士，卒年六十六，謚曰文忠。東都事略卷七十二、宋史卷三百十九並有傳。蘇氏父子並受知於歐陽修，東坡尤深。試禮部日，修讀其文驚喜，語梅舜俞曰：

「吾當避此人出一頭地。」（見蘇軾本傳）故祭歐陽文忠公文云：「昔我先君，懷寶遁世，非公則莫能致。而不肖無狀，因緣出入受教於門下者十有六年。」（全集卷六十三、前集卷三十五）修於當時倡導古學，爲一代宗師。東坡六一居士集敍比之於孟軻、韓愈，云：「宋興七十餘年，民不知兵，富而教之，至天聖、景祐極矣。而斯文終有愧於古，士亦因陋守舊，論卑而氣弱。自歐陽子出，天下爭自濯磨，以通經學古爲高，以救時行道爲賢，以犯顏納説爲忠。長育成就，至嘉祐（一〇五六—一〇六三）末，號稱多士，歐陽子之功爲多。」又云：「歐陽子論大道似韓愈，論事似陸贄，記事似司馬遷，詩賦似李白。此非余言也，天下之言也。」（全集卷十、前集卷二十四）

〔三〕陳師道後山詩話云：「永叔謂爲文有三多：看多，做多，商量多也。」周煇清波雜志卷十一云：「爲學三多，士皆知其説。孫公莘老請益於歐陽公，公曰：『此無他，唯勤讀書而多爲之自工。世人患作文字少，又懶讀書。每一書出，必求過人，如此，少有至者。疵病不必待人指摘，多作自見之。』孫書于座右。」可以互證。

〔四〕胡仔苕溪漁隱叢話卷二十九引東坡此文，後附論云：「舊説梅聖俞日課一詩，寒暑未嘗易也。聖俞詩名滿世，蓋身試此説之效耳。」

命分

四六、退之平生多得謗譽

商本卷一第三則。仇池筆記卷上存此題作「磨蝎爲身宫」。全集卷六十七、題跋卷二題作「書退之詩」。

退之詩云：苕溪漁隱叢話後集卷十無云字。「我生之辰，月宿直叢話作南。斗〔一〕。」乃知退之全集、題跋之下有得字。磨蝎爲身宫，而僕乃以磨蝎爲命〔二〕。平生多得謗譽，殆是同病也〔三〕！

〔附録〕類説本仇池筆記卷上

韓退之宋本作韓愈二字。詩云：「我生之辰，月宿直斗。」乃知退之磨蝎宋本作竭，下同。爲身宫，予以磨蝎爲命宫。平生多得謗毁，宋本作譽。殆同病也。

〔廣證〕

〔一〕韓昌黎文集卷四三星行云：「我生之辰，月宿南斗；牛奮其角，箕張其口。牛不見服箱，斗不挹酒漿；箕獨有神靈，無時停簸揚。無善名已聞，無惡聲已讙。名聲相乘除，得失少有餘。三星各在天，什伍東西陳。嗟汝牛與斗，汝獨不能神！」原注：「三星，斗、牛、箕。」考異引洪興祖云：「三星行，元和初召爲國子博士時作。」

〔二〕年譜仁宗皇帝景祐三年（一〇三六）丙子：「先生生於是年十二月十九日乙卯時。案志林云：『退之以磨蝎爲身宫』云云，若以磨蝎爲命推之，則爲卯時生。議者以先生十二月爲辛丑，十九日爲癸亥日。丙子癸亥，水向東流，故才汗漫而澄清。子卯相刑，晚年多難。」

汪師韓韓門綴學卷四十二辰所屬云：「明史記回回曆法，乃西域默狄納國馬哈麻所作。其十二辰之名，曰：白羊戌，金牛酉，陰陽申，巨蟹未，獅子午，雙女巳，天秤辰，天蝎卯，人馬寅，磨蝎丑，寶瓶子，雙魚亥。是皆術家之言，譯者取之。昔韓昌黎以磨蝎爲身宮，東坡以磨蝎爲命，見於志林，自必宋以前已有此名耳。而載之正史，則明史始矣。」又談書録箕口云：「韓昌黎三星行一章，三星者，斗、牛、箕也。詩曰：『我生之辰』云云。東坡志林曰：『退之詩云：我生之辰』云云。通雅曰：『磨蝎忌犯也。梁書太清元年，行大捨曰羯磨。術家之磨蝎，本於羯磨。梵云羯磨，此云作白，作白猶布薩也。受戒三番，每月自白其所犯。作白令其白也。又按春秋傳曰：雖蝎譖，焉避之者。蝎音曷，木蠹也，言潛由中出如蠹，正與箕口意同。』往有友人爲余推命，引韓蘇爲説。」二人所言，前後歧異。按佛家羯磨，梵名Kanma之音譯，義與磨蝎無涉，方氏通雅曲爲譬解，失之附會，其説繆誤，汪氏據之，非也。回曆之十二辰，即西方之白羊十二宮，流傳東來，始年不可考，但見於唐宋人書中，故術家用之。汪氏前説近是。

按東坡生日，年譜及紀年録在宋仁宗景祐三年（一〇三六）十二月十九日卯時，惟生日之日元干支及時干，諸書記載有不同。王宗稷、馮應榴乃據此文推論運命，劉毓崧通蓋堂文集卷十二蘇文忠八字考復揚其波，以星命家迷信之言，附會東坡生平之迹，謬矣。附辨於此。

〔三〕按本書卷二東坡昇仙篇大略相似，彼文作於儋州，此疑是同時。東坡從海南歸，贈虔州術士謝晉臣詩亦云：「生時宿直斗牛箕。」（詩集卷四十五）

四七、馬夢得同歲　商本卷二第十則。全集卷七十二題作「馬夢得窮」。

馬夢得〔一〕與僕同歲月生，少僕八日。是歲生者無富貴人，而僕與夢得爲窮之冠。即吾二人而觀之，當推夢得爲首〔二〕。東坡詩王注、群書通要卷乙十引此文並作志林。

〔廣證〕

〔一〕商本志林卷五第十一則云：「杞人馬正卿作太學正，清苦有氣節。學生既不喜，博士亦忌之。余偶至其齋中，書杜子美秋雨歎一篇壁上，初無意也。而正卿即日辭歸，不復出。至今白首窮飢，守節如故。正卿字夢得。」（亦見仇池筆記。）東坡東坡詩叙云：「余至黄州二年，日以困匱。故人馬正卿哀余乏食，爲於郡中請故營地數十畝，使得躬耕其中。」又第八首詩云：「馬生本窮士，從我二十年。日夜望我貴，求分買山錢。我今反累君，借耕輟兹田。刮毛龜背上，何時得成氈？可憐馬生癡，至今夸我賢。衆笑終不悔，施一當獲千。」（詩集卷二十一）（湖北通志卷一百十職官表府州軍監内有「馬正卿，元豐間知黄州。」）又蘇轍贈馬正卿秀才詩云：「男兒生可憐！赤手空腹無一錢。死喪三世委平地，骨肉不得歸黄泉。徒行乞丐買墳墓，冠幘破敗衣屨穿。矯然未肯妄求取，恥以不義藏其先。辛勤直使行路泣，六親不信相尤愆。問人何罪窮至此？人不敢怨其怨天。孝慈未省鬼神惡，兄弟寧有木石頑！善人自古有不遇，力行不廢良謂賢。」（欒城集卷六）並道正卿之窮阨，與此文相同。

〔二〕王文誥總案次此文於元豐四年（一〇八一）十月，云：「與馬夢得飲於東禪莊院，書孟東野詩。（本集書孟東野詩云：「元豐四年，與馬夢得飲酒黄州東禪。醉後誦孟東野詩云：『我亦不笑原憲貧』，不覺失笑。東野何緣笑得原憲？遂書此以贈夢得。只夢得亦未必笑得東坡也。）再書馬夢得窮。」

四八、人生有定分 商本卷一第三十五則。全集卷七十一、題跋卷六題作「書田」。

吾無求於世矣，所須二頃全集、題跋、古今類事卷十八引毗陵集頃下並有稻字。田以足全集、題跋作充。饘粥耳。而所至訪問，終不可得。豈吾道方艱難，全集、題跋、古今類事難下並有時字。無適而可耶？抑人生自有定分，雖一飽亦如功名富貴，不可輕得也〔一〕？全集、題跋也下有耶字。

〔廣證〕

〔一〕此文可與本書卷二買田求歸條互證。東坡常潤道中有懷錢塘寄述古詩第五首云：「惠泉山下土如濡，陽羨溪頭米勝珠。賣劍買牛吾欲老，殺鷄爲黍子來無？地偏不信容高蓋，俗儉真堪着腐儒。莫怪江南苦留滯，經營身計一生迂。」（詩集卷十一）此熙寧（一〇六八—一〇七七）中東坡倅杭時所作。已有買田卜居之意。東坡答賈耘老書二亦云：「僕已買田陽羨，當告聖主，哀憐餘生，許於此安置。幸而許者，遂築室於荆溪之上而老矣。」（全集卷五十七）又楚頌帖云：「吾來陽羨，船入荆溪，意思豁然，愜平生之欲。逝將歸老，殆是前緣。王逸少云：『我卒當以樂死。』殆非虚語。吾性好種植，能手自接果木，尤好栽橘。陽羨在洞庭上，柑橘栽至易得。當買一小園，種柑橘三百本。屈原作橘頌，吾園若成，當作一亭，名之曰楚頌。元豐七年（一〇八四）十月二日書。」（見周益公題跋卷十二。）周必大跋云：「元祐八年（一〇九三）五月十九日，（公）任禮部尚書，辨御史黄慶基論買田事云：『責黄州日，買得宜興姓曹人一契田段，因其争訟無理，轉運使已差官斷遣。不欲與小人争利，許其將兑價收贖。』今公之曾孫猶食此田，豈曹氏不復贖耶？抑當時所置不止此也？」（周益公題跋卷十二書東坡宜興事)是東坡於元豐時在宜興曾置田。又東坡謫居黄州日,擬買田蘄水,卒不遂,詳見前遊沙湖廣證。此文當作於買田宜興之前,王文誥總案以爲在元豐四或五兩年中事,或是。

送別

四九、别子開

商本卷六第二十則。全集卷七十二題作「書别子開」。

子開〔一〕將往河北〔二〕,相渡當作度,説見廣證。河寧〔三〕,以冬至前一日被旨,過節遂行。僕以節日來賀,且别之。留飲數盞,頹然竟商本作徑。醉。案商本作按。上有此佳紙,故爲作草露書〔四〕數紙。遲其北還,則又春矣。當爲我置酒、蟹、山藥、桃、杏,商本作李。是時當復從公飲也。

〔廣證〕

〔一〕按曾肇與王迥並字子開。肇爲曾鞏之幼弟,宋史卷三百十九有傳。王迥乃王子立(見前黄州憶王子立)之族兄。二人皆與東坡友,此文「子開」,不審謂誰。詳本篇之言,頗致情親,再考其事迹,似謂王迥。東坡與王定國書二十六云:「某甚欲得南都,而姪女子在子開家亦有書來云:『子開欲之。』故不請。」與王安國書三十一云:「某甚欲赴欒全之約,請南都,而子開有書,切戒不得。又姪女亦有書云:『舅姑方安於彼,不可奪也。』」(全集卷五十二)此東坡在潁州時作。子開謂王迥,姪女乃蘇轍女,王子立之妻,時子立已死。王明清玉照新志卷一云:「(王)子高初名迥,改名蘧,易字子開。與蘇黄遊甚稔。」又云:「子開,趙州人,忠穆罃之孫,虞部員外郎正路之子。仕至中散大夫。

晚守濡須，祠堂在焉。」趙彥衛雲麓漫鈔卷十云：「王迴字子高，族弟子立爲蘇黄門婿，故兄弟皆從二蘇遊。子高後受學於荆公。舊有周瓊姬事，胡微之爲作傳。或用其傳作六么，東坡復作芙蓉城詩以實其事。迥後改名蘧，字子開。宅在江陰。予曩居江陰，常見其行狀，著受學荆公甚詳。紹興間（一一三一—一一六二），其家哀東坡兄弟往來簡帖示人，然散失亦多矣。」芙蓉城詩見詩集卷十六。

〔二〕元豐九域志卷二云：「太平興國二年（九七七）分河北南路。雍熙四年（九八七）分東西路。端拱二年（九八九）併一路。熙寧二年（一〇六九）復分二路。」

〔三〕續資治通鑑長編卷三百九十一元祐元年（一〇八六）十一月丙子云：「相度河北水事張問言：『臣至滑州決口地分，相視得迎陽埽至大小吴埽，水勢低下，舊河淤抑。若復舊道，恐功力難辦。請於南樂大名埽地分開直河並簽河，分引水勢，以解北京向下水患。』從之。」自注云：「張問舊傳云：『河失故道，詔與都水使者王令圖行視。問以澶淵故道淤澱已高，可鑿土山後水入孫村口，還商胡故道，則東流可復。朝廷從之。既而論者不一，問議亦寢。』新傳乃削去此段，不知何故。問以九月二十二日使河北。十月五日，令圖乃除都水政。」按東坡有正月八日招王子高飲詩，詩集次於卷五十（馮本），未詳年次。據蘇轍欒城集卷十五次韻詩編於元祐元年（一〇八六），當是同時所作。是時二蘇並爲朝官，王迥亦在汴京，是冬往河北襄河工事，核其時地無不合。此云「相渡河寧」即謂其事。渡當作度，河寧謂河水之安寧。

〔四〕按古有垂露書，草露書未聞。疑露字衍。

五〇、曇秀相别

商本卷十第三十七則。全集卷六十九、題跋卷四題作「跋所贈曇秀書」。

曇秀來惠州見予〔一〕，商本作坡。全集、題跋作東坡二字。將去。予商本、全集、題跋並作坡，下同。曰：「山中全集、題跋中下有人字。見公還，必求一全集、題跋作土。物。何以與之？」秀曰：「鵝城〔二〕清風，鶴嶺〔三〕明月，人人送與，只恐它無著處。」予曰：「不如將數紙去，每人與一紙，但向道此是言法夏校云：「原本法在言上，張本同。從商本改。」按全集、題跋二字亦互倒。華書〔四〕，裏頭有災福〔五〕。」

〔廣證〕

〔一〕曇秀即芝上人，見前紀夢第二則。東坡贈曇秀詩云：「白雲出山初無心，棲鳥何必戀舊林。道人偶愛山水故，縱步不知湖嶺深。空巖已禮百千相，曹溪更欲瞻遺像。要知水味孰冷暖，始信夢時非幻妄。袖中忽出貝葉書，中有璧月綴星珠。人間勝絶略已徧，匡廬南嶺並西湖。西湖北望三千里，大堤冉冉横秋水。誦詩佳句説南屏，瘴雲應逐秋風靡。胡爲只作十日歡？杖策復尋歸路難。留師筍蕨不足道，悵望荔子何時丹？」（詩集卷三十九）又和郭功甫韻送芝道人游隱静云：「觀音妙兹力，應感隨緣度。芝師訪東坡，寧辭萬里步。道義妙相契，十年同去住。行窮半世間，又欲浮杯渡。我願焚囊鉢，不作陳俗具。會取却歸時，只是而今路。」（同上）又書過送曇秀詩後云：「『三年避地少經過，十日論詩喜琢磨。自欲灰心老南岳，猶能繭足慰東坡。來時野寺無魚鼓，去後閑門有雀羅。從此期師真似月，斷雲時復掛星河。』僕在廣陵作詩送曇秀云：『老芝如雲月，炯炯時一出。』今曇秀復來惠州見余，余病，已絶不作詩。兒子過羸能搜句，時有可觀，此篇殆咄咄逼老人矣。特爲書之，以滿行橐。丁丑正月二十一日。」（全集卷六十八、題跋卷三）丁丑爲紹聖四年（一〇九七）。此並東坡在惠州，曇秀相訪時所作，可以互證。

〔二〕輿地紀勝卷九十九廣南東路惠州云：「鵝城，古有木鵝仙城。相傳古僊放木鵝，流而至此，因建城。舊圖經云：『博羅縣北抵鵝嶺，至今稱鵝城。』鵝嶺即惠陽也。」

〔三〕前書同卷云：「鶴嶺，白鶴峯在江水東。舊相傳稱惠陽爲鶴嶺者，以白鶴峯得名。」東坡白鶴新居上梁文云：「鵝城萬室，錯居二水之間；鶴觀一峯，獨立千巖之上。」（全集卷六十四）又答范純父書十一云：「丁丑（紹聖四年）二月十四日，白鶴峯新居成，自嘉祐寺遷入。咏淵明時運詩曰：『斯晨斯夕，言息其廬。』似爲予發也。」（全集卷五十）

〔四〕按仇池筆記卷下王荊公書則亦云「僕書……更放則爲言法華」，以言法華自擬，與此相似。知諸本作「法言華」者必誤。釋惠洪禪林僧寶傳卷二十云：「言法華者，莫知其所從來，初見之於景德寺七俱胝院，梵相奇古，直視不瞬。口吻衮衮不可識，相傳言誦法華經，故以爲名。時獨語笑，多行市里，褰裳而趨，或舉手畫空，佇立良久。從屠沽游，飲啖無所擇。道俗共目爲狂僧。」卒於仁宗嘉祐戊戌（一○五八）。據佛祖通載卷二十七僧寶傳作慶曆戊子（一○四八）。按言法華於至和三年（一○五六）應仁宗請入宮，不當卒於慶曆時，僧寶傳誤，今不取。其人亦見米芾天衣懷禪師碑（寶晉英光集卷七）中，爲當時著名之狂僧。

〔五〕年譜紹聖三年（一○九六）丙子「先生年六十一，在惠州。有曇秀道人來訪，而先生題其詩卷云：『予在廣陵，曇秀作詩，予和之。後五年，曇秀來惠州見予。』蓋先生以壬申知揚州，至是恰五年矣。」譜引東坡詩跋亦見於仇池筆記卷下。

五一、別王子直

商本卷十第三十八則。全集卷七十一、題跋卷六題作「題嘉祐寺壁」。按年譜作「別王子直」。

紹聖元年（一〇九四）十月三全集、題跋作二。日，全集、題跋日下有軾字。始至惠州，寓於全集、題跋作居。嘉祐寺松風亭〔一〕，杖屨所及，雞犬全集、題跋犬下有皆字。相識。明年題跋年下有三月二字。遷於合江之行館〔二〕，得商本作在。江樓豁全集、題跋作廓。徹之觀，忘全集、題跋忘作而失二字。幽谷全集、題跋作深。窈窕之趣，未見其所休全集、題跋作欣。戚。全集、題跋戚下有也字。嶠南江全集、題跋作嶺。北，全集、題跋北下有亦字。何以異也。全集、題跋作此。

虔州鶴田處士王原子直〔三〕不遠千里，訪予於此，留七十日而去。東坡居士書〔四〕。

〔廣證〕

〔一〕嘉祐寺、松風亭，並見前記游松風亭篇。

〔二〕本書卷四合江樓下戲云：「合江樓下，秋碧浮空，光搖几席之上，而有茅店廬屋七八間，橫斜砌下。」餘詳彼注。

〔三〕東坡贈王子直秀才詩云：「萬里雲山一破裘，杖端閒掛百錢游。五車書已留兒讀，二頃田應爲鶴謀。水底笙歌蛙兩部，山中奴婢橘千頭。幅巾我欲相隨去，海上何人識故侯？」（詩集卷三十九）又蘇過斜川集卷一贈王子直詩云：「南行幾萬里，親舊書亦缺。誰知傾蓋交，乃勝白頭節？去國日已遠，淒涼瘴煙窟！未著絶交書，已歎交游絶！門前空雀羅，巷語紛鴂舌。怪君一事無，訪我此窮髮。自憐甑生塵，每愧羹屢頡。何以爲子娛？江水清可啜。男兒重志氣，勿使變窮達。寧甘一瓢樂，耻爲五斗折。火急數相聚，回頭君欲別。一榻當再懸，重來爲君設。」亦作於同時。

劉攽俠少行戲王子直詩云:「長安少年俠自任,一生意氣過人甚。許身直以豪取名,快意那知武犯禁?寶刀强弓千里馬,風馳電射無敵者。有時獨醉倡樓春,一身歌舞兼百人。休來著書吐胸臆,脱落章句嗤邱墳。王侯願交不可得,貴者雖貴猶埃塵。君不見漢家雲臺盡良將,高冠長劍森相向。由來落拓塵土中,不妨論議巖廊上。乃知功名爲世賢,安知輕欺惡少年?」(彭城集卷七)寫子直少年任俠之事,可以想見其爲人。

〔四〕此文作於紹聖二年(一〇九五)遷居合江樓後。王文誥總案次於是年三月,蓋據全集本。

五二、别石塔

商本卷十第三十九則。全集卷七十二題作「記石塔長老答問」。

石塔〔一〕商本、全集塔下有來字。别東坡,全集東坡作居士。予商本作坡,全集作居士二字。云:「經過草草,恨全集無恨字。不一全集無一字。見石塔。」塔起立云:「遮著全集作箇。是塼浮圖耶?」予商本作坡,全集作居士二字。云:「有縫塔〔二〕。」塔全集無下塔字。云:「若全集無若字。無縫,何以容世間螻蟻?」予商本、全集並作坡。首肯之〔三〕。全集此下尚有「元豐八年八月二十七日」十字。

〔廣證〕

〔一〕石塔,謂僧無擇(亦稱戒公)。無擇住持石塔寺,故以寺爲稱,猶言石塔寺長老。下文「恨不一見石塔」之石塔,則指寺塔言。東坡石塔寺詩引云:「世傳王播飯後鐘詩,蓋揚州石塔寺事也。」(詩集卷三十五)按王播事見王定保摭言,謂播客揚州惠照寺木蘭院。查注引盛儀維揚志言石塔寺即唐木蘭院。

〔二〕有縫塔由「無縫塔」一語蛻化，「無縫塔」見前記子由夢塔廣證。

〔三〕東坡有別石塔詩，題云：「予將赴文登，過廣陵，而擇老移住石塔，相送竹西亭下，留詩爲別。」詩云：「竹西失却上方老，石塔還逢惠照師。我亦化身東海去，姓名莫遣世人知。」（詩集卷二十六）張邦基墨莊漫録卷四云：「東坡自常州赴登州，經過揚州石塔寺，長老戒公來謁東坡。坡云：『經過草草，恨不一別石塔。』塔起立曰：『遮箇是塼浮圖耶？』坡云：『有縫塔。』塔云：『若無縫，何以容得世間螻蟻？』坡首肯之。元豐八年（一〇八五）八月二十七日也。明日，坡又作詩贈之云：『竹西失却』云云。」僧惠洪冷齋夜話卷十亦云：「石塔長老戒公，東坡居士昔赴文登，（原本誤作登文，今正。）戒公迓之。東坡曰：『吾欲一見石塔，以行速不及也。』戒公起曰：『這着是磚浮屠耶？』坡曰：『有縫奈何？』曰：『若無縫，争容得世間螻蟻。』坡首肯之。」按東坡時年五十，紀年録是年云：「哲宗即位，復朝奉郎。八月十七日，得旨除知登州。」正當其時。

其後元祐七年（一〇九二），東坡自潁州移知揚州，又與石塔相遇。冷齋夜話卷七云：「東坡鎮維揚，幕下皆奇豪。一日，石塔長老遣侍者投牒求辭院，曰：『歸西湖舊廬。』東坡于是將僚佐同至石塔，令擊鼓，大衆聚觀。袖中出疏，使晁無咎讀之。其詞曰：『戒公長老開不二門，施無盡藏。念西湖之久別，不是偶然，爲東坡而少留，無不可者。』」疏文今見全集卷六十二、後集卷十九。晁補之雞肋集卷六十九跋戒公疏後云：「元祐七年（一〇九二），翰林東坡先生守揚。七月，石塔禪師將還山，其徒詣府請留。公書其狀後，與之曰：『傳語長老，三十日奉謁，議去住。』即以其日從僚屬過師，出疏袖間。師去而復留，師留而公去，室中塵凝，師坐晏然，如公未去時也。後九十八日，晁補之記。」是石塔卒因東坡之留而未去。附録以互證。

東坡又有石塔戒衣銘云：「石塔得三昧，初從戒定入。是故常寶護，登壇受戒衣。吾聞得道人，一物不可留。云何此法衣，補緝成百衲。諸法念已逝，此衣非昔衣，此法非生滅。衣益無壞者，振此無塵衣，洗此無垢人。壞則隨他去，是故終不壞。」（全集卷十九、續集卷十）

五三、別姜君 全集卷六十七、題跋卷二題作「書柳子厚詩後」。

元符全集、題跋無元符二字。己卯（一〇九九）閏九月，瓊士原本作守，夏校云：「原本誤作本，從張本改。」案姜唐佐非瓊守，夏校亦非，今從全集、題跋改。姜君來儋耳，日與予相從〔一〕。庚辰三月乃歸，無全集、題跋無歸無二字。以全集、題跋以作與。贈行，書柳子厚飲酒、讀書二詩〔二〕以見別意〔三〕。子歸，吾無以遺日，獨此二全集、題跋「日獨此二」四字作「惟一」二字。事日相與往還耳。

二十一日書。

〔廣證〕

〔一〕蘇轍欒城後集卷三補子瞻贈姜唐佐秀才詩叙云：「予兄子瞻謫居儋耳，瓊州進士姜唐佐往從之遊，氣和而令道，有中州士人之風。子瞻愛之，贈之詩曰：『滄海何曾斷地脉，白袍端合破天荒。』且告之曰：『子異日登科，當爲子成此篇。』君游廣州州學，有名學中。崇寧二年（一一〇三）正月，隨計過汝南，以此句相示，時子瞻之喪再逾歲矣。覽之流涕！念君要能自立，而莫能終此詩者，乃爲足之。」詩云：「生長雲間已異芳，風流稷下古諸姜。適從瓊管魚龍窟，秀出羊城翰墨場。滄海何曾斷地脉，白袍端合破天荒。錦衣他日千人看，始信東坡眼力長。」（按冷齋夜話卷一云：「東坡在儋耳，有姜唐佐從乞詩。唐佐，朱崖人，亦書生。東坡借其手中扇，大書其上曰：『滄海何曾斷地脉，朱崖從此破天荒。』」白袍作朱崖，蓋傳聞異詞，要以欒城集所記爲是。）輿地紀勝卷一百二十四瓊州云：「姜唐佐，字君弼，郡人也。嘗從東坡學，跋其課册云：雲興天際，欻若車蓋。凝眸未瞬，瀰漫霮䨴。驚雷出火，喬木糜碎。殷地爇空，萬夫皆廢。」（按此跋見葛立方韻語陽秋，尚有「霤綆四墜，日中見昧，移晷而收，野夫完塊。」陽秋云：「乃戲書劉夢得楚望賦中語。」）

〔二〕柳宗元柳先生集卷四十三飲酒詩云：「今旦少愉樂，起坐開清罇。舉觴酹先酒，遺我驅憂煩。須臾心自殊，頓覺天地暄。連山變幽晦，淥水函晏温。藹藹南郭門，樹木一何繁！清陰可自庇，竟夕聞佳言。盡醉無復辭，偃卧有芳蓀。彼哉晉楚富，此道未必存。」又讀書詩云：「幽沈謝世事，俛默窺唐虞。上下觀古今，起伏千萬途。遇欣或自笑，感戚亦以吁！縹帙各舒散，前後互相逾。瘴痾擾靈府，日與往昔殊。臨文乍了了，徹卷兀若無。竟夕誰與言？但與竹素俱。倦極更倒卧，熟寐乃一蘇。欠伸展支體，吟咏心自愉。得意適其適，非願爲世儒。道盡即閉口，蕭散捐囚拘。巧者爲我拙，智者爲我愚。書史足自悦，安用勤與劬？貴爾六尺軀，勿爲名所驅。」

〔三〕年譜元符二年（一〇九九）己卯云：「是歲閏九月，有瓊州進士姜君弼唐佐自瓊州來儋耳，從先生學。」又元符三年（一一〇〇）庚辰云：「姜君弼去年閏九月自瓊州來從先生學，三月還瓊州。有跋姜君弼課策及有書柳子厚飲酒讀書二詩（原作説，今正）以贈姜君之行。」

五四、别文甫子辯

商本卷九第十三則。全集卷七十一、題跋卷六題作「贈别王文甫」。年譜引此作「别王文甫子辯」。

僕以元豐三年(一〇八〇)二月一日至黄州,時家在南都〔一〕,獨與兒子邁〔二〕來。郡中無一人舊識者。時時策杖至原本作在,從商本、全集、題跋及吕祖謙臥游録改。江上,望雲濤淼然,亦不知文甫兄弟〔三〕在江南也。居十餘日,有長全集、題跋長下有而字。髯者惠然見過,乃文甫之弟子辯。臥游録作辨。留語半日,云:「迫寒食,且歸車湖〔四〕。」原本作東湖,非。從全集、題跋改正。説見廣證。僕送之江上,微風細雨,葉舟横江而去。僕登夏隩〔五〕夏校云:「原本作燠,茅刻全集作隩,張本同。今黄州府志亦作隩,從改。」按商本、臥游録並作燠。二字古相通,不必改。尾高邱以望之,髣髴臥游録作仿佛,同。見舟及武昌,步全集、題跋無步字。乃還。爾後遂相往來〔六〕,及今四周歲,相過殆百數。遂欲買田〔七〕而老焉,然竟不遂。近忽量移臨汝〔八〕,念將復去,而後期未全集、題跋作不。可必。感物悽然,臥游録悽作愴。有不懷〔九〕!商本、全集、題跋、臥游録懷下並有者字。浮屠不三宿桑下〔一〇〕,有以也哉!臥游録無浮屠以下語。

七年(一〇八四)三月九日〔一一〕。

〔廣證〕

〔一〕元豐九域志卷一云:「南京應天府,睢陽郡,治宋城縣。唐宋州,梁宣武軍節度使,後唐改歸德軍。皇朝景德三年(九〇六),陞應天府。大中祥符七年(一〇一四),陞南京。」

〔二〕蘇邁，東坡長子。東都事略卷九十三上蘇軾傳云：「邁仕不顯。」

〔三〕王齊萬字文甫，王齊愈字子辯，亦見詩集，王文誥總案據一本作齊愈字文甫，齊萬字子辯。

〔四〕吴曾能改齋漫録卷十四云：「『葑草尚能攔浪，藕絲不解留連。』此一聯，東坡在黄時戲書也。又云：『湖上秋風聚螢苑，門前春浪散花洲。』王文甫所居，在黄之車湖，即武子故居。宅枕大江，即散花洲也。東坡屢過其家，戲書此。」輿地紀勝卷八十一荆湖北路壽昌軍云：「車湖，在武昌東三十里。蘇軾在黄州，王文甫居湖上，往來殆百數。車武子故居及墓在其上。」文甫居車湖，亦見蘇轍詩（見後）。（按嘉慶一統志卷三百三十五云：「車湖在武昌縣東二十里，一名東湖，由五丈口入江。一名車武湖，相傳晋車武子居此。」東湖疑是後稱，此文自以從車湖爲宜。）

〔五〕輿地紀勝卷四十九黄州云：「夏澳，在州之西南二里許。夏英公守是州，鑿水入陂以藏舟，名曰夏澳。」

〔六〕東坡答秦太虚書四云：「所居對岸武昌，山水佳絶。有蜀人王生在邑中。往往爲風濤所隔，不能即歸，則王生能爲殺雞炊黍，至數日不厭。」（全集卷五十二、前集卷三十）又定風波題云：「元豐五年（一〇八二）七月六日，王文甫家飲釀白酒，大醉。集古句作墨竹詞。」（樂府卷二）又王齊萬秀才寓居武昌縣劉郎洑正與伍洲相對詩云：「君家稻田冠西蜀，擣玉揚珠三萬斛。塞江流柹起書樓，碧瓦朱欄照山谷。傾家取樂不論命，散盡黄金如轉燭。惟餘舊書一百車，方舟載入荆江曲。江上青山亦何有？伍洲遥望劉郎藪。明朝寒食當過君，請殺耕牛壓私酒。與君飲酒細論文，酒酣訪古江之濆。仲謀公瑾不須弔，一酹波神英烈君。」（詩集卷二十）又蘇轍欒城集卷十將還江州子瞻相送至劉郎洑王生家飲别云：「相從恨不多，送我三十里。車湖風雨交（自注：晋車武子故居，其水曰車湖），松竹相披靡。繫舟枯木根，會面兩王子。嘉眉雖異郡，雞犬固猶邇。相逢勿空過，一醉不須起。風濤未可涉，隔竹見奔駛。渡江買羔豚，收網得魴鯉。朝畦甘瓠熟，冬盎香醪美。烏菱不論價，白藕如泥耳。誰言百口活，仰給一湖水？奪官正無賴，生事應且爾。卜居請連屋，扣户容屣履。人生定何爲？食足真已矣。愆尤未見雪，世俗多相鄙。買田信良計，蔬食期没齒。手持一竿竹，分子長湖尾。」

〔七〕買田事見前游沙湖。

〔八〕續通鑑長編卷三百四十二元豐七年（一〇八四）正月云：「元豐中，軾繫御史獄，上本無意深罪之，遂薄其罪，以黃州團練副使安置。然上每憐之。一日，語執政曰：『國史大事，朕欲俾蘇軾成之。』執政有難色。上曰：『非軾，則用曾鞏。』其後鞏亦不副上意。上復有旨起軾以本官知江州。中書蔡確、張璪受命，王震當詞頭。明日改承議郎江州太平觀。又明日，命格不下。於是卒出手札，徙軾汝州。有『蘇軾黜居思咎，閱歲滋深。人材實難，不忍終棄』之語。」

〔九〕東坡與王文甫書云：「數日不審尊候何如？前蒙恩量移汝州，比欲乞依舊黃州住。細思罪大責輕，君恩至厚，不可不奔赴。數日念之，行計決矣。見已射得一舟，不出此月，下旬起發。沿流入淮泝汴，至雍丘陳留間，出陸至汝，勞費百端，勢不得已。本意終老江湖，與公扁舟往來，而事與心違，何勝慨歎！計公聞之，亦悽然也。甚有事欲面話，治行殊未集，冗迫之甚。公能兩三日間特一見訪乎？至望至望！」（全集卷五十三）詞意真摯，與此篇並時所作，可以互證。

〔一〇〕後漢書卷六十下襄楷傳云：「浮屠不三宿桑下，不欲久生恩愛，精之至也。」李賢注云：「言浮屠之人宿桑下者不經三宿，便即移去，示無愛戀之心也。」東坡别黃州詩云：「桑下豈無三宿戀，尊前聊與一身歸。」(詩集卷二十三)亦用此語。

〔一一〕此文作於離黄州日。東坡再書贈王文甫云：「昨日大風，欲去而不可。今日無風，可去，而我意欲留。文甫欲我去者，當使風水與我意相會，如此便當作留客過歲準備也。」(全集卷七十一、題跋卷六)亦是時所作。

張邦基墨莊漫録卷八云：「東坡在黄州，而王文甫家東(原本亦誤作東，今改正。)湖，公每乘興，必訪之。一日，逼歲除，至其家，見方治桃符。公戲書一聯於其上云：『門大要容千騎入，堂深不覺少年歡。』」述蘇王之事，附録於此。

本卷引用書目

東坡全集
東坡七集
經進東坡文集略 郎曄注
集注分類東坡詩集 王十朋注
施注蘇詩 施元之
蘇詩補注 查慎行
蘇詩合注 馮應榴
蘇詩編注集成 王文誥
東坡樂府 彊村叢書本
仇池筆記
東坡題跋
嘉祐集 蘇洵

欒城集 蘇轍
斜川集 蘇過
居士集 歐陽修
王荆公詩注 李壁注
豫章文集 黄庭堅
淮海集 秦觀
張右史文集 張耒
雞肋集 晁補之
後山集 陳師道
張子野詞 張先
畫墁集 張舜民
西臺集 畢仲游
眉山唐先生集 唐庚
浮溪集 汪藻
渭南文集 陸游
文選
李太白集

李太白集補注 蕭士贇
韓昌黎集
柳宗元集
白氏長慶集
白香山詩集 汪立名刊
全唐詩
涑水紀聞 司馬光
東軒筆録 魏泰
中山詩話 劉攽
烏臺詩案
龍川略志 蘇轍
侯鯖録 趙令畤
曲洧舊聞 朱弁
明道雜志 張耒
冷齋夜話 惠洪
石林避暑録話 葉夢得
文昌雜録 龐元英

梁溪漫志 費衮
脚氣集 車若水
韻語陽秋 葛立方
玉照新志 王明清
塵史 王得臣
墨莊漫録 張邦基
燕翼詒謀録 王栐
雲麓漫鈔 趙彦衛
西溪叢話 姚寬
醉翁談録 金盈之
醉翁談録 羅燁
東京夢華録 孟元老
清波雜志 周煇
賓退録 趙與時
潘子真詩話
夢粱録 吴自牧
癸辛雜識 周密

齊東野語 周密
捫蝨新話 陳善
續談助 晁載之
雲谷雜記 張溪
詩話總龜 阮閲
苕溪漁隱叢話 胡仔
蘇鶚演義
摭言 王定保
唐詩紀事 計有功
困學紀聞 王應麟
敬齋古今黈 李冶
韓門綴學 汪師韓
談書録 汪師韓
十駕齋養新録 錢大昕
宋詩紀事 厲鶚
東坡年譜 王宗稷
紀年録 傅藻

史記
漢書
後漢書
晉書
戰國策
宋史
東都事略 王偁
續資治通鑑長編 李燾
宋會要輯稿
東坡事類 梁廷枏
容齋隨筆 洪邁
風月堂詩話 朱弁
太平寰宇記 樂史
元豐九域志 王存
輿地廣記 歐陽忞
輿地紀勝 王象之
嶺外代答 周去非

長安志 宋敏求
咸淳臨安志 潛説友
乾道臨安志 周淙
嘉慶一統志
廬山記 陳舜俞
廬山録 周必大
廬山紀事 桑喬
廬山志
湖北通志
中吴紀聞 龔明之
錦繡萬花谷
類説 曾慥
羣書通要
羣書類編故事 王罃
古今類事 宋某
説郛 陶宗儀
蘇沈良方

政和重修本草
本草綱目
廣州植物誌　華南植物研究所編
宋人法書　故宫博物院印
禪林僧寶傳　惠洪
景德傳燈録　道原
閲藏知津　智旭
玄應一切經音義
雲笈七籤　張君房
俱舍論
金剛經
周易
尚書
禮記
左傳
論語
説文

玉篇
抱朴子
國語
直齋書録解題　陳振孫
能改齋漫録　吴曾
瀛奎律髓　方回
土牛經
周益公題跋　周必大
中國小説史略　魯迅
唐代長安與西域文明　向達
卧游録　吕祖謙
觀林詩話　吴聿
寶真齋法書贊　岳珂
頤志齋文集　丁晏
江西詩派小序　劉克莊
佛祖歷代通載　釋念常
寶晉英光集　米芾

席上腐談 俞琰
式古堂書畫彙考 卞永譽
通義堂文集 劉毓崧

萍洲可談 朱彧
蓼花洲閒談 高文虎
彭城集 劉攽

附記： 據家父自撰小傳，東坡志林廣證爲中華書局約稿，原稿三十餘萬字，「文革」前已完成。本人因當時年幼，未知詳情，故在戰國策箋證所附家父撰著簡目時誤標該書作「未完稿」。「文革」中該稿連同所有藏書及其他手稿一併被抄，「文革」後原已寫定之全稿遍尋不着，僅找到初稿殘本一冊，存卷一及卷首例言十四則和引用書目，即此篇。由此殘卷觀之，資料豐富，考證精當，劫後餘燼，備感珍惜。兹刊出以爲紀念，亦當有助於學界之蘇軾研究。

范邦瑾記

養勇齋詩鈔

《養勇齋詩鈔》整理説明

一、《詩鈔》原稿陸續發現，較爲分散，經多次整理，儘量保持本來面目。

二、編排原則上以年代爲序，除少數詩作有明確紀年者照排外，大多數作品由整理者依據所叙内容排序。

三、原詩有標題的，依照原稿；原標題佚去或無題的，標以「無題」，并出注説明。

四、原詩有夾注者，均予保留。爲方便讀者理解，對部分詩作所涉之年代、人物、事件等略作注釋。

五、有的詩稿有多份抄件，間有不同。凡有異文者，在注文中標明。

六、詩有殘缺者均予標明，與詞作一併置於最後。

七、本詩鈔由范祥雍先生之女范邦菁整理。

訪滕王閣遺址〔一〕 一九五八年

短椽殌瓦户斜開，指點滕王舊館臺。畫棟已隨雲影逝，落霞猶傍鶩飛回。静觀潮汐增奇態，敢有文章露異才。躍馬騰蛟天下勢，蒼茫暮靄獨徘徊。

注 釋

〔一〕父親自一九五八年到一九六二年曾在南昌的江西大學中文系任教。此詩一本題爲《國慶前一日訪滕王閣遺址，今爲小學堂》。

徐孺子亭 一九五九年

孤亭清渚上，吊古一凴闌。東漢風流盡，南州節士槃。草埋留榻處，人語浣衣灘。民家多傍湖洗衣。黨錮紛紛禍，遐心契逝翰。

次韻答林悠如〔一〕教授寄詩 一九六三年

老我閭閻袖手吟，輪囷難負報時心。何須向壁呵天問，不免旁人笑陸沉。病馬伏轅思逸足，寒蟬抱樹曳餘音。鍾陵故舊如相訊，一卷青燈墨滿襟。

注　釋

〔一〕林悠如：廣東人，原中山大學教授，後支援江西大學中文系，父親在江西任教時的同事好友。早年曾參加革命，與彭湃交往并參與海陸豐起義。

生煤球爐〔一〕

儒術誤謀身，習勞免赧容。斫柴與挑水，道亦存其中。清晨挈爐出，背户占當風。片紙引燃子，棫朴資火攻。玄卵下傾斗，黑雲壓四墉。傴仄灰欲死，瀰漫烟不濃。神靈失扶持，埳井困癡龍。藉以一扇力，導之三炁通。絪緼起熸燼，暗夜吐熺紅。始窺星點點，漸見赩融融。赤帝降雲軿，飛熛破霧霿。大明喜熾發，堪奏烹鮮功。天地一爐捶，萬化投炭銅。觀物悟生理，君子固其窮。

注　釋

〔一〕此詩作於一九六八年七月，其時我家從原住處掃地出門，搬至一小屋。没有煤氣（原來家裏一直用煤氣），只能燒煤球爐。開始非常不習慣，父親的眼睛也時常被熏得流淚，加重了眼疾。多次總結教訓後才慢慢會用了，父親因此寫了這首詩。

題畢秋颿文稿墨迹二首 一九六九年

當年才士集軍衙，漢學道侶風氣賒。披卷無窮興廢感，不堪回首話乾嘉。

靈巖秘貯巨嫏嬛，一旦蒼黄入九天。轉眼百年同聚散，九天球寶落人間。

又題次小殘卷齋主人韻

斷篇收拾爨烟餘，妮古珍藏璧不如。消得幾番風雨盡，湘波渺渺正愁予。

秋 感

窮秋陰氣盛，風急雁鳴啾。野燒焦芝艾，涇流失馬牛。百年論得失，萬事快恩仇。回首黄花地，夕陽照廢丘。

買　魚

鶴立清宵露濕衣，買歸尺尾日盈扉。痴兒那識翁辛苦，下箸猶嫌魚不肥。

新學煮飯燒菜，室人謂有進步，戲咏

薄技不愁喫飯難，而今百技亦艱餐。新來竈下傳庖術，差勝墦間乞祭殘。

贈太平翁〔一〕

平生結識幾鴻儒，河嶽瞻臨氣不孤。敢有異才期國士，亦知大匠録枅櫨。曹溶圖籍容通借，李膺文章費拂揄。萬里洪濤鯨突扤，丁寧携手理殘桴。

注　釋

〔一〕太平翁：蘇季卿(一八九四——一九七三)，原名錫昌，後改繼廎，安徽太平人。卒業原北京大學商學院，曾任教於中國公學，後任職於商務印書館。主編過《東方雜志》、《地理學叢書》，參編有《中國文化史叢書》及《辭海》等。富藏書，多善本，喜借書於同好。父親在「文革」中藏書盡被抄没後，得其所贈甚多。

半夜醒不寐枕上口占

鷹飛空際無留影，參悟人生亦似之。猶有塵心寧不得，三更香燼夢回時。

有感

日夕街頭聞鬭聲，天河莫洗棘門兵。讀書萬卷徒妨道，涴垢三年始悟生。不盡魚龍呈秘戲，難爲猿鶴化長征。舉杯邀問窗前月，照得人間幾悴榮。

哭王佩翁〔一〕二首

萬里商聲作，高臺易受風。獨憐書種子，抱恨田舍翁。世變壽多辱，日暝市亦空。望廬慳一訣，淚灑暮雲中。

注釋

〔一〕王佩翁：即王謇（一八八八—一九六九），原名蹇，字佩諍，江蘇蘇州吴縣人。歷任江蘇省立蘇州圖書館編目主任，蘇州振華女中教務長、副校長，國學會副主任幹事，震旦大學、大同大學、東吴大學教授。解放後任華東師範大學教授、上海文物保管委員會編纂。是我國近代著名的學者，也是藏書家和書法家。「文革」中横遭迫害，平生所藏文獻、文物遭劫後毁失甚多。父親與他交情深厚，關係甚密。

耆儒星散落，猶憶識公初。説項情何重，余初以文字贄見翁，報書有「到處逢人説項」之語。注顔願竟虚。翁嘗約合注《顔氏家訓》，余以赴豫章講學未果。知風謝海鳥，觸禍慨池魚。此老成終古，無人問篋書。

悼念達育仁〔一〕二首

凉風驚庭柯，秋蟲鳴四壁。之子歸山丘，再驚换綿綌。孤燈照窗前，髣髴見顔色。追念平生歡，歷歷如昨昔。苦茗遺斜暉，清尊消永夕。過從密弟昆，濡呴慰沉寂。何期中道分，俯仰悲陳迹。世事方萬變，天地窘跼蹐。前路伏蛟龍，風波不可測。浮雲翳青冥，孤鴻戢飛翼。踽踽我獨行，誰與訴胸臆。死者長已矣，生者情惻惻。

注　釋

〔一〕達育仁：父親之好友。解放前係美國杜邦公司高級職員，喜文史古籍，與父親相識於舊書店，得知兩家住所相近，後常來往。一九六七年達公被抄家後，第二天就突然發病去世。

我守章句儒，不研六義旨。偶然興會發，魚目充璣耳。君獨愛之甚，諷吟忘其鄙。賡韻出瓊篇，録副披繭紙。美惡原無常，姸蚩隨所喜。獿人歎云亡，匠斤安施技。矧是下里歌，誰爲譜緑綺？我今詩哭君，聊代尊酒醴。辭不計拙工，情則深江水。猶如孫子荆，驢鳴哭武子。奚屑旁觀笑，實痛斯人死。九泉若有知，魂應爲我起。

六月十四日有感〔一〕

去年此日倉皇走，喧呼排闥攘赤袖。揭篋擔囊恣躪蹂，隣里側目不相救。今年此日斗室居，蕭然四壁理殘書。嬌女塞上學荷鋤〔二〕，咫尺天涯望故廬。幾番驟雨幾番風，爛熳春事俄頃空。西窗斜照半邊紅，悠悠江水日夜東。

注　釋

〔一〕此詩作於一九六九年。一九六八年六月十四日，我家被抄家并被趕出家門。家中所有衣食物用書籍等全部封存，僅允許取少許生活必用品，全家五口被趕到一間僅十四平方米的小屋居住。父親積四十餘年心血收藏的各類藏書二萬餘册及著述文稿毁於一旦，尤其令他痛心的是已完稿的《山海經補疏》和《東坡志林廣證》兩部原稿一并被抄，有的至今下落不明。

〔二〕一九六九年，父親之長女、我的姐姐范邦菜下鄉至黑龍江北安縣蘇家店國營農場。

入伏常夜寐不閉窗户達旦，鄰人戒盜，戲咏

暑襲蝸廬蒸肉山，山谷詩：「六月火雲蒸肉山。」徹宵窗户不須關。貧無長物堪安枕，一任偷兒入室覸。

偶　興

天風半夜失嶙峋，東海朝暾見堁塵。馬越險巇程骨力，人經困阨出精神。寒暄不減悠悠水，消息無遮冉冉春。識得乘除遷化理，桃源何必問前津。

聞向仲堅〔一〕訃悼之三首

人生道術貴相知，傾蓋白頭未易歧。談藝渾忘三月味，識公但恨十年遲。

注　釋

〔一〕向仲堅：即向迪琮（一八八九—一九六九），字仲堅，四川雙流城關鎮人。二十一歲時加入同盟會。

先後任行政院參議、天津海河工程局局長、四川省政府高級顧問、四川大學工學院土木工程系主任。一九五四年以後，任上海市人民政府文史研究館研究員。

瀹茗北軒影事新，青松可惜不留春。從今月白風清夜，空憶詞人向子諲。

斑管填詞入畫圖，先生嘗倩人畫《填詞圖》。風流鄉哲繼歐蘇。歐陽炯及東坡。柳溪新句梅溪四，明月歸來合浦無？先生所著《柳溪長短句》已刊版，前年秋併其未刊稿失去，不知今歸還否。

贈倪壽川〔一〕并謝貽碑帖

當年踪迹睦親坊，余始識君於書肆中。蠹簡消磨鶯鬢霜。清閟舊藏存歲月，君舊富收藏，寓目尤多。貞元朝士話滄桑。君多與前輩名士游。劍頭炊黍世多險，雪裏送煤情更長。晉帖唐碑陪永晝，寒廬色喜又春光。

注釋

〔一〕倪壽川：海上著名藏書家。家父藏書盡失後，多次得到他的餽贈。

咏詩

人言詩客厄窮飢，我亦窮飢始咏詩。自遣有涯生事了，不須僞體別裁之。春鶊秋蟀鳴天籟，雨葉風枝寄遠思。荒了經畬抛史圃，敢將餘潤乞繆司。

夢幼年讀書私塾，塾設於藥鋪後小樓，有匾額曰「光風霽月」，其旁則藥鋪貨棧也

光風霽月讀書樓，拾級依稀似舊遊。窗外乍驚銀漢落，鼻端似有藥香留。

楓園〔一〕言昔有人稱其爲美術批評家，戲咏

儼山書法包山畫，鑑賞精推松下齋。藝苑風流開别徑，新張一幟批評家。

注　釋

〔一〕楓園：陸楓園，即陸丹林（一八九六——一九七二），字自在，號楓園，廣東三水人。一九一一年廣州起義前參加同盟會；一年後到上海，加入南社。喜書畫，精鑒賞，尤擅長美術評論。曾任上海中國藝專、重慶國立藝專教授，中國書會理事及文藝作家協會委員。主編《大風》、《人之初》、《國畫月刊》以及《中國美術年鑒》等。著有《楓園畫友録》、《革命史譚》等。

春初邵靖宇〔一〕求書其先人潭秋翁〔二〕墓碣，頃寄示新冢照片。余不識邵翁，老友明弼〔三〕，靖宇之外舅也。去年嘗約擇日訪翁於西湖上，不意其遽爾謝世，感而賦此以示靖宇二首

鍾老鍾鍾山〔四〕齋中論藝士，陸生陸楓園〔五〕坐上識詩名。天慳一舸西湖約，片石留儂勒永扃。

注釋

〔一〕邵靖宇：一九二八年生，浙江大學醫學院教授。曾任中國生物化學與分子生物學學會理事、浙江省生物化學學會理事長、《生物化學研究與應用》雜誌主編。邵潭秋之子，家父老友金明弼之婿。

〔二〕潭秋翁：即邵潭秋（一八九〇—一九六九），名祖平，字潭秋，江西南昌人。先後任教於東南大學、之江大學、浙江大學、四川大學。一九五四年離開川大去北京中國人民大學，後被劃爲「右派」，「發配」到青海民族學院。一九六五年退休回杭州。「文革」中藏書全部抄没，突發腦溢血，不治而卒。他的詩最爲時人稱道。

〔三〕明弼：金明弼，父親摯友金明淵之兄。出身中醫世家，在上海中醫文獻研究所工作。父親幼年即與之爲好友，友誼持續數十年。

〔四〕鍾鍾山：即鍾泰（一八八八—一九七九），江蘇南京人，別號待菴。十五歲留學日本，歸國後從教。

先後任教於之江大學、大夏大學、光華大學等校。解放後入華東師範大學。一九五三年辭職。後應聘到東北文史研究所講學，一九六五年回上海。父親一九六五年去東北文史研究所講學就是他引薦的，兩人交情甚篤。

〔五〕陸楓園：見前詩註〔一〕。

有子羡君營壠壿，青山挹秀伴吟魂。君葬於法華山。寒泉我亦思霜露，百里靈巖不可言。

苦雨

愁霖十日困人行，厭聽簷前點滴聲。曲沼廢池蛙鼓譟，頹垣斷壁蝸峥嶸。後山詩：「斷墻着雨蝸結字。」腹中圖籍無須曬，眼底江山可奈明。安得此身舟不繫，任他風惡與波横。

壽太平翁

孤雁脱羅罻，驚飛越遠嶠。性命幸苟全，羽翮惜摧凋。蓼渚權憩足，雲程敢竪翹。

顧念同征侶，哀鳴徹中宵。中宵群動息，霜風凄且厲。飢狼號壙野，寒蛩泣階砌。桐葉墜蕭蕭，星芒吐晢晢。慘懍陰氣重，淡月鑑屋欐。欐下庬眉士，窮艱守不移。沉珠搜南海，翠羽拾島夷。先生著有《南海鈎沉録》及《島夷志略校注》等書。松柏堅晚節，蘭茞擢秀姿。浮雲閲萬變，抱朴與世遺。遺世非孤往，嚶鳴有其友。崑圃富琅玕，下材收瑁珣。情契忘年義，道合略妍醜。分帙活書殍，余喪書之後，先生餽貺獨多。綢繆意何厚。意厚良可感，涉險呂梁濟。脱略八紘罔，不受羿彀矢。達生見箕潁，棄芥掇文史。願公壽期頤，春色回蓀茝。

中秋無月

四年逢此日，三年寡娱歡。月色皎十分，世變紛萬端。親友絶音問，室廬半破殘。有酒不能酌，中夜誰倚闌？今年秋蕭索，六鰲簸餘瀾。烏鵲猶繞樹，栖枝未得安。稚鳥投北林，載霰闕塞寒。相顧分飛影，難共清輝圓。天公妙解意，姮娥故掩顔。玄幕張玉宇，密雲藏冰盤。風聲傳呼嘯，是夕滬市受颱風邊緣影響。街炬不映軒。乾坤同一黑，何用妒嬋娟。人情殊榮悴，哀樂常覆翻。無月勝有月，且持杯酒乾。

遣　懷

太行車折坂崚嶒，又渡滹沱涉薄冰。意氣猶存曩突兀，形容不覺老侵陵。餘生自分躬操耜，故業何須顧墮甑。欲向空門觀法界，伽藍深鎖已無僧。

奉謝太平翁贈何屺瞻手批宋刊本《兩漢文鑑》目，有翁蘇齋等題識

鰥生蓄書四十載，插架萬籤資墾耒。古鐫璣琲侈百一，何曾夢涉天水代。剗地海風移山谷，一旦書城傾洄洑。蛟龍攫去烟雲消，師覆長平無遺鏃。城西丈人憐我貧，肯汲西溪濟枯鱗。縹囊分映青藜火，琅函慨割什襲珍。兩漢文目端平刻，石壁野人所編緝。宋志庫録疎網羅，七百卅年延一息。宛委鈔呈傳影子，故宫「宛委別藏」內有影宋鈔本《東漢文鑑》，爲阮元所進呈。慎獨覆刊疑形似。明劉氏慎獨齋覆刊巾箱本《兩漢文鑑》行款與宋本同，惟板式略大，字體稍異。此雖存目闕其文，驪珠探得餘廢矣。《文鑑》所録諸文皆出於《兩漢書》及《文選》等習見之書，苟按目索文，不難復窺原書全璧。平生心折義門學，朱筆細批判清濁。姚臨蘇集誇甲觀，舊藏有雍正中姚薏、田世鈺過臨何義門批校蘇子美集。矧披手澤眸祛眊。覃溪鑒賞諸賢題，朱璽纍纍傳迢遰。二

難古刊、名批。四美宋本、孤本、何批、翁跋。萃一帙，珊瑚木難炫火齊。寶劍未酬佳士顧，香奩恐爲嫫女汙。又憂魑魅瞰高明，五厄綿綿誰能護？嗚呼！萬物聚散無常主，何必得之歡喜失之沮！異書瑰寶猶非重，百宋千元僂指數。獨有故人情萬斛，山不可稱海不漉。敬人重物勿敢辭，咏示後昆識芳躅。

讀悉舍雜詩 周作人出獄時所作三首

夜讀悉舍詩，燈昏眼半眊。倦披一卷盡，喟然百感作。出語吐雋新，戲諧含諷託。自比二山體，寒山子與牛山志明。風趣亦不惡。獨是迹心行，終嫌魯酒薄。憶昔鰕夷禍，神州半淪落。傀儡紛爨弄，文士廣籠絡。海藏志險詖，爰居行齷齪。苦茶號恬澹，乃不甘寂寞。政學雖殊途，出山泉水濁。昔是異林鳥，今爲一丘貉。當年主文壇，霸氣欲橫槊。一旦朝曦昇，冰蠻溶洛澤。此卷憂患吟，曾無片語怍。性靈掩輕儇，榮利飾淡泊。微詞譏名教，似爲身洗濯。大節之所虧，百辯莫能駁。可惜明月珠，捐擲墻暗角。餘生贖前愆，傳譯希臘學。嗟哉老辱死，酷禍劇投閣。

文人丁舛世，常與禍機觸。異學不能容，高才每見戮。蘭焚膏多煎，無怪楚老哭。

苟非堅守操，委曲隨順俗。婉孌配戚施，污泥溷美玉。所以古來士，傷心生不淑。庾信賦哀南，顔推惘羈北。王維幸獲生，鄭虔被放逐。浪子錢牧齋，見《東林點將録》。後世多詬辱。此輩迹本心，豈甘臣異族。苦荼殆猶爾，盛名乃桎梏。平日尚輕脱，私懷戀榮禄。推鞠罪惡行，無繫存亡局。奚必投豺虎，自是殊蛇蝮。我念饕餮徒，弄兵肆凶虐。忠勇召軍民，霸圖膾人肉。赤地數千里，無非逞大欲。貳臣固可耻，戎首尤所毒。二者論重輕，善戰上刑服。可憐老虎橋，差勝鴨巢獄。日本戰犯拘囚處。

周氏三珠樹，疇昔推二雋。伯也龍騰驤，仲兮鷹奮迅。藻思綺雲霞，筆尖鋭鋒刃。當日新文壇，嵩華仰雙峻。豈謂途分軌，後軫違發軔。一則名爛星，一則華殞蕣。一飛入霄漢，一墮在泥溷。涇渭分濁清，卉木判蕕薰。尋究升沉理，良由身召釁。安貧儒本色，瓢飲可栖隱。胡爲慕高飛，折翼墜千仞。青松勁晚節，凌寒色不褪。才士遘艱屯，出處尤宜慎。但憐美如玉，終爲利禄殉。人生亦大難，禍福糾繞紊。求榮翻得辱，欲退或爲進。拙愚能獲全，巧智偏遭困。千變萬化殊，幽冥莫詰問。伯氏雖光輝，平生憂患蕴。季子多福祉，高軒黄金印。

遣　興

削青三櫝付雲烟，老去餘情托咏篇。儘有彩毫干氣象，不堪錦瑟憶華年。傾壺空瀝心肝汁，煉石難全缺陷天。百尺槁桐能來鳳，調琴何妨更張弦。

記夢

美國登月球成功

閶闔群神傳警蹕，有客昨窺姮娥室。海底蛟龍欲遷户，九洲深處聞斤斧。鮫人泣珠老兔愁，鴻荒世界不自由。回顧齊州數點烟，九節菖蒲死路邊。

戲題劫餘書《家常菜》〔一〕

湘函革脊失風雷，掃地無塵亦可哀。獨有膳夫經一卷，佐儂竈下試鹽梅。

注　釋

〔一〕家常菜：「文革」中我家被掃地出門，其時尚留有《家常菜》一書。本來家有做飯阿姨，父親和我們都不事庖厨，此書當時派了大用場，都被翻爛了。

和陶詩贈羊長史

東坡居海南日，鄭會嘉靖老欲於海船載書千餘卷借之，坡和陶詩以謝。余喪書之後，頗承諸友好餽借以遣永日，因感其事，復次韻和之。

東坡謫儋耳，索居寡歡虞。會心鄭靖老，海船欲載書。我昔擁湘素，折珪拜小都。無端蛟龍奪，不覺歲月踰。千里巖探寶，中途輻脱輿。平生習逆流，憂患形影俱。故人憐孤寂，餽餉勿踟蹰。愚智雖懸異，寵辛或相如。但愁尺寸土，莫救學殖蕪。萬事捐功利，一編足怡娱。志堅貧不變，情深老不疎。行行守故轍，吾道有卷舒。

和陶詩止酒

冬夏判涼燠，窮達殊行止。我今涉畏途，失足寒崖裏。栖栖貸衣食，廉愧於陵子。夙昔慕豪情，杯杓頗心喜。良會親朋宴，有時醉不起。杖頭錢忽罄，止飲乃恒理。麴丘莫埋憂，衡門聊娱己。有酒可助歡，無酒亦安矣。輕舸泛清漪，隨流近涯涘。小别勿依戀，不學劉伶祀。

再和陶詩止酒 星期日訪陳子翁〔一〕，出酒勸飲，因感前篇言，再和之。

陶公咏止酒，何嘗酒一止。我和止酒篇，亦落臼科裏。平昔師友誼，素襟陳夫子。投轄每留飲，論文頗心喜。峨峨百尺樓，下床容卧起。讀我止酒詩，感我拙生理。置尊助清歡，傾飲酬知己。本告暫别辭，有酒盟渝矣。胡爲抱獨醒，景迫虞淵涘。野鳥企山林，不樂鐘鼓祀。

注　釋

〔一〕陳子翁：即陳子展（一八九八—一九九〇），中國文學史家、雜文家。湖南長沙人。一九三二年主編《讀書生活》。一九三三年起任復旦大學等校教授。長期從事《詩經》、《楚辭》研究。父親與他是至交，父親入復旦大學任教即由陳先生等推薦，陳先生撰《詩經直解》和《楚辭直解》，父親還參與其中的校閲工作。

三和陶詩止酒 猗齋〔一〕折簡招飲，復和前韻。

萬事委隨機，巽行坎則止。我飲原小户，芥舟坳塘裏。偶絶孔方兄，遂謝鴟夷子。寓興咏詩篇，情不關愠喜。重煩故人招，頓使瘻疾起。從知中聖賢，亦悟得全理。《莊子》：醉者之墜車，雖疾不死，其神全也。彼得全於酒而猶若是，而况得全於天乎！況今涉大浸，濟溺莫由己。桑榆玩末光，銜杯歡罄矣。何必追昔游，空懷洛水涘。浮生貴一適，促齡邈千祀。

注釋

〔一〕猗齋：即金明弼先生，見前《春初……示靖宇二首》註〔三〕。

和陶詩形影神三首

索居寡歡，形影相吊，讀淵明詩而感其言，因和以自遣。

形贈影

川流駛大海，晷運移促時。人生一世裏，憂喜困擾之。絲管方作樂，吊唁倏在兹。守身慎履冰，禍機蹈不期。庭卉勃榮秀，霜雹萃悲思。脆質毗陰陽，奄忽徒漣洏。存殁不離苦，修短莫相疑。與君最親近，願傾肺腑辭。

影答形

萬物有成壞，洪鈞施巧拙。局促蝸角間，觸蠻争不絶。與子結歡親，憂喜同悲悦。坐起長相隨，臨消乃永别。蛇蚹與蜩甲，化豈出生滅。何如明月下，乘此壺酒熱。一杯忘世紛，再杯忘年竭。我雖不能飲，伴醉未容劣。

神釋

天運有遞代，日月懸象著。俯仰人間世，迎新而送故。林焚鳥亡栖，泉涸魚失附。冥冥遷化理，願與知者語。溺情路趨歧，憂死行迷處。杜康不解愁，糟丘勿宜住。惑生雖不達，傷生豈足數。何如游太清，吾駕爲君具。馳驅八極外，塵垢千載譽。綽約駐柔顔，時來順則去。遺物離利害，隨化捐喜懼。凝然保我真，無思亦無慮。

和陶詩咏貧士七首

西山節士宅，北風胡馬依。山林邈難接，倚門對斜暉。浮雲空中滅，倦鳥投巢飛。蓬蓽苟無嫌，郭邑同所歸。

敝褐能禦寒，野蔬可療飢。原憲歌窮巷，樂道復奚悲。

仲子居於陵，守義輕朱軒。飢咽螬食李，謝世力灌園。尼父厄陳蔡，庖厨冷無烟。弦歌聲不輟，六藝猶討研。棄禄容高蹈，困窮聞道言。胡爲貧戚戚，俯仰愧聖賢。

清徽流逸響，誰拂緑綺琴？采采紫芝曲，千載有遺音。緬想商山叟，遐躅欲追尋。白雲閉巖壑，濁醪且淺斟。丈夫貴堅節，五鼎何足欽！幽德守沉冥，蜀莊契素心。

不學上堂斯，不慕委輅婁。春秋佳節日，花鳥自獻酬。即事饒奇趣，何須駕不周？萬彙方競秀，一尊可消憂。朱門多熱客，蓬藋豈乏儔。寂寞元卿宅，開徑有羊求。

在昔齊顏斶，峻節不容干。直言論貴賤，長揖辭爵官。徐步可當乘，晚食亦充餐。深淵魚避網，危巢鵲知寒。懷道誠能篤，緼袍無赧顏。奇士多沉屈，侯生老抱關。

申徒匿踪跡，因樹結蒿蓬。伯鸞歌五噫，賃廡役傭工。高節耻臣莽，盛名竟夭龔。何如守苦淡，光塵與俗同。口不論臧否，運任隨塞通。抱膝獨吟嘯，風雲欲相從。

我愛陶彭澤，辭對檀江州。咏貧見懷抱，尚友擇其儔。典午魴赬尾，滄海正逆流。力耕養潛德，飲酒消世憂。豹變冥推運，鳳歌遥唱酬。千古多逸民，浩蕩思前修。

和陶雜詩十二首

清漣一池水，難洗萬斛塵。奔競長安道，何以潔其身。要津樗里智，當路椒房親。五雲翼宫觀，千乘接畿鄰。廣庭張盛會，自宵達旦晨。寂寂揚子宅，削迹問字人。

伐木不入淵，求魚不登嶺。乃有目翳人，偏持倒幻景。種稻沙磧暵，蒔花冰室冷。栽植失其宜，性命豈能永。聲困逆風呼，力殫走競影。夸父斃鄧林，雄懷難以騁。吾觀衆竅號，萬動消一静。

美人貴無價，百斛明珠量。歌舞不邀顧，棄捐在空房。頗聞佌佌子，妙選入未央。俗今尊邪許，世已賤陵陽。畹晚惜芳菲，感思結中腸。

人懷千歲憂，願天錫難老。金石尚消鑠，形骸安能保？稱奉萬壽觴，觴淺酒易燥。八駿騁雄轡，息駕常嫌早。鼎湖龍髯去，烏號悲空抱。栖栖秦皇帝，何處求仙道？

凉飔草木衰，秋氣感不豫。遥憶崑崙丘，翩然欲遠翥。長揖偓佺倫，白雲共來去。丹木享永年，瑶流消俗慮。靈化託空言，此願豈能如？但得虚室皛，何必帝鄉住。九陌塵蔽天，窺日牖隙處。偃息一草廬，風雨無所懼。

西宅斷炊悲，東鄰殺牛喜。貧富生擾争，紛紛天下事。玄黄龍鏖戰，一時稱快意。側身巖壑中，常與奇境值。風塵五十年，驅駕九折駛。老懷遺寵辱，但思無倒置。

萬里赴龍荒，壯懷不容迫。寒谷蕃黍禾，墟土開阡陌。塞外草先衰，一夜千林白。冰雪斷人行，但覺天地窄。縹囊鍼密縫，閨中寄遠客。瓜代未知期，清宵憶故宅〔一〕。

注釋

〔一〕此詩爲思念遠赴黑龍江農場的長女范邦棻而作。

何術起沉痼，我欲問長桑。忮心興鬼域，靈藥亦秕穅。憶昨疾風作，蕩盡禹餘糧。夏裘冬絺綌，調御乖陰陽。深淵臨不測，諱言髮膚傷。和緩咸緘口，瞑眩乏其方。已矣隨大化，且傾手中觴。

天道冥推運，孰能識其端。不覺山河改，但知歲月遷。落落松埋壑，萋萋草滿巔。百年歸一炬，努力勸加餐。濁流可濯足，雲衢已絶緣。翛然對四壁，怡性足詩篇。

山川相映發，迤邐入會稽。澄波開奩鏡，奇樹擁巖崖。昔日觴咏地，風流空企懷。盛時不能再，破甑何由彌。百年閱廢興，華屋草離離。七寶炫鞍轡，駿馬苦受羈。短褐吾素業，但求行無虧。

四時行不忒，秋來覺簟凉。翩飛雙燕子，亦欲辭畫梁。昵歡難久恃，客地異家鄉。孤舟遷幽壑，百卉萎嚴霜。營營趨競子，狹路争短長。

今時憔悴客，昨日繁華子。陌上風轉蓬，東西失所恃。悠悠人間世，行止循天理。

和陶擬古九首

砥柱閲頹波，鳴禽變衰柳。客子悲摇落，驚心役行久。憶昔安居樂，盛筵招親友。四座賞新聲，百壺傾旨酒。如何輕離别，遂與良會負。山川越迢遞，黑貂裘不厚。縹緲望雲鄉，功名入烏有。

昔聞雍門奏，涕泗曲未終。音聲移情意，亦足化百戎。新調翻協律，故事譜英雄。亢節弦管促，泱泱表大風。千唱萬人和，傳世欲無窮。我卧松樹下，笙簧月明中。

嚴駕遄遠游，發軔海東隅。風伯爲清道，騁節撝望舒。九天呼閶闔，靈光接帝廬。白雲忽失路，回首望故居。棟宇罹炎熾，田園草半蕪。鸜鵒濡焚林，見釋典。感愴欲何如。

良人輕薄子，富貴縱樂荒。艾姬環列坐，絲竹沸中堂。三年光塵絶，恩信結渺茫。不思攻苦淡，自醉風月場。當時盟旦旦，白首共北邙。北邙山不固，天神巍軒昂。高唐雲雨接，憔悴棄一方。耿耿長門夜，顧影空悲傷。

習讀聖賢書，頗重士節完。遭逢隆準主，談笑溺儒冠。馬上恢宏業，醢雞輕孔顔。耿介遁幽谷，抗髒隱抱關。緜蕝秦博士，委蛇坐朝端。新聲靡里巷，古調復誰彈？岧嶤女床山，不聞鳴彩鸞。但願充神氣，冰壑可度寒。

百堵興版築，五載勤於茲。堂陛猶未奠，頗憂妨農時。往昔游東都，規模陋臨淄。自謂試新矱，卓犖不容疑。匠心乃獨運，惑聽虞慶辭。遷延頹基阯，蕭落圮罘思。大厦賀燕雀，忍爲詭詞欺。但恐三齊士，輕薄騰詬嗤。經營慎勿亟，三復靈臺詩。

山川草木滋，春氣動舒和。尋勝攜美酒，臨流發浩歌。白日馳駿節，撫時感慨多。溶漾波底月，的皪鏡中華。空留虚幻境，摇落奈老何！

少年志四海，好作汗漫游。結客五陵道，轍環十二州。功名未樹立，耀靈忽西流。

當日歌舞地，衣冠埋廢丘。山河奪劉項，風俗變秦周。不如歸息駕，樂大無外求。

江南有嘉李，年年多摘採。摘採無已時，憔悴枝葉改。伐木可禿山，煮鹽可枯海。去取制物宜，民生得所待。烏號張不弛，弦絶又何悔。

和陶詩咏荆軻

六國連鷄棲，勢屈虎狼嬴。甲兵殘城邑，貨賂收公卿。首鼠縱横説，版籍入咸京。燕丹報秦恨，荆軻奮西行。志在探險穴，蒼龍縛長纓。易水風蕭蕭，碣石雲英英。素冠送別處，悲歌激羽聲。泰山重一擲，壯士寧惜生。圖窮匕首見，暴政膽破驚。當日環柱走，虚擁萬乘名。白虹貫靈曜，碧血濺敵庭。遺恨留天地，烽烟失薊城。狙擊非良策，强弱難善營。氣足褫豪魄，勿論敗與成。吾讀刺客傳，慷慨有餘情。

和陶詩咏三良

三良殉秦穆，賢俊無復遺。國勢憂不競，君子見幾微。我念雄猜主，詒謀有其私。

萬世圖磐石，百年計徹帷。奇才難駕御，大位不容虧。所以蒯嘉穀，窀穸要同歸。功勳多駢死，盟誓久棄違。西陵與東市，忠逆異幾希。嗟哉子車氏，臨穴徒傷悲。千載哀黄鳥，華衮謝布衣。

和陶飲酒詩二十首

泰階啓新運，六藝弁髦之。群才揚仄陋，高足策乘時。平生抱陳編，歧路蓋由兹。春秋有迭代，榮悴理無疑。黄犬想上蔡，何如一尊持。

昔聞王子晉，霞舉緱氏山。體無靈僊質，脱胎亦虚言。升沉争曲港，憂喜促衰年。陶然忘萬物，天地置郵傳。

小飲無過量，三杯見性情。盎然春意洽，脱略功與名。滄海方鯨駭，一帆出死生。盡年委乘化，風雷可不驚。壺中有佳趣，道勿問虧成。

黄壤憐蚓嗇，青冥危鳥飛。廉守誠不易，高翔亦所悲。江介多烈風，我行欲安依？百川匯倒流，達者識其歸。習坎順時變，力道志寧衰。瓶粟能充腹，尊酒幸勿違。

薄醺南窗下，不聞市塵喧。夢見天閑駟，左靷控任偏。馳下長安道，雲隱九疑山。洞庭波渺渺，木落人未還。墮月無痕迹，四壁但蟲言。

名約失常守，新義獨師是。巵言詰不窮，彼譽此則毀。所以柴桑翁，一尊忘我爾。自得無弦趣，何勞鼓緑綺。

龍蛇興大陸，草莽起群英。布衣追杖策，綢繆結恩情。遭際風雲會，功名四海傾。廣坐金尊瀲，華堂瑶瑟鳴。一旦失歡意，白刃不饒生。見《明史》。

日月不留駐，攬鏡惜衰姿。鍔殘劍三尺，鋒秃筆一枝。遥憶竹林侣，材略多嶔奇。嵇康死東市，養生空爾爲。茫茫四海内，何處無網羈。

昨日桃李樹，東園花盛開。灼灼誇顔色，蜂蝶入抱懷。天容忽改變，宛轉情意乖。

秀條化爲枳，枝曲鸞不栖。迴飇吹柯折，狼籍半踐泥。可憐嬌弱質，委棄失所諧。吉凶相糾纏，榮辱滋惑迷。幽壤若消歇，青春不再回！

滿堂沸絲竹，有人愁向隅。九陌通砥道，或行顛仄途。茫茫塵寰内，災厄誰盡驅。飢者常憂乏，飫者偏病餘。蓬廬能蔽雨，我姑安所居。

幽德臨秕朝，長懷郭有道。天意察廢興，衡門願終老。黨錮禍燎原，蘭芷齊枯槁。激濁揚清波，岌岌倖完好。數罟不遺鱗，迷邦敢韞寶。進退觀吾生，何爲行表表。

丈夫懷道義，出處固有時。束帛趨應召，萬鍾或拒辭。美惡無常態，世變劇今兹。皓皓清泚石，翻爲濁滓疑。鹿馬能眩視，紫朱易相欺。請息周流駕，容膝且安之。

堂上舉觴歡，賓主入妄境。醒者群疑醉，醉者自言醒。醒醉彼此争，大覺誰所領？乘勢矢發弦，趨時錐出穎。同在醉醒中，蛾飛一燈炳。

窗外剥啄聲，故人挈壺至。憐我貧守齋，開尊願共醉。平生師出律，白首忽失次。

止酒固其宜，頌德非所貴。感君情似醪，傾觴得真味。

微隙構巨釁，青蘋起大風。天地塵霾裏，川嶽沸蕩中。涉流淆清濁，讀史觀塞通。但願誠格物，蛇影消杯弓。

嫏嬛訪仙帙，虎豹通不得。絶智杜其竅，巧僞滋迷惑。聞道積書巖，蠹聚塵封塞。奇迹啓新途，康瓠鄙故國。衆口騰囂囂，下材守其默。

今日荆棘場，昔年豪華宅。市朝數易主，落葉掃無迹。服餌企長生，大齊莫逾百。百歲能幾時，青絲忽變白。何不象外游，盛衰非所惜。

通學綜古今，不囿史與經。百花釀作蜜，所期業有成。筆札忘歲月，丹鉛屢點更。殺青書滿格，碧草長前庭。一朝雷電劫，弦絶琴不鳴。此身同秋葉，去去莫留情。

在昔尚文治，學優乃始仕。流弊功名途，奔競各營己。詩書叩門甎，干禄忘廉耻。偶上青雲梯，衣錦傲鄉里。物情盈則虧，澤火摧舊紀。崇武溷儒冠，悍風不可止。霜天鷹搏鷙，小雛將安恃？

海瀾閱今古，世變雜僞真。窖藏無宿釀，薄醨不復淳。窗外芭蕉樹，日日葉抽新。儒業卑孔孟，狙術小嬴秦。側身天地望，區匝塞烟塵。顧念瓶罍耻，敢恤室家勤。桑麻失溟漲，魚鱉忽相親。孤楫滯行旅，大霧迷渡津。苟全葦間活，何妨酒漉巾。渺渺仙鄉路，悠悠千歲人。

靈　藥

靈藥延年不道功，春陽煦育默潛中。蛙謳兩部嫌多事，蜂趁一衙亦妨聰。心去礙時消静躁，月當圓夜識盈冲。蚊雷擾擾無寧夕，未許華胥清夢通。

奉壽弼兄〔一〕六十華誕

世途溟海波起伏，羡君輕棹溪山曲。柳昏花暝看未足，回首遥指艨艟覆。行年六十得天放，芒屩曾穿幾重瘴。萬事稱佳司馬公，一尊自適陶元亮。平生良金不躍鍛，虚室白生門户焕。眼中犀角多豐盈，案前鴻婦猶嫵婉。唤起四十年舊夢，雪花撲簾笙引鳳。當日綺筵觴賀客，重來坐上醉春甕。君二十生辰，正值結褵之前夕。

注　釋

〔一〕弼兄：即金明弼，見前《春初……示靖宇》注〔三〕。

春　感

再番細雨作春陰，消息杏花閉上林。三不足傳天下誦，四無告感暮年深。華胥有夢尋仙境，調達何因證佛心。羨道瓊筵新饌美，勞薪誰辨火中音。

雜詩十首

一鬨能成市，衆吹可漂崖。由來争奪地，勢得氓蚩蚩。朝隨勃魯德，暮從安東尼。雲雨掌翻覆，雄雌目迷離。六轡苟在手，左右馳騁宜。悠悠千載史，息喙論是非。

爲惡不能恕，爲善未必赦。君看秋霜降，百卉齊凋謝。全生昧險夷，託處殊隆窊。

三尺法決平，權勢多假借。去去勿復言，息影衡門下。基督與盜徒，駢死一絞架。

帝張洞庭樂，百神紛降臨。馮夷擊鼉鼓，湘靈促瑶琴。風雷駭飛走，天地疑墜沉。餘響振林木，猶懾萬馬瘖。一聆清角奏，三歲困大侵。不如巖穴去，山水有雅音。

浮屠傳天竺，崇奉遍士庶。寳相三十二，化身億萬數。或繪飾丹青，或紛繡帛素。峻巖運神斤，小龕供巧塐。當日香花盛，不吝金沙布。一朝天變容，秋風掃葉去。

春風發桃李，灼灼花滿枝。四方臻髦士，六藝探新匙。黌舍連甍起，講壇接席齊。昔年游息地，時復夢見之。山川大蕩滌，朝野掃蒺藜。朱弦輟微響，卧咏子衿詩。

西家滿院花，一夜霜枝禿。富貴不能保，榮枯在瞬目。朝爲席上珍，暮受階下辱。昨日客盈門，今日塵網屋。趨勢蟻慕羶，惑聰蕉覆鹿。梭倫有遺言，蓋棺論幸福。

造字聞鬼哭，經籍厄幾秦。赫赫十全帝，文網張八殥。含沙興犴獄，開館竄典墳。磨勘違礙目，銷燬令三申。天道剥而復，人情秘益珍。君觀覆瓿作，翻以禁書存。

安貧有顔巷，削迹疎杜康。故人招我飲，情深累舉觴。平生禮法縛，不測池魚殃。至慎阮步兵，白眼卧醉鄉。七尺軀易毁，一抔土難長。累累北邙下，白骨委蛇床。

河伯逢海若，自知量不弘。小器易盈溢，大樂希音聲。誰持一矢鏃，受降天下城。三分陋割據，六合勞經營。自彼蒼蒼視，何殊蟻垤争。擺落時空觀，象外遺死生。

昔聞歷陽都，一夕淪爲湖。智愚賢不肖，同命化鱉魚。天道幽叵測，人道險難虞。睚眥怨相報，羅織獄連株。戎馬生荆棘，不絶闔城屠。出門迷轍迹，太行起夷途。

陸隴梅〔一〕寄詩謝爲其審閲詩稿次韻答之二首

寒女機絲織未工，空勞裁錦授囊中。憑將絡緯催功意，度與鴛鴦引綫通。瑣録重編硯北志，君喜讀掌故瑣聞。新詩應繼劍南風。紛紛時目詩紅紫，杼軸文章有至公。

注釋

〔一〕陸隴梅：即陸頌堯（一九〇一—一九八七），名鳴岡，號隴梅，别署小可齋、花好遲齋等，上海人。工詩書，富收藏，又精於梨園掌故。「文革」中所藏數千册精品版本被一炬所焚，所著掌故筆記數十卷數百萬言及各類藏品盡毁於浩劫中。晚年專攻詩詞創作,集成《花好遲齋吟草》四卷、《集外詩》、《集外詞》各一卷,以及《顧曲雜憶》專集二百餘首等。其四卷詩等由金明淵轉請我父親代爲審閲選定,因此兩人各有唱和。

尺錦何曾匄景陽,偶從藝苑擷芸香。平生俯首段王學,盛事識窺韓杜房。木落千山天現大,蘭摧九畹徑成荒。多君馮婦賈餘勇,君刻有印曰「詩中馮婦」。投贈詩篇發我狂。

贈陸楓園次柳亞子壽君四十生日韻

杜問接軫勢情遷,海内論交望獨賢。忘歲猶存傾蓋識,餘生幸得覆巢全。名場馳騁驚盲馬,世路崎嶇習跛仙。君眇一目,又足不良於行,因戲之。冉冉斜陽紅樹燁,君齋名紅樹室。不須惆悵到殘筵。

贈鄭逸梅〔一〕

應物謙謙鄭長者,《漢書·藝文志》有鄭長者,書此借用之。剪裁碎錦妙人間。補裘肯費狐千白,涉筆何妨豹一斑。君擅寫補白及小品文。漫道幽棲追谷口,君退休已多年。空餘清夢繞孤山。百年掌記雲消瞥，君諳近代掌故，積稿甚富，因事失去。且遺蘇齋半日閑。常相值於蘇繼翁齋中。

注釋

〔一〕鄭逸梅：（一八九五—一九九二）。原名鞠愿宗，因父親早歿，依外祖父爲生，改姓鄭，學名際雲，號逸梅，筆名冷香。江蘇蘇州人。歷任上海國華中學校長、上海誠明文學院教授、上海新中國法商學院教授、上海晉元中學副校長等。上海文史館館員。是海内外知名的文史掌故大家，以「報刊補白大王」聞名。著有《藝林散叶》、《藝林散叶續編》、《書報話舊》、《文苑花絮》、《清末民初文壇軼事》、《近代名人叢話》等。

雜感三首

川嶽神靈聽使驅，欃槍拂落肅天衢。誰知萬馬齊瘖日，獨有嘶風果下駒。

判得一生鴻羽輕，要名不妨九軍攖。獨羞百勝張誅伐，勞令雄師頓小城。

流芳遺臭未容論，皮裏陽秋辨孰真？廷杖頓教聲價盛，世間不乏殉名人。

春感二首

誤人芳信滯天涯，陌上空馳油壁車。勸客休歌金縷曲，春風不發桃李花。

應是春光卉木葕，東君管束不容腴。青山啼鳥花落去，緑葉成蔭子結無。

咏史

嬴政仇才士，深謀防禍胎。驪山瓜結蒂，咸市骨飛灰。烟鎖稷門館，蔓荒碣石臺。誰知天下變，却自壟頭來。

勞動

愚叟精神化里閭，日稽不足歲稽餘。老夫閑却屠龍手，亦逐少年負畚鋤。

無　題〔一〕

處處墻垣張大字，行行隊伍簇紅旗。繁鉦急鼓衝霄去，車車播傳新訓詞。

注　釋

〔一〕原詩無題，根據内容，是寫當時毛澤東最新指示發表時的場景。

夏暑送友人赴崇明五七幹校

驕陽不可觸，衰白〔一〕惜分襟。新壠驅烏犢，洪鑪煉赤心。澄懷江浦月，消慮海潮音。一水勞相望〔二〕，黄花〔三〕酒共斟。

注　釋

〔一〕衰白，一作「炎暑」。

〔二〕一水勞相望，一作「重訂黄花約」。

〔三〕黄花，一作「東軒」。

贈鍾鍾山

先生樂道得中黄，《抱朴子》云：中黄子有《飲食節度》。閲世曾經百戰場。應有祥雲護鍾阜，敢期遺殿重靈光。鵝湖論學人何在？馬隊講經迹已荒。輸溉莫愁洙泗竭，洪流端賴濟川航。

雜感二首

媧皇七十變朝夕，見《山海經》郭注。蜀女傳聞化作蠶。世事荒唐堪絶倒，清寒子弟尾毿毿。

矛鋭盾堅逞辯機，風雷號令不能違。尋常縲絏多公冶，饒舌旁人息是非。

廬山雲

匡廬瀑布天下奇，匡廬雲氣世更希。屏翳狡獪圍錦障，烟鬟霧髻入眼迷。香爐日出林木輝，百鳥關關弄翠微。滃渤一片從何起？潭底龍嘘費猜疑。冉冉車輪排闥入，吴緜輕軟囊不得。咫尺迷尋康谷水，脚下但聞泉流急。嶺東嶺西萬騎屯，隱約旌旆擁匡君。天池浩汧牯牛没，翻瀾下接東海塵。陽烏匿影山鬼嘯，前驅赤虬後文豹。蛇龍曼衍出不窮，冥冥誰識真面貌。草莽散盡魚鱗布，半空遥傳雨聲怒。百道泉傾漂巨石，萬矢鏃飛斷行渡。蜚廉助威勢益驕，彭蠡汎濫卷雪濤。息壤竊取嬰天伐，小民鮠䫂寄危巢。龍騰虎挐會有終，坤運瞬息不停蹤。回首空濛烟靄裏，金芙蕖似閃笑容。噫嘻！廬山雲氣青復紫，暮暮朝朝變不已。獨愁風雨折帆檣，江南江北茫茫水。

自遣

李冲四十鬢毛斑，老去無方覓駐顔。蒲柳望秋憐質脆，蛇虺伺食覺途艱。但虚塵垢三千界，何阻嵯峨百二關。浩蕩靈脩容弄態，紅昏緑暝自知還。

巫峰〔一〕

縹緲巫山十二峰，蛟龍未接氣潛通。行雲殢雨絪緼裏，翠羽明珠想像中。弱水敢煩飛錫渡，雄關肯啓丸泥封。千秋棋局争殘劫，拄杖庭前數落紅。

注釋

〔一〕本題一作「咏基辛格秘密訪華」。

紫閣

岧嶢紫閣隔重墉，綉帷珠簾不透風。鸚鵡丁寧傳巧語，芙蓉持贈想嬌容。屏中嵐氣沾衣碧，鏡裏花枝纈眼紅。幽闥洞房仙侶住，銀河肯許客槎通。

即興二首

郊原石馬夜嘶風，金碗珠襦耀眼中。秋野不應聞鬼哭，折衝新策玉衣功。

六經糟粕付薪烟，闕里碑林不復全。艷説京華新氣象，遺文猶重景龍篇。

明珠二首

明珠聲價傾天下，縱教冥投亦寵光。多少璠璵輪瓦石，不聞夜哭楚山旁。

六月冰霜頃刻花，榮時錦綉賤時沙。君看陌上牂牂葉，曾是建章劫後槎。

夢失書復歸戲咏用變體

了知逝水不西回，萬卷何爲故室開。東壁精華空曄若，南柯太守亦佳哉。妄境真如蕉覆鹿，凌陰豈有琯吹灰。平生結習懺難盡，猶遺落花着夢來。

次韻酬沈禹鍾〔一〕贈詩

息影林泉席不争，獨留詩卷傲公卿。新篇深得三唐趣，君論詩宗唐。好句無勞五嶽行。君病喘，多年不出門，家居耽咏，嘗有句云：「好句無心落枕邊。」但識笙竽相感應，何須歲月論交情。江城夜雨秋蕭瑟，病起維摩氣幸衡。

注　釋

〔一〕沈禹鍾（一八九八—一九七一）：名德鏞，字禹鍾，晚年號春𦢊，浙江嘉善人。曾任南方大學教授。與林琴南、范烟橋、嚴獨鶴、鄧散木等友善。著有詩集、詞集及小説集。

附沈禹鍾原作

考據詞章與古争，著書已分老虞卿。舊游遼海論文健，倦旅鍾陵拂袖行。牙曠鼓弦無雜引，閔周飲水有餘情。故知十室存忠信，寂寂平居望宇衡。君與余居處密邇。

傷逝四首

李革癡泰棻〔一〕

九天宣異象，萬邑隕流星。肅氣傳殘葉，疾風促謝齡。獲新殷契學，君授諸生甲骨文，嘗旁及金文，纂編講義，考訂時賢所未釋者百數十字，多創見，其中一、二叨預賞奇析疑之樂。辨僞伏生經。《今文尚書辨僞》爲君早歲之作，同寓日嘗題詒一帙。回首初歡地，覆觴淚忍零。乙巳秋，余赴長春講學始識君，所寓對門，課餘每置酒互邀，暢談古今上下事甚歡。

注　釋

〔一〕李革癡泰棻：李泰棻（一八九七—一九七二），字革癡，號癡菴，張家口陽原縣人。一九一八年二十一歲被聘爲山西大學教授，第二年被聘爲北京大學教授。擔任過綏遠省、北京市、天津市教育廳長以及馮玉祥將軍的中將秘書長。解放後回到家鄉張家口任教。一九六四年調到長春東北文史研究所任研究員。父親一九六五年到研究所講學，與李先生相交甚歡。一九七二年在北京病逝。李泰棻的史學著作有十幾種，對諸子百家、甲骨文、金石學等都很有研究。有《癡藏全集》及《續集》等。

尹碩公炎武〔一〕

猶憶維摩室，胡床對話清。余始識君時，已病風家居。儀徵論學派，時有人提《揚州學派》一書，嘗討論及之。思辨念平生。君曩在京師與高閬仙、陳援庵、楊遇夫、邵次公、李革癡諸公結思辨社。共厄六丁劫，難忘一顧情。椿菌齊槁瘁，風雨幾陰晴。

注釋

〔一〕尹碩公炎武：尹炎武（一八八八—一九七一），字石公，亦字碩公，號尹山，鎮江人。一九二〇年與黃侃、邵章、邵瑞彭、楊樹達、吳承仕、陳垣等結思辨社。曾任輔仁大學等校教授、《江蘇通志》纂修、貴陽師範學院國文系主任。著有《清史稿刊誤》、《清史稿列傳備證》及《索隱》，皆未刊。

馮翰飛雄〔一〕

不見馮翁久，死生竟判途。殘編矜快雪，君喜搜殘書，所蓄極富，中多秘籍，快雪堂爲馮文思齋名，文思藏有宋刊《金石録》殘本十卷，自署「金石録十卷人家」。妙識接奇觚。君兼精目録、金石之學，頗似葉鞠裳，所藏石墨拓本萬餘通，其中多葉氏奇觚廎舊物，翰飛姻緣似有夙契。閲市無遺迹，論文惜故娱。翰音風雨晦，慷慨獨依蘇。余始識君與蘇繼翁在舊書肆中，匆匆逾二十年，今故人長逝，獨與繼翁往來無間。

注　釋

〔一〕馮翰飛雄：馮雄（一九〇〇——一九六八），字翰飛，號彊齋，江蘇南通人。畢業於唐山交通大學，後在商務印書館任編輯十餘年。解放後任中國科學院水利研究員。曾任郭沫若秘書。馮氏學識淵博，雅好典籍，精於版本目録學。藏書萬卷，尤重收集南通地方文獻及各省縣方志。

陳乃乾〔一〕

無限山河感，長懷陳仲魚。天台雲水惡，君歿於天台。日下酒尊虚。己亥入都，君邀飲於寓。古窟傳新炬，君印行舊籍多種，又編工具書，如《别號室名索引》之類，便於學者。輶軒訪佚書。君往來南北訪求異書，近歲又受命訪求各地舊刊書版片稿庋京師保存。斯人今宿草，墜緒慨何如。丙午過都晤君，頗以舊學絶緒爲憂。

注　釋

〔一〕陳乃乾（一八九六——一九七一）：名乾，字乃乾，浙江海寧人，清代著名藏書家向山閣主人陳仲魚後裔。先後任上海進步書店、大東書局、開明書店編輯，編印出版許多重要文獻著作。建國後任上海市社會文化事業管理處編纂。一九五六年調往北京，任中華書局編輯。「文革」中受迫害，被遣送至浙江天台山女兒家，一九七一年逝世於浙東偏僻山村。

尊前感舊二首

風折蓬山一段緣，不堪夢證話當年。花殘人老春無迹，心影空留舊翠鈿。

篙折帆摧惶恐灘，南天消息報平安。瓦爐香燼温前夢，幸不同船覆一瀾。

秋日與明淵〔一〕弟飲，偶話及其家藏陳年白蘭地酒一瓶，初擬留作親朋歡宴之助，不意於前歲遜邊日獨傾飲之，聞而感賦

異醖葡萄醉不知，被愁還比合歡宜。黄花廢圃香如故，對酒難忘繫犢時。

注 釋

〔一〕明淵：金明淵（一九一七—二〇〇六），出身中醫世家，祖父金百川，父親金養田。三十年代懸壺滬上。建國後任上海市第六人民醫院中醫内科主任。金明淵先生與家父相知相交於幼年讀私塾時，七十多年情同手足，勝似兄弟。

秦王進酒

秦王置酒咸陽宫，六龍迴轡東海東。老魚跳波矢貫白，頑石俯首鞭隱紅。僊樂狂吹畫簾烘，廣殿趍蹌盛儀容。珍珠酣舞翡翠笑，屬鏤光閃琉璃鍾。九曲屏風掩長檠，酒星未墜鉞星横。鼉鼓沉沉朱弦絶，後幃暗起刀劍聲。蒲牢吼地動閶闔，黑灰飛盡第幾劫。碧酯重巡歌難老，不覺秋風换衰草。

讀《柳文指要》〔一〕四首

文章著作跡堪尋，無取蔓條張氣林。南方熱帶地區有樹如榕樹之類，多由幹生枝，枝下垂地生根，謂之氣根，根復生枝，枝復生根，綿延成林。氣林謂氣根張成林也。自負千秋傳盛業，庭前不覺草萊深。

注　釋

〔一〕《柳文指要》：章士釗著，「文革」期間，由毛澤東特批，於一九七一年九月出版。

咏功頌聖有詞臣，不少子雲獻劇秦。新運自成新鼓吹，何須依傍永貞人。

黜韓崇柳肆雌黄，不惜吹毛索隱瘡。試問媚諛諸惡札，用《指要》中譏韓之語。何如北面四教堂。

巧宦文雄歷數朝，平安一葉渡狂潮。龍鍾猶作倚門笑，絶倒鐵崖客婦謡。

刮颱風

連番警道石尤風，昨夜又驚鐵馬踨。羽灑霜空鷹逐雀，烟瀰原野火驅蟲。共誇魑魅呈犀炬，何問茝蘭化棘叢。功罪百年誰解得，輿珠當日入深宫。

挈次女邦菁問學於顏棟臣文樑老畫師并觀其風景静物寫生諸作賦贈〔一〕

海内欽名一藝人，披張油素筆通神。青林映壁艷生室，翠果堆盤齒溢津。物態缺殘參畫理，心靈微眇得天真。嫣紅爛熳春風路，肯許稚荑拂下塵。

注　釋

〔一〕顏棟臣：顏文樑（一八九三—一九八八），字棟臣，蘇州人。油畫家、美術教育家。一九二二年與胡粹中、朱士傑創辦蘇州美術專科學校。一九二八年赴法國留學，一九三二年回國，任蘇州美專校長。一九五三年後任中央美術學院華東分院副院長、浙江美術學院顧問、中國美術家協會顧問等。

題明淵弟藏向仲堅〔一〕手鈔《閑齋樂府》，有喬大壯朱校二首

百年風氣倚聲尊，秘笈宋元點勘新。朱墨一編君惜取，精存西蜀兩詞人。

注　釋

〔一〕向仲堅：見前注。

柳溪詞逕溯閑齋，大壯序柳溪長短句語。宫閣焚香繕小楷。此册爲其寓京時所書。勾我河樓思舊感，向翁故寓河濱大樓。可堪凍雨滴空階。

上巳偕猗齋〔一〕游豫園並飲於其家

春來十日九陰雨，難得晴園踏軟塵。父老都忘上巳節，林泉不見永和人。銜杯共喜朱顏在，脱帽相看白髮新。親舊山丘零落盡，芳時惜取劫餘身。是日聞其姑母之喪。

注　釋

〔一〕猗齋：即金明弼，見前注。

勞動節訪王藁川〔一〕，聞其先一日逝世，感而悼之

一日幽明判，登門悔遲留。病中猶憶我，聞其家人語如此。地下莫埋愁。兩忘宧君齋名。非故，千篇詩孰收？頻年多感觸，怯上夕陽樓。

注釋

〔一〕王藁川：詩人，藏書家，曾任聖約翰大學文科教授。

壽顔棟臣畫師八十

沉潛西法老丹青，藝苑咸尊舊典型。一派流長翡冷翠，萬株樹鬱滄浪亭。階前花草饒生趣，篋裏烟雲養性靈。天賜大年應有意，好留椽筆畫河清。翁留學法國，觀藝於意、比諸國。歸國後主蘇州美專數十年，校址在滄浪亭。

菁兒油繪瓶花數幅戲咏〔一〕

姹紅嫣紫隔天涯，試借彩毫斡物華。寫出花光生敗壁，錯疑春色到寒家。夕陽廢圃

尋幽夢，盛會名園憶綺霞。留得娉婷長作伴，不愁風雨夜横斜。

注　釋

〔一〕其時我從顔文樑先生學習油畫，寫生瓶花數幅貼於房内破墻上待其乾。

殘書二首

當日散金買異書，每緣微玷棄璠璵。而今四壁無塵染，殘帙得來壯我居。

世間萬事不求全，缺月疏桐景亦妍。我讀殘書有奇趣，溪山無盡問前川。

悼陸楓園〔一〕二首

老去情懷惡，傷離感逝多。雁書來昨日，君歿前一日來書約見。鶴化逐頹波。談藝存新識，論文有曲阿。蹒跚今輟杖，歷盡世陂陀。君跛一足，近年尤艱於行，杖而後起。

注　釋

〔一〕陸楓園：見前《楓園言昔有人……戲咏》注。

浮生雲變幻，此老絶堪憐。交識半天下，病貧迫晚年。青山詩酒夢，紅梅畫圖緣。君收集圖咏無慮數十百家，擬印行未果。一一皆陳迹，江楓失暮烟。

雜詩六首

百疑不成證，英諺。一漚發大瀾。無端翳生目，弓影蛇屈盤。鷹擊不留雛，槎枿任摧殘。人情黎丘鬼，荼火亂旗旛。執干能禦侮，啓釁亦執干。安得秦寶鏡，歷歷照心肝。

陌上花爛漫，飛轂碾成塵。澗底松偃蹇，竪沉析作薪。世途歧夷險，禍福相爲鄰。古宮但殘瓦，高臺亦委榛。何爲張大伐，指擲争渡津。悠悠末日判，相看掘墓人。

白馬乃非馬，殺狗異殺犬。見《墨子》。存雄故多方，名實亂華辯。朝四而暮三，群狙喜愠舛。何况陶鈞手，能令寒暑轉。劍首吹微吷，萬壑風聲滿。雷同一世言，靈臺有深鍵。

飛舸泣蟾魄，神矢叩星扃。雲層幾萬重，躡光可旅行。茫茫太陽系，石裂天受驚。人力規造化，人心嶮不平。局促丸世界，六鑿紛相争。安得揮慧劍，削此方寸陘。

崇嶺雲萬重，九天聲不通。從來居峻極，黈纊塞耳聰。關東亂如麻，捷報咸陽宮。都畿蝗赤地，京兆奏年豐。直言横路死，煬竈受錫隆。維蘇盛火發，相慶瑞靄紅。

皇度張大轂，巨匠庀群材。未聞鑄五兵，範型出一坏。井渫勿容食，美錦許學裁。干城棄二卵，斗筲望三台。見《明史》。鶯老花殘落，寂寞黄金臺。珊瑚不入網，盛世無遺才。

赤　幟

萬石鍾簴盪四溟，黄牙赤幟拱群靈。未教聽盡鈞天曲，屋角已横參九星。

與友人飲 弼兄携酒逼飲感賦

狂飇飛海水，萬室盡騷然。赤舌燒城日，黄楊厄閏年。但齊榮辱觀，何問弛張弦。天地遽廬耳，從君麴蘗眠。

對雨

遥空漠漠暗東隅，曲巷陰陰樹濺珠。岫影漸隨雲影合，雷聲正挾雨聲驅。形忘人豕三年爨，勢屈鯤鵬萬里圖。自分文章絲綴露，山谷詩：「文章功用不經世，何異絲窠綴露珠。」何因魚婦望重蘇。魚婦復蘇見《山海經・海内經》。

徙倚

一年徙倚荷披離，瀟瀟暮雨度曲池。逆境久更嫻順受，舊書重讀領新知。恩仇緘口千夫指，功德齊聲萬壽詞。莫問狂瀾傾渤澥，且迴孤棹向崦嵫。

街巷晚步贈友人〔一〕

斜日疏林噪暮鴉，街衢躑躅路忘賒。失流不妨魚濡沫，遺物任從蜮射沙。大澤焚無逃慚惱，上池飲自識癥瘕。與君患難如兄弟，擊手相期舉赤霞。

注　釋

〔一〕此首及以下四首詩中的友人，應指家父的摯友金明淵醫生。

次韻柬友

脱繫寧期頭白鴉，看囊錢在酒容賒。渡江静等兼天浪，近岸慎防暗渚沙。不减仁心嬗世業，但姸妙術蠲胸瘕。故應憂患增人智，豁目勿迷暮靄霞。

再次前韻寄友

西窗銜日半沉鴉，曖曖浮雲寄興賒。忍受垢污安畫獄，敢憚艱苦涉流沙。窮途阮籍易傷酒，妙手華陀能識瘕。要慕至人居水火，炎凉不損接登霞。《莊子》：「是知之登假於道也。」登假即登霞。

三次前韻感時柬友

白門疏柳不藏鴉，相對南冠感思賒。彈指化城生浄土，回頭折戟出沉沙。迷陽横路多傷足，用王益吾《莊子注》。沛育淪淵莫禦瘕。見《山海經》。何日山川消戰伐，勿辭深琖醉流霞。

四次前韻贈友

霜濃庭樹夜啼鴉，釋絆俄驚歲月賒。回首不堪談惡瀨，此身幸免賦懷沙。萬塵已勘障曈翳，一念難消隱腹瘕。耆域勿治人世苦，静看宿霧斂朝霞。

五次前韻偶示友〔一〕

日日樓頭望晚鴉，關山迢遞客程賒。寒林未吐一枝萼，大漠又揚萬里沙。豈有獨醒容衆醉，深知諱疾忌言瘕。頻年參悟盈虚理，矯首江天對落霞。

注　釋

〔一〕一本題作「五次鴉字韻」。

讀韋爾斯《世界史綱》

群史紛綸各主賓，帝圖霸業侈鋪陳。韋翁别具春秋筆，不重英雄重哲人。

照鏡

蹙額不嫌波浪惡，搔頭自覺鬢毛疎。故應義利猶交戰，錯認靈栖山澤臞。

贈蔡上國〔一〕教授

中畫寫意重神合，西畫體物求形似。紛紛畫師守墟隅，誰能矩矱通其理？蔡翁才氣放無對，考工之餘擅油繪。參悟畫禪五十年，西體中髓得全偈。不拘一格構新思，不涉一筆趨時媚。萬千形象探玄珠，畫工如山失交臂。我家憨女亦畫癡，調色弄翰不停時。顔門掃雪初窺逕，轉益難忘是多師。小草何能忘遠志，果駒偏欲馳長陂。江山無限春浩蕩，顧藉東風發新枝。

注釋

〔一〕蔡上國：又名蔡植，福建厦門人。原交通大學教授，也是一位油畫家，收藏很多西方美術資料。由父親老友陳子展先生介紹，我在入顔文樑先生門下之後不久，又拜蔡先生爲師。

題施南池〔一〕山水紀游畫集册

丹青點染妙神傳，强讀方輿勝覽編。烟樹雲巒潤楮背，溪光嵐影接毫顛。名山游屐徐宏祖，客舍寫生黄向堅。我亦因君滄趣發，浮家欲買五湖船。

注　釋

〔一〕施南池（一九〇九—二〇〇三）：本名翀鵬，字扶九，號南池，崇明新河鎮人。著名書畫家。上海師範學院、上海交通大學藝術系教授、上海文史館館員。

觀施南池爲王萬丈〔一〕畫焦尾樓圖有感

龍門百尺勢嵯峨，雷電下燒委野坡。豈有殊音動牙曠，還從寒燼拔陰何。濤聲似入家山破，嵐影生憎風雨多。小樓一角容遠目，霜天清臺起勞歌。

注　釋

〔一〕王萬丈：父親之友人，情況不詳。

病目聆菁兒讀報戲咏〔一〕

用目平生疾似讎，老來薄霧障清眸。丘明作傳計成左，子夏授經功未酬。豈有樂園踪異迹，英詩人彌爾頓晚年失明，著有《失樂園》、《得樂園》等篇。漫從幽獄得冥搜。意大利詩人但丁病目，著有《神曲》三篇，其一爲《地獄篇》。夜燈還遣嬌兒誦，特洛伊城戰地謳。希臘盲詩人荷馬有《伊里亞特》篇咏特洛伊城戰事。

注　釋

〔一〕其時父親目疾嚴重，由我工餘爲他讀報，瞭解時事。

近年青年婚嫁多失時者，或以家俱（有三十六隻脚之諺）不備，或以工資（三十六元）過低，或以新房難賃，感而賦之

新風尚儉賤紅妝，生産不忘訂洞房。思想崇高成話柄，合歡一十八鴛鴦。

渡江不避浪崔嵬，涉海還須萬噸來。三十六陂清淺水，如何泛棹到天台。

青廬賃得八平方，欲傲盧家白玉堂。多少銜泥雙燕子，飛飛無處覓空梁。

贈陳運美〔一〕

人生豪竹與哀絲，得意歡喜失意悲。巨浸稽天焦鑠石，綽約誰保姑射姿。猛虎長嘯鳴山谷，入柙遂使雙眉低。君今赤鱗千折浪，奕奕神采乃大奇。憶昔名場躍馬旋，追飛逐馳興不淺。世路十步九崎嶇，山雲一日千化變。錦江春色歇浦潮，君昔服務於民生實業公司，自渝而滬。幾回腥風出蛟涎。歲月消磨兩鬢斑，腰脚猶能百里健。自恨平生讀書少，拚將餘晷補聞道。朅來茅齋恣談笑，不覺世間有榮槁。感君意氣豁胸抱，令我窮愁一雪澡。出門相看波渺渺，矯首雲際雙飛鳥。

注釋

〔一〕陳運美：家父之友人，曾在民生實業公司任要職。民生公司一九二五年創建於重慶，是解放以前長江航綫最大的私營輪船公司。

曉登虎丘

曉色微茫陟虎丘，栝松蒼翠認前游。旭暉開壁花含笑，宿露泫珠柳綰愁。吴越興亡銷劍氣，乾坤俯仰一培塿。石移龍滅無須問，生公石、真娘墓遺址已湮。西望靈巖凝淚眸。先塋在靈巖山麓，今湮。

偕明弼明淵昆仲茗飲拙政園

不到名園十五年，羞將霜鬢映清漣。池臺幾見繁華換，花木猶爲故客妍。曲巷蹇驢尋夢遠，辛未歲偕弼兄初遊姑蘇時，街多雇驢者。青松白石證盟堅。與金氏昆仲交且五十年，無違言。餘生百感叩虚寂，夕照茶軒參茗禪。

游西園寺

南朝五百寺烟消，此地猶存古刹嶢。金碧新嚴諸佛相，瑰琦不減巧工雕。香雲想像繞簷角，梵唄依稀度樹梢。行盡迴廊僧不見，觀魚人聚曲闌橋。

贈許鷗隣〔一〕

萬壑千巖競秀容，眠花坐柳欲迷蹤。好從一徑前邨宿，莫遺空山聞暮鐘。

注釋

〔一〕許鷗隣：即許寶馴，見《題許寶馴重書潘伯鷹謝君畫竹賦》注。

爲明淵醫師題楊濠叟影寫元至正本《壽親養老書》，太平翁所贈也

舊山樓中珍秘籍，此書元刊，本爲趙氏舊山樓所藏。濠叟影寫留真跡。玉潤金生肖秋毫，匏庵吳原博磬室錢叔寶遜前席。其時東南猶病瘼，大兵之後田園索。書寫於同治八年。瓻酒里中借異書，虞山文采不寂寞。梓本罕傳冰壑編，冰壑，鄒鉉之號。此書自元刻本後刊本鮮見，明成化本及格致叢書本皆非鄒氏全書。藥方略見遵生牋。高濂《遵生八牋·四時調攝牋》所録藥品即本此書。凴將妙翰引菊泉，趙書中藏映後先。趙子昂嘗書《華陀中藏經》。太平蘇翁富收藏，考訂鑒賞録琳瑯。洪北江論藏書家有數等，錢大昕、戴震爲考訂家，黄丕烈、鮑廷博爲鑒賞家，蘇翁兼有之。珊瑚網得珍什襲，高閣夜夜吐虹光。知君善抉千金要，治老能盡四時效。本書有「四時養老」諸章。連城脱手酬妙術，明月綴輿無虚照。吾聞法書名畫每殉身，善聚能散有幾人？又聞廢帋論斤賤委塵，散擇其人更乏倫。世間萬物不永堅，天禄石渠化雲烟。利器貴爲當時用，太阿龍淵出匣妍。君家世澤流不窮，君家四世傳醫。門前杏樹鬱葱葱。弘此南陔絜養帙，壽人壽世暢仁風。

太平翁贈鈔本《鐵華館書目》，此目爲蔣氏後人鬻書時所録，有感二首

傾橐聚書金盡散，一編留作刻舟看。前山失去桑田變，説與嫏嬛縹緲間。

兵火倉黄説易安，見《金石録後序》。子孫誡鬻太迂觀。前人嘗有誡子孫勿鬻書，刻印鈐之書端者。大千世界恒沙劫，還向書林證涅槃。

哭蘇繼翁四首

一九七三年九月五日逝世。

澒洞塵侵户，式瞻失老成。顧懷忘歲契，難抑輟弦情。野渡寒潮急，空林落日横。蕭蕭望前路，踽踽怯孤征。

今世專門學，如公精絶常。平生探亥步，幽藴報蠻方。滄海珠含淚，高齋藜閟光。遺文多碎錦，料理名山藏。先生研輿地學，尤長於南洋地理考證，所著有《島夷志略校注》、《南海鈎沉録》等。

自失鄉嬛守，枯魚泣道旁。綢繆千卷賜，迢遞一波汪。舉世雷鳴釜，幾人雪送湯。縹緗猶滿案，觸手即羹墻。

賓主得〔一〕清娱，長思〔二〕淡水居〔三〕。傾談多雅士〔四〕，稽古任翻書〔五〕。會散飄梧葉〔六〕，樓空鎖蠹魚。不堪過舊巷，惆悵遽回車。

注釋

〔一〕得，一作「洽」。

〔二〕思，一作「懷」。

〔三〕淡水居：蘇繼翁居住在淡水路。

〔四〕多雅士，一作「消俗慮」。

〔五〕稽古任翻書，一作「汲古檢稀書」。

〔六〕會散飄梧葉，一作「雪盡迷鴻爪」。

贈夏季耘〔一〕

幽谷感鳴禽，天涯迹芳草。平生聲氣求，所喜親耆老。望衡得夏翁，無煩遠贈縞。揭來星辰會，時復傾懷抱。優遊樂林泉，淡泊徵壽考。即今年八十，曳杖步清曉。新史鑑廢興，急湍退身早。收拾落花夢，陶怡擊壤稿。力命不相爭，瞑行不迷道。江湖網罟張，白鷗没浩渼。倜矣夏黄公，紫芝餘韻嫋。悠悠白雲心，隱几忘榮槁。

注　釋

〔一〕夏季耘：父親友人，居住在山陰路興業坊，原銀行高級職員，曾受教於王國維、陳寅恪等名教授。

壽陸澹庵〔一〕八十

海上幽棲屏世紛，殺青滿格結氤氳。鈎稽德甫二千軸，貫比虞初九百文。君治金石學，又纂撰《小説詞語彙釋》行世。生並蓮花能守潔，君生辰爲農曆六月二十四日。身如鑽石不容焚。早歲嘗創辦《金鋼鑽報》。羡公喜氣門閭溢，天外鸞歸擁彩雲。君之長女公子自聯合國乘飛機返國祝嘏。

注　釋

〔一〕陸澹庵（一八九四—一九八〇）：江蘇吴縣人。歷任上海同濟大學、上海商學院國學教授，兼任廣益書局、世界書局編輯。編纂《小説詞語彙釋》、《戲曲詞語彙釋》等。

雜詩十一首

絶徼荒陬盡樂園，更開阡陌入桃源。如何紅遍東風路，庚癸有人叫帝閽。

應是繁陰結子時，重門春色不容窺。可憐千里無芳草，雨露偏承上苑枝。

天語温存郵賜金，傳將萬口頌恩深。白雲望斷朱顏改，奈此悠悠赤子心。李慶霖事〔一〕。

注釋

〔一〕一九七二年，福建莆田市郊小學教師李慶霖給毛澤東主席寫信，訴説孩子上山下鄉後衣食困難。一九七三年四月，毛主席覆信：「寄上三百元，聊補無米之炊。全國此類事甚多，容當統籌解決。」這封信成爲中央高層調整知識青年政策的一個契機。

挾策亡羊嗤點頻，焚膏何用費精神。君看青選三千士，折桂偏先曳白人。張鐵生事〔一〕。

注釋

〔一〕一九七三年遼寧知青考生張鐵生在大學招生文化考試中交了白卷，却在試卷背後寫了一封爲自己辯護的信。同年七月《遼寧日報》頭版以《一份發人深省的答卷》爲題，刊登了這封信并加編者按。其後《人民日報》、《紅旗》雜志紛紛轉載，發評論，説文化考試是「舊高考制度的復辟」。張被破格録取。

十犗投鈎挈萬鱗，登盤膾切積嶙峋。濠梁不再羨魚樂，月照寒潭水石粼。

捭闔陰陽播大鈞，沸温遽折入低温。餘感猶怨焦金石，觳觫窗前喘月痕。降温。

甘棠召憩誰爲惜？古柏武祠伐作薪。浩蕩恩波鍾異植，絙弦擊鼓迎檬神。迎檬果。

捷報聯翩動萬方，江山盡日鬥紅妝。禹潦湯暵無非福，殯樂還翻燕樂章。

絮亂絲繁駘蕩春，朱臺不許點纖塵。小園初見三分緑，又防濃陰障旭輪。

明堂論道冥會心，更藉新暉照杏林。術比樊君深幾許，一針能起萬聾瘖。深針灸。

妙術無須普卡因，金針度苦刀亦神。傳來海客驚奇迹，别有靈臺一片春。

古意五首

合樂調琴瑟，長帷掩短檠。雁飛三十柱，彈出變宫聲。

今日華林苑，喧紅護赤闌。秋風吹野渡，憔悴白蓮殘。

南山石峰兀，松柏翠凌虛。回首西陵路，不逢蘇小車。

上堂稱萬壽，下堂傲路人。長安車馬客，僕僕風與塵。

十年滯行迹，望穿天際帆。君心不可測，相見亦重巖。

射潮 反潮流〔一〕

陽侯作波失兔馬，黑風助勢破舳艫。縹緲蓬萊不可接，誰遺射潮彎勁弧？連山伐盡會稽竹，天吴却步老蛟縮。十萬弩發江澄練，傾城齊唱靖瀾曲。潮去潮來自有常，虛説靈胥氣燄張。咫尺雷雨愁不測，莫將真珠擲龍堂。

注　釋

〔一〕「文革」中出現一些「頭上長角、身上長刺」的「反潮流」人物，被「四人幫」提拔重用，家父有感而作此詩。

迎西哈努克

龍失神靈馬失群，遷巢鸖鴿變紛紜。縱教魯國尊郟伯，還望旄丘怨黎君〔一〕。千里烟花迎繡幰，一年兵氣結愁雲。瀾滄江上奔流水，流到金邊不忍聞。

注　釋

〔一〕本句一作「還望楚丘復黎君」。

偶　書

天時人事相控摶，脅息嶮途百八盤。愁海茫茫馬止屋，永宵耿耿鶴驚寒。防崩何助丸泥補，路窄空餘心地寬。政聖丘頑悟新道，五更風雨又喧灘。

長　途

長途久矣倦遨遊，無盡溪山白盡頭。世事萬花窺幻鏡，刑機一葉感先秋。頻聞博矢天舒笑，慣聽量沙夜唱籌。躍馬卧龍多少恨，廢池高木夕陽樓。

碧城

碧城十二望蓬山，青鳥附堂幾往還。宛轉釵敲金屈戌，譁喧椎解玉連環。芳尋楚澤遺蘭佩，香溢芳醽融粉顏。反手琵琶多變調，蘆溝月冷水潺潺。

鄧尉梅

鄧尉山頭千樹梅，衝寒冒雪苞半開。初陽微起六琯灰，疏影斜照一池苔。東皇昨夜醉璇臺，風姨作劇陰陽乖。吹折瓊枝掃碧瑰，香雪海翻玉峯摧。調羹未許供旨蓄，覆餗遽先羞折足。冰泉潺湲鳴幽谷，聲聲譜翻笛裏曲。中天仰視長弧伏，太白熒熒吐赤角。不聞冷香吹老屋，可憐翠袖倚修竹。百萬騎甲戰玉龍，乾坤迴蕩變不窮。李花冶笑桃花紅，謝女鳳管逐春風。紫陌遲暉嘶驕驄，眢井頽垣掩草叢。秋千舞鞦聳危空，摇曳遊絲烟靄中。

雜詩三首　感陳景潤事〔一〕

百尺梧桐野火燒，斷枝殘幹任薪樵。忽從海外傳奇弄，奏出雲門尾半焦。

注釋

〔一〕陳景潤是中國科學院數學研究所研究人員，他研究哥德巴赫猜想的成果在國外産生了很大的反響，國際數學界稱之爲「陳氏定理」。然「文革」中陳却作爲「白專」典型飽受磨難，身體每况愈下，但他還是蜷曲在不足六平方米小屋中，潛心鑽研。一九七三年，有人在「内參」上反映了陳景潤的事，驚動了中央最高層，毛主席親筆批示。不久，陳景潤的論文《表達偶數爲一個素數及一個不超過兩個素數的乘積之和》以最快速度在《中國科學》英文版十六卷第二期上發表。一九七四年，被周恩來總理推薦爲四届人大代表，并被選爲人大常委。此詩約寫於一九七四年。

鐵網珍奇鑑擇精，程材不許屈纖情。怪來駢席珊瑚耀，上選翻登白石英。陳景潤爲人大特邀代表。

馭才用長不偏拘，晉霸多資楚棄餘。萬馬嘶騰驤上路，可憐騏驥獘鹽車。

街上見駛車，車窗三面張幔，偶書

一瞥驚鴻輕輅馳，小牕緑幰絶窺伺。民瞻但恨葉公胄，圖貌空懷鄂國姿。豈是帷車匿新婦，曾聞快馬呼健兒。神龍偶落人間戲，飛上青雲不許睨。

七　夕

天孫夜悵惘，頻歲阻銀河。乞盡人間巧，不安天上波。雕陵翻瘁鵲，湘水蹙愁蛾。問訊乘槎客，雲軿幾日過。

雜感三首

醯雞賢聖秕侯王，功罪無因玉尺量。人表千秋重品第，盲詞又聽蔡中郎。

荆楚無須記歲時，薰風掃盡舊花枝。端陽角黍中秋餅，殘俗可憐繫一絲。食角黍有感。

破齊降趙不留鋒，垓下雲屯决一雄。自是漢皇操廟筭，淮陰何許竊天功。

偶見

康衢馳道不通車，曲巷小街有徑斜。多少樓臺傳笑語，隔墻聽唱後庭花。

悼倪壽川

故人騎鶴去，江上失雲林。君齋名江上雲林閣，冒鶴高嘗爲之記。對坐空惟塵，登樓不復琴。論文期夕秀，賚帙起幽沉。余失書之後，君餽贈書帖頗多。回首蘇齋會，悽然〔一〕再濕襟。

注　釋

〔一〕悽然，一本作「黯然」。

隨瑾兒自吴淞口乘舟赴崇明農場〔一〕

雲水蒼茫接，回頭失險臺。長江輸海處，孤島湧波開。斥鹵頻年改，秔稌遍野栽。

吾行觀夏穫，民力歎艱哉。

注　釋

〔一〕上世紀七〇年代中期，我弟弟范邦瑾在崇明新海農場務農。此間生了一場大病，回滬休養了好幾個月，病愈後父親送他回崇明。

壽鄭逸梅〔一〕八十

夾漈風流老不頹，優游翰墨亦佳哉。文章業積鴛機錦，心迹圖披紙帳梅。抵掌百年珠記事，怡情萬牘海揚埃。翁熟諳近代掌故，又喜集藏古今名人尺牘近萬通，惜因事失去。知公虛室自生白，好向菊泉泛酒杯。

注　釋

〔一〕鄭逸梅：見前《贈鄭逸梅》注。

過鄭逸梅居觀所藏戲賦 用變體

衝泥犯雨養和邨〔一〕，來叩廣文居士門。一池墨泛鴛鴦影，四壁梅招蝴蝶魂。殘圭斷璧囊儲錦，尺素寸縑筆助神。屈指滄桑多少變，劫灰已冷茶獨温。

注釋

〔一〕養和邨：鄭逸梅先生居住在上海普陀區長壽路養和邨。

重陽

佳節四時久廢忘，匆匆風雨過重陽。寒衾不繫黄花夢，破帽還羞白髮霜。懶去登高傷遠目，悶來飲淺潤詩腸。秋深海上望奇氣，聞道蓬萊又舉觴。舉人大會。

甲寅中秋

細雨濕秋月更妍，華燈高下共嬋娟。清光萬里寒侵户，濁酒一盃愁促弦。碧海青天耿夜夜，炎風朔雪阻年年。勞生難得重歡日，留眼銀花焕斗邊。明日爲國慶節，有燄火之戲，已三年不舉。

追懷蘇繼翁

蕭瑟秋風起，繐帷憶永辭。乾坤多動盪，耳目入希夷。一棤歸何宿，三更夢獨知。論文失詞伯，腸斷少陵詩。

題膠泥活字版《南疆繹史勘本》

右膠泥活字版《南疆繹史勘本》四十卷，壬辰歲得之於静安寺舊書肆。膠泥版創自畢昇，見《夢溪筆談》，爲活字印刷之嚆矢。其後鏤木鑄銅，波瀾蒼弘，啓印刷術之新徑。慶曆印書，久絶人間。藏書家侈談宋泥，實際皆明銅活字本耳。今日公私藏弆真正之泥版，僅見北京圖書館所藏清道光甲辰涇縣翟金生製印之《泥版試印初編》一部。此書印成於道光己丑，先翟書又十五年，當時版行僅八十部（見本書序例）。歷百餘年能完全無缺者，恐天壤間無第二部矣，可不寶諸？戊申之劫，寒藏蕩失，此書先時爲友人借去，僥倖獲存。物之存亡，豈有數耶！因緣未斷，不知再能伴我幾年！書歸重展，百感交集，爰題長句。

活字印書創畢昇，燒泥範鐵松液凝。巧術便捷踰雕版，紛紛金木波蒼弘。蘭雪堂傳新體式，明錫山華氏鑄銅活字以印書，署名「蘭雪堂」或「會通館」。武英殿錫聚珍名。清乾隆朝製大小棗木活字二十五萬餘個，以印叢書，御題名爲聚珍版，貯於武英殿内。近代印刷誇神速，江河浩淼發一泓。稽古咸尊慶曆製，搜奇異獲益州精。北京圖書館所藏李慈銘批本《夢溪筆談》於畢昇條批注云：「益州人。」李氏博洽，當有所據。郎園韋集稱秘笈，玉海王詩炫連城。長沙葉氏觀古堂藏《韋蘇州集》，貴池劉氏玉海堂藏《王右丞詩集》，并稱宋泥活字本，其實皆明銅活字也。可惜毫釐謬千里，看朱成碧價虛增。域外別波譚陶版，遥知玉箞珉亂瓊。日本藏朝鮮古陶活字版巾箱本《玉箞》，據審定乃木活字本，見《東洋文庫·朝鮮本分類目録》。孤帙騰照文津庫，迢迢涇上一雲仍。此書亦出道光朝，序齒丑辰猶屬兄。當日版行八十部，遺株幸有一二榮。蠹簡莫窺天水式，虎賁尚見中郎型。謝書孫録多誤失，廬山未必識真形。謝國楨《晚明史籍考》、孫殿起《販書偶記》著録此書多有誤失，孫録以後刊之五十六卷棗木活字本誤爲膠泥版，蓋皆未見原書也。我昔得之静安肆，窶兒暴富眼爲明。寒齋版本評甲乙，異籍白虹貫曜靈。世間〔一〕聚散雲過眼，藏園江安傅增湘寂寞適園烏程張鈞衡傾。插架森森十萬卷，不期雷電攝六丁。荆璧無心閒道出，趙孤偶爾宫外生。豈聞覆巢有遺〔二〕卵，披卷疑是夢中迎。離鸞飛去羈龍在，七寶輪藏紫氣横。本書扉頁牌記云七寶轉輪藏仿宋膠泥版。漫比壞舟存顔訓，清孫淵如渡河，遇風破舟，行李損失，所携元刊本《顔氏家訓》獨全。更從落水説蘭亭。鬼神訶護應哂蔽，雞蟲得失但攖寧。人生有癖便爲累，挾策摴蒱妄重輕。玉碎芝焚不知誡，還抱遺編矜楚珩。噫嚱！餘生能穿幾兩屐，敗局難挽一子枰。野草閒花任開落，何必姚黄折供瓶。覆轍相循重貽誚，迷途遽返未誤程。書兮書兮奈爾何，是揮慧劍斷癡情！

我題此詩三擲筆，四壁蕭蕭風雨聲。

注　釋

〔一〕「世間」一作「書林」。

〔二〕「遺」一作「完」。

題施南池退老二圖二首

指點餘霞媚遠天，小樓近市亦蕭然。多君倦鳥投林日，一卷相親補暮年。《退老讀書圖》。

誅芳江渚狎沙鷗，留跡輞川畫筆遒。山澤能容龍虎氣，海天朗咏入高秋。《江海草堂圖》。

題許鷗隣〔一〕藏楊濠叟篆書金文款識册

書貴豪横一代風，快刀强弩足稱雄。何人省得神奇盡，功到蕭疏淡雅中。

注　釋

〔一〕許鷗隣：即許寶馴，見《題許寶馴重書潘伯鷹謝君畫竹賦謝稚柳爲補圖》注。

天縱惟寧健筆横，六書偶謬涉彈評。豈如鄦學通濠叟，搨紙晴窗釋器銘。

爲陸頌堯〔一〕題其世父雲僧公瓜豆園雅集遺影〔二〕三首

攝取浮光駐影新，勝游緑野跡留真。不須更乞龍眠筆，貌寫西園雅集人。

水木清華醉玉尊，堂階猶認舊苔痕。石年不盡蟲沙劫，一紙欲招瓜豆魂。

瓜剖豆分鎖野煙，豆煎瓜摘惜年年。東陵蔓死南山落，剩向畫圖識故椽。

注　釋

〔一〕陸頌堯：見前《陸隴梅寄詩……次韻答之二首》注。

〔二〕一本有原附注：「七十年前所攝也。」

胡荄甫篆書直幅被人剪割，殘存十二字，又失去名款，倪君壽川所貽也，取粘於紙，感而賦此

一幅露垂鳳翥翔，誰將并剪割流黄？過江十紙煙消盡，收拾遺文到斷璋。篆法斯

冰數晚清，績溪健筆接惟寧。風塵不擠蛟龍勢，鱗爪何須問姓名。

藏墨絶句十四首

桐液凝精麝透香，皇明珍品重程方。殘珪聞道兼金市，畏罪難懷璧一雙。

競巧訐私淪墨障，弄丸試息兩家戕。桐花十里齊鳴鳳，不見中山詈惡狼。

程君房雙鳳玦一錠，方于魯鳳九雛一錠，兩墨合置一匣。程方構隙興獄，程刻中山狼圖以詆方。詳見《韻石齋筆談》。

何人碎此碧琅玕？殘墨潘衡伯仲間。煙光無限新安好，一角留看馬遠山。

汪時茂殘墨一角存「汪時茂製」四字。楊允謨《雲煙過眼續録》云：「潘衡墨一已斷，止有潘衡二字。」按：衡乃宋墨工，曾爲東坡製墨。《南宋院畫録》引《曝書亭集》云：「馬遠水墨西湖畫不滿幅，人號『馬一角』。姚雲東詩『宋家内院馬一角』是也。」按：竹坨語見《曝書亭集》卷十九西湖詩自注。

明窗弄翰日將曛，不倦臨池學右軍。乞與天章璿玉墨，黄庭寫就换鵝群。

吴天章黄庭流韻一錠，側銘云：天章氏璿玉聯輝墨。

公瑜妙製稱明季，第一卿雲最所奇。拂試清光凝翠色，瑞芝隱約出銅池。

程公瑜卿雲露一錠，背文云：瑞芝。漢宣帝元年金芝九莖産於函德殿銅池中。《歙縣志》以「卿雲露」爲公瑜第一墨。

明清之際論良工，巨擘應尊曹素功。可惜煙雲消失易，人間厪見墨中龍。

曹素功親製青麟髓一對，背文云：康熙丁未藝粟齋主人曹素功墨。按：丁未爲康熙六年。

宸筆淋漓紫玉光，曹家首墨異尋常。驪龍戲水珠騰氣，上選無遺清愛堂。

曹素功紫玉光一錠，面文云：御書清愛堂。背文云：槎河山莊主人清玩。側銘云：紫玉光癸巳陽月曹素功製。紫玉光爲曹氏第一墨，曾邀清聖祖御筆賜題。劉墉家有御書清愛堂額，又魏成憲亦有清愛堂，并乾隆時人。此槎河山莊不詳何人。癸巳當爲乾隆三十八年，審墨質及填金，亦其時物也。

漆字冬心五百斤，不容魚目入珠棼。煥然一笏無瑕玉，却笑寙翁矜片鱗。

冬心先生五百斤油一錠，曹素功監製，字皆冬心漆書。冬心墨贗者最多，徐子晉《前塵夢影録》謂：「平生廑見真者大半段。」子晉號寙叟。

九重曾染御鑪香，流落人間不用傷。玉粹軒前花謝盡，裕陵金盌出茅堂。

乾隆御墨凌雲向日一錠，側銘云：玉粹軒珍藏。距今五十年前清東陵被軍閥孫殿英盜發，高宗裕陵亦在内。

墨壇争霸有曹胡，蒼珮欲駢藝粟驅。堪與青麟結仙侣，相看翠鳳翽高梧。

胡開文親製玉堂仙侣翽鳳朝陽一錠，側銘云：乾隆十二年製。蒼珮室乃胡氏齋名，青麟謂曹素功親製之青麟髓。曹、胡兩家墨傳遍天下，但其第一代所製極罕見。

煙雨一簑理釣絲，風濤萬里狎蛟螭。探囊檢得集賢墨，乘興欲書漁父辭。

集賢堂漁梁一錠。

弓冶承傳流澤長，烏巖分派入吳江。光前裕後亦非易，檢點雙螺壓錦囊。

曹素功五世孫德酬五百斤油一錠，六世孫堯千御製詠墨詩一錠。曹氏始設鋪於歙縣烏巖鎮，至德酬、堯千乃設分肆於吴門，其業益昌，約當乾隆時。

鬱華閣物今何在？玄晏室藏散落多。世事茫茫遽傳舍，看花且聽席前歌。

清宗室盛伯希鬱華閣所藏明墨甚富，後歸於袁珏生。珏生影印入《中舟藏墨録》中，今不知何屬。向仲堅玄晏室藏墨亦有名，仲老下世遺墨散出，余得十餘錠。

古物嬰情自笑痴，餘生排遣政依之。書城不復存三版，墨海且來勺一巵。

補藏墨絶句三首

鑑古齋煙久負名，猶存兵氣結玄精。遥知四子揮毫日，盾鼻絪緼山鬼驚。

汪近聖涇陽中丞治兵新安，按：涇陽中丞謂張芾，曾任江西巡撫，時正與太平軍戰於婺源，此稱其故職。募府同人草檄之墨一錠，背文云：連平顔培文博州常熟楊沂孫子與仁和許增益齋吴縣蔣嘉棫子樸同造。側銘云：咸豐九年汪近聖造。汪氏有《鑑古齋墨藪》。

此亦珪璋出尚方，消沉紫氣憶孱皇。龍漦肆毒瀛臺血，虚祝江山萬代長。

光緒御墨永慶昇平一錠，背文云：江山萬代。側銘云：光緒三十一年蘇州織造奴才榮銓恭造。

船入洋煙墨守亡，江河日下説同光。毛錐不復爲時用，點漆從何夸仲將！

無　題

樊桐縣圃絶青冥，弱水蓬瀛不可經。縱有靈槎銀漢接，昨宵飛雨落群星。殘棋未了劫生新，阿母桃花零落春。一笑家家儇果證，蓬萊幾見海揚塵。

送明淵赴唐山參加上海醫療隊工作二首

坤軸幽燕折，唐山毁不□。瘡痍傷滿目，興後策群賢。駿足寧疲險，龍泉最割堅。妙方添普濟，《普濟方》一百六十八卷，明周定王朱橚所編，爲方書之淵源。來歸望明年。

一年彈指耳，白首苦爲情。况乃江山暮，似聞風雨聲。寒煙黄土屋，曉角徹軍營。唐山市今隸軍管。□雁秋來數，時時報太平。

讀史

陰陽爕理廿餘秋，風雨時時欲破舟。廟略故知多掣曳，渰雲可惜少綢繆。苦心未必諒千古，才智應爲第一流。憂讒畏譏勞瘁死，空言魚水最優游。

悼周總理逝世

德在人心人格柔，無論功烈記旌旒。荆州父老思羊傅，蜀國黎民哭武侯。豈有中林矜獲鹿，獨憂幽壑戰潛虯。江山萬里天含雪，寒氣難勝最上樓。

周總理遺囑骨灰撒於祖國山河大地感賦

人間無固物，達士識虧成。河嶽播塵末，乾坤即冢塋。平生多謹慎，臨死最聰明。高躅謝軒冕，應慚狹路爭。

悼沈劍知〔一〕二首

才人不易得，此老亦云亡。品藝畫禪室，論詩閱微堂。君書畫并師董思白，精鑒賞亦似之。平生論詩最服膺河間紀氏。平生矜筆墨，君珍視所作，不肯輕易爲人下筆，故作品流傳稀少。一眚無雌黄。臨死黄山夢，魂歸月夜長。君臨死遺言囑家人埋其骨灰匣於黄山之麓。

注释

〔一〕沈劍知（一九〇一——一九七五）：名覲安，以字行，福州市人。沈葆楨曾孫。擅長書畫，書法董體，詩宗宋人，有《蘅窩詩稿》。與沈禹鍾并稱爲「海上二沈」。

識君廿五春，狂態憶猶新。下筆來風雨，高談動鬼神。飄零詩卷盡，狼藉硯池塵。瓦釜齊雷奏，悠悠淚濕巾。

即事二首

雲暗鼎湖兵氣圍，敢將弧服話宫闈。寒烟慘白牝雞唱，夕照昏黄澤雉飛。玉几挾威天欲墜，金軨稱制願終違。千鈞髮繫安磐石，玄鉞難平衆怨歸。

攀龍附鳳盡侯王，裙帶風高不可當。曾是蜮謀工忮害，居然貝錦亂文章。釣魚臺峻心何險，逐鹿場深力不量。十載波濤一網息，天魔舞破夢黄粱。

咏史

鴉藏苑柳茨生墻，紫籞森嚴聞鵲姜。武曌入宫工媚術，子夫擅寵本優倡。蓬瀛楫引楊花舞，椒殿簫吹赤鳳翔。帝業千秋傳董筆，可憐敝笱在河梁。

有感

萬里關山縱目初，六龍調轡欲何如。金縢石室紬遺訓，漆字蘭臺證故書。會是新矛銷舊盾，正多後轍鑒前車。野人不識雲門曲，唯有中孚能格魚。

清　明

百六鳳城氣壓鷴，花園紫陌激狂潮。倥偬濛汜迴靈馭，指點鄧林失烈熛。銀漢一波三涬瀉，紅牆千仞半雲霄。鶯歌燕舞江山麗，雨洗香塵碧不消。

吴鐵聲索余自書詩册，書成因題其後

十年觀海怯争津，詩窟幽奇暫隱身。寫集難援長慶例，授朋敢慕羽琌民。龔定菴嘗欲寫集數十清本，分貯友朋家，見其詩注。落花水面空留影，啼鳥枝頭不負春。得失寸心容潤飾，郢歌付與辨音人。

冬夜宴明淵爲六十壽，明㢸同坐

登堂拜母憶觿年，歲月俄驚兩皓顛。囊有神方能壽世，家傳仁術不蘄仙。君家四代傳醫。平生踪迹鶺鴒切，晚節心期松柏堅。早歲相約讀書，嘗共署書齋名「歲寒書屋」。判飲寒宵狂態故，青春照耀到尊邊。四十餘年前某除夕，與君及賢昆明弼守歲於其家，歡飲達曙，今日重叙，舊景宛在目前。

壽陳展翁八十並爲大著詩騷二經直解書成慶

六十峥嵘八十貞，子平無術識仙齡。昔有友人習術家言，謂公壽限不過六十。回頭舟楫千重浪，放眼乾坤一短亭。猶憶聲名動文苑，還將歲月究遺經。鎔銅陰壑雙神劍，夜看奇芒衝斗星。

八月十二日盛事　初步折價落實抄家物資〔一〕

花飛糝徑絮黏天，狼藉春光亦可憐。豈有空枝生故艷，剩將涓露滴幽泉。蠹魚仙去悠悠夢，失書未還。燕子歸來緩緩年。故屋難回。遮莫高臺催羯鼓，夕陽無語下寒烟。

注　釋

〔一〕一九七七年八月十二日，初步折價發還我們家被抄家的物資，所有抄去金銀首飾、美元、紅木家俱等物（不包括書籍）總共折價五千多元人民幣發還。

遷　居〔一〕

海燕無家困露霜，十年巢幕力心傷。浦江春色來天地，飛上新梁換舊梁。

注　釋

〔一〕一九七七年落實政策，我家從上海山陰路蝸居搬遷至四川北路長春大樓。

題新居　居在長春大樓。

昔年講席長春市，今日長春樓卜居。六琯重吹死灰起，春光長爲護殘書。

企蘇書巢〔一〕

自笑蒙鳩營不堅，圖書未了劫中緣。抽毫懶補龜堂記，披卷長懷玉局僊。謂蘇繼翁。

大旱稻孫期晚穫，北風魚婦盼新泉。霜天且託一枝息，夕照還争片刻妍。

注釋

〔一〕企蘇書巢：家父身後留下「企蘇書巢」圖章一枚，此爲「文革」後書齋名。

悼夏季耘〔一〕二首

考終人世福，難遣夙情親。投分相忘歲，翁長余十九歲，爲忘年交。叩扉不隔旬。詩篇娱暮景，俚奏接清塵。新句今誰誦，輟毫默損神。

注釋

〔一〕夏季耘：見《贈夏季耘》注。

我室新遷地，值翁杖履難。還期春駘盪，共此笑盤桓。雨細杏花落，樓高月色寒。魂來不識路，起視斗闌干。

喜得林悠如〔一〕廣州書，知退休且五年矣，賦寄

天涯忽得故人書，拭眼重看喜有餘。雪後病松還偃蹇，春來廢圃亦扶疏。更無山澤

逢魑魅，好向林泉親鳥魚。白首相望會何日？珠江雲結浦江檣。

注　釋

〔一〕林悠如：見《次韻答林悠如教授寄詩》注。

子厚同志屬題印存〔一〕

三鐵希縱有穉鐵，於菟輟乳氣奔雷。願從皖浙窮秦漢，鋭刃縱横金石開。

注　釋

〔一〕據家父手稿題署，此詩作於一九七七年秋。子厚，即沈寬，字子厚，號穉鐵，江蘇吴縣人。新聞從業者。喜藝術鑒賞，鑽研金石文字學，尤攻書法篆刻。受業於鄭逸梅、胡吉宣、馬太龍、陳奇猷、申石伽等前輩。

喜瑾兒〔一〕在農場高考録取

少年失學老猶倞，憐爾幼苗雪裹生。烈火能教頑鐵煉，壟頭不廢讀書聲。亦比秋闈報桂名，槐花落盡雪花輕。秋初應試，至冬始獲通知。千嶺萬壑蘊奇秀，此是長征第一程。

注　釋

〔一〕瑾兒：即范邦瑾，我的弟弟。他生於一九五五年，「文革」開始時僅十一歲，後下鄉至崇明新海農場，一九七八年参加高考并被録取。

哭沈禹鍾〔一〕

屈指論文友，秋風葉不多。晚逢春媵叟，君晚號春媵老人。又促露晞歌。好句囊千首，清襟碧一波。撫弦斷響輟，室邇邈山河。君贈余詩有云：「牙曠鼓弦無雜引。」又君居與敝廬相鄰。

注　釋

〔一〕沈禹鍾：見《次韻沈禹鍾贈詩》注。

劉新園〔一〕寄婺源雨前茶

千里相思寄碧腴，分甘雙井意何如。黄山谷有《雙井茶送子瞻》詩。一甌香泛清留齒，助我晴窗校異書。

注　釋

〔一〕劉新園（一九三七—二〇一三）：湖南澧縣人。陶瓷考古專家，曾任景德鎮市政協副主席、景德鎮陶瓷考古研究所所長。他是父親在江西大學任教時期的學生，師生情誼深厚。

賀譚建丞〔一〕書畫展覽會八首

三絕藝名馳滬杭，畫廊初啓游人忙。兩地時時吐虹氣，霅川遥夜望清光。

注　釋

〔一〕譚建丞（一八九八—一九九五）：原名鈞，號澄園，浙江湖州人。擅山水、花鳥、人物畫，尤精佛像。

一别春申四十年，海濱旦暮觀潮還。因緣未熟失交臂，莫干峰上空弄弦。二年前余游莫干山避暑，君亦往，未相值。

西子湖邊花似錦，西泠社裏集群賢。劫後神仙多福澤，幾人醉倒大羅天。

江山如畫人如玉，駘蕩春風入長堤。世間哀樂本相異，漫從生滅説物齊。

丹青一脉通金石，前有丁黄後奚蔣。東南竹箭多材士〔一〕，故當百世繼光芒〔二〕。

注釋

〔一〕本句一作「先生下筆蓬山近」。

〔二〕本句一作「洞口桃花長芬芳」。

翰墨場中老人星，淋漓充紙筆不停。餘勇猶能賈十紙，兒觥共祝過百齡〔一〕。

注釋

〔一〕本句一作「觀者如堵嘆未曾」。

屈指博雅論全才〔一〕，六書八法翩躚來。藝術今日開新運〔二〕，敬老先築黄金臺〔三〕。

注釋

〔一〕本句一作「藝林今日數全才」。

〔二〕本句一作「東南材士今不絶」。

〔三〕本句一作「敬老應讓登上臺」。

我愛君題饒生趣〔一〕，隨手文章見天真〔二〕。因風欲乞書一紙，懸壁亦如話平生〔三〕。

注釋

〔一〕本句一作「我愛君題妙入神」。

〔二〕本句一作「隨筆風趣最天真」。

〔三〕本句一作「挂壁如同結比鄰」。

敬祝棟臣先生九斢大慶並賀展覽會啓幕

畫壇尊宿望，藝品多清純〔一〕。一曲滄浪水，萬株吴苑春。丹青人不老，風月景常新。今日觀環壁，蒼鷹出垢塵。

注釋

〔一〕本句一作「藝品兩清能」。

病目静養二首

宿昔勞文字，未衰視不清。秋旻迎黑祲，熒惑入青睛。何辨黿差别，但持心太平。吉祥鐘止止，虚室自生明。

回頭六十年，瓦龜擾精金。倦此空華影，卧恭面壁禪。行冥憐一世，避禍枕前賢。閉目消諸相，亦登净界天。

題許寶馴〔一〕重書潘伯鷹〔二〕謝〔三〕君畫竹賦謝稚柳爲補圖

懷寧潘子當世英，詞章筆札負盛名。曾爲謝君賦畫竹，藝苑墨妙馳雙清。白鶴林邊無限春，嘉陵江色映翠筠。謝君畫竹時客重慶，居嘉陵江之白鶴林。烟雲消失人寂寞，中庭月落空嶙峋。弟子許生亦絶群，退筆如山墨練裙。重書此賦置坐右，又見紫鸞下五雲。稚柳居士薦懷舊，補圖琅玕不少留。風披雨離六七竿，欲與文吴競奇秀。畫充逸氣露沁肺，書傳正則屋漏痕。心手相應參同源，更使文章因藝尊。故人投杖乘龍去，半夜魂歸青楓驚。嶰谷雲深燕雀驕，瀟湘波闊蛟螭怒。淚灑蒼梧空逝水，歌殘黄竹不迴軌。陌上柳綿踐作泥，江畔數竿獨猗猗。許生許生爾何（以下缺失）

注　釋

〔一〕許寶馴：曾爲上海書畫出版社副編審、上海書法家協會主席團成員，是書畫鑒定家潘伯鷹唯一投帖弟子。曾求學於父親。

〔二〕潘伯鷹（一九〇三—一九六六）：原名式，字伯鷹，後以字行。安徽懷寧人。著名書法家、書畫鑒定家。

〔三〕謝稚柳（一九一〇—一九九七）：原名稚，字稚柳，後以字行。江蘇常州人。擅長書法、繪畫及古書畫鑒定。歷任上海市文管會編纂、副主任，上海博物館顧問，中國美協上海分會副主席、中國書協上海分會副主席，國家文物局全國古代書畫鑒定小組組長等。

十年

揚州烟月夢初回，緑樹鳩啼絳蠟灰。金碧樓臺蜃氣結，華嚴世界雀屏開。薰蕕（以下缺失）

浣溪沙二首

江上數峰弄夕暉，一川風絮送春歸。遠帆望斷艣聲微。何處樓臺傳笑語，幾家院落歇芳菲。那堪空谷子規啼。

萬里關山鎖别愁，鄉心一曲秣陵秋。江南江北路悠悠。道是驪駒歌怨切，數峰青翠水空流。斷腸人在海西頭。

菩薩蠻

雕籠日日調鸚鵡，水精簾下傳嬌語。可惜百花殘，露沾玉砌寒。　夕陽金谷閉，剪綵空枝綴。引得浪蜂來，不嫌頃刻回。

德馨留芳，永澤後世

我的父親是個寬厚仁慈、學識淵博的學者。他結婚成家較晚，我家三姐弟都是在他三十五到四十多歲期間誕生的，因此他十分疼愛我們。我們也十分依賴他、敬仰他。

父親不僅是一個心静如水、刻苦努力的學者，而且是一個循循善誘、熱心教人的好老師。我從小是聽着他誦讀古典詩詞的吟唱聲漸漸成長起來的。當我能蹣跚學步，在他身旁繞膝玩耍時，他有時會與我嬉戲，并教我讀「床前明月光」等短詩絶句。他并不刻意要求我背詩，但是當我會背出詩句時，他露出了欣慰的微笑。他教育孩子因材施教，從未執意要我們在學校裏争第一名，而常常要我們多讀課外書，并根據自己本性的喜好，發展個人的興趣。我兒時很喜歡看小人書、故事書，以至閱讀長篇小説《紅樓夢》、《三國演義》、《西游記》，父親雖爲之感到欣喜，却語重心長地告訴我，文學雖然吸引人，但在社會立足，真正有用的是要全面發展，尤其要讀好數、理、化，將來從事理工科的工作，因爲當時政治運動不斷，學文學多陷險境。我妹妹從小喜愛畫畫，他就常帶她去看畫展。弟弟喜愛動手玩機械，他就買了鐵皮搭建玩具給他。

在我讀初二時，家中來了一個瘦高個子的青年，爸爸告訴我們，他名叫胡考，是當時青年書法大賽的冠軍。那年，浙江美術學院開辦了書法班，要在上海招收兩人，胡考是經前輩書法家沈尹默老先生介紹，到我家向我父親學習古文，以備應試的。父親收下了他，他每星期日上午來我家學習，父親讓我也捧着書本,在一側旁聽。這樣我也正式接觸古典詩文了,那時讀了《詩經》,《左傳》中的《鄭伯克段於鄢》、《曹劌論戰》、《論語》,《孟子》,《莊子》中的《逍遥游》,《史記》中的《項羽本紀》等。從此,我便愛上了古典詩文,常在家中書橱中翻出一些詩文集、詩話隨意翻看,遇到看不懂處,便向父親求教;父親也會給我一些石印殘本,大多是詩話一類的,鼓勵我自學,任意在句中標點。父親本意是想讓我們在經、史、子、詩文方面系統地奠定基礎,可惜好景不長,不久父親就應聘到長春的東北文史研究所去任教了。

一九六六年,父親從長春歸來不久,就爆發了「文革」,我失學了,遠赴黑龍江務農。在農場期間,我患了哮喘病,得了肝炎,較長時間回上海休養。其時家中藏書被抄,父親無法寫作,好在父親的一些好友們常送些書來,安慰父親的身心。這時父親的好友達育仁先生去世了,他的小女兒達奇珍酷愛學習,常到我家,和我一起向父親學習,父親教了我們一些名人詩文,如《恨賦》、《别賦》,唐代王勃的《滕王閣序》,韓愈的《祭十二郎文》、《進學解》等,還有李清照的《金石録後序》。在學習中我們會聯繫當時社會,努力理解古代人的胸襟,從他們的境遇中生發感慨,懷古傷情。

後來父親又收了一個學生,是當時已近中年的許寳馴先生,他出生於杭州名門世家,原從上海同濟大學畢業,後來跟從爸爸的老朋友潘伯鷹先生學習古文、書法,一九六六年潘先生去世前,將這個有靈性的學生推薦給我父親。父親欣然收下了這位高足,正式課徒。上課時讓我在旁一起聽講。父親從古詩詞入門,開講了《杜詩》、《蘇東坡詩集》、《李義山詩集》、《李賀詩集》,又講了《花間集》、《清真詞》、《李後主詞集》、《姜夔詞集》、《李清照詞選》、《辛稼軒詞選》等。後又以曾國藩選編的《經史百家雜鈔》爲範本，教我們學習古文。父親告訴我們，《經史百家雜鈔》是一部與實際效用相聯繫的古文選本，除了義理、詞章、考據三條標準外，又力求選文與政事結合。《雜鈔》所選文章多爲具有代表性的作品，可作爲研讀經、史、哲學等方面的基礎讀物。父親還告訴我們，中國的文化、思想傳統是十分悠遠長久的，不管怎麽批判是批不倒的，如果作爲一個中國人，連自己的文化傳統都不懂，還如何去發展自己的歷史呢？而目前懂得老祖宗文化傳統的青年人愈來愈少，他感到不能坐視這種狀况延續，能教我們一些也算是一種傳承吧。他前後爲我們上過《孟子》、《莊子》、《史記》、《漢書》、《後漢書》的一些篇章，以及韓愈、柳宗元、屈原、陶淵明、庾信、歐陽修、蘇軾等的作品。在教課時，父親總是精神飽滿，中氣十足地吟哦文句，聲調抑揚頓挫，令人十分神往。在教課前，我也常見父親在認真地作一些案頭準備工作。許寶馴先生本是個儒雅君子，既是師從潘先生多年的書法家，又是京劇名票，擅長演唱余派老生。在學習之餘，父親與許先生亦師亦友，情義日深。他們常談及清代書法家包世臣的《藝舟雙楫》，并鑒賞一些書法碑帖，評析京劇老生唱腔的得失。父親還教過我們孫過庭《書譜》，有時父親還回憶在長春相識的張伯駒先輩與京劇的淵源。

下鄉期間，我回滬養病，又看不到前途，常常心情沮喪。父親很關注我的情緒，并爲我及時緩解心結。比如，父親當時給我講了前清吴兆騫與顧貞觀的故事。吴兆騫因科場舞弊案蒙冤獲罪，被康熙帝流放到寧古塔（今黑龍江寧安），他的好友顧貞觀與權相明珠之子納蘭性德二人合力營救了他。父親教我讀了顧貞觀爲救吴兆騫寫下的《金縷曲》二首。其中，「我亦飄零久，十年來、深恩負盡，死生師友……但願得、河清人壽。歸日急翻行戍稿，把空名、料理傳身後。言不盡，觀頓首。」這種忠貞生死之誼，深情之作，感人肺腑。後來吴兆騫被釋歸來，到明珠府上拜謝，在一間屋内壁上，見到題字「顧梁汾爲松陵才子吴漢槎屈膝處」，方知顧貞觀爲他的生還竭盡了心力。聽了父親講的典故，我增添了信心，相信自己也會有返鄉之日，於是能樂觀地面對前途，病愈後又返回黑龍江，一直到一九七七年通過高考進入大學。

這段學習，是我生平中持續時間最長的古文學習，期間還與妹妹邦菁、達奇珍等一起如飢似渴地讀了不少中外名著。在文化與思想方面也逐漸趨於成熟，建立起中國知識分子的一種信仰：讀書、修身、齊家、治國、平天下。當然，我是偏重於「修身、齊家」。父親在教我學習古典詩文的同時亦教會了我爲人。自從我跟隨父親學習後，逐漸磨練了温和的性格，與當時社會風氣相反的爲人處事方式，遇事能多替别人考慮，辦事爲人不急功近利，考慮問題也能周全一些了。自認爲忠孝、節義、誠信、仁智勇是千載不變的道德規範。

動蕩的「文革」期間，父親仍堅持事事關心兒女的教育：我妹妹喜愛畫畫，他就托鄭逸梅老先生介紹顔文樑大師教她油畫。弟弟「文革」只讀到小學四年級，幾年後又下鄉去了崇明農場，没有條件學習文化，父親就給他一本劫後餘書《新知識辭典》，弟弟在農場熟讀此書，打下了扎實的史地知識基礎。

「四人幫」倒臺後，許寶馴先生進入上海書畫出版社，任《書法》雜志主編。達奇珍考入上海電視臺，任記者、編輯。我也從黑龍江農場考入齊齊哈爾師專學習，畢業後，先後在安徽省懷寧二中、崑山市錦溪中學、上海張揚中學任語文教師，以較扎實的文言文基礎，得到同行好評。弟弟考上大學歷史系，得以繼承家學。妹妹也取得高等教育自學考試中文專業畢業證書，并在繪畫方面有所成就。

一九八〇年我從師範學校畢業後，父親爲我列出以下書單，鼓勵我繼續深造考研究生。書單爲中國古代史自學初步規劃：

一、掌握基礎知識：（一）范文瀾《中國通史》，（二）周一良等《世界通史》，（三）王力《古代漢語》，（四）張世禄《古代漢語》。

二、閱讀原始資料必看的書：（一）司馬光《資治通鑑》，（二）司馬遷《史記》，（三）《左傳》，（四）《戰國策》。

三、泛覽些輔佐性期刊，例：《歷史研究》，《中華文史論叢》，《文物》，《社會科學戰綫》，《考古》（此類刊物只須挑其中饒有興趣的文章讀）。

四、參考的工具書：《辭海》，《古今人名大辭典》，《中國歷史地圖集》，各種紀年表（任選一種備查），《康熙字典》，《説文段注》，《爾雅義説》，《詞詮》，《古書虚字集釋》等。

注意事項：（一）多查工具書，（二）勤做筆記。

父親當時告誡我們：「我們全家就當失去了十年的時間，從頭開始，我只當自己還是五十幾歲，小雍（即我）只當二十歲，從頭開始吧。」爸爸確實是如此做了，他集中精力，日以繼夜地伏案工作，可惜終因視力衰退，後又患腦梗而力不從心，未能完成全部心願。而我却因本性平實静和，又忙於生活，學業上漸漸鬆懈下來，没能繼續深造，辜負了父親對我的期望，爲此在緬懷先父之際，我常存愧疚。

可喜的是，我們的下一代，間接受到父親的熏陶都成長爲知書達禮的青年人。父德傳馨，外孫女曹昭春任職主治醫師，外孫陸一龍是一家德國公司的部門經理，孫女范多明在美國就讀航空航天博士。孩子們的生活中充滿陽光，他們都成長起來了，温文爾雅，與人爲善，在工作上兢兢業業，努力上進，學習中孜孜不倦，力求進取，從他們身上也可以看到先父的遺風，亦可告慰先父的在天之靈了。

范邦菜

二〇一三年五月於上海

《養勇齋詩鈔》編後感言

終於完成了我的父親范祥雍先生之遺作《養勇齋詩鈔》的整理、編注工作，詩集即將出版，我長長地舒了一口氣，多年的心願得以實現！

這一工作經歷了漫長的十多年歷程。早在父親去世後不久，我們在他的遺稿中找到《養勇齋詩鈔》一卷，内收録詩作近一百五十餘篇。當時我就想讓父親的詩作流傳下去，因此整理、打印了這些詩稿，并分發給親朋好友，廣徵意見且希望收集到遺漏的詩作。後來雖又陸續找到不少詩稿散頁，但因出版無期，又忙於其他事情，整理工作就耽擱下來了。適逢此次上海古籍出版社出版《范祥雍古籍整理匯刊》之機，反映家父詩人一面的《養勇齋詩鈔》亦得以出版，消息傳來，我歡欣鼓舞，立即又投入到整理工作中。在老家又找到不少遺稿，共三百餘篇（可能還是遺漏不少，例如本集收入「和陶淵明詩」共五十七首，但據説有一百多首），絶大多數是詩，僅有三篇詞，現一併編録，題爲《養勇齋詩鈔》。養勇齋是父親被抄家後的齋名，他遺留下「養勇齋」印章一枚。何爲「養勇」？父親并未説明，我想：一、可能是諧音，父親名祥雍，與「養勇」音近；二、又有更深的含義，孟子言：「孟施舍之所以養勇也，曰：『視不勝猶勝也……是畏三軍者也，舍豈能爲必勝哉？』」在「文革」時期，在當時動輒得咎的背景下，賦詩言志、評論時政，是需要極大的勇氣的。

父親本來是很喜歡詩詞的，他早在十歲讀私塾時就學習吟詩、做對子，平平仄仄調四聲，先後讀了不少詩集，如《唐人萬首絶句選》、《李太白詩集》、《蘇東坡詩集》、《劍南詩鈔》、《吴梅村詩集》、《李義山詩集》、《漁洋精華録》和《曝書亭詩注》、《昭明文選》等。後來，因爲專業從事古籍整理以及教學等工作，并没有多少時間顧及自己對詩詞的愛好，所以「文革」前的詩作極少，本集中僅見三首，當然也可能在「文革」中被毁了。「文革」後因又忙於主業，所作也較少。父親詩作絶大多數作於一九六八年抄家被「掃地出門」之後。這些詩詞反映了那個特殊年代中變幻莫測的時世和父親壓抑的心境。精煉隱喻的詩句、豐富自然的用典，還涉及書畫、收藏等廣泛領域，顯示出他學貫中西、廣博深厚的文化素養。

父親以整理研究古典文獻聞名，他的願望只是安安静静坐在書桌旁校勘注解那些深奥的古籍。自我童年起，就常常在半夜醒來時，仍然看見臺燈下他筆耕不輟的身影。「筆札忘歲月，丹鉛屢點更。殺青書滿格，碧草長前庭。」（《和陶飲酒詩二十首（十八）》）願在有生之年多整理一些古籍，爲後世留些有用的東西。然而平静的生活維持不了多久，「一朝雷電劫，絃絶琴不鳴。」（《和陶飲酒詩二十首（十八）》）「文革」浩劫，對我家沖擊很大。經過好幾次抄家，一九六六年末首次抄家，封部分房屋，封書籍，抄走金銀財物。一九六八年六月十四日的抄家是最徹底的「掃地出門」，房屋被封（後來裏面的東西全部被搬走），全家五口被勒令搬到一間不足十五平方米的小屋，財物及日常生活用品都被洗劫一空，父親爲研究古籍而備的歷代善本、名人批校本、舊抄本等各類藏書二萬餘册全被抄走，凡四十餘年心血所聚毁於一旦。尤其痛心的是已經完稿的《東坡志林廣證》手稿一併被抄，至今僅找得一卷殘稿，餘稿下落不明。父親精神上所受創傷極大。「此身同秋葉，去去莫留情」。（《和陶飲酒詩二十

首（十八）》

《毛詩大序》言：「詩者，志之所之也。在心爲志，發音爲詩。情動於中而形於言，言之不足，故嗟嘆之，嗟嘆之不足，故咏歌之。」時逢劇變，父親原本進行的古籍整理工作只得被迫停止，母親被單位監督勞動，不久上山下鄉洪流席卷，大姐遠去黑龍江農場務農，小弟也去了崇明農場，僅我一人留守上海工廠。白天家中僅存父親一人獨守陋室，經濟上窘迫（父親完全没有了收入，母親的工資也被打折），精神又備受折磨（不時有「造反隊」、「紅衛兵」前來吆五喝六），他尋求心理上的慰藉，此時詩歌成爲一劑良藥。面對空空的四壁（原來家中四壁全是放滿書的書橱），根據兒時的記憶，他默默背誦先賢的詩章，其時對飽經憂患的杜甫詩作體會猶深，亦傾心於陶淵明、李賀、李商隱等，蘇軾更是他的至愛（他曾花大功夫整理完成了《東坡志林廣證》，並仿傚蘇軾寫了大量的《和陶淵明詩》），不久就自己做起詩來，留下詩稿不少。他在《咏詩》中寫道：「人言詩客厄窮飢，我亦窮飢始咏詩。……荒了經畬拋史圃，敢將餘潤乞繆司。」「倏然對四壁，怡性足詩篇。」（《和陶雜詩十二首（九）》）父親平生最愛書籍，從兒時起就節衣縮食收集書籍，「鯫生蓄書四十載，插架萬籤資墾耒。」（《奉謝太平翁贈何屺瞻手批宋刊本兩漢文鑒目有翁蘇齋等題識》）「插架森森十萬卷。」（《題膠泥活字版南疆繹史勘本》）這「插架森森十萬卷」凝聚着父親多少年心血！然而突遭浩劫，自然如魚失水，危在旦夕。幸人間尚有真情在，蘇繼廎、倪壽川等好友時常贈送書籍給他，「分帙活書殍」（《壽太平翁》），使他得到了巨大的精神慰藉。陳子展教授的真摯友誼也給他以生活的勇氣（每周必去陳府一次）。「平昔師友誼，素襟陳夫子。投轄每留飲，論文頗心喜。」（《再和陶詩止酒》）摯友金明淵、明弼弟兄與父親不時往來。與這些友人在這非常時期的詩詞唱和、互通心曲、對時政的感嘆等，構成了此時詩歌的主要内容。也正是這些真摯的友誼以及詩歌的慰藉，使家父「此身幸免賦懷沙」（《四次前韵贈友》），平安地度過了這一非常時期。

一九六六年下半年至一九七六年下半年，整整十年，父親從五十三歲至六十三歲，在這人生中最能出研究成果的黄金歲月，不能從事自己心儀的工作，這不僅是個人的損失，也是我國文化事業的損失。「文革」之後，父親又花費了大量時間精力多次寫信催促落實政策，憑記憶寫出自己幾萬册藏書的細目，包括書名、版本、册數等，亦消耗了大量精神。父親早年因讀書過度，眼睛高度近視。七十年代中期因嚴重的白内障入院手術，後來又多次因眼疾入院治療，一九八八年又因視網膜剥離入院手術。手術後視力稍有好轉，他就迫不及待地投入到工作中，欲彌補那十年的時間損失，「夕照還争片刻妍」（《企蘇書巢》）。然「文革」中飽受折磨的後遺症，使他晚年身體每况日下，力不從心，畢竟「青春不再回」（《和陶飲酒詩二十首（九）》）。「十年觀海怯争津，詩窟幽奇暫隱身。」（《吴鐵聲索余自書詩册，書成因題其後》）漫漫十年，大好年華，精力心血，也就化作這本詩鈔。整理這些詩作，我仿佛又回到了那個不堪回首的年代，亦時常擲筆歔欷不已！

「文革」中我本人剛初中畢業，如同全國所有的學子一樣，處於失學狀態。不久「上山下鄉」運動又席卷全國，靠着大姐的謙讓，我有幸留在上海進了工廠。此時我們正處於知識飢渴期，讀書却似乎成了地下工作，在同學、朋友的小圈子裏互相傳閲着由各種渠道得來的世界名著，我們却仍然感到不足。父親從友人處爲我們（大姐到黑龍江後因患病回滬休養）找來各種書籍，有英國韋爾斯的《世界史綱》、《生命之科學》，古希臘荷馬的兩大史詩《伊里亞特》、《奧德賽》，意大利但丁的《神曲》等，特別是從陳子展教授兒子陳志申處借到許多外國文化典籍。那時我常常懷着迫不及待的心情，盼望着父親從陳先生處帶來的文化大餐：希羅多德的《歷史》、修昔底德的《伯羅奔尼撒戰爭史》、朱生豪翻譯的《莎士比亞全集》、彌爾頓的《失樂園》和《得樂園》、傅雷翻譯的丹納《藝術哲學》、巴爾扎克《人間喜劇》系列小説等。當然，中國古籍的熏陶亦必不可少，父親從友人處獲贈一部《杜詩鏡銓》，我們從中學了不少杜甫的詩，亦讀李賀、李商隱、《古詩十九首》、《離騷》、《九歌》、《孟子》等。我在隆隆的機器轟鳴聲中默默背誦着這些名篇，至今不忘。父親還特地爲我們用白話文改寫了莊子的《齊物論》、《逍遥游》、《養生主》、《人間世》、《大宗師》、《胠篋篇》、《秋水篇》等，可惜這些絶大部分没有被保存下來。我在整理父親的遺作時，亦時時感受到先賢名篇的回聲。

我自幼喜愛繪畫，在那不能正常升學的年代，繪畫愛好却蓬勃發展起來。雖也必須在單位時常參與寶像制作及大批判專欄美化，然而只要能畫畫，就感到是幸福的。父親非常贊賞並扶植我這個愛好，經他的好友鄭逸梅先生介紹，我得以拜著名油畫家、美術教育家顔文樑（字棟臣）老先生爲師。不久陳子展先生又介紹了油畫家蔡上國先生，蔡先生收藏有多種印刷精良的世界名畫畫册（那可是當時的稀世珍寶），極大地拓展了我的眼界。「留得娉婷長作伴，不愁風雨夜撲斜。」（《菁兒油繪瓶花數幅戲詠》）。父親高興地看我畫畫，與我一起評論畫作，探討西方美術史，并常陪我去公園寫生，與我的畫家老師們往來，作了《賦贈棟臣老畫師》、《壽顔棟臣畫師八十》、《敬祝棟臣先生九鞦大慶並賀展覽會啓幕》、《贈蔡上國教授》等。「小草何能忘遠志，果駒偏欲馳長陂。」（《贈蔡上國教授》）望女成材之心躍然紙上。慈父寄語，終身難忘。

感謝改革開放的好時代，「江山無限春浩蕩，顧藉東風發新枝」（《贈蔡上國教授》）。《養勇齋詩鈔》在家父逝世二十年後終於迎來了出版的良機，這也許是父親在寫這些詩詞時未曾料到的。「寫集難援長慶例，授朋敢慕羽琌民。……郢歌付與辨音人。」（《吴鐵聲索余自書詩册，書成因題其後》）可見他還是想將自己的詩作流傳下去的，如今夙願得以實現，亦可告慰父親了！

父親詩稿多用行草寫成，有的字較難辨認，幸得熟諳草書的劉新園先生、陳身道先生、沈寬先生等友人相助，整理工作纔得以順利完成。沈寬先生還幫助查找了父親一些老友的情況。另外十多年前父親之摯友金明淵先生亦曾幫助校閱部分詩稿。在此一併表示真摯的謝意！

由於本人才學疏淺，整理工作或有不當之處，還望廣大讀者批評指正。

范邦菁

二〇一三年九月於上海

後記

這本《范祥雍文史論文集》，是先父范祥雍先生的詩文合集。包含有論文十四篇、《東坡志林廣證》殘稿一卷以及《養勇齋詩鈔》三百餘首。篇目雖難稱宏富，卻涉及了版本目録學、文字音韻學、中西交通史、歷史地理、藝術史、佛學和古典文學等諸多領域，可以概見父親一生的治學規模。

父親出生清寒，祖籍浙江省鎮海縣白沙鎮（今屬寧波市），堂號「勤德堂」。清咸同年間太平軍起，激戰寧波，我的高祖子鳳公率族人避禍上海。戰亂逃生，一無所剩，家道中落。父親雖酷愛文史，但在他四十三歲前，迫於生活，一直在爲稻粱謀。做過抄寫員、機關職員、家庭教師、律師助理、會計主任，也曾經商辦廠，直至一九五六年方纔任教於復旦大學，進入學術專業領域。以私塾村學，刻苦自勵，堅韌不拔，終晉辟雍，成爲一位卓有成就的學者，其劬學苦讀，令人敬佩！

父親治學，從版本目録學入手，「文革」前已蒐集古籍達二萬餘册。自言藏書爲研究古籍而備，故尤重初刻本、稀見本、寫鈔本和批校本。可惜很多藏書經浩劫散失，「文革」後歸還的一萬餘册圖書大多也已不是原來的版本了。父親博聞强記，對于各種史料典籍，過目不忘，運用自如；各書版本源流，傳刻流轉，瞭然於胸。對於史料的運用，他主張厚積薄發，取其精要。在我初進大學歷史系時曾告誡我道：「史學界向來有以資料堆砌、繁瑣考據，以爲博洽精深，實無必要。資料貴在精不在多，以安排合理，説明問題關鍵爲要。尤忌不忍割捨好不容易找到的資料，結果使得雜枝蕪葉叢生，掩蓋主幹，文字冗長，干擾主題，使人不得要領，甚至不知所云。」這些教誨對我以後的專業學習幫助極大。他治古籍先盡力收集版本史料，竭澤而漁，精校詳注，再判取舍，申明己意，完全遵循傳統的學術規範。他寫文章講求條理清楚，邏輯嚴密，層層推進，簡潔明要。豐富詳實的史料自然地融會貫通於清晰明約的論述中，支持論斷，闡明觀點。

父親一生坎坷，但始終勤奮努力，經他整理的典籍蔚爲大觀。歷史類有《古本竹書紀年輯校訂補》、《戰國策箋證》，歷史地理類有《洛陽伽藍記校注》、《大唐西域記匯校》（原收入《大唐西域記校注》）、《釋迦方誌》、《山海經補疏》，宗教哲學類有《宋高僧傳》、《廣弘明集》（未完稿）、《南華真經批校》，文學筆記類有《管城碩記》、《東坡志林廣證》、《陳子展〈詩經直解〉校閲》、《陳子展〈楚辭直解〉校閲》，藝術譜録類有《法書要録》，音韻訓詁類有《廣韻三家校勘記補釋》等。其中《大唐西域記校注》獲中印友誼獎（一九八五年）和全國首屆古籍整理圖書一等獎（一九九二年），《戰國策箋證》獲首屆中國出版政府獎提名獎（二〇〇八年），《廣韻三家校勘記補釋》獲第二十七屆全國優秀古籍圖書獎二等獎（二〇一一年）。學界贊其文史通貫，無徵不信，博觀約取，敏而有斷之學風一以貫之，允稱精深，堪爲楷法。

然而綜觀父親的著作，都是在爲古籍作校注箋釋疏證訂補，幾乎没有一部是所謂自我發明的專著。年少時我曾天真地問道：「以您的學識，爲何總是在追隨古人，而不寫一部自己的宏文鉅著，譬如文學、史學、藝術、佛學、歷史地理、音韻訓詁、版本目録等，您都通曉，自己著書立說，豈不更好？」父親意味深長地說：「這些古籍都是經歷千百年來歷史淘汰留存的精華，是中華民族文化的精髓靈魂。我要通過自己的努力研究，作成一個自古以來最精準最完備的本子，使這些經典能夠更好地傳承下去，發揚光大。」他又叮囑我説：「要知道，一個好的可靠的本子是做一切學問的基礎，這項工作遠比某些學者所謂標新立異、自創新説有意義得多。眼下流行的各種新説顯學，百十年後還不知能留存幾多。」他站在歷史的高度，很早就看到了古籍整理的重大意義。他的一些著作一版再版，成爲新的經典，其中《戰國策箋證》、《大唐西域記校注》、《釋迦方志》和《宋高僧傳》點校本被評爲「首屆向全國推薦優秀古籍整理圖書」，這是從一九四九年至二〇一〇年六十年間出版的一萬五千種古籍整理圖書中評選出來的精品範本，這些都證明了他治學觀點的遠見卓識。可惜由于早年苦讀，及長又長期專注古籍校勘，「文革」中身心受到摧殘，致使父親的視力嚴重受損，晚年一目完全失明，一目視力亦幾廢，不然他定會爲祖國的古籍整理事業奉獻出更多的成果。

本書所收的一系列論文，多是父親在對古籍進行深入研究的基礎上完成的。如他治《竹書紀年》，便寫了《關於〈古本竹書紀年〉的亡佚年代》；治《戰國策》，寫了《〈戰國策〉傳本源流考》、《〈戰國策·燕策〉荆軻刺秦王章辨疑——附辨戰國策存佚》、《蘇秦合縱六國年代考信》、《釋縱横》；治《山海經》，寫了《釋〈山海經·大荒經〉的異文「塵」》；治《大唐西域記》，寫了《〈大唐西域記〉闕文考辨》、《唐代中印交通吐蕃一道考》；治《法書要録》，寫了書法方面的多篇文章：《略論古竹木簡的書法》、《章草述略》、《淺談董其昌的書學》、《略論康有爲的〈廣藝舟雙楫〉》；關於文字校勘，寫了《滿城漢墓銅壺（甲）釋文商榷》等，均具有非同一般的學術質量。

父親的論文大多生前已分别發表在多種刊物上，今蒐集整理舊刊，發現有些文章有父親的旁批浮簽等手跡，顯然是準備爲今後修訂之用的。我雖儘量辨識查核，揣摩本意，補入文中，但限於學力，恐仍有差誤，望讀者指正。

本書最後的《養勇齋詩鈔》，絶大部分詩作寫於父親的學術生涯被迫中斷的一九六六年底至一九七六年十年間，反映了在「文革」那個非常年代中變幻的時事和壓抑的心境。精煉隱喻的詩句，豐富自然的用典，也顯示出他學貫中西、廣博深厚的文化素養。詩稿原散在各處，經家姐范邦菁十餘年來用心蒐集整理，終成大觀，詳見家姐邦菁的《〈養勇齋詩鈔〉編後感言》，茲不贅言。家姐邦棻撰寫了緬懷父親教誨深恩的短文，一併附於書末。

此書付印後，又找到先父的一篇舊文《石濤〈畫譜〉與〈畫語録〉》，將另刊於《范祥雍先生誕辰百年紀念文集》出版。

今年是先父誕辰一百週年，感謝上海古籍出版社，這本詩文集和《范祥雍古籍整理匯刊》的出版，正是對父親百年誕辰的最好紀念！

范邦瑾
二〇一三年十二月謹識